Lebensstilwandel in Ostdeutschland

ALLOKATION IM MARKTWIRTSCHAFTLICHEN SYSTEM

Herausgegeben von
Heinz König (†), Hans-Heinrich Nachtkamp,
Ulrich Schlieper, Eberhard Wille

Band 51

PETER LANG
Frankfurt am Main · Berlin · Bern · Bruxelles · New York · Oxford · Wien

PAUL MARSCHALL

LEBENSSTILWANDEL IN OSTDEUTSCHLAND

Gesundheitsökonomische Implikationen

PETER LANG
Europäischer Verlag der Wissenschaften

Bibliografische Information Der Deutschen Bibliothek
Die Deutsche Bibliothek verzeichnet diese Publikation in der Deutschen Nationalbibliografie; detaillierte bibliografische Daten sind im Internet über <http://dnb.ddb.de> abrufbar.

Zugl.: Bayreuth, Univ., Diss., 2003

D 703
ISSN 0939-7728
ISBN 3-631-52466-8

www.peterlang.de

Vorwort

In nova fert animus mutatas dicere formas corpora
Publius Ovidius Naso, Metamorphoses, Liber Primus, 1f.

Bereits mit der sich abzeichnenden deutschen Wiedervereinigung kam eine sehr intensiv geführte Diskussion in bezug auf mögliche Implikationen der ostdeutschen Transformation auf. Während politische Entscheidungsträger Hoffnungen und Erwartungen hinsichtlich einer schnellen Angleichung der Verhältnisse und eines sich selbst tragenden Aufschwungs skandierten, begleiteten wissenschaftliche Analysen die faktischen Prozesse. Den Gegenstand der vorliegenden Arbeit bildet das Gesundheitsverhalten. Auf der Basis entscheidungstheoretischer Modelle wird untersucht, unter welchen Bedingungen Akteure bei bestehenden Anreizen bereit sind, mit etablierten Gewohnheiten zu brechen. Besondere Bedeutung erfährt die Fragestellung vor dem angeführten historischen Hintergrund.

Wesentliche Teile der Arbeit entstanden während meiner Tätigkeit am Lehrstuhl für AVWL, insbesondere Finanzwissenschaft der Ernst-Moritz-Arndt-Universität Greifswald. Sie fand ihren Abschluß im Rahmen meiner Beschäftigung am Lehrstuhl für VWL III, insbesondere Finanzwissenschaft an der Universität Bayreuth, wo sie im November 2003 von der Rechts- und Wirtschaftswissenschaftlichen Fakultät als Dissertation angenommen wurde.

Ich möchte mich bei allen bedanken, die zum Gelingen dieser Arbeit beigetragen und mich nachhaltig unterstützt haben. In erster Linie sei hier Herr Prof. Dr. Volker Ulrich genannt, der mir viel Freiraum bei der Realisation meines Forschungsvorhabens gewährte, bereitwillig mit mir Probleme erörterte und meine Ideen konstruktiv kritisierte. Mein Dank gilt ebenfalls Herrn Prof. Dr. Dr. h. c. Peter Oberender für das Interesse an meiner Arbeit und die Übernahme des Zweitgutachtens. Besonderer Dank gebührt meinem langjährigen Kollegen Herrn Dr. Udo Schneider für hilfreiche Diskussionen und die Unterstützung bei auftretenden Problemen. Für die nützlichen Gespräche und die gute Atmosphäre am Lehrstuhl danke ich auch Frau Dipl. Kffr. Brit Albers und Herrn Dipl. Volkswirt Timo Meidenbauer. Dank sagen möchte ich vor allem Frau Dr. Nicole Buschle für wichtige Impulse. Ein herzliches Dankeschön gilt ferner meinen Greifswalder Kollegen für das kreative Ostseeklima und kritische Anmerkungen im Forschungsseminar des Bereichs Wirtschaftswissenschaften. Last but not least danke ich meiner Schwester Frau Dr. Veronika Marschall für *stil*-istische Kommentare.

Bayreuth, im Januar 2003

Paul Marschall

Inhaltsverzeichnis

Abbildungsverzeichnis

Tabellenverzeichnis

1. Einleitung

1.1 Der ostdeutsche Transformationsprozeß

Mehr als zehn Jahre sind seit der sogenannten *Wende* in Ostdeutschland vergangen. Dieser schillernde Begriff der deutschen Nachkriegsgeschichte wird weitgehend vage mit der wirtschaftlichen und gesellschaftlichen Umbruchsituation in Ostdeutschland seit dem Herbst 1989 gleichgesetzt, ohne allerdings näher definiert zu werden. Neben der Unklarheit, zu welchem Zeitpunkt genau die Wende einsetzte, kann nicht eindeutig geklärt werden, ob der damit verbundene Prozeß bereits abgeschlossen wurde bzw. wann dies sein wird. Publikationen, die sich mit dem Wandel in Ostdeutschland beschäftigen, legen vielmehr nahe, daß für einzelne wirtschaftliche und gesellschaftliche Bereiche diesbezüglich unterschiedliche Bewertungen vorgenommen werden können.[1] In diesem Zusammenhang entstand eine kaum noch zu überschauende Flut an Beiträgen, die sich mit den vielfältigen und komplexen Veränderungen in den neuen Bundesländern beschäftigen.

Der deutsche Adaptionsprozeß liefert(e) viele Ansatzpunkte für ökonomische Analysen. So beschäftigten sich einige finanzwissenschaftliche Studien mit der Finanzierung der deutschen Einheit (vgl. exemplarisch Weltring 1997). Im Zentrum zahlreicher makroökonomischer Arbeiten standen mit dem „Aufkauf der ostdeutschen Wirtschaft" in der Produktionssphäre induzierte Prozesse. Vielbeachtete Arbeiten von Sinn[2] und anderen Autoren[3] lenkten den Blickwinkel auf den ostdeutschen Arbeitsmarkt. Gerade in der Unternehmens- und Arbeitsmarktforschung wurde immer wieder auf bestehende Diskrepanzen zwischen Ost- und Westdeutschland hingewiesen, etwa auf bestehende Produktivitätslücken (vgl. Funke und Rahn 2000; Oberender 1994). Erklärtes Ziel des Vereinigungsprozesses war und ist es, diese Lücken zu schließen.

Unterschiede gab es darüber hinaus in zahlreichen anderen Bereichen, nicht zuletzt im Gesundheitswesen, das sich in der über vierzigjährigen Eigenständigkeit Ostdeutschlands anders entwickelt hatte (vgl. exemplarisch Frerich und Frey

[1] Die Schwierigkeit hinsichtlich der zeitlichen Eingrenzung und Zuordnung der Wende betrifft auch die in dieser Arbeit zitierte Literatur. Durchweg alle genannten Autoren, die den Begriff verwenden, definieren nicht, was sie konkret darunter verstehen.

[2] Vor allem sind hierbei Sinn und Sinn (1991) sowie Sinn (1996) zu nennen. Eine Bilanz nach 10 Jahren Wiedervereinigung bietet Sinn (2000).

[3] Vgl. hier vor allem die Sammelbände von Welfens (1992) und Oppenländer (1997).

1996, S. 205 - 264). In erster Linie institutionell ausgerichtete Arbeiten begleiteten die Anpassung im Gesundheitswesen.[4]

In den vorwiegend zu Beginn der 1990er Jahre publizierten, primär soziologisch ausgerichteten Arbeiten, wie etwa in den *Berichten der Kommission für die Erforschung des sozialen und politischen Wandels in den neuen Bundesländern e.V.*, wird häufig auf die individuellen Folgen der Wiedervereinigung Bezug genommen. Die Veränderung der wirtschaftlichen und politischen Struktur habe in vielfacher Weise in das Leben der einzelnen Personen eingegriffen (vgl. Heinz u. a. 1996, S. 1). Ökonomische und soziale Konstitutionsmerkmale einer Volkswirtschaft bilden exogene Einflußfaktoren für individuelles Verhalten, das vorläufig in einem allgemeinen und umfassenden Verständnis mit Lebensstil gleichgesetzt wird. Verändert sich die strukturelle Umwelt eines Akteurs, so können dadurch Anreize generiert werden, den eigenen Lebensstil zu modifizieren. Vor allem aus gesellschaftlicher Perspektive wurde immer wieder auf das Ziel hingewiesen, neben den rechtlich-institutionellen Rahmenbedingungen die ökonomischen Konditionen in Ostdeutschland denen im westlichen Landesteil anzunähern. Grundsätzlich könnte man, in einem allgemeinen und umfassenden Verständnis, versucht sein, daraus auf individueller Ebene einen induzierten Lebensstilwandel abzuleiten, der sich innerhalb einer zu operationalisierenden Zeitspanne[5] den westdeutschen Ausprägungen angleicht.

Anders ausgedrückt verkürzt sich aus gesundheitsökonomischer Perspektive das Begriffsverständnis von Lebensstil auf individuelle Verhaltensweisen, die gesundheitliche Auswirkungen haben können. Klassische Beispiele dafür sind Alkohol- und Zigarettenkonsum. Seit einigen Jahren ist man sich innerhalb der Gesundheitswissenschaften der wichtigen Bedeutung von Lebensstil für die individuelle Gesundheit bewußt. So weist etwa Grossman darauf hin, daß gesundheitsrelevante Verhaltensweisen für das Ergebnis der Gesundheitsproduktion eine bedeutendere Rolle spielen als medizinische Leistungen (vgl. Grossman 1993, S. 91).

Aus gesundheitsökonomischer Perspektive ist hervorzuheben, daß die in wissenschaftlichen Arbeiten eruierten Lebensstildifferenzen zwischen Ost- und West-

---

4 Vgl. Henke (1990), Sachverständigenrat für die Konzertierte Aktion im Gesundheitswesen (1991) und Eisen (1992).

5 So wird im Bereich der Arbeitsmarktforschung die These vertreten, daß der Transformationsprozeß wohl eine ganze „Arbeitsgeneration", d. h. rund 40 Jahre, dauern, und somit wohl erst im Jahr 2030 abgeschlossen sein wird (vgl. Deutsches Institut für Wirtschaftsforschung u. a. 2002, S. 302).

deutschland, insbesondere vor der Wiedervereinigung, für die unterschiedliche durchschnittliche Lebenserwartung in beiden deutschen Landesteilen verantwortlich gemacht werden können (vgl. dazu Heinemann u. a. 1996).

Ziel der Arbeit ist es, die Wirkung ökonomischer Anreize auf gefestigte individuelle Verhaltensweisen darzustellen und deren Implikationen anhand von Individualdaten aus Ostdeutschland zu überprüfen.

1.2 Disposition

Den Ausgangspunkt der Arbeit bildet der zentrale Begriff „Lebensstil", dessen Wortsinn und Verständnis je nach Kontextbezug eine spezifische Bedeutung besitzt. In Kapitel 2 wird deshalb „Lebensstil" näher vorgestellt. Da bislang noch keine ideengeschichtliche Aufarbeitung der Begrifflichkeit aus ökonomischer Perspektive entstanden ist, wird in letztgenanntem Kontext die Bedeutung von Lebensstil untersucht. Zwar entspricht das gesundheitsökonomische Begriffsverständnis von Lebensstil dem der anderen disziplinären Forschungsfelder im Bereich der Gesundheitswissenschaften, indem darunter gesundheitsrelevante Verhaltensweisen verstanden werden. Andererseits gibt es deutliche Unterschiede in der spezifischen Akzentuierung der Konnotation.

Aufbauend auf dem dargestellten Forschungsinteresse von Epidemiologen, Sozialwissenschaftlern und Gesundheitspsychologen werden empirische Studien, die sich mit gesundheitsrelevantem Verhalten in Ostdeutschland insbesondere in den Jahren unmittelbar vor und nach der Wende beschäftigen, dargestellt, und wichtige Ergebnisse dieser Arbeiten verdeutlicht. Dabei sind zwei Aspekte zu beachten: Erstens wurde bislang noch keine umfassende Überblicksdarstellung hinsichtlich der zentralen Ergebnisse von Forschungsarbeiten über das gesundheitsrelevante Verhalten in Ostdeutschland publiziert. Zweitens soll damit auf Lücken in der bisherigen Forschung hingewiesen werden. Dies betrifft vor allem den gesundheitsökonomischen Ansatz.

Kapitel 3 bietet eine Zusammenschau der verschiedenen theoretischen Ansätze des gesundheitsrelevanten Verhaltens. Zwei Forschungsstränge treten hier in den Vordergrund: Die Bedeutung von Lebensstil im Kontext der Gesundheitsproduktion sowie besondere Eigenschaften des Nachfrageverhaltens, die dadurch entstehen, daß Lebensstil häufig mit Gewohnheit und Sucht in Zusammenhang gebracht werden kann.

So geht das Modell der Gesundheitsproduktion davon aus, daß das Individuum Produzent der eigenen Gesundheit ist. Im einfachsten Fall bedeutet dies, daß ein Akteur mittels gesundheitsförderlichen Verhaltens, wie etwa körperlicher Betätigung, in seine Gesundheit investieren kann, was ceteris paribus zu einem längeren Leben führt. Lebensziel des betrachteten Individuums ist es, seinen Lebenszeitnutzen zu maximieren. Dies bedeutet nicht notwendigerweise die Maximierung der Lebensdauer. Entscheidet sich ein Individuum dafür, gesundheitsschädliches Verhalten auszuüben, so entspricht das in ökonomischer Hinsicht dem Konsum bestimmter Güter, wie etwa Zigaretten oder Alkohol bzw. anderer Lebensstilgüter. Dieses nachteilige Verhalten beeinträchtigt den Gesundheitszustand, der als Kapitalgut aufgefaßt wird, und kann ceteris paribus zu einem früheren Tod führen. Zahlreiche Erweiterungen und Modifikationen basieren auf dem Grundmodell von Michael Grossman (1972a, b). Der dargestellte Überblick fokussiert auf Ansätze, die gesundheitsrelevante Aspekte beinhalten.

Viele Lebensstilgüter unterscheiden sich von gewöhnlichen Gütern dadurch, daß ihr Konsum mit Gewohnheits- und Suchtattributen in Verbindung gebracht werden kann. Da einerseits die spezifischen Eigenschaften von Gewohnheits- und Suchtaspekten je nach Gut differieren, andererseits Menschen nicht in gleicher Weise von diesen Charakteristika betroffen sind, beschäftigen sich Ökonomen bereits seit Jahrzehnten mit diesen Phänomenen. Während ältere Modelle den Konsum dieser Güter myopischen Konsumenten zuschrieben, zeigten Becker und Murphy (1988), daß vollkommen rationale Individuen, welche über vollkommene Voraussicht hinsichtlich künftiger adverser Folgen verfügen, sich für den schädlichen Konsum in der Gegenwart entscheiden können. Nicht zuletzt die umfangreiche empirische Evidenz des Modells rationaler Sucht hat in den letzten Jahren zur großen Popularität des Ansatzes unter Ökonomen beigetragen und zu Erweiterungen und Modifikationen des Modells von Becker und Murphy (1988) geführt. Verhaltensökonomische Ansätze betonen demgegenüber, daß Menschen lediglich eine beschränkte Rationalität (bounded rationality) besitzen. Akteure erliegen demnach momentanen Schwächen, Fehlwahrnehmungen und Verzerrungen hinsichtlich künftiger Implikationen gegenwärtigen Handelns. Diese Aspekte werden zur Erklärung des beobachtbaren Einstiegs in den Konsum suchtgenerierender Güter, der Etablierung des Nachfrageverhaltens, aber auch hinsichtlich eines möglichen Ausstiegs herangezogen.

Wie zahlreiche Analysen zum gesundheitsrelevanten Verhalten aufzeigen, sind individuelle Veränderungen im Lebensstil nicht ungewöhnlich. Spezifische persönliche Entwicklungsstufen können zu Modifikationen des eigenen Handelns führen. Jugendliche praktizieren häufig gesundheitsschädliches Verhalten und reduzieren den Alkoholkonsum oft mit fortschreitendem Alter, Frauen stellen häufig den Zigarettenkonsum bei eintretender Schwangerschaft ein, wohingegen plötzlich eintretende Schocks, wie Scheidung oder Tod des Gatten, Ex-Trinker rückfällig werden lassen. Manche dieser genannten Ereignisse sind von vorausblickenden Konsumenten „planbar". Dies bedeutet, daß sie die Implikationen von zentralen Lebensereignissen bei der Ermittlung ihres optimalen „natürlichen" Konsumpfads berücksichtigen können.

Das im vierten Kapitel der Arbeit präsentierte mehrstufige ökonomische Modell basiert auf den im dritten Teil der Arbeit vorgestellten Ansätzen. Es beschäftigt sich jedoch mit möglichen Änderungen des gesundheitsrelevanten Verhaltens, die *nicht* aufgrund einer „natürlichen Lebenszeitkonsumplanung" hervorgerufen werden. Möglicher Anlaß einer erforderlichen Verhaltensanpassung nach vorheriger Festlegung des optimalen Konsumpfades ist vielmehr der aus individueller Perspektive als Schock wahrgenommene unerwartete Umbruch einer Volkswirtschaft. Wird angenommen, daß mit der ökonomischen Adaption der Wirtschaft eine Marktöffnung verbunden ist, welche eine produktivitätsorientierte Entlohnung induziert, können für ein Individuum Anreize bestehen, den bisherigen Konsumumfang gesundheitsschädlicher Güter einzuschränken, wobei eine faktische Änderung des Lebensstils von zahlreichen Aspekten abhängig ist. Das vorgestellte Modell berücksichtigt die Gesundheitsproduktion, orientiert sich an der in Kapitel drei vorgestellten Literatur zur rationalen Sucht und greift dabei auch auf den verhaltensökonomischen Aspekt der Verhaltensbindung zurück. Das Modell stellt mehrere Szenarien vor und kennzeichnet Erfordernisse für optimale Anpassungen. Eine besondere Rolle spielt hier der funktionale Verlauf der Anpassungskosten, die einerseits als Suchtgrad, andererseits als individuelle Neigung, süchtig zu werden, interpretiert werden können.

Das im vierten Teil der Arbeit entwickelte Modell dient als Grundlage für die empirische Überprüfung des gesundheitsrelevanten Verhaltens in Ostdeutschland, welche in Kapitel 5 durchgeführt wird. Als empirische Basis dient das Sozioökonomische Panel (SOEP). Wichtige Ansatzpunkte der Analysen bilden folgende Fragestellungen: Kann das Modell der Gesundheitsproduktion auf der bestehenden Datengrundlage bestätigt werden? Weist der Zigarettenkonsum in Ostdeutschland neben der Eigenschaft von Konsumpersistenz auch Anzeichen rationaler Sucht im Sinne von Becker und Murphy auf? Über welche Einflußfaktoren verfügt die Nachfrage nach Tabakwaren bzw. die Ausübung sportlicher Aktivität? Bei den durchgeführten Untersuchungen wird das Datenmaterial auf signifikante Unterschiede zwischen Ost- und Westdeutschland untersucht. Ferner wird das gesundheitsrelevante Verhalten in Ostdeutschland einer dynamischen Analyse unterzogen. In diesem Zusammenhang geht die Untersuchung der Frage nach, ob sich das Lebensstilverhalten der Ostdeutschen in den letzten Jahren verändert hat, und inwiefern beobachtbare Veränderungen im gesundheitsrelevanten Verhalten als unabhängig vom Systemwechsel bzw. als transformationsinduziert betrachtet werden können. Die Arbeit schließt mit einer Zusammenfassung und einem Ausblick in Kapitel sechs.

2. Dimensionen des Lebensstils

2.1 Definitionen und Verwendungsweisen

Der Ausdruck *Lebensstil* bzw. *Lifestyle* ist en vogue. Durch den Terminus als solchen wird jedoch nicht unbedingt deutlich, was darunter zu verstehen ist (vgl. Sobel 1981, S. 1). Die Unklarheit hat insbesondere damit zu tun, daß „Lebensstil" von verschiedenen wissenschaftlichen Disziplinen in recht unterschiedlichen Zusammenhängen, oftmals synonym zu anderen Begriffen, und teilweise mit verschiedenartigen Konnotationen, gebraucht wird. Zum besseren Verständnis ist es deshalb erforderlich, die im Kontext einer gesundheitsökonomischen Analyse verwendeten Ansätze kurz vorzustellen. Dabei muß betont werden, daß „Lebensstil" bislang ideengeschichtlich aus ökonomischer Perspektive noch nicht beleuchtet wurde. Bei einer Analyse sind zwei Ebenen voneinander zu unterscheiden: Der Lebensstil-Begriff als solcher, sowie der implementierte Begriffsinhalt.

Während sich die Begriffs*geschichte* von „Lebensstil" bereits bis in die Zeit der Spätantike zurückverfolgen läßt (vgl. Drieseberg 1995, S. 6), erfolgte die neuere wissenschaftliche Prägung erst zu Beginn dieses Jahrhunderts durch Arbeiten von Max Weber[6] und Georg Simmel (1900) in soziologischer, bzw. von Alfred Adler (1920) und (1929) in psychologischer Hinsicht. Der Ausdruck geriet jedoch danach weitgehend in Vergessenheit. Erst im Kontext der Erneuerung der Soziologie in den 60er und 70er Jahren des vergangenen Jahrhunderts wurde der Begriff in den USA wiederentdeckt. Die Übertragung ins Englische trug dabei nach Abel und Cockerham zur Unschärfe des Ausdrucks bei (vgl. Abel und Cockerham 1993, S. 551).[7] Erste Anwendungsfelder bildeten die interdisziplinären Bereiche der Konsumenten- und Marktforschung sowie sozialstrukturelle Ansätze im Gebiet der Soziologie.[8] Während in einigen Forschungsfeldern lediglich der Begriff importiert wurde, um altbekannte Sachverhalte und Inhalte neu zu benennen, wurde in anderen Wissenschaftsbereichen auch der gesamte Begriffsinhalt übertragen. Die interdisziplinäre Ausrichtung von Forschungs-

---

[6] Max Webers Schriften nennen an verschiedenen Stellen die Begriffe „Lebensstil" und „Lebensführung" (Weber 1980, S. 177 ff., S. 534 ff. und Weber 1969, S. 164, S. 187 f. sowie S. 346), die synonym gelesen werden dürfen (vgl. Klocke 1993, S. 73).

[7] Erstaunlicherweise hatte das sozialistische Pendant zur Lebensstilforschung, das weitgehend auf den sowohl von Marx als auch von Weber verwendeten Begriff „Lebensweise" zurückgriff, ähnlich geartete Operationalisierungsprobleme bei der Begriffsbestimmung (vgl. Butenko 1979, S. 330).

[8] Zahlreiche Überblicksdarstellungen informieren über Lebensstilansätze, die mit der Sozialstrukturanalyse verbunden sind: vgl. Hradil (1992), Müller und Weihrich (1990).

segmenten trug sicherlich dazu bei, daß Aspekte des Lebensstils auch zunehmend in weiteren Disziplinen, wie der Ökonomie, verwendet wurden. Dies führte dazu, daß die Trennschärfe zu Termini wie Lebensweise und Lebensführung verlorenging. Während diese Ausdrücke im Sprachgebrauch einzelner Disziplinen, wie z. B. der Volkswirtschaftslehre, deckungsgleich zueinander stehen, differenzieren Soziologen und verwandte Disziplinen hinsichtlich deren Bedeutung. Die Vielschichtigkeit und Heterogenität von „Lebensstil“ wird aus der folgenden ausschnittsweisen Darstellung weitgehend interdisziplinärer Forschungsfelder deutlich:

Sozialstrukturanalyse
Bis in die 1970er Jahre dominierten innerhalb dieser soziologischen Teildisziplin Klassen- und Schichttheorien im Sinne einer *vertikalen* Abstufung der Gesellschaft. Hierbei handelt es sich um verschiedene Gruppierungen innerhalb der Gesamtbevölkerung, die sich nach Auffassung von Soziologen im Hinblick auf ihre Lebenslagen und die damit zusammenhängenden Chancen (auf Einkommen, Bildung, Einfluß, Prestige u. ä.) unterscheiden (vgl. Geißler 1994, S. 7). Mit dem Anstieg des Lebensstandards nach dem Zweiten Weltkrieg, dem Aufkommen neuer sozialer Bewegungen (Frauen-, Friedens-, Umweltbewegung u. a.) zeichnete sich ein sozialer Wandel ab. Innerhalb der Gesellschaft trat eine Individualisierungsdynamik mit frei gewählten Lebensstilen an die Stelle weitgehend vorgegebener und festgelegter Lebensläufe. Diese *horizontale* Ausdifferenzierung wird häufig als „Pluralisierung der Lebensstile“ bezeichnet (vgl. Klocke 1993, S. 9). Von Interesse sind dabei insbesondere „soziale Ungleichheiten“[9]. Damit werden in den Sozialwissenschaften „mit sozialen Beziehungen und Positionen einhergehende Unterschiede zwischen Menschen bezeichnet, die regelmäßig Vor- und Nachteile mit sich bringen“ (Hradil 1993, S. 376). Zwei Aspekte sind hierbei zu betonen: Einerseits stellen Lebensstile *gruppenspezifische* Formen der Alltagsorganisation dar, andererseits wird bei den so gebildeten gesellschaftlichen Großgruppen die ökonomische Sphäre, insofern sie nicht zu „Ungleichheiten“ führt, ausgeblendet. Neben den etablierten sozioökonomischen Merkmalen, so Beruf, Einkommen und Bildung, gewannen soziokulturelle Aspekte, wie Wertorientierungen, Kultur und Freizeit zunehmend an Bedeutung. In einzelnen Darstellungen konkurriert „Lebensstil“ jedoch häufig mit Begriffen wie Milieu, Soziale Lage und Lebensführung.[10]

---

[9] Hertzmann u. a. (1994) schlagen statt dessen den weniger wertebeladenen Begriff „Heterogenität“ (im Gesundheitsstatus) vor.

[10] Lüdtke (1989) bietet einen umfassenden Überblick über die Soziologie der Lebensstile.

Konsum-, Markt- und Freizeitforschung
Unternehmen versuchen, Kaufentscheidungen zu beeinflussen. Ein grundlegendes Verständnis für die Faktoren, die den Verkauf steuern, ist wesentlicher Teil der Geschäfts- und Lagerhaltungsplanung. Begleitend zur Produktentwicklung und -einführung sowie zur Verkaufsförderung ist es deshalb erforderlich, Marktanalysen durchzuführen. Die neben sozioökonomischen und demographischen Merkmalen gewonnenen Daten hinsichtlich der Werthaltungen, Einstellungen und manifesten Verhaltensweisen von Personen läßt die Typenbildung von Konsumenten mittels Faktor- und Clusteranalysen und anschließende Aggregation in weitgehend homogene sogenannte Milieu- oder Lebensstilgruppen zu. So unterscheiden die Analysen des SINUS-Instituts, die mit Abstand bekanntesten neueren deutschen Studien aus diesem Bereich, acht Milieus, die sich aufgrund von typischen Eigenschaften mit „konservativ gehoben" bis „alternativ" kennzeichnen lassen (vgl. Hradil 1992, S. 34). Vorstellungen von erwünschten oder anvisierten Lebensstilen bilden das Rückgrat einer Vielzahl von Verkaufsstrategien.

Bereits seit dem Beginn des letzten Jahrhunderts wurde das damit verbundene Phänomen „Mode" von Ökonomen auf vielfältigste Weise analysiert. Pigou (1913) und Leibenstein (1950) knüpften einerseits an soziologische Überlegungen an. So untersuchte Veblen bereits 1899 die „müßige" Oberschicht der angelsächsischen Länder und analysierte deren ausgefeiltes symbolisches Verhaltensrepertoire und die damit verbundene Verwendung eigentlich unnötiger, aber teurer Accessoires bei Kleidung und Einrichtung, deren Funktion die Abgrenzung zu anderen gesellschaftlichen Schichten sein sollte (vgl. Veblen 1973). Aus ökonomischer Perspektive wurden hierbei vorwiegend die damit verbundenen Wohlfahrtseffekte in das Zentrum der Untersuchung gerückt.

Andererseits bezogen sich Arbeiten direkt auf traditionelle Analysen aus der Haushalts- und Unternehmenstheorie. Das von Stigler und Becker (1977) im Zusammenhang mit Mode erkannte Problem der instabilen Präferenzen wurde von den Autoren durch die Übertragung in veränderliche Größen der Haushaltsproduktionsfunktion gelöst. Dadurch wurde es möglich, alle Verhaltensänderungen durch Veränderungen im Preis und Einkommen zu erklären. Neuere ökonomische Arbeiten zum Thema Mode heben verstärkt auf den intertemporalen Aspekt ab. Informationsökonomische Ansätze gewannen dabei an Relevanz. Frank (1985) stellte die Bedeutung von Signaleffekten dar, Bikchandani u. a. (1992) haben gezeigt, daß unvollständige Information über die Produktqualität eine Modedynamik bewirken kann. Corneo und Jeanne (1994) betonen die Informationsverbreitung innerhalb der Gesellschaft. Verschiedene gesellschaftliche Gruppen nutzen unterschiedliche Kanäle, um sowohl Informationen zu erhalten als auch weiterzugeben. In ihrem Modell analysieren sie deren Bedeutung für die Diffusion neuer Verhaltensstile. Pesendorfer (1995) geht von einem Monopolisten aus, der in jeder Periode ein neues Design kreiert. Er stellt den Zusammenhang zwischen dem Produkt-Lebenszyklus und dem zugeordneten Preis dar und analysiert Bedingungen, unter denen sich alle Konsumenten besser stellen würden, indem sie sich von der Mode abwenden. Frijters (1998) knüpft an diese Überlegungen an, betont dabei aber stärker den Wettbewerbsaspekt konkurrierender Modefirmen.

Die Freizeitforschung verwendet den Begriff „Lebensstil", um Zielgruppen für pädagogische, marktstrategische sowie infrastrukturelle Eingriffe zu erkunden. Die inhaltliche Nähe zu Marktforschung und Sozialstrukturanalyse ist offensichtlich. Ein in dieser Hinsicht verwendeter Lebensstilbegriff ist geeignet, Veränderungstendenzen im Freizeitverhalten abzubilden.

Wohlfahrtsforschung

In disziplinärer Nachbarschaft zur Sozialstrukturanalyse ist die sozialwissenschaftliche *Wohlfahrtsforschung* oder *empirische Sozialberichterstattung* anzusiedeln. Begrifflich ist außerdem eine inhaltliche Nähe zur *Wohlfahrtsökonomik* festzustellen. Wohlfahrt wird als einer der höchsten Werte in modernen Gesellschaften verstanden, gleichrangig mit Wachstum, Sicherheit, Ordnung und Gerechtigkeit. Die Kategorie der Lebensqualität wurde in diesem Kontext zur Formel für einen mehrdimensionalen Wohlfahrtsbegriff (vgl. Zapf u. a. 1987, S. 44). Die *Wohlfahrtsforschung* hat zum Ziel, Ausmaß, Struktur und Erklärungen für individuelle Lebensqualität empirisch zu ermitteln und Wohlfahrtspositionen zu identifizieren. Seit Ende der 1970er Jahre werden repräsentative Bevölkerungsumfragen durchgeführt, um über subjektive und objektive Lebensqualität zu informieren. Das im *Wohlfahrtssurvey* verwendete Lebensstilkonzept zielt auf Verhaltensmuster ab, „anhand derer sich Menschen erkennen und unterscheiden" (Spellerberg 1994, S. 4).

Wahlforschung und Politische Soziologie

Auch in der Wahlforschung zeigte sich, daß die etablierten sozialwissenschaftlichen Schicht- und Klassenmodelle nicht mehr geeignet waren, die politischen Wahlentscheidungen vorherzusagen und zu erklären. In Anlehnung an die Milieutypologie des SINUS-Instituts[11] erfragte deshalb das Forschungsinstitut der Konrad-Adenauer-Stiftung in einer groß angelegten empirischen Studie mehr als

[11] Das SINUS-Institut identifizierte auf der Basis von sozialstrukturellen Merkmalen, Werten, Einstellungen und Alltagsmeinungen 1985 insgesamt acht verschiedene Milieus in Westdeutschland.

100 Kriterien des Lebensstils. „Lebensstil“ wurde hierbei im Sinne von „Einstellungen“ verstanden (hinsichtlich Grundorientierungen wie Lebensziele, Wertorientierungen, Persönlichkeitsstärke, sowie in bezug auf weitere Haltungen in zentralen Lebensbereichen, wie zu Beruf, Familie, Freizeit usw.) (vgl. Gluchowski 1987). Die Variablen schufen wiederum die Basis, um mit Hilfe einer Faktoren- und Clusteranalyse neue Lebensstil-Typen herauszufiltern.

Verwendung von „Lebensstil“ in weiteren Forschungsfeldern
Neben der Analyse von „klassischem“ Marktverhalten auf Gütermärkten werden Lebensstilvariablen und -konzepte in weiteren traditionellen Bereichen der Ökonomie verwendet. Es handelt sich dabei nur um die logische Konsequenz der durch Becker geprägten Verbreiterung und Vertiefung der ökonomischen Analyse (z. B. Becker 1964; Becker 1965; Michael und Becker 1973). Darauf aufbauende Arbeiten beruhen auf der Vorstellung, daß neben den traditionellen ökonomischen Faktoren noch weitere Ursachen für die Erklärung von Marktverhalten berücksichtigt werden müssen. Arbeiten im Umfeld von Arbeitsmarktanalysen (Versantvoor und Laan 1998; Woittiez 1990) greifen auf Aspekte der Sozialstrukturanalyse, wie die Bedeutung von Gruppen und Kulturformen, zurück. Die genannten Arbeiten verfügen über eine neoklassische Grundlage. Die traditionelle Annahme stabiler Präferenzen im Zeitablauf wird gelockert. Der Lebensstil induziert, daß sich Präferenzen im Lebenszyklus aufgrund veränderbarer individueller Hintergrundvariablen wandeln können. Lifestyle-Aspekte haben mittlerweile auch Eingang in den Bereich Regionalökonomie und Wohnungswirtschaft gefunden (vgl. Bootsma 1995; Camstra 1996). Die zunehmende Bedeutung des Faktors „Lebensstil“ in wirtschaftswissenschaftlichen Arbeiten unterstreicht, daß ökonomische Konzepte Impulse aus anderen Disziplinen aufnahmen.

2.2 Gesundheitswissenschaftliche Aspekte des Lebensstils

Die *Gesundheitswissenschaften* lassen sich nach Hurrelmann und Laaser (1993, S.7 ff.) von den klassischen medizinischen *Krankheitswissenschaften*, wie Biomedizin und klinische Medizin, dadurch abgrenzen, daß letztere sich schwerpunktmäßig auf die Entstehung von Krankheiten und deren Heilung konzentrieren. Die Gesundheitswissenschaften setzen sich aus unterschiedlichen Forschungs- und Wissenschaftsgebieten zusammen. Sie wurzeln in Disziplinen wie Soziologie, Psychologie und Ökonomie. Aus dem *medizinischen Bereich* bieten unter den etablierten wissenschaftlichen Teilgebieten vor allem Arbeits-, Sozial-, Umwelt-, Verhaltens- und Präventivmedizin einen Zugang zu den Gesundheitswissenschaften. Diese Teilgebiete befassen sich mit Bedingungen der Gesunderhaltung, der Vorbeugung und Verhütung von Krankheiten, soweit diese umwelt- und verhaltensbedingt sind, und sie konzentrieren sich auf gesundheitspflegerische Aspekte wie die Förderung des psychischen und physischen Wohlbefindens. Von besonderer Bedeutung sind epidemiologische Erkenntnisse.

Das Grundverständnis des gesundheitswissenschaftlichen Lebensstil-Konzepts basiert auf der Erkenntnis, daß individuelle Lebensweisen wie Konsum von Alkohol und Tabak, körperliche Aktivitäten und Schlafgewohnheiten Auswirkungen auf den Gesundheitszustand haben können. Die inhaltliche und begriffliche Ausgestaltung gesundheitsökonomisch, soziologisch, epidemiologisch und psychologisch orientierter Ansätze ist dabei im wesentlichen abhängig vom jeweiligen disziplinären Forschungsinteresse. Dazu zählt auch die inhaltliche Abgrenzung zu anderen Begriffen. Analog zum gesundheitswissenschaftlichen Verständnis werden die Begriffe Lebensstil, Lifestyle, Lebensweise und gesundheitsrelevante Verhaltensweise(n) im Rahmen dieser Arbeit synonym verwendet.

Das unterschiedliche disziplinäre Forschungsinteresse - zunächst noch unter Ausklammerung der Gesundheitsökonomik - soll im folgenden an einem „Klassiker" unter den gesundheitswissenschaftlichen Untersuchungen erläutert werden. Ziel der Vorgehensweise ist es, dadurch den gesundheitsökonomischen Ansatzpunkt deutlicher abgrenzen zu können. Die vom Human Population Laboratory in der Umgebung von Berkeley (Kalifornien) durchgeführte *Alameda County Study*, die 1965 zunächst als Querschnittsanalyse realisiert und 1974 bei denselben Probanden wiederholt wurde, rückt sieben als gesundheitsrelevant eingestufte Verhaltensweisen, die in der folgenden Darstellung näher erläutert werden (körperliche Aktivität, Zigarettenrauchen, Alkoholkonsum, Übergewicht, Schlafgewohnheiten, Frühstück und Zwischenmahlzeiten), in das Zentrum der Untersuchung.[12] *Epidemiologen* versuchten - auf weitgehend deskriptive Art und Weise - die ermittelten gesundheitsrelevanten Verhaltensweisen mit auftretenden Krankheiten in Verbindung zu bringen. Ein wesentlicher Unterschied zur klinischen Forschung besteht darin, daß sich ihr Forschungsinteresse nicht auf den Einzelnen als Träger von Krankheitssymptomen richtet, sondern die Verteilung und Dynamik von Krankheiten in definierten Populationen untersucht wird. Mögliche Faktoren und Einflußgrößen sollen nachgewiesen werden, die das Auftreten von Krankheiten erklären (vgl. Lemke und Lasser 1986, S. 215). Als Grundlage hierfür dient das Konzept der *Risikofaktoren*, das seine

[12] Einen Überblick über die Konzeption der Studie und deren wichtigsten Ergebnisse geben Berkman und Breslow (1983).

Ursprünge in der Framinghaus-Studie hat, die am Ende der vierziger Jahre des 20. Jahrhunderts durchgeführt wurde. In dieser Hinsicht äußern sich Lebensstile in quantitativen Dimensionen, wie etwa in der Menge der pro Tag gerauchten Zigaretten, in Kalorienaufnahme oder dem Konsum reinen Alkohols usw. „Lifestyle is conceived in chemically or biologically measurable units without any relationship to its social context and behavioral aspects“ (Badura 1984, S. 341). *Psychologen* beleuchteten einerseits den Einfluß von „sozialen Netzen“ (Familienstand, Freundeskreis, Religionszugehörigkeit u. a.) auf die Intensität von Lebensstilen und unterstrichen andererseits die psychosomatische Bedeutung und entlastende Funktion von Risikofaktoren. Sozioökonomische Variablen wurden vorwiegend von Sozialmedizinern verwendet, um die unterschiedliche Ausprägung gesundheitsrelevanter Verhaltensweisen zwischen Angehören verschiedener Schichten zu erklären. Das soziale Handeln von Individuen wird als Reaktion auf andere Individuen verstanden, und somit als gesellschaftlich vermitteltes Phänomen.

Die folgende Tabelle 1 wurde einer Studie von Wingard und Berkman (1983) entnommen, die versucht, den Zusammenhang zwischen Lebensstil, weiteren Erklärungsgrößen und der Mortalität im Alameda County zu ermitteln. Die Arbeit beleuchtet dabei die wichtigsten Variablen der Erhebung sowie deren Kategorisierung und Messung.[13] In der ersten Spalte sind drei Variablenklassen erkennbar: *Health Practices* stellt die gesundheitsrelevanten Verhaltensweisen (Lebensstile), die als „Alameda Seven“ bekannt wurden, dar. *Social Networks* beruht auf gesundheitspsychologischen Theorien, nach denen die Familienbindung und Kontakt im Freundeskreis die Morbidität und in letzter Konsequenz auch die Sterblichkeit positiv oder negativ beeinflussen können. Die Kategorie *Potential Confounders* enthält mögliche Störgrößen. Es handelt sich hierbei um einen Terminus aus dem Bereich der Epidemiologie, mit dem eine kovariierende Variable belegt wird, die die vermuteten Zusammenhänge verdeckt (vgl. Hoffmeister u. a. 1992, S. 24).

Die Spalten 2 und 3 geben einen Einblick in die Operationalisierung der erhoben Lebensstilfaktoren, die teilweise retrospektiv abgefragt wurden: *Physical activity* (Körperliche Aktivität) beruht auf einer breiten Palette von Freizeitaktivitäten, die von Schwimmen, Wandern, Fischen, Jagen bis zu Gartenarbeiten reichten. Die Erhebung zielte dabei auf die Häufigkeit derartiger Aktivitäten ab. Während Wingard und Berkman lediglich die einzelnen Tätigkeiten isoliert und diskret mit in ihre Untersuchung aufnahmen, wurde in der Framinghaus-Studie die kör-

[13] Der folgende Abschnitt orientiert sich an Berkman und Breslow (1983).

Tabelle 1: Alameda County Study: Mortalitätsbeeinflussende Größen

Variable	Categories	Remarks
Health practices		
Physical activity (0, 1)	Active, inactive	Based on the frequency and presumed strenuousness of leisure-time participation in active sports, physical exercise, gardening etc.
Smoking status (0,1)	Never, ever	Cigarettes
Weight status (0, 1)	Average, underweight or overweight	Measured by Quetelet Index, categories based on Metropolitan Life Insurance reports of desirable weights (1959)
Alcohol consumption (0, 1)	Low, high drinking index	Based on frequency of drinking and amount consumed (usual number of drinks at a sitting) for beer, wine, and liquor combined, dichotomization based on studies of drinking practices
Sleeping patterns (0, 1)	7 or 8 hrs/ night, ≤6 or ≥ 9 hrs/ night	Based on usual number of hours slept per night
Breakfast (1 - 3)	Often, sometimes, never	
Snacking (1 - 3)	Never, sometimes. often	
Health Practices Index (1 - 3)	0 - 2, 3, 4 – 5, high risk practices	
Social networks		Based on Berkman and Syme (1979)
Marital status (1, 2)	Currently married; other	
Contact with friends and relatives (1 - 3)	Many, some, few	Based on questions about how many friends/ relatives, and how often they are seen
Church member(1, 2	Member, nonmember	
Group membership	Member, nonmember	
Social Network Index (1 - 4)	4 groups, no or few contacts to many contacts	Based on above four components
Potential confounders		Based on Berkman (1977)
Age (30 - 69)	Years	
Sex (1, 2)	Female, male	
Race (0, 1)	White, black, other	
Socioeconomic status (1 -5)	Five groups, high to low	
Physical health status (1 - 4)	No health problem, symptom, chronic condition, disability	Derived from extensive checklist of health problems, coded by most serious condition reported (Belloc u. a. 1971).
Use of preventive health services (1 - 3)	Visit doctor and dentist, visit doctor or dentist, no visits to either	Based on visits to a doctor or dentist when not ill
Life satisfaction (1 -3)	Highly satisfied, dissatisfied	Based on nine questions about satisfaction with aspects of one's life, such as marriage or job

Quelle: Wingard und Berkman 1983, S. 164f.

perliche Aktivität mit Hilfe eines „physical activity index“ gemessen, der als (gewichtetes) Produkt aus den vielfältigen körperlichen Aktivitäten während eines gewöhnlichen 24-Stunden-Tages ermittelt wurde. *Cigarette smoking* bildet das Rauchverhalten ab. Neben der Anzahl der gerauchten Zigaretten zum Befragungszeitpunkt wurde auch die „smoking history“ berücksichtigt. Um das Problem der mangelnden Vergleichbarkeit bei *alcohol consumption* (Alkoholverbrauch) zu vermeiden, wurde anhand des Alkoholgehalts der angegebenen Arten wie Bier, Wein, Spirituosen, sowie Menge und Dauer eine Kennziffer gebildet. *Obesity/weight status* geht davon aus, daß Übergewicht gesundheitsgefährdende Einflüsse haben kann. Unter Verwendung des Body-Mass-Index, der sich aus der Relation Körpergröße zu Gewicht bilden läßt, wurde die Abweichung vom Idealgewicht ermittelt und in die Arbeit mit einbezogen. *Sleeping patterns* stellt die individuellen Schlafgewohnheiten dar. Zur Operationalisierung wurde auch hierfür die Abweichung von der als „normal“ angesehenen Schlafdauer ermittelt. Durch die Größen *breakfast daily*, d. h. tägliches Frühstück, und die Größe *snacking between meals*, d. h. die Frage nach der Einnahme von Zwischenmahlzeiten, wird versucht, Ernährungsgewohnheiten darzustellen. Ökonomische Ansatzpunkte wurden dabei nicht berücksichtigt. Eine Analyse der Datengrundlagen ökonomischer Arbeiten wiederum weist auf ein mangelndes Interesse an dieser Erhebung hin. Dies läßt sich wohl vor allem durch die aus ökonomischer Perspektive unzureichende Erfassung wichtiger Variablen, wie Einkommen oder Preisangaben, begründen.

Das (gesundheits-)ökonomische Forschungsinteresse unterscheidet sich stark von dem der bisher analysierten Disziplinen. Bereits seit über 150 Jahren bilden verschiedene Facetten, die mit der Nachfrage nach Lebensstilgütern in Zusammenhang gebracht werden können und verschiedene Analyseebenen betreffen, das Zentrum der Betrachtung. Erste ökonomische Arbeiten, die sich mit Implikationen (gesundheitsrelevanter) Lebensstilgüter beschäftigen, gehen bis auf das Jahr 1845 und die amerikanische und britische Temperenzbewegung zurück, als im Rahmen von Kostenanalysen versucht wurde, die volkswirtschaftlichen Kosten des Alkoholkonsums zu beziffern (vgl. Room 1983, S. 262). Insbesondere seit den 1960er Jahren, nachdem sich die Gesundheitsökonomik etabliert hatte, ist eine kaum zu überblickende Anzahl ökonomischer Arbeiten entstanden, die sich mit theoretischen und empirischen Aspekten gesundheitsschädigender Güter beschäftigten.

Grundsätzlich lassen sich drei ökonomische Theoriestränge unterscheiden, welche „Lebensstil“ implementieren:

Der ersten Ansatzform liegt das sogenannte Humankapitalmodell der Gesundheitsnachfrage zugrunde. Arbeiten, die in diesem Kontext entstanden sind, basieren auf der Einsicht, daß das Individuum als Produzent seiner Gesundheit angesehen werden kann. Die analytische Fundierung erfolgte durch Grossman (1972a, b). Seinem dynamischen Ansatz zufolge können zwei Arten von Nutzen unterschieden werden, die sich aus einer Verbesserung des Gesundheitszustandes ergeben: Einerseits der konsumtive Nutzen, der direkt in die Nutzenfunktion eingeht, und andererseits der investive Nutzen, der sich in einer Zunahme an gesund verbrachter Zeit manifestiert, die für Aktivitäten, Konsum, Erwerbstätigkeit oder Investitionen in das Gesundheitskapital verfügbar ist. Dabei wird Gesundheit als Kapitalbestand aufgefaßt, der, durch Krankheiten (in Übertragung von Abschreibungen) reduziert, via Investitionen, die sich als individuelle gesundheitsfördernde Anstrengungen und medizinische Leistungen interpretieren lassen, aufgebaut werden kann. In diesem Sinne werden die in Anspruch genommenen medizinischen Leistungen als abgeleitete Nachfrage nach Gesundheit gedeutet. Dahinter steht der Gedanke, daß es sich bei dem, wonach Konsumenten nachfragen, wenn sie medizinische Leistungen in Anspruch nehmen, um Gesundheit handelt, und nicht um medizinische Leistungen per se. Die Abschreibungen auf die Gesundheit können von Risikofaktoren für die individuelle Gesundheit, wie Alkohol- und Zigarettenkonsum, abhängen, die Produktivität der Investitionen insbesondere vom Alter und Bildungsniveau. Derart modelliert stellt Gesundheit eine endogene Variable dar. Eine Reihe gesundheitsökonomischer Arbeiten basiert auf Modifikationen des Grossman-Modells.[14] In bezug auf gesundheitsrelevantes Verhalten deuten dabei zwei Merkmale auf das zugrundeliegende Verständnis hin: Lebensstile werden als Verhaltensmuster verstanden, die einerseits als gesundheitsrelevant, andererseits als freiwillig eingestuft werden (vgl. Contoyannis und Jones 1999a).

Die Modellierung von Sucht- und Gewohnheitskonsum bildet den zweiten theoretischen Forschungsstrang. Zwei Aspekte sind hierbei zu beachten: Erstens müssen nicht sämtliche gesundheitsrelevanten Verhaltensweisen mit Sucht und Gewohnheit in Zusammenhang stehen. Darüber hinaus sind Suchterscheinungen auch bei Konsumgütern beobachtbar, die per se gesundheitsneutral sind. Die Bandbreite an Verhaltensweisen, die potentiell mit Gewohnheit und Sucht in Zusammenhang gebracht werden können, ist sehr breit: Sie reicht vom Konsum von Alkohol, bzw. Zigaretten über Arbeit, Essen, Musik, Fernsehen, Kino, den Lebensstandard, Religionsausübung bis hin zu einer Reihe von anderen Aktivi-

[14] Grossman (1982) und (2000) liefert Übersichten über Modellmodifikationen sowie wichtige Erweiterungen.

täten (vgl. bspw. Becker und Murphy 1988, S. 675 f.; Herrnstein und Prelec 1992, S. 336). Zweitens hat die Vielfalt möglicher Suchtattribute, wie etwa Gewöhnungseffekte, Entzug, Verlangen und Reue, dazu geführt, daß sich Ökonomen verschiedener Forschungsrichtungen mit der theoretischen Modellierung von Gewohnheit und Sucht beschäftigen.

Grundsätzlich kann die ökonomische Theorie Gewohnheit und Sucht auf vier verschiedene Arten implementieren (vgl. Herrnstein und Prelec 1992, S. 332 - 335):

Sucht im Sinne von Krankheit, jedoch nicht als Wahlhandlung: Ein Drogenabhängiger kann als Akteur betrachtet werden, der die Macht über die Entscheidung verloren hat, ob er sich einer „Gewohnheit" hingibt oder nicht. Wird Sucht und Gewohnheit in diesem Sinne verstanden, so eignet sich jedoch nicht die Anwendung der traditionellen ökonomischen Theorie oder anderer Erklärungsansätze, die auf Wahlhandlungen basieren.

Myopisches Handeln neoklassischer Prägung und Sucht im Sinne rationaler Selbstverabreichung: Beide Modellvarianten betonen, daß Wahlhandlungen, die heute getroffen werden, von den Entscheidungen in der Vergangenheit abhängig sind. Es handelt sich dabei um eine Annahme, die bei herkömmlichen intertemporalen Entscheidungsproblemen *nicht* unterstellt wird. Während kurzsichtiges Handeln später eintretende schädliche Effekte nicht berücksichtigt, verstehen Modelle rationalen Handelns den Konsumakt als Teil eines rationalen Lebensstils, der lediglich ungewöhnliche und selbstzerstörerische Aspekte in sich birgt, da wir dessen Einbindung in die relevante Umwelt und den konstitutionellen Kontext nicht verstehen. Die bekannteste ökonomische Implementierung erfuhr diese Interpretation von Sucht durch die Theorie der rationalen Sucht von Becker und Murphy (1988), welche rationale Sucht als Spezialfall des Konsumverhaltens deuten. Rationalität bedeutet ihrer Auffassung nach die Verfolgung eines langfristig konsistenten Konsumplans, wobei das Individuum sich der später anfallenden adversen Effekte bewußt ist. Einen breiten Überblick über rationale und myopische Ansätze von Sucht bietet Grossman (1993).

Der „Weg des geringsten Widerstands": Diese Interpretation geht davon aus, daß der „typische Süchtige" einen „Weg des geringsten Widerstands" entlang wandert, wobei er der Auffassung ist, daß nur eine geringe Gefahr darin bestehe, die Kontrolle zu verlieren. Die Gefahr ergibt sich dadurch, daß die Verfügbarkeit von bestimmten Gütern eine Situation generiert, in der die gewöhnlichen

Verhaltensregeln einer Person außer Kraft gesetzt sind. Die Sucht kann zufallsbedingt eintreten, die Dynamik durch gesellschaftlichen Druck forciert werden.

Das geteilte Ich: Eine Person besitzt verschiedene Vorlieben zu unterschiedlichen Zeitpunkten. Konsumenten verfügen in dieser verhaltensökonomisch geprägten Kategorie über inkonsistente kurz- und langfristige Präferenzen. Zu jedem Zeitpunkt ist das Individuum sowohl ein weitblickender Planer als auch ein myopisch Handelnder, wobei der Planer und der Ausführende miteinander in Konflikt stehen.

Die normative Analyse staatlicher Interventionen bildet den dritten Forschungsstrang. Während das Humankapitalmodell der Gesundheitsnachfrage sowie Suchtmodelle grundsätzlich sowohl auf gesundheitsschädliche als auch auf gesundheitsförderliche Aspekte anwendbar sind, fokussieren demeritorische Staatseingriffe nur auf gesundheitsschädlichen Konsum. Dabei steht die Besteuerung unerwünscht hohen Konsums von Alkoholika und Tabakwaren im Vordergrund. Ihre Lenkungswirkung soll dazu führen, daß Konsumenten die negativen, oft zeitverzögert anfallenden Folgen bei der Konsumentscheidung berücksichtigen. Dies bezieht sich einerseits auf negative Internalitäten, den sich selbst zugefügten gesundheitlichen Schaden, andererseits auf negative Externalitäten, somit nicht kompensierte Schäden, die Dritten zugefügt werden. Mehrere wohlfahrtsökonomische Arbeiten gehen von Marktmängeln bei Lebensstilgütern aus und zeigen, daß eine aufzuerlegende Konsumsteuer derart gewählt werden soll, daß die externen Kosten internalisiert werden (vgl. etwa Pogue und Sgontz 1989). Der Staat besitzt wohlfahrtsökonomisch keine Legitimation, in den Markt für spezifische Lebensstilgüter stärker einzugreifen. Eine Reihe von Autoren hat jedoch vorgeschlagen, die Prinzipien der korrigierenden Besteuerung zu erweitern, um dem Aspekt Rechnung zu tragen, daß Konsumenten dazu tendieren, die internen Kosten ihres Konsums zu niedrig einzuschätzen. Wenn Konsumenten dazu neigen, gewisse kostenträchtige Folgen aus Ignoranz oder Kurzsicht zu vernachlässigen, dann ist es möglich, daß ein Steueranstieg Konsumenten dazu bringen kann, ihre Verbrauchsgewohnheiten eher in Einklang mit ihren „wahren“ Präferenzen zu bringen. In diesem Zusammenhang entstanden wichtige Arbeiten von Atkinson und Meade (1974) sowie von Godfrey und Harrison (1990). Werden diese Aspekte zusätzlich zum wohlfahrtsökonomisch optimalen Staatseingriff berücksichtigt, so rechtfertigt dies einen höheren Umfang der korrigierenden Besteuerung. Weitere Arbeiten untersuchen die Implikationen spezifischer Verbrauchsmuster beim Drogenkonsum. Anknüpfungspunkt ist hier die Beobachtung, daß die Nachfrage nach Drogen im Zeitablauf nicht stetig erfolgt, sondern gewissen zyklischen Bewegungen unterworfen ist (vgl. für den Fall

Kokain: Everingham und Rydell 1994). Musto (1987) entwickelte die Hypothese, daß Zyklen des Ge- und Mißbrauchs von Drogen dann entstehen, wenn sich die junge Generation nicht mehr an die adversen Erfahrungen erinnert, welche ihre Vorfahren damit gemacht haben („Musto-Hypothese“). Bei adäquater Modellierung lassen sich daraus normative Handlungsanweisungen für die optimale Drogenpolitik ableiten (vgl. dazu Behrens u. a. 1999, 2000).

Das inhaltliche Spektrum empirischer Arbeiten, die sich mit Lebensstilgütern auseinandersetzen, ist sehr breit. Zahlreiche Arbeiten versuchen, auf der Basis von Eingleichungs- und Systemmodellen die Preissensitivität der Nachfrage zu bestimmen. Gestützt auf Individual- und Aggregat-Daten werden Kreuzpreiseffekte zwischen Lebensstilgütern geschätzt (vgl. Leung und Phelps 1993). Studien befassen sich mit der Frage, ob einzelne Lebensstilgüter Substitute oder Komplemente sind. So setzen sich ökonomische Arbeiten mit der Beziehung zwischen verschiedenen Formen von alkoholischen Getränken, zwischen illegalen Drogen, aber auch in bezug auf den Konsum von Alkohol und Marihuana bei Jugendlichen auseinander. Derartige Erkenntnisse können für Präventionsmaßnahmen von großer Bedeutung sein.

Zahlreiche Studien sind Kosten-Nutzen-Analysen von Alkoholge- und -mißbrauch gewidmet (vgl. Gerstein 1983). Einen Ansatzpunkt zur Begründung von Staatseingriffen, insbesondere durch Lenkungssteuern, bietet die Einsicht, daß Alkoholkonsum mit Marktmängeln in Verbindung gebracht werden kann (vgl. Leu 1983, S. 26). Die Effektivität staatlicher Maßnahmen findet in der Literatur vielfältige Beachtung.[15] Im Zuge der in vielen Staaten diskutierten Finanzierung steigender Gesundheitsausgaben wird und wurde häufig gefordert, daß Raucher und Trinker im Umfang der dadurch induzierten externen Kosten belastet werden sollen.[16] In diesem Zusammenhang angefertigte Studien weisen auf die tendenziell niedrigere Lebenserwartung und den im Vergleich zu Menschen mit moderaten Lebensstilen geringeren Arztkontakten hin (vgl. Cutler 1996, S. 6 - 9).

---

[15] Dee (1999) skizziert Forschungsarbeiten, die sich mit der Frage beschäftigen, inwiefern staatliche Maßnahmen zur Eindämmung des Alkoholkonsums, insbesondere unter Minderjährigen, geführt haben.

[16] Einen Überblick über die Bandbreite ökonomischer Ansätze im Zusammenhang mit Alkohol- und Tabaksteuern bieten Grossman u. a. (1993).

2.3 Lebensstilanalysen in Ostdeutschland

Seit dem Beitritt der DDR zur Bundesrepublik entstanden innerhalb des Arbeitsgebietes Gesundheitswissenschaften zahlreiche Studien und Beiträge, die sich mit gesundheitsrelevanten Verhaltensweisen in Ostdeutschland beschäftigen.[17] Da hierzu bislang noch keine umfassende Übersicht publiziert wurde,[18] schließt der folgende Forschungsüberblick eine Lücke in der Literatur.

Zwei Motive kennzeichnen die bisherigen empirischen Arbeiten: Neben allgemeinen Bestandsaufnahmen, wie sie separat für West- und Ostdeutschland bereits seit Jahren durchgeführt werden[19], liegt ein wesentlicher Aspekt darin, Unterschiede zwischen beiden Landesteilen aufzudecken sowie Entwicklungen im Zeitablauf abzubilden. Einen Ausgangspunkt für Untersuchungen stellte die seit den 1970iger Jahren immer wieder thematisierte unterschiedliche Lebenserwartung von west- und ostdeutschen Bürgern dar, wobei die dieser zugrundeliegenden Ursachen jedoch nicht zuletzt wegen unterschiedlicher Erhebungsmethoden, Begriffe und Definitionen auch rückblickend nicht umfassend eruiert werden können. Vereinfacht ausgedrückt wurde und wird vielfach angenommen, daß die Diskrepanzen zwischen Ost und West systembedingt waren und in unterschiedlichen Lebensstilen zum Ausdruck kamen. Optimistische Prognosen gingen deshalb davon aus, daß sich im Zuge der Wiedervereinigung die Lebensweisen zwischen Ost- und Westdeutschen in der Zukunft angleichen würden (vgl. Schröder u. a. 1993, S. 14). Dies würde auch zu einer Nivellierung gesundheitsrelevanter Parameter führen.

---

[17] Bei der Darstellung der Lebensstilforschung im Bereich der Gesundheitswissenschaften werden nicht explizit Arbeiten berücksichtigt, die sich mit der demographischen Entwicklung beschäftigen, wie etwa mit der Veränderung der Bevölkerungsreproduktion im Zuge der deutschen Wiedervereinigung. Es muß jedoch angemerkt werden, daß im Zuge jenes Forschungsgebietes Fragestellungen diskutiert werden, die im engen inhaltlichen Zusammenhang zu dieser Arbeit stehen. Während Anhänger der Angleichungshypothese den Einbruch der Geburtenrate als Anpassungsverhalten rationaler Ostdeutscher an die neuen institutionalen Rahmenbedingungen werteten, sahen Vertreter der Verschiebungshypothese darin lediglich ein zeitlich befristetes Phänomen, das sich im Kontext der Unsicherheiten um die vereinigungsbedingten Implikationen in Ostdeutschland einstellte (vgl. dazu Lechner 1999, S. 2).

[18] Es handelt sich hierbei um eine Erweiterung des vorläufigen Literaturüberblicks von Marschall (1999).

[19] Eine umfassende Bestandsaufnahme der Gesundheitsberichterstattung in Westdeutschland leistete die Forschungsgruppe Gesundheitsberichterstattung im Auftrag des Bundesministeriums für Forschung und Technologie (1990). Einen Überblick über Erhebungen in Ostdeutschland enthält Bundesminister für Gesundheit (1993).

2.3.1 Epidemiologische Untersuchungen

Die Grundlage für die meisten epidemiologischen Analysen bilden im wesentlichen fünf Datenquellen: das WHO-MONICA-Untersuchungsprogramm (1983 - 1994), der Survey Ost des Nationalen Gesundheitssurvey (1991/92), die im Auftrag des Bundesgesundheitsministeriums durchgeführten Repäsentativerhebungen zum Konsum von illegalen Drogen, Alkohol und Tabak (1990 und 1992), mehrere Erhebungen der Bundeszentrale für gesundheitliche Aufklärung zum Gesundheitsverhalten der Bevölkerung sowie der Bundes-Gesundheitssurvey 1998. Einen Schwerpunkt der meisten neueren veröffentlichten epidemiologischen Arbeiten bildet der direkte Vergleich zwischen Ost- und Westdeutschland.[20]

Von 1983 bis 1994 wurde in Ostdeutschland das von der WHO initiierte Projekt „MONItoring of Trends and Determinants of CArdiovascular Diseases“ (MONICA) durchgeführt. Ein wesentliches Ziel der in 27 Staaten gleichzeitig anhand dreier Surveys realisierten Erhebungen bildete die Eruierung der Verbreitung kardiovaskulärer Risiko- und Protektivfaktoren in den einbezogenen Populationen auf der Grundlage von repräsentativen Stichprobenuntersuchungen der 25- bis 64jährigen Bevölkerung. In das MONICA-Untersuchungsprogramm war die Ermittlung von Gesundheitsverhalten, psychosozialen Faktoren, körperlicher Aktivität in der Freizeit sowie von Ernährungsgewohnheiten eingeschlossen. Neben der Inanspruchnahme des Datenmaterials zu Ländervergleichen dienten die Befunde außerdem für Längsschnittanalysen im Erhebungsgebiet.

Auf weitgehend deskriptive Art und Weise gingen die Ernährungsforscher Thiel und Johnson (1993) und Thiel (1996) auf Basis des 1. und 2. Surveys (1983/84 bzw. 1988/89) der Frage nach, inwiefern die Nahrungsaufnahme der Ostdeutschen als ungünstig bezeichnet werden könne. Die Autoren stellen einerseits Zusammenhänge zwischen Energie- und Nährstoffaufnahme und der staatlichen Konsumförderung bei tierischen Produkten (Fleisch, Wurst, Eier) her, andererseits beleuchten Thiel und Johnson Implikationen des Verzehrs genußintensiver Produkte, wie Alkohol und Süßigkeiten. In ihrer Analyse kommt Thiel zu dem Ergebnis, daß das Hauptemährungsproblem in der ehemaligen DDR, wie in den meisten industrialisierten Ländern, in der viel zu hohen Energiezufuhr bestanden habe (vgl. Thiel 1996, S. 69). So habe die tägliche Energieaufnahme der Männer mit 3.200 Kcal im Schnitt 15 % über den ernährungsphysiologischen Empfeh-

[20] Diese Analysen werden deshalb in Abschnitt 2.4.4 vorgestellt.

lungen gelegen. Daneben habe ein Zuviel an Salz, Zucker und Alkohol bei einer zu geringen Aufnahme an Vitaminen, Mineralien und Ballaststoffen zu einer chronisch ungünstigen Ernährungssituation geführt.

Thiel (1998) führte die epidemiologische Untersuchung unter Verwendung der Datenerhebung von 1993/94 fort und analysierte die Auswirkungen der Änderungen des Lebensmittelangebots nach der Wende in den neuen Bundesländern. In einer Auswertung der Altersgruppe der 25-64jährigen wurde festgestellt, daß sich die Ernährungssituation insgesamt verbessert habe. Der Lebensmittelverzehr weise Anzeichen auf, die auf eine gesundheitsbewußtere Auswahl schließen ließen. Die Versorgung mit Vitaminen verbesserte sich bei beiden Geschlechtern von 1988/89 bis 1991/92 erheblich. Die in der letzten der drei Erhebungswellen eruierten Daten weisen aber noch eine große Diskrepanz zu den von der WHO empfohlenen Werten auf, was sich nach Auffassung der Autorin dadurch erklären läßt, daß sich Gewohnheiten über lange Zeiträume bilden und festigen.

In Ergänzung zum Nationalen Gesundheitssurvey im Rahmen der Deutschen Herz-Kreislauf-Präventionsstudie (DHP), dessen dritter Durchgang 1991/92 in Westdeutschland erfolgte, wurde in den neuen Bundesländern 1991/92 der „Survey Ost" durchgeführt. Schwerpunkte waren die bedeutendsten Volkskrankheiten (Herz-Kreislauf-Krankheiten, Krebs, Rheuma usw., welche heute die wichtigsten Ursachen für Tod, Invalidität oder Arbeitslosigkeit darstellen) und die Untersuchung von Gesundheitsverhalten. Relevante Forschungsergebnisse wurden vom Robert-Koch-Institut lediglich im Rahmen eines Ost-West-Vergleichs als „Die Gesundheit der Deutschen" (vgl. Hoffmeister und Bellach 1995) bzw. „Die Gesundheit der Deutschen, Band 2" (vgl. Bellach 1996) publiziert. Die Veröffentlichungen der vorwiegend deskriptiven epidemiologischen Studien des Bundesministeriums für Gesundheit und der Bundeszentrale für gesundheitliche Aufklärung zu gesundheitsrelevanten Verhaltensweisen beziehen sich ebenfalls auf den Vergleich zwischen östlichem und westlichem Landesteil.

Eine Übersichtsdarstellung hinsichtlich der Veränderungstendenzen beim Konsum von Lebensstilgütern bietet eine Veröffentlichung des Bundesgesundheitsministeriums (vgl. BMG 2000a) sowie der Drogen- und Suchtbericht der Drogenbeauftragten (vgl. BMG 2000b). Im Bereich der Prävalenz gesundheitsschädigender Verhaltensweisen konnte nicht eindeutig festgestellt werden, ob sich allgemein das Verhalten der Ostdeutschen in den Jahren seit der Wende gebessert hat oder nicht. Die einzelnen Lebensstile haben sich vielmehr nach Maßgabe sozioökonomischer Kriterien ausdifferenziert und sich dabei gegenüber der

Wende verändert. So stieg der Konsum illegaler Drogen in Ostdeutschland unter Jugendlichen im Alter von 12 bis 25 Jahren deutlich an. Das liegt vor allem daran, daß illegale Drogen in der ehemaligen DDR quasi nicht erhältlich waren. Die gegenwärtig beobachtbare Nachfrage beschränkt sich weitgehend auf Probierverhalten (vgl. BMG 2000a, S. 24 - 29; BMG 2000b, S. 33).

Im Hinblick auf den Alkoholkonsum ist festzuhalten, daß sich dieser während der vergangenen Jahre im Trend reduziert hat. Dennoch weisen bestimmte Personengruppen, insbesondere ostdeutsche Männer im Alter zwischen 25 und 55 Jahren, immer noch ein sehr hohes Konsumniveau auf. Sie erreichen im Durchschnitt ein Niveau von mehr als 20 Gramm reinen Alkohols pro Tag. Nach aktuellen Schätzwerten gilt ein Niveau oberhalb dieses Wertes als gesundheitlich bedenklich. Analog zum gesamtdeutschen Trend verringerte sich der Anteil der 12- bis 25jährigen Jugendlichen, die regelmäßig, d. h. mindestens einmal pro Woche, alkoholische Getränke konsumieren. Während der Bierkonsum unter den 18- bis 39jährigen zwischen 1990 und 1995 recht stabil war, zeichnet sich seit 1995 eine Verschiebung zu seltenerem Bierkonsum ab. Die Werte hinsichtlich des Weinkonsums oszillieren in der gleichen Altersgruppe zwar stark, dennoch kann auch hier in den letzten Jahren festgestellt werden, daß sich das durchschnittliche Niveau abgesenkt hat. Hinsichtlich der gerade für Ostdeutschland interessanten Entwicklung beim Spirituosenkonsum liegen leider keine vergleichbaren Daten im Zeitablauf vor (vgl. BMG 2000b, S. 34 f.; Mensink u. a. 1999, S. 203).

Zwar hat in der ersten Dekade nach der deutschen Wiedervereinigung beim Rauchverhalten analog zum Alkoholkonsum eine Annäherung beider Teile Deutschlands stattgefunden, doch implizierte dies für die neuen Länder in diesem Fall eine Verschlechterung. Der Raucheranteil bei den Frauen stieg im Osten um mehr als 40 % auf Westniveau, im Westen wuchs der Anteil dagegen nur geringfügig (2 %). Die mittlere Zigarettenzahl je Raucher glich sich bei Männern und Frauen durch steigende Werte in den neuen und sinkende in den alten Ländern an. Lediglich beim Raucheranteil der Männer entfernten sich die früher fast auf gleicher Höhe liegenden beiden Teile Deutschlands voneinander - in den neuen Ländern ist das Niveau gleichgeblieben, während es im Westen um 7 % sank (vgl. Junge und Nagel 1999).

2.3.2 Gesundheitspsychologische Arbeiten

Psychologische Aspekte dürfen für das individuelle (ökonomische) Handeln nicht unterschätzt werden. Eine wichtige Erkenntnis liegt darin, daß in individuellen Streß- und Belastungssituationen dem Griff zu Genußmitteln eine Ventilfunktion mit entlastender Wirkung zugeschrieben wird. Im Hinblick auf das Untersuchungsgebiet Ostdeutschland lassen sich zwei Ebenen in bezug auf Streß- und Belastungssituationen voneinander unterscheiden: Eine davon setzt bei Personen an, die zum Zeitpunkt der Wiedervereinigung bereits erwachsen waren. Sie können stark durch die DDR-Zeit geprägt sein, wobei die Verplantheit und Vorbestimmtheit des individuellen Lebensganges nach Becker u. a. frustrierend gewirkt haben kann (vgl. Becker u. a. 1991, S. 8). Frustration wiederum vermag gesundheitsrelevante Verhaltensweisen zu induzieren, die die Eigenschaften einer Gewohnheit oder Sucht aufweisen können. Grundsätzlich kann dabei ein Sockel aufgebaut worden sein, ein bestimmtes Ausgangsniveau (z. B. beim Konsum von Alkohol), das sich aufgrund der induzierten Abhängigkeit in den Jahren nach der Wiedervereinigung nur schwer abbauen ließ.

Die zweite Ebene setzt konkret bei den individuellen Auswirkungen der gesellschaftlichen Transformation an. Veränderungsprozesse größeren Ausmaßes bringen für die betroffenen Individuen gravierende Konsequenzen mit sich. So können nach Schwarzer und Hahn die dadurch bedingten streßreichen Erfahrungen und protektiven Bedingungen auf unterschiedliche Weisen mit Gesundheit und Krankheit zusammenhängen (vgl. Schwarzer und Hahn 1994, S. 183 f.). Während ein Weg über psychophysiologische Veränderungen, wie z. B. Immunsystemschwächung, führt, läuft ein anderer über riskante Verhaltensänderungen, indem zum Beispiel mehr geraucht oder getrunken wird. Streßbewältigungsversuche schließen beide Wege ein. Grundsätzlich betrachtet wirken diese auf die Gesundheit mittels Unterlassung von gesundheitsfördernden beziehungsweise Zunahme gesundheitsriskanter Verhaltensweisen (vgl. Schwarzer und Hahn 1994, S. 189). Gewisse Bewältigungsmodi beinhalten die Zuflucht zu direkt gesundheitsschädigenden Mitteln, wie etwa den Konsum von Nikotin oder Alkohol, aber auch Medikamentenmißbrauch[21] (vgl. Mittag und Schröder 1994, S. 198). Die Art der Streßbewältigung beeinflußt die Gesundheit durch die Häufigkeit, Intensität und Art der physiologischen Reaktionen, die der spezielle psychische Bewältigungsmodus hervorruft (vgl. Perrez und Gebert 1994, S. 171). Als Gegenkraft dazu mindern „Soziale Integration“ (Einbettung in ein soziales

[21] Es handelt sich hierbei also nicht um die gewöhnliche Verwendung von Arzneimitteln etwa im Zusammenhang mit einer Heilbehandlung.

Netzwerk) und „Soziale Unterstützung“[22] die Belastung.

Das gesundheitliche Risikoverhalten wurde im Fall von Ostdeutschland von Mittag und Schröder (1994) detailliert im Hinblick auf den Konsum von Tabak, Alkohol und Medikamentenmißbrauch im Kontext einer Längsschnittanalyse untersucht. Bei ihrer empirischen Arbeit stand die Frage im Vordergrund, ob sich das gesundheitliche Risikoverhalten von Übersiedlern, die die DDR kurz nach der Maueröffnung verlassen haben, signifikant von dem der dort gebliebenen Bevölkerung unterscheidet.

Über alle drei Meßzeitpunkte (1989 - 1991) gemittelt lag der Raucheranteil bei den Übersiedlern mit 66,6 % deutlich über der Raucherquote von 37,4 % bei den im Osten verbliebenen Personen. Während die Beziehung zwischen Rauchverhalten und sozialen Bewältigungsversuchen bei den Übersiedlern positiv war, war diese bei den Daheimgebliebenen negativ. Die hohen Raucherquoten lassen sich gesundheitspsychologisch als Ausdruck individueller Bewältigungsbemühungen und bezugsgruppen-spezifischer Verhaltensmuster auffassen. Im gesamten Untersuchungszeitraum von zwei Jahren ließen sich keine bedeutsamen Veränderungen in den Raucherquoten der beiden Stichproben feststellen. Lediglich bei den daheimgebliebenen Frauen war ein leichter Anstieg in der Raucherquote zu beobachten. Ein allgemeiner Abwärtstrend beim Tabakkonsum, wie er z. B. für die alten Bundesländer in den letzten Jahren zu verzeichnen ist, trat in den untersuchten Stichproben nicht auf.

Nach Mittag und Schröder kann von einer reinen Mengenveränderung beim Alkoholkonsum nicht notwendigerweise auf eine streßinduzierte Reaktion geschlossen werden. Eine Separierung einzelner mit dem Trinken im Zusammenhang stehender Funktionen und Motive sei vielmehr erforderlich (vgl. Mittag und Schröder 1994, S. 205 ff.).

- „Soziales Trinken“: Alkoholgenuß im geselligen Miteinander: Der Konsum alkoholischer Getränke ist abhängig von der Größe des Freundes- und Bekanntenkreises, der Kontaktfreudigkeit sowie von Indikatoren der sozialen Anerkennung durch Gleichaltrige.

[22] Die „Soziale Integration“ zielt auf die Einbettung in ein soziales Netzwerk. Demgegenüber umfaßt die „Soziale Unterstützung“ die Interaktionen zwischen zwei oder mehr Menschen, bei der es darum geht, einen Problemzustand, der bei einem Betroffenen Leid erzeugt, zu verändern oder zumindest das Ertragen dieses Zustands zu erleichtern, wenn sich objektiv nichts ändern läßt (vgl. Schwarzer und Hahn 1994, S. 184).

- Alkohol als Mittel der Streßbewältigung: Alkoholkonsum aufgrund von Situationen, in denen die situativen Anforderungen die individuellen Bewältigungsressourcen zu übersteigen scheinen.
- Einfluß der Persönlichkeit: Im Erleben von Streß und im Umgang mit streßreichen Lebensbedingungen können Persönlichkeitsvariablen eine bedeutsame Rolle spielen.
- Geschlecht und soziale Beziehungen: Eine Reihe von Befunden weist darauf hin, daß Frauen im allgemeinen erheblich weniger Alkohol konsumieren als Männer (vgl. z. B.: Bundeszentrale für gesundheitliche Aufklärung [BZgA] 1992b; BZgA 1994; Mittag und Onnen 1991; Mittag und Schwarzer 1993). Exzessiver Alkoholkonsum, und insbesondere der Zustand der Trunkenheit, wird von Frauen deutlich stärker abgelehnt, während ein „Über-die-Stränge-Schlagen" von Männern gesellschaftlich eher toleriert wird.

Bei einem Vergleich der Übersiedler, welche die DDR nach der Maueröffnung verlassen haben, mit der verbleibenden Bevölkerung, analysieren Mittag und Schröder, daß Frauen grundsätzlich weniger Alkohol zu sich nahmen als Männer (vgl. Mittag und Schröder 1994, S. 209 ff.). Im Verlauf der zweijährigen Erhebung (1989 - 1991) fanden lediglich bei den Männern bedeutsame Veränderungen im Alkoholkonsum statt. Trotz des Übergangs in eine streßreiche Lebensphase nahm der Alkoholverbrauch der Männer leicht ab. Diese Veränderung in den Konsumgewohnheiten der Männer war im Vergleich zum ersten Befragungszeitpunkt unmittelbar nach der Grenzöffnung am deutlichsten ausgeprägt. Auffallend sind jedoch die deutlichen Unterschiede zwischen den männlichen Übersiedlern und den im Osten verbliebenen Männern. Bei den Migranten fand sich eine deutliche Abnahme der Konsummengen, während der Alkoholkonsum bei den im Osten verbliebenen Männern auf einem vergleichsweise höheren Niveau relativ stabil blieb.

Vergleicht man den regelmäßigen Medikamentenkonsum (i. S. von Schlaf- und Beruhigungsmitteln der Übersiedler), welche die DDR nach der Maueröffnung verlassen haben, mit der verbliebenen Bevölkerung, so stellt man fest, daß sich die Übersiedler und Daheimgebliebenen in ihrem Ausgangsniveau und in der zeitlichen Veränderung kaum unterscheiden (vgl. Mittag und Schröder 1994, S. 217 ff.). Im Gegensatz zum Alkoholkonsum und zum Rauchverhalten war der Konsum von Schlaf- und Beruhigungsmitteln bei beiden Stichproben bei den Frauen jedoch stärker verbreitet als bei den Männern. Die Autoren leiten daraus ab, daß sich die veränderten Lebensbedingungen offensichtlich geschlechtsspezifisch auf den Alkohol- oder den Medikamentenkonsum auswirken können. Der Konsum dieser Medikamente, der in der Zeit vor der Wende - den retrospektiven Angaben zufolge - bei den (späteren) Übersiedlern häufiger verbreitet war als bei den im Osten verbliebenen Personen, nahm in der Folgezeit bei den Übersiedlern deutlich ab, so daß im allgemeinen nur noch geringe Unterschiede zu den Daheimgebliebenen feststellbar waren. Dies ist insofern bemerkenswert, als ein ähnlicher Abwärtstrend auch beim Alkoholkonsum der Übersiedler zu beobachten war, dort allerdings vornehmlich bei den Männern. Während zum zweiten Befragungszeitpunkt (1990) bei den daheimgebliebenen und alleinstehenden Männern ein deutlicher Anstieg im Alkoholkonsum zu beobachten war, nahm bei den daheimgebliebenen Frauen der Anteil der Schlaf- und Beruhigungsmittel Konsumierenden entsprechend zu.

Auf gleicher Datengrundlage stellen Fuchs und Appel das Verhalten der Übersiedler dem der daheimgebliebenen Bevölkerung hinsichtlich deren sportlichen Betätigung gegenüber (vgl. Fuchs und Appel 1994, S. 228 ff.). Ziel der Analyse war es festzustellen, ob es empirische Hinweise gibt, daß Aktive den komplizierten Prozeß der Anpassung an die neuen Lebensverhältnisse besser bewältigen konnten als Inaktive. Die Autoren gingen dabei von einer Unterscheidung zwischen den direkten und den moderierenden (gesundheitspsychischen) Wirkungen der körperlichen Aktivität aus. Bei einer allgemeinen Darstellung von Ausmaß und Entwicklungsverlauf der Sportaktivität fällt auf, daß zu allen drei Meßzeitpunkten die Frauen jeweils etwa nur halb soviel Zeit für Sport aufbrachten wie die Männer. Auffallend ist außerdem, daß bei beiden Geschlechtern das Ausmaß der Sportaktivität von Welle 1 nach Welle 3 kontinuierlich zunahm. Dies könnte damit zu erklären sein, daß diejenigen Übersiedler, die in der DDR regelmäßig Sport trieben, nach einer gewissen Phase der Konsolidierung auch im Westen wieder zu ihren Sportroutinen zurückfanden (vgl. Fuchs und Appel 1994, S. 231). Die Autoren gingen ferner der Frage nach, inwieweit regelmäßige Sportaktivität dazu befähigt, die negativen Auswirkungen andauernder Arbeitslosigkeit (Streß) auf das seelische Befinden (Depressivität) abzupuffern. Im Gegensatz zu den sportlich inaktiven männlichen Arbeitslosen scheinen die sportlich aktiven Männer mit den seelisch belastenden Auswirkungen von Arbeitslosigkeit besser fertig zu werden (vgl. Fuchs und Appel 1994, S. 236).

2.3.3 Soziologische Untersuchungen

Eine wichtige Quelle für soziologische Studien bilden die 1990 (noch zu Zeiten der DDR) begonnenen und bis 1996 fortgeführten repräsentativen Erhebungen „Leben in der DDR/Ostdeutschland“ zu subjektiven Befindlichkeiten der Menschen, die in den neuen Bundesländern und zum Zeitpunkt der Befragung das 18. Lebensjahr vollendet haben. Im Rahmen der jährlichen Wiederholungsbefragung standen zentrale Lebensbereiche, unter ihnen Gesundheit, im Vordergrund. Zu diesen Lebensbereichen wurden jeweils *subjektive Reflexionen* der Menschen wie Wichtigkeit, Zufriedenheit, Handlungsabsichten und Zukunftserwartungen erfaßt. Dabei wurden zur Beschreibung des *subjektiven Gesundheitszustandes* die Indikatoren „Gesundheit als Wertorientierung", „Selbsteinschätzung des Gesundheitszustandes" sowie „eigene Aktivitäten" bzw. das „Bemühen, sich gesund zu erhalten" erfragt. Die wichtigsten Ergebnisse veröffentlichte das Sozialwissenschaftliche Forschungszentrum Berlin-Brandenburg (SFZ) in seiner Reihe „Sozialreport".[23]

Grundsätzlich ist festzustellen, daß sich in der Selbsteinschätzung des Gesundheitszustandes in den neuen Bundesländern seit 1990 ein merklicher Wandel vollzogen hat. Die Verschiebungen innerhalb der Antwortmöglichkeiten zum subjektiven Gesundheitszustand waren von 1990 bis 1992 recht gravierend, da sich 33 % der Befragten des Jahres 1990 als gesund und leistungsfähig einschätzten und es im Jahr 1992 bereits 62 % waren. Nach Schmidtke, die die SFZ-Daten auswertete, liegt die Vermutung nahe, daß die Bewertung der eigenen Gesundheit durch die gesellschaftlichen Veränderungen auch in einen neuen sozialen Kontext gestellt wurde (vgl. Schmidtke 1997, S. 188). Rein deskriptiv stellt sie die in den Untersuchungen 1990 und 1991 ermittelten Ergebnisse hinsichtlich der persönlichen Aktivitäten zur Erhaltung der Gesundheit dar (vgl. Schmidtke 1997, S. 191 f.). Abbildung 1 veranschaulicht in bezug auf beide Erhebungen die Mittelwerte von 13 gesundheitsrelevanten Kategorien, die eine Reihe von Lebensstil-Größen beinhalten.

Nach Auffassung der Autorin kann man mit Hilfe eines Mittelwertvergleiches (Veränderungen von 1990 gegenüber 1991) in bezug auf einige Indikatoren relativ auffällige Veränderungen feststellen. Dazu gehören insbesondere gesundheitsorientiertes Essen sowie der Verzicht auf Alkohol und Tabak. Geschlechtsspezifische Unterschiede sind erkennbar, die in unterschiedlichem Ausmaß in Richtung eines stärker gesundheitsbewußten Verhaltens weisen. Zwei Aspekte müssen jedoch kritisch angemerkt werden: Erstens ist der durchgeführte Mittelwertvergleich aus methodischer Sicht problematisch, da es dabei automatisch zu einem hohen Informationsverlust hinsichtlich der Streuung der Ausprägungen kommt. Multiple regressionsstatistische Analysen gestatten es dagegen, andere mögliche Einflußfaktoren statistisch konstant zu halten. Zweitens sind die von

[23] Vgl. Winkler (1990); Winkler (1993); Kurz-Scherf und Winkler (1994) sowie Winkler (1995).

Abbildung 1: Häufigkeit der Aktivitäten für das eigene Wohlbefinden

Frage: Was tun Sie selbst für die Erhaltung Ihrer Gesundheit?

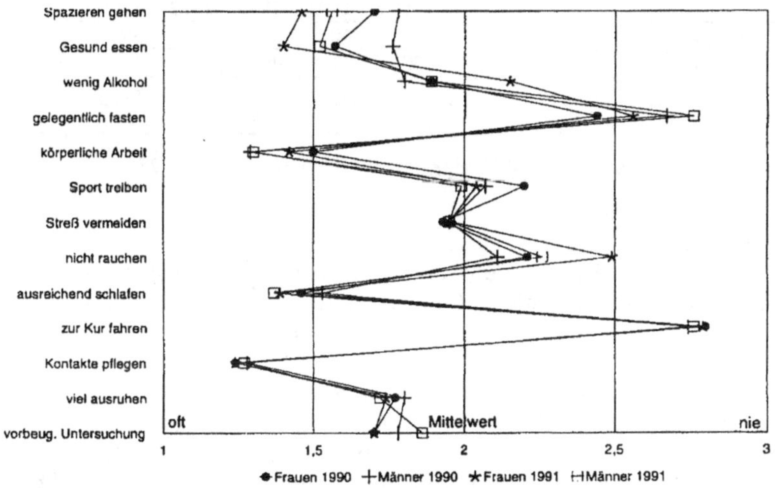

Quelle: Schmidtke 1997, S. 192; Datenbasis: sfz/leben 1990-91.

der Autorin apostrophierten Veränderungen hinsichtlich der Intensität körperlicher Aktivitäten in der Abbildung 1 nicht eindeutig erkennbar. Das Schaubild scheint eher zu suggerieren, daß sich im Zeitablauf nicht sonderlich viel verändert hat.

Die Aussagekraft hinsichtlich der individuellen Einstellung zur Gesundheit wurde durch den seit 1990 erhobenen Fragenkomplex zu den Erwartungen und Rahmenbedingungen, ein gesundes Leben führen zu können, verbessert. Aus Tabelle 2 sind zwei Tendenzen erkennbar: Erstens hat das relative Gewicht der Erwartungshaltung zugenommen, bei der mit keinen Veränderungen gerechnet wird. Die Erwartungen in bezug auf eine Verbesserung sind im Zeitablauf rückläufig. Zweitens haben negative Auffassungen zugenommen. Nach Auffassung von Schmidtke läßt sich vor allem die erste Tendenzaussage als „Ausdruck einer Etablierung gesundheitsfördernder Bedingungen im Lebensalltag seit 1990“ auffassen, wohingegen der zweite Trend allgemeinen Pessimismus angesichts globaler Umwelteinflüsse wie Ozonloch, Smog etc. widerspiegelte (vgl. Schmidtke 1997, S. 193).

Tabelle 2: Erwartungen in bezug auf gesundes Leben

Angaben in Prozent

	1990	1991	1992	1993	1994	1995
eher eine Verbesserung	53	60	51	41	39	31
keine Veränderung	33	31	40	45	48	56
eher eine Verschlechterung	6	5	7	11	11	11
ich weiß nicht/ keine Angabe	8	4	3	3	2	2

Quelle: Schmidtke 1997, S. 194; Datenbasis: sfz/ leben 1990-1995.

Sozialwissenschaftliche Untersuchungen beschäftigen sich außerdem mit dem Ernährungsverhalten. Die Nahrungsaufnahme beruht demnach nicht nur auf biophysischen Funktionen, die auf individuelle Veranlagung zurückzuführen sind, sondern auch auf einer Reihe von sozialen Lernprozessen. Donat (1996) analysiert die Entwicklung des Ernährungsverhaltens der DDR-Bevölkerung vor und nach der Währungsunion. Er betont den hohen Stellenwert, den die Ernährung für den ostdeutschen Verbraucher besaß, und der sich insbesondere in der Stabilität wichtiger Ernährungsgewohnheiten manifestierte (vgl. Donat 1996, S. 4). Ein wichtiges Kennzeichen hierfür ist der Trend zu mehr Genuß und hoher Produktqualität, die sich in einer Erhöhung der Ausgaben je aufgenommener Nahrungsenergieeinheit bis auf das Jahr 1970 zurückverfolgen läßt (vgl. Donat 1996, S. 6). Damit war bereits vor der Wende einerseits die stärkere Hinwendung zu hochwertigen pflanzlichen Produkten verbunden, andererseits ein überproportionaler Anstieg des Verbrauchs bei Genußmitteln. Verfestigte Gewohnheiten resultierten nach Donat darüber hinaus aufgrund der Prägung durch die DDR-Zeit (vgl. Donat 1996, S. 10). Mengenideologie, Mangelwirtschaft und Preisbildungswillkür hätten zu einer anhaltenden Deformierung von Verbrauchsverhalten geführt, die auch unter den weitgehend angenäherten Produkt- und Preisangeboten von Ost und West nicht plötzlich verschwanden.

Die 1991 im Auftrag der BZgA (1991) durchgeführte Studie „Eßverhalten und Eßstörungen in Ostdeutschland" befaßte sich ebenfalls mit rein sozialwissenschaftlichen Fragestellungen. Einen wesentlichen Aspekt bildeten hier ernährungsbedingte Änderungen im Kontext der deutschen Wiedervereinigung. Von den Autoren wurde festgestellt, daß viele Menschen (über 70 %) nach der Wende ihre Ernährung radikal geändert haben. Statt, wie in der Vergangenheit üblich, die betriebliche Kantine oder die Schulspeisung in Anspruch zu nehmen, wurde das Mittagessen jetzt häufiger zu Hause eingenommen (vgl. BZgA 1991,

S. 43).[24] Im Hinblick auf die Qualität der Ernährung ist feststellbar, daß bei jüngeren Menschen Fastfood an Beliebtheit zugenommen hat. Andererseits läßt sich aber auch eine zunehmende gesundheitsbewußte Orientierung in bezug auf die Ernährung beobachten. Transformationsbedingte Spannungen haben sich individuell zudem in der Gewichtsproblematik sowie in der Veränderung der Mahlzeitenstruktur manifestiert. In diesem Zusammenhang weisen die Autoren auf das veränderte Lebensmittelangebot hin (vgl. BZgA 1991, S. 45).

2.4 Ausgewählte Forschungssegmente

2.4.1 Arbeitslosigkeit und Lebensstil

Eine Konsequenz der deutschen Wiedervereinigung bildete der sprunghafte Anstieg der Arbeitslosigkeit in den neuen Bundesländern. Die Problematik wurde zusätzlich dadurch verstärkt, daß es dort bis zur Wende Arbeitslosigkeit als gesellschaftliche Erscheinung nicht gegeben hatte. Wie aus einer Reihe von Veröffentlichungen bekannt ist, korreliert der Problemkomplex Arbeitslosigkeit (neben anderen Auswirkungen auf die Gesundheit wie Depressivität, Ängstlichkeit, Schlaflosigkeit, Reizbarkeit, allgemeine Nervosität und Konzentrationsstörungen) eng mit einer Zunahme im Genußmittelverbrauch und Mangel an sportlicher Betätigung und somit mit einem gesundheitsriskanteren Lebensstil (vgl. Henkel 1993, S. 124). Insbesondere scheint der Genußmittelverbrauch mit der Dauer der Arbeitslosigkeit anzusteigen. Bei den durch Arbeitslosigkeit induzierten Phänomenen handelt es sich nach Kieselbach jedoch um individuelle Reaktionsmechanismen, die nicht bei allen Personen gleichförmig auftreten müssen (vgl. Kieselbach 1993, S. 50). Um mögliche Beziehungen zwischen ökonomisch-sozialen Krisen und Alkoholkonsum nachzuweisen, genügt es nach Henkel nicht, die Entwicklung des Pro-Kopf-Verbrauchs an Alkohol in der Bevölkerung mit der Arbeitslosenquote zu korrelieren (vgl. Henkel 1993, S. 124 f.). Es muß zwischen einem *konvivialen,* in kulturelle Kontexte und soziale Rituale eingebundenen und dadurch normierten Alkoholkonsum einerseits, und dem *drogenhaften*, zur Beeinflussung persönlicher Probleme und zumeist exzessiv praktizierten Alkoholkonsum andererseits unterschieden werden. So kann der Alkohol für Arbeitslose etwa die Funktion haben, „die durch den Verlust der Arbeit erfahrene Handlungsohnmacht wenigstens zeitweilig in ein Gefühl (scheinbar) souveräner Beherrschung der Lebensprobleme umzukehren, oder

[24] Mögliche Ursachen hierfür werden im Rahmen der Studie nicht thematisiert. Es kann angenommen werden, daß das hohe Ausmaß an Arbeitslosigkeit die Einnahme von Mahlzeiten zu Hause begünstigt hat.

[...] mit dem Alkohol Gedanken an die Zukunft zu betäuben“ (Henkel 1993, S. 124 f.).

Ein interdisziplinäres Projekt an der Martin-Luther-Universität Halle-Wittenberg mit medizinischen, psychologischen und soziologischen Schwerpunkten beschäftigt sich mit den Zusammenhängen von Arbeitslosigkeit und Gesundheit im Raum Halle unter Einbeziehung ökonomischer Variablen. Erste Ergebnisse liegen bezüglich zweier Probandengruppen hinsichtlich Rauchen, Alkohol und Medikamentengebrauch vor (vgl. Dauer u. a. 1993). Es wurde ein geringer Gebrauch von Schlaf-, Beruhigungs- und Anregungsmitteln registriert. Durchschnittlich 82 % der Befragten gaben an, keine dieser Mittel zu nehmen. Bei Schmerzmitteln berichteten 50 % der Untersuchungspartner, „manchmal bis oft“ diese Medikamente zu verwenden. Ein nach Auffassung der Autoren „auffälliger Trend“ ließ sich nur in bezug auf den Schlafmittel- und Beruhigungsmittelkonsums feststellen, bei dem zwischen Juli und September 1991 ein Anstieg zu verzeichnen war. Insgesamt unterschieden sich bei Fragen des Medikamentengebrauchs die Frauen und Männer in den Stichproben nicht signifikant. Beim Rauchverhalten überraschte eine große Zahl von Nichtrauchern; doch wurden auch nach Analyse der jeweiligen Lungenfunktionstests keine Befunde ermittelt, die gegen diese Angaben sprachen. Bei der Trendbetrachtung verwiesen 88,8 % der Probanden darauf, gleich viel oder weniger zu rauchen. Aber gerade im Trend unterschieden sich Frauen und Männer signifikant voneinander. Unter den „Mehrrauchern“ waren zu 90 % Männer. Bedenklich erschienen den Autoren Aussagen, die zum Trinkverhalten ermittelt wurden. Mehr als die Hälfte aller Befragten trank öfters bis täglich Alkohol, wobei 73 % der Männer sich zu dieser Gruppe zählten. Auch im Trend fiel auf, daß 27,1 % aller befragten Männer erklärten, mehr Alkohol zu trinken als noch im Jahr zuvor.

2.4.2 Kohortenanalyse

Eine Reihe von Arbeiten beleuchtet gesundheitsrelevante Verhaltensweisen von *Jugendlichen*. Unter Hinweis auf das nur begrenzt verfügbare Datenmaterial, vor allem in bezug auf illegale Drogen, sowie die lediglich bedingte Vergleichbarkeit, versuchten Nordlohne u. a. (1993) ein Bild der Entwicklungstrends im Konsum legaler und illegaler Drogen in Ost- wie in Westdeutschland von Beginn der 1970er Jahre bis zur Zeit unmittelbar nach der Wiedervereinigung zu zeichnen.

Im Bereich des *Alkoholkonsums* ermittelten die Autoren über die beiden Jahrzehnte hinweg sowohl die Zunahme der Trinkhäufigkeit als auch des Alkoholverbrauchs. Aufgrund der besonderen Marktsituation bei Alkoholika in der

DDR, die durch ein begrenztes und überteuertes Angebot an Bier und Wein einerseits und ein stabiles, reichhaltiges Spirituosensortiment andererseits gekennzeichnet war, kam es zu einer starken Bevorzugung von letzteren. Im Unterschied dazu war im Westen seit Mitte der siebziger Jahre im Trend der Rückgang des Alkoholkonsums unter Jugendlichen und jungen Erwachsenen zu beobachten, dessen Intensität jedoch in den 1980er Jahren wieder etwas rückläufig war. Dabei ließ sich eine zunehmende Affinität weiblicher Jugendlicher in bezug auf den Alkoholkonsum feststellen. Bei einem Vergleich der Entwicklungspfade zwischen beiden Teilen Deutschlands muß jedoch ein deutlich niedrigeres Ausgangsniveau im Westen berücksichtigt werden.

Während zu Beginn der 1970er Jahre das *Rauchen* unter ostdeutschen Jugendlichen insbesondere wegen der zunehmenden Verbreitung unter weiblichen Jugendlichen anstieg, sank die Raucherquote, wenn auch deutlich später als in Westdeutschland, ab Beginn der 1980er Jahre im Trend. Nach Auffassung von Nordlohne u. a. kann dies als Erfolg der Gesundheitsaufklärung aufgefaßt werden (vgl. Nordlohne u. a. 1993, S. 26). Allerdings ließ sich keine Verminderung der Rauchintensität unter Zigarettenrauchern feststellen. Im Hinblick auf den *Konsum illegaler Drogen* kamen die Autoren zu dem Ergebnis, daß dieser in der ehemaligen DDR vor der Wende keine Rolle spielte. Seit Öffnung der Grenze sei allerdings in bezug darauf eine neue Situation eingetreten, da die illegalen Substanzen nun verfügbar seien und durch die Währungsunion ein attraktives Drogenabsatzgebiet entstanden sei. Eine entgegengesetzte Entwicklung kennzeichnet Westdeutschland. Dort zeigt sich im Trend während der beiden untersuchten Jahrzehnte ein Rückgang im Gebrauch.

Arbeiten, die im Kontext des (Bielefelder) Jugendgesundheitssurveys (1993) entstanden sind, knüpfen in zeitlicher Hinsicht direkt an den Entwicklungsüberblick von Nordlohne u. a. (1993) an. Der Survey liefert ein Bild des Gesundheitszustandes 12- bis 16jähriger Jugendlicher auf der Basis von Selbstangaben. Er gibt nicht nur Auskunft über den subjektiv wahrgenommenen Gesundheitszustand, sondern liefert auch Informationen über gesundheitsrelevante Verhaltensweisen und jugendspezifische Belastungen. Im Vordergrund stehen der Konsum legaler und illegaler Drogen, das Ernährungs- und Bewegungsverhalten sowie die Inanspruchnahme medizinischer und psychosozialer Hilfen. Die als repräsentative Surveystudie 1993 angelegte Untersuchung erfaßt erstmals Gesundheitsindikatoren, die einen direkten Vergleich zwischen Ost- und Westdeutschland zulassen. Hinsichtlich des *Alkoholkonsums* stellen Kolip, Nordlohne und Hurrelmann (1995) in ihrer qualitativen Analyse fest, daß sich westdeutsche Jugendliche nicht signifikant von ostdeutschen unterscheiden. Dies gilt insbesondere für die Typenbildung in „Nie-Trinker" und „Probierer" einerseits sowie in die „gelegentlichen und regelmäßigen Trinker" andererseits. Signifikante Unterschiede ergaben sich lediglich beim rauschhaften Trinken. Der Anteil derjenigen, die noch nie betrunken waren, liegt bei den ostdeutschen Jugendlichen mit 61,6 % deutlich über dem bei den westdeutschen (48,4 %). Die Verteilungen beim Rauchverhalten der ost- und westdeutschen Jugendlichen unterscheiden sich jedoch sehr ausgeprägt voneinander. Sowohl bei der Rauchfrequenz als auch bei der Anzahl täglich gerauchter Zigaretten liegen die durchschnittlichen Werte der ostdeutschen Jugendlichen signifikant unter denen der westdeutschen. Bei einer Befragung hinsichtlich des Medikamentenkonsums der Jugendlichen innerhalb der letzten drei Monate aus einer vorgegebenen Liste mit 13 Medikamentengruppen (u. a. Schmerz-, Beruhigungs- und Schlafmittel, Appetitzügler und Medikamente gegen spezifische Beschwerden) erwies die Analyse, daß die Jugendlichen aus den neuen Bundesländern durchschnittlich weniger Medikamente einnehmen als ihre westdeutschen Altersgenossen. Auch die Prävalenzrate der westdeutschen Jugendlichen bei illegalen Drogen lag 1993 durchgängig über denen der ostdeutschen Jugendlichen. Dieser Unterschied ist dabei in drei Drogenbereichen (Haschisch, Schnüffelstoffe und aufputschende Medikamente) statistisch signifikant.

Zu ähnlichen Ergebnissen kam die weitgehend deskriptive Auswertung der Wiederholungsbefragung 1993/1994 der Bundeszentrale für gesundheitliche Aufklärung zur Drogenaffinität Jugendlicher in der Bundesrepublik (vgl. BZgA 1994). Neben dem Trink- und Rauchverhalten analysierten die Autoren den Umgang mit illegalen Drogen. Für den Erhebungszeitraum lag die lebenszeitbezogene Drogenprävalenz in den neuen Bundesländern erheblich unter der Westdeutschlands. Der festgestellte Unterschied im Drogenkonsum von west- und ostdeutschen Jugendlichen beruht der Studie zufolge auf zwei Faktoren: Zum einen sind in den neuen Bundesländern einem erheblich niedrigeren Prozentsatz der Jugendlichen schon einmal Drogen angeboten worden. Das Verhalten der ostdeutschen Jugendlichen in dieser Situation unterscheidet sich jedoch kaum von dem der westdeutschen. Der zweite Faktor, der für den zur Zeit der Erhebung geringeren Drogenkonsum in den neuen Bundesländern verantwortlich war, ist die Tatsache, daß dieser in den ostdeutschen Ländern vor allem Probierverhalten darstellt: 80 % aller drogenerfahrenen Jugendlichen hatten den Drogenkonsum zum Zeitpunkt der Erhebung bereits wieder eingestellt.

Die Untersuchung von Kirschner (1996) verfolgte das Ziel, die epidemiologische Ausbreitung des illegalen Drogenkonsums unter Jugendlichen in Ostdeutschland in der Zeit zwischen 1990 und 1993 zu beobachten, regionale und soziale Ausbreitungsmuster herauszuarbeiten sowie Bedingungsfaktoren der Ausbreitung abzuleiten. Die bevölkerungsrepräsentative Längsschnittstudie bei ostdeutschen Jugendlichen über drei Bezugszeitpunkte basierte auf der wiederholten Befragung der Jahrgänge 1966 - 1978 über Drogenerfahrungen, Einstellungen zum Rauschmittelkonsum und Veränderungen des Drogenumfeldes. Die Untersuchung wurde bereits im Frühjahr 1990, also vor Währungsunion und Wiedervereinigung, anhand einer großen Stichprobe (Nettostichprobenumfang N = 5.500) unter ostdeutschen Jugendlichen im Alter von 12 - 24 Jahren begonnen, wobei die historisch einmalige Gelegenheit genutzt wurde, bereits vor einem potentiell kritischen Lebensereignis (life-event) und der staatlichen Vereinigung die Ausgangssituation zu erfassen. Erwartungsgemäß belegte sie, daß der Anteil drogenkonsumerfahrener Jugendlicher in Ostdeutschland im Untersuchungszeitraum von zunächst 2 auf 7 % gestiegen ist. Das Ausbreitungsmuster ähnelt(e) dabei der Verbreitung im Westen. Bei der sehr detaillierten Analyse werden unmittelbare Zusammenhänge zwischen Drogenkonsum und Gesundheitszustand nicht näher untersucht.

Besondere Beachtung wird Jugendlichen auch von seiten der Sozialmedizin geschenkt. Tomaszewski u. a. wiesen 1997 darauf hin, daß sich seit dem Ende der 1980er Jahre der „Übergangsprozeß“ ostdeutscher Jugendlicher als Transformation mit doppelter Dynamik charakterisieren läßt (vgl. Tomaszewski u. a. 1997, S. 268): Einerseits durch die Vollziehung des Übergangs vom Kind zum Erwachsenen, andererseits durch die gesellschaftliche Transformation. Die 1993 von Tomaszewski u. a. (veröffentlicht 1997) in Magdeburg durchgeführte Untersuchung geht von der vielfach nachgewiesenen Aussage aus, daß gesundheitsschädigende Verhaltensweisen von Jugendlichen zur Bewältigung schwieriger Lebenssituationen instrumentalisiert werden können. Es war den Autoren jedoch nicht möglich, stark ausgeprägte Problembewältigungsfunktionen von Lebensstilen festzustellen.

In einem neuen Bericht zur Drogenaffinität präsentierte die Bundeszentrale für gesundheitliche Aufklärung nicht nur Angaben zum Konsum von Alkohol, Zigaretten und Drogen durch Jugendliche und junge Erwachsene im Alter von 12 bis 25 Jahren, sondern versuchte darüber hinaus auch noch Entwicklungstendenzen auf der Basis der bisherigen Wiederholungsbefragungen aufzuzeigen (vgl. BZgA 2001). Methodische Probleme, die sich auch aus der veränderten demographischen Situation der 12- bis 25jährigen ergeben und zu Verzerrungen führen können, wurden durch die Berechnung von Zeitreihen mit konstanten Altersstrukturen kontrolliert. Für diese strukturbereinigten Zeitverlaufsergebnisse wurden Trendgeraden berechnet und mit Hilfe eines *t*-Tests geprüft, ob die Steigung der jeweiligen Regressionsgerade signifikant von Null verschieden ist, also ob sie als tatsächliche Abnahme oder Zunahme des Substanzgebrauchs interpretiert werden kann und nicht als Ergebnis von Zufallsvariationen.

Zwischen West- und Ostdeutschland bestanden im Jahr 2001 keine signifikanten Unterschiede in der Häufigkeit des *Alkohol*konsums, jedoch im Hinblick auf die Trinkmengen: Ostdeutsche Jugendliche tranken im Durchschnitt deutlich weniger Bier, aber etwas mehr Spirituosen. Im Durchschnitt tranken die 12- bis 25jährigen Jugendlichen in der Bundesrepublik 53,9 Gramm reinen Alkohol pro Woche; in Ostdeutschland war dieser Durchschnittswert etwas niedriger. Seit der erstmaligen Durchführung der Drogenaffinitätsstudien in Ostdeutschland (1993) kann festgestellt werden, daß der regelmäßige Konsum von Spirituosen und alkoholartigen Mixgetränken in Ostdeutschland rückläufig ist. Mit Ausnahme eines steigenden Weinkonsums bei den Männern ist auch im Osten Deutschlands der Trend eines generell sinkenden Alkoholverbrauchs zu beobachten.

Die BZgA wies in ihrer neuen Drogenaffinitätsstudie darauf hin, daß in den neuen Bundesländern im Jahre 2001 die *Raucher*quote bei Jugendlichen und jungen Erwachsenen mit 40 % etwas höher lag als in den alten Bundesländern mit 36 %, wobei jedoch im Osten Deutschlands der Anteil an Gelegenheits- und Nierauchern höher lag. In langfristiger Hinsicht stellten die Autoren der Studie fest, daß in Ostdeutschland der Angleichungsprozeß im Rauchverhalten zu Westdeutschland mittlerweile abgeschlossen ist (vgl. BZgA 2001, S. 39). Jener Entwicklungsgang bestand den Autoren der Drogenaffinitätsstudie zufolge aus zwei Teilprozessen: Erstens bewirkte der neu entstandene Tabakmarkt in den neuen Bundesländern, daß dort verhältnismäßig viele Jugendliche zunächst mit dem Zigarettenrauchen experimentiert hatten. Ein Teil der Experimentierer wiederum sei zu permanenten Rauchern geworden. Zweitens fand eine Angleichung des Rauchverhaltens der weiblichen Jugendlichen aller Altersgruppen an das der männlichen Jugendlichen statt. Hatte 1993 der Raucheranteil der weiblichen Jugendlichen aller Altersgruppen noch erheblich unter dem der männlichen gelegen, so glichen sich 1997 die Raucheranteile auf einem hohen Niveau an. Die 2001 noch überhöhte Raucherquote bei beiden Geschlechtern in Ostdeutschland läßt die Tendenz zum Rückgang erkennen, der in Westdeutschland bereits seit Jahren im Trend beobachtet werden kann (vgl. BZgA 2001, S. 41).

Auch in bezug auf den Konsum *illegaler Drogen* durch Jugendliche und junge Erwachsene stellt die Drogenaffinitätsstudie einen Angleichungsprozeß zwischen Ost- und Westdeutschland fest, wobei dieser gering ist und sich stark auf

Cannabisprodukte konzentriert. Im Jahr 2001 betrug der Anteil der Drogen-Erfahrenen in Ostdeutschland bei dieser Altersgruppe 24 %, in Westdeutschland 28 %. Der Unterschied beim Konsum illegaler Drogen hat im Lauf der 1990er Jahre sukzessive abgenommen. Betrug der Anteil der Drogenkonsumenten in den neuen Bundesländern 1993 noch 3 %, so erhöhte sich dieser bis 1997 auf 14 % Prozent. Besonders deutlich war der Anstieg bei den weiblichen Jugendlichen, bei denen die 12-Monats-Prävalenz von 1 auf 13 % kletterte.

Genz (1996) präsentiert Ergebnisse der Halleschen Längsschnittstudie HALSEKO, die darauf ausgerichtet war, Veränderungen und Kontinuitäten der Lebenslage und des Gesundheitszustandes *älterer Menschen* zwischen 1989 und 1992 zu ermitteln. Gerade aus sozialmedizinischer Sicht verdeutlicht die Bevölkerungsgruppe der Menschen, die älter als 60 Jahre sind, exemplarisch die Bedeutung der Zusammenhänge zwischen sozialen, bzw. - weiter gefaßt - kulturellen Bedingungen und dem Gesundheitszustand im Lebensablauf. Die Arbeit bestätigt bekannte Erkenntnisse und Zusammenhänge. Die veränderte Situation in Ostdeutschland führte zu einem besonders aus der Alterssicht erlebten Wertewandel und zu einer sensiblen Phase in den intergenerativen Beziehungen. Gjonca u. a. (1999) diskutieren in ihrer Arbeit die Ursachen für den Anstieg der Lebenserwartung insbesondere der ältesten Bevölkerungsgruppe nach der deutschen Wiedervereinigung. Vier Ursachenbündel kommen ihrer Auffassung nach für den demographischen Anschluß der ostdeutschen Population an den in Westdeutschland seit Mitte der 1970er Jahre beobachtbaren Trend in Betracht: Migration, Verbesserung der medizinischen Versorgung, Steigerung der individuell verfügbaren ökonomischen Ressourcen sowie lebensstilbedingte Faktoren. Während einerseits auf Ergebnisse von Brockmann (1998) verwiesen wird, wonach es Evidenz dafür gibt, daß ältere Menschen ihre Ernährungsgewohnheiten selten ändern, wird andererseits betont, daß ernährungsphysiologische Defizite, die zu DDR-Zeiten vorhanden waren, wie zu geringer Verzehr von Milch, pflanzlichen Ölen und Fetten, Gemüse und tropischen Früchten, abgebaut wurden.

2.4.3 Geschlechtsspezifische Untersuchungen

Eine Reihe von Studien beleuchtet Unterschiede im gesundheitsrelevanten Verhalten zwischen den Geschlechtern. Auch Arbeiten, die sich etwa nur mit dem Lebensstil von Frauen beschäftigen, thematisieren häufig den Alkohol- und Tabakkonsum von Männern. Diese fungieren hierbei als Referenzgruppe.

Um einen Überblick über die gesundheitliche Situation von Frauen in Deutschland zu erhalten, gab das Bundesministerium für Familie, Senioren, Frauen und

Jugend 1996 einen Bericht in Auftrag, in dem Aussagen zum Gesundheitsstatus von Frauen in Ost und West gebündelt werden sollten. Der resultierende Frauengesundheitsbericht (vgl. BMFSFJ 2001) konzentriert sich im wesentlichen auf die erwachsenen Frauen und spart Kinder und Jugendliche aus, weil es für diese Gruppen eigene Berichte gibt. Um Vergleichbarkeit zu gewährleisten, wurde den einzelnen Beiträgen weitgehend dasselbe Berichtsjahr, nämlich das Jahr 1995, zugrundegelegt. Die im Bericht verwendeten Querschnittsdaten erlauben keine Aussagen über Zusammenhänge zwischen Gesundheitszustand und Gesundheitshandeln. Hierzu wären Daten einer Längsschnittstudie erforderlich, die umfangreichere Aspekte von Gesundheit und Lebenslagen untersucht. Die Studie verdeutlicht Unterschiede im gesundheitsrelevanten Verhalten von Frauen gegenüber Männern. Als Datengrundlage dienen Angaben der amtlichen Statistik sowie die Gesundheitsstudien der 1990er Jahre.

Schon bei den 12 - 16jährigen Jugendlichen zeigt sich, daß Mädchen im Vergleich zu Jungen weniger und vorsichtiger Alkohol konsumieren, wobei nach Interpretation der Autoren die traditionellen geschlechtsspezifischen Trinkgewohnheiten in den neuen Bundesländern noch ausgeprägter sind als in Westdeutschland (vgl. BMFSFJ 2001, S. 203). Dieser Unterschied setzt sich bei den Erwachsenen fort. Männer trinken mehr und häufiger Alkohol. Bei den 15 - 59jährigen ist die auf die letzten 12 Monate bezogene Alkoholabstinenzrate der Frauen durchschnittlich 1,5 mal so hoch wie die der Männer. Frauen bewerten den Alkoholkonsum und die Trunkenheit kritischer als Männer und sind weniger an alkoholbedingten Verkehrsunfällen beteiligt. Hinsichtlich der bevorzugten Getränkeart bestehen Differenzen: Frauen konsumieren häufiger Wein und Sekt, während Männer eher Bier und Spirituosen präferieren.

Wie die Daten des Mikrozensus von 1995 belegen, rauchten in Deutschland immer noch mehr Männer als Frauen: bei den über 15jährigen rauchten 1995 ein Drittel der Männer (35,3 % West / 37,2 % Ost) und ein Fünftel der Frauen (22 % West / 19,4 % Ost). Vergleicht man das *Rauchverhalten* bei Männern und Frauen, zeigen sich besonders in den höheren Altersgruppen deutliche Unterschiede. Während bei den 15 - 19jährigen junge Frauen etwa zu einem Drittel weniger rauchten als Männer, war es bei den 20 - 50jährigen jeweils ein Viertel weniger. Regionale Studien zeigen allerdings bei den Jugendlichen einen höheren Anteil Raucher bei den Mädchen (vgl. BMFSFJ 2001, S. 213). In Westdeutschland war vor ca. 25 - 30 Jahren der Anteil der Raucherinnen bei den jüngeren Frauen deutlich angestiegen, während dieser Trend heute leicht rückläufig ist. Demgegenüber zeichnet sich in den neuen Bundesländern ein ungünstiger Trend ab: Hier stieg in den Jahren nach der Wende der Anteil der Raucherinnen von

20,5 % auf 29,1 %, was vor allem auf eine Zunahme bei den 25 - 49jährigen Frauen zurückzuführen ist. Bei den 18 - 19jährigen rauchten 1995 45,5 % der Frauen im Westen und 56,8 % im Osten. Eine wichtige Bezugsgröße zum richtigen Verständnis hinsichtlich der Unterschiede der Geschlechter in bezug auf das Rauchen in Ost und West ist die Zahl der Niemals-Raucher. Den Daten des Nationalen Untersuchungssurveys zufolge sind das bei den Männern in Ost und West in den mittleren Altersgruppen ca. 25 %, bei den über 60jährigen sogar nur ca. 15 %. Bei den Frauen zeigt sich aber eine ganz andere Situation: Bei den über 50jährigen haben 70 - 80 % aller Frauen in Ost und West niemals geraucht, während es bei den 25 - 29jährigen nur ca. 40 % sind. In den mittleren Altersgruppen klaffen die Raten bei den ost- und westdeutschen Frauen deutlich auseinander und liegen im Osten erheblich unter denen im Westen. 1998 lag der Anteil der Frauen, die nie geraucht haben, bei den unter 30jährigen im Westen sogar deutlich über dem im Osten (20 - 29 Jahre: West 51 %, Ost 46,6 %). Anhand dieser Daten folgern die Autoren des Frauengesundheitsberichts, daß das Rauchverhalten der Frauen in den neuen Ländern sich mit einer zeitlichen Verzögerung von ca. 10 Jahren dem der Frauen im Westen angeglichen und für die jüngeren Altersgruppen umgekehrt hat (vgl. BMFSFJ 2001, S. 216 f. und dort angeführte Quellen). *Illegale Drogen* werden wesentlich häufiger von Männern konsumiert als von Frauen. Mindestens doppelt so viele Männer wie Frauen haben im letzten Jahr und in den letzten 30 Tagen (vor der Datenerhebung) Drogen genommen. Während Frauen im Rauch- und Trinkverhalten sowie beim Konsum illegaler Drogen gesundheitsbewußter als Männer sind, nehmen sie bedeutend mehr *psychotrope Medikamente* ein. Diese können als „frauenspezifische Suchtmittel" angesehen werden. Ihr Ausmaß läßt sich jedoch nur grob einschätzen (vgl. BMFSFJ 2001, S. 223).

Mirow (1998) untersuchte Lebensweisen und Gesundheitsverhalten von Frauen in Rostock fünf Jahre nach der Wiedervereinigung. Die Grundlage seiner Studie bildete eine in den Monaten Januar bis August 1995 durchgeführte Befragung mittels eines teilstandardisierten Fragebogens für Frauen und Männer in den Altersgruppen 20 - 30 Jahre (Frauen: N = 132), 40 - 50 Jahre (Frauen N = 118) und 60 - 70 Jahre (Frauen: N = 120). Zugrundegelegt wurde jeweils eine 3 %-Zufallsstichprobe jeder Altersgruppe aus dem Melderegister der Hansestadt Rostock, wobei aufgrund der geringen Rücklaufquote (Frauenanteil: 33,5 %) die Ergebnisse nicht repräsentativ sind. Die Auswertung ergab, daß die Rate der Raucherinnen mit 29,8 % in der jüngsten Gruppe am höchsten war. Alkohol wurde am häufigsten durch die Frauen im Alter zwischen 40 und 50 Lebensjahren konsumiert. Weitergehende Ergebnisse, wie etwa ein Vergleich mit adäquaten Studien, liefert die Arbeit nicht. Sie kann damit lediglich ansatzweise als eine Momentaufnahme der Situation in Rostock zu Beginn des Jahres 1995 angesehen werden.

2.4.4 Regionale Disparitäten

Eine Reihe von Arbeiten beschäftigt sich mit regionalen Unterschieden innerhalb Ostdeutschlands im gesundheitsrelevanten Verhalten. Epidemiologische Studien weisen darauf hin, daß Sachsen einen besonders hohen Pro-Kopf-Verbrauch an Alkohol, jedoch eine geringe *Raucher*prävalenz aufweist, während für Mecklenburg-Vorpommern die umgekehrte Relation gilt (vgl. BMG 1993, S. 311).

Ein in der Literatur vielbeachtetes Themengebiet betrifft die in der DDR im internationalen Vergleich hohe *Suizid*häufigkeit und deren unterschiedliche regionale Ausprägung. Grundsätzlich kann Selbstmord mit Lebensstil in Zusammenhang gebracht werden, da die zugrundeliegende individuelle Entscheidung auf den gleichen Ursachen beruhen kann wie gesundheitsrelevantes Verhalten im engeren Sinn. Die Suizidraten waren in den ostdeutschen Ländern Sachsen, Thüringen und Sachsen-Anhalt seit 100 Jahren nachweislich deutlich höher als in Westdeutschland. Als Begründung wurde dafür häufig die „protestantische Mentalität" (Schmidtke 1997, S. 209) der ostdeutschen Bevölkerung genannt. Wiesner und Casper weisen jedoch darauf hin, daß die räumlich-zeitliche Stabilität des Suizidgeschehens im historischen Regionalbezug zu der fatalistisch anmutenden These führen könne, daß sich die tradiert starke Neigung der ostdeutschen Bevölkerung zu suizidalem Problemlösungsverhalten lediglich fortgesetzt habe (vgl. Wiesner und Casper 1993, S. 370). In der europäischen Selbstmordstatistik nahm die DDR bei den Männern den zweiten, bei den Frauen den dritten Rangplatz ein (vg. Kieselbach 1993, S. 69). In der zweiten Hälfte der achtziger Jahre gab es in beiden deutschen Staaten einen Rückgang, der in der DDR im Jahr 1989 den Wert von 1959 erreichte (2.875 Männer und 1.419 Frauen). Nach der Wiedervereinigung war ein Wiederanstieg zu verzeichnen. Die überaus starke Betroffenheit Sachsens ist aus der folgenden Tabelle 3 ersichtlich. In der ersten Hälfte der 90er Jahre sank die Suizidziffer der ostdeutschen Männern zwar auf unter 30 Selbstmorde je 100.000 Einwohner, verharrte danach aber wie die der Frauen in den neuen Ländern weiterhin auf einem gleichbleibenden Niveau, welches die westdeutschen Vergleichswerte übersteigt (vgl. Felber 2000, S. 15).

Tabelle 3: Selbstmordraten in Deutschland 1991

Land	Selbstmordrate 1991 je 100.000 Einwohner		
	männlich	weiblich	insgesamt
Deutschland	25,0	10,5	17,5
Alte Bundesländer	22,3	9,4	15,6
Neue Bundesländer und Ost-Berlin	36,0	15,2	25,1
Sachsen	42,4	19,7	30,4

Quelle: Schröder u. a. 1993, S. 37.

Eine vergleichsweise stärkere Aufmerksamkeit in der Öffentlichkeit wurde seit der Wiedervereinigung der in Ostdeutschland dramatisch steigenden Zahl von *Verkehr*stoten geschenkt, und das, obwohl im Jahre 1989 die Zahl der Suizide die Zahl der im Straßenverkehr tödlich verunglückten Personen noch bei weitem überstieg (vgl. Wiesner und Casper 1993, S. 368). Waren 1989 in der DDR 11,7 Menschen je 100.000 Einwohner auf Straßen tödlich verunglückt, so waren es 1990 bereits 20,7. Der Höhepunkt wurde 1991 mit 23,4 Toten je 100.000 Einwohner erreicht, 1992 sank die Zahl auf 22,1 (zum Vergleich: 1990 früheres Bundesgebiet 11,9 und 1992 11,3 Verkehrstote je 100.000 Einwohner), wobei in erster Linie Männer durch Kfz-Unfälle zu Tode kamen. Mortalitätsstudien betonen die vor allem in Mecklenburg-Vorpommern und Brandenburg überproportional hohe Anzahl von Unfalltoten (vgl. Wiesner und Casper 1993, S. 368). Viele Verkehrsunfälle mit tödlichen Folgen in Nordostdeutschland stehen in direktem Zusammenhang mit dem riskanten Fahrstil von Autofahrern in Alleen.

2.4.5 West-Ost- Vergleiche

Im Rahmen dieser Arbeit wurde bereits auf einige Vergleichsanalysen zwischen Ost- und Westdeutschland und deren Ergebnisse hingewiesen. Dabei handelt es sich um Arbeiten, deren Forschungsinteresse nicht primär auf den Vergleich zwischen beiden Teilen Deutschlands abzielt. Im Unterschied dazu werden im folgenden Studien dargestellt, die vorrangig gesundheitsrelevantes Verhalten in den alten und neuen Bundesländern gegenüberstellen.

Aufgrund vielfältiger Probleme mit dem vorhandenen Datenmaterial[25], vor allem hinsichtlich der zwischen der DDR und der Bundesrepublik divergierenden Definitionen bezüglich der erhobenen Merkmale, sowie Bedenken in Anbetracht erfolgter Manipulationen (vgl. BMG 1993, S. 13 - 39), knüpfen viele vergleichende Analysen erst nach dem Zeitpunkt der Wiedervereinigung an. Die von Junge (2000) auf der Basis der amtlichen Statistik dargestellten Vergleiche des Pro-Kopf-Verbrauchs an Zigaretten (Abbildung 2), an Zigarren und Zigarillos (Abbildung 3) sowie Rauchtabak (Abbildung 4) dürfen deshalb nur mit Vorsicht interpretiert werden.

Abbildung 2: Pro-Kopf-Verbrauch an Zigaretten in Deutschland

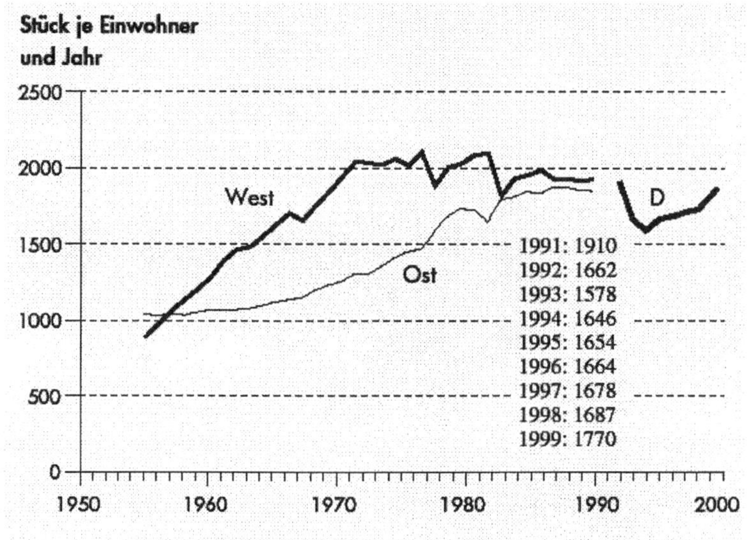

Quelle: Junge 2000, S. 34; Datengrundlage: Staatliche Zentralverwaltung für Statistik 1956 - 1989; Statistisches Bundesamt 1956 - 1989; Statistisches Bundesamt 2000.

[25] Obwohl einige Daten aus der Zeit vor der Wiedervereinigung für die DDR vorliegen, gibt es erhebliche Bedenken hinsichtlich der Glaubwürdigkeit einzelner Informationen, da politische Eingriffe bis auf Datenebene bekannt sind (vgl. Simon und Wiblishauser 1993, S. 177). Für einzelne Bereiche von gesundheitsrelevantem Verhalten für die ehemalige DDR liegen daneben keine kontinuierlichen Untersuchungen vor, die Trendanalysen für die Gesamtbevölkerung gestatten würden. Für das Beispiel Rauchverhalten vgl. Kraus u. a. 1994, S. 114.

Abbildung 3: Pro-Kopf-Verbrauch an Zigarren/ Zigarillos in Deutschland

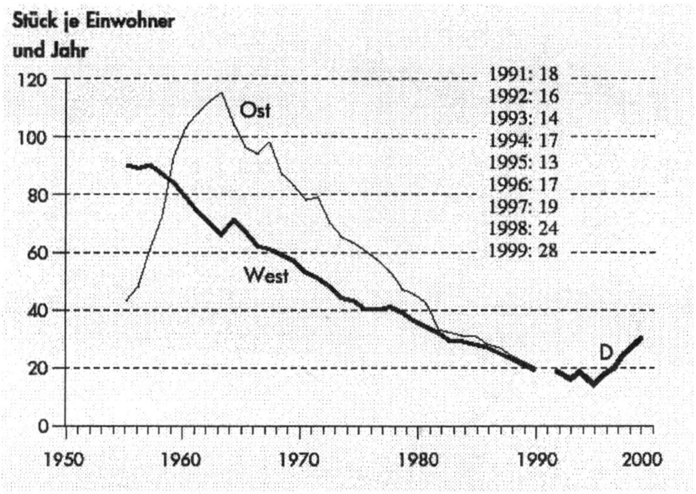

Abbildung 4: Pro-Kopf-Verbrauch an Tabak in Deutschland

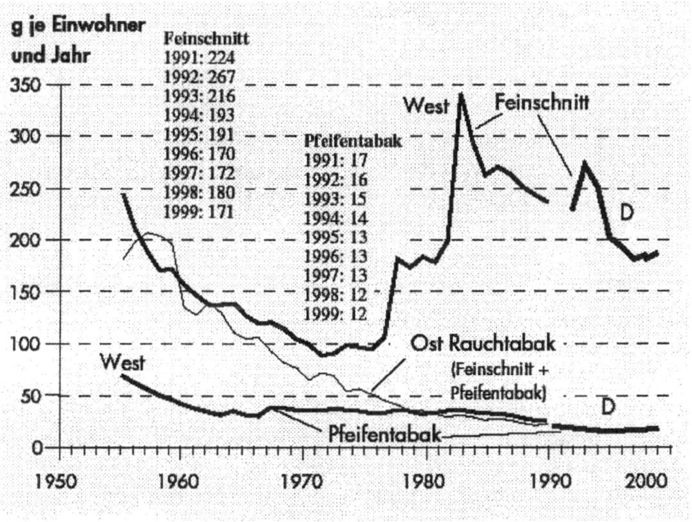

Quelle: Junge 2000, S. 35 und 37; Datengrundlage: Staatliche Zentralverwaltung für Statistik 1956 - 1989; Statistisches Bundesamt 1956 - 1989; Statistisches Bundesamt 2000.

Dazu kommt, daß die dargestellten Pro-Kopf-Angaben keine Verbindung zu sozio-ökonomischen Größen aufweisen. Die oberflächliche, rein deskriptive Gegenüberstellung des Zahlenmaterials weist zwischen der Mitte der 1950er Jahre und etwa dem Jahr 1980 auf ausgeprägte Unterschiede im Rauchverhalten zwischen Ost- und Westdeutschland hin. In bezug auf Pro-Kopf-Angaben scheint deshalb (unter Vorbehalt) eine Annäherung des Verbrauchsverhaltens bereits zehn Jahre vor der deutschen Wiedervereinigung stattgefunden zu haben. Eine Ausnahme bildet hierbei der Konsum von Rauchtabak, der den Angaben der amtlichen Statistik der DDR zufolge im Osten in den Jahren vor der Wiedervereinigung nicht im gleichen Ausmaß verbreitet war wie im Westen Deutschlands.

Wesentlich aussagefähiger sind demgegenüber die im Zuge des internationalen WHO-Projektes MONICA in den Jahren 1983 bis 1994 erhobenen Daten. So vergleichen Lang u. a. (1990) sowie Bormann u. a. (1991) die Verteilung von lebensstilbedingten Risiken zwischen Ost- und Westdeutschland anhand der MONICA-Welle 1983 - 85 und der Deutschen Herz-Kreislauf-Präventionsstudie 1984 - 86. Bei der Analyse des Übergewichts stellen die Autoren fest, daß in Westdeutschland Übergewicht geringfügig seltener anzutreffen ist als in Ostdeutschland. Verantwortlich dafür seien insbesondere die in der DDR verbreitete höhere tägliche Energie- und Fettaufnahme sowie Unterschiede in der allgemeinen Lebensführung (vgl. Bormann u. a. 1991, S. 32 - 35). Bei der Prävalenz im Rauchverhalten konnte kein wesentlicher Unterschied bei den Männern festgestellt werden; während jedoch jede vierte Frau im Westen rauchte, gab nur jede fünfte in der DDR an, Raucherin zu sein. Die Intensität im Zigarettenrauchen unterschied sich dagegen wesentlich. Die Analysen ergaben, daß einerseits die Werte der Männer deutlich über denen der Frauen lagen, andererseits Männer (Frauen) in Westdeutschland um die Mitte der achtziger Jahre im Durchschnitt 3,5 (6,2) Zigaretten mehr pro Tag rauchten als in Ostdeutschland (vgl. Bormann u. a. 1991, S. 36 - 41). Mit Ausnahme der Gruppe der 25 - 34jährigen Männer lagen im Vergleich die altersspezifischen Mittelwerte bei beiden Geschlechtern im Westen deutlich über den Werten im Osten. Die größten Unterschiede konnten bei den Frauen ermittelt werden. Bei ihnen betrug der Durchschnittswert im Westen das Doppelte der Werte im Osten. Unterschiedliche Ausprägungen ließen sich auch bei der Art der konsumierten alkoholischen Getränke feststellen: Während Bier im Osten häufiger getrunken wurde, war die Relation bei Wein, Sekt und Obstwein umgekehrt. Der Konsum von hochprozentigem Alkohol bildete in der alten Bundesrepublik gegenüber der DDR eine zu vernachlässigende Größe (vgl. Bormann u. a. 1991, S. 41 - 46). Im Rahmen der Analyse wurden ferner Unterschiede beim Einfluß der sozialen Lage (wie Bildung, beruflicher Status etc.) auf das Risikoverhalten untersucht. Die dabei eruierten Differenzen waren bei den Frauen deutlich stärker ausgeprägt als bei den Männern. Während in Deutschland-West Rauchen bei den männlichen und weiblichen Arbeitern deutlich häufiger als bei den übrigen Berufsgruppen ermittelt wurde, konnte dies für Deutschland-Ost nur hinsichtlich der Männer festgestellt werden. Neben der Prävalenz wurde auch die Intensität des Rauchens analysiert. Bis auf die ostdeutschen Frauen bestätigte sich der soziale Gradient, wonach Personen mit einem niedrigeren Bildungsniveau im Durchschnitt stärker rauchen (vgl. Bormann u. a. 1991, S. 56 - 58). Dies wird durch die Arbeit von Claßen (1993) noch unterstrichen. Sie betont hier zudem die starke Schichtabhängigkeit des verhaltensbedingten Risikofaktors Übergewicht.

Im Januar und Juni 1991 wurde in Ostdeutschland durch die Bundeszentrale für gesundheitliche Aufklärung eine erste Repräsentativumfrage zu Aspekten gesundheitsrelevanten Verhaltens durchgeführt. Zur Ermittlung von Diskrepanzen hinsichtlich gesundheitsrelevanter Einstellungen und Verhaltensweisen sowie beim Gesundheitszustand erfolgte ein Vergleich zu den Ergebnissen der westdeutschen Repräsentativumfrage vom November des Vorjahres. Es standen die Verhaltensweisen Rauchen, Alkoholkonsum und Medikamentengebrauch im Vordergrund. Die deskriptiven Analyseergebnisse fügen sich scheinbar nahtlos an die MONICA-Trends an (vgl. BZgA 1992c). Der Anteil der Raucher an der erwachsenen Bevölkerung lag in den neuen Bundesländern etwas höher als in den alten Bundesländern. In Ostdeutschland gab es mehr Gelegenheitsraucher, wobei die Intensität des Rauchverhaltens den Ergebnissen zufolge geringer war als im Westen. Auf der Basis eines Index, der den Alkoholverbrauch in Gramm reinen Alkohols pro Woche mißt, läßt sich ableiten, daß in den neuen Bundesländern *insgesamt* (1) der Anteil der mäßigen Trinker etwas höher, (2) dagegen derjenige der starken Trinker etwas geringer sowie (3) die Rate der Abstinenten im Analysezeitraum ebenfalls geringer war. Dagegen ließen sich in den neuen und alten Bundesländern bei der Verwendung wichtiger Medikamentengruppen keine wesentlichen Unterschiede feststellen. So unterschieden sich die Menschen in den beiden Landesteilen z. B. kaum im Gebrauch von Anregungs- und Beruhigungsmitteln, von Medikamenten gegen Depressionen, Streßbelastung oder Konzentrationsstörungen.[26] Schmerzmittel, Schlafmittel, Aufbaupräparate

[26] Dieses Umfrageergebnis der BZgA aus dem Jahre 1991 steht in gewissem Widerspruch zur IMS-Studie zum Arzneimittelverbrauch in Ost- und Westdeutschland auf der Grundlage der Jahre 1995 - 1997. Auf einer breiten Datenbasis ermittelten die Verfasser letztgenannter Arbeit ausgeprägte strukturelle Unterschiede beim Verbrauch von Arzneimittelgruppen zwischen der alten Bundesrepublik und den neuen Ländern, dessen Ursache durch Beharrungstendenzen erklärt werden kann (vgl. Delling und Meiner 1998, S. 114).

sowie Verdauungs- und Abführmittel wurden dagegen zu Beginn der 1990er Jahre in den neuen Bundesländern etwas weniger häufig eingenommen.

Erklärtes Ziel der 1992 in den neuen Bundesländern im Auftrag des Bundesministeriums für Gesundheit durchgeführten Repräsentativerhebung war es, durch einen Vergleich mit der Untersuchung von 1990 mögliche Veränderungen des Konsumverhaltens und der Einstellung zu Drogen in der Bevölkerung Ostdeutschlands nach Öffnung der Grenze zu dokumentieren (vgl. Herbst u. a. 1995, S. 1).[27] Hieraus läßt sich erkennen, daß die grundlegenden Tendenzen der oben aufgezeigten Diskrepanzen zwischen Ost und West beim Genußmittelkonsum fortgeschrieben werden können. Nach Auffassung der Autoren ist eine „aufgeschlossenere Haltung zum Alkohol“ im Ostteil weiterhin feststellbar, jedoch mit sinkendem Trend. Damit zeichnet sich im Zeitablauf zu Beginn der 1990er Jahre in den neuen Ländern eine sinkende Nachfrage nach Alkohol ab, wie sie in den alten Bundesländern schon seit den 1970er Jahren zu beobachten ist. Das Rauchverhalten im Westen ist deutlicher ausgeprägt. Sowohl in den neuen als auch in den alten Bundesländern sinkt jedoch die Nachfrage nach Zigaretten insbesondere in der Altersgruppe der Jugendlichen. Während der Erhebung war zwar der Konsum illegaler Drogen in Westdeutschland wesentlich stärker ausgeprägt, doch konnte ein deutlicher Anstieg des Verbrauchs an illegalen Drogen in der ehemaligen DDR festgestellt werden (vgl. Bühringer u. a. 1991 und Kraus u. a. 1994). Die Ergebnisse der Repräsentativerhebung von 1994 scheinen, trotz modifizierter Methodik, die weitere Gültigkeit der Ergebnisse der vorangegangenen Studien fortzuschreiben. Hinsichtlich des Gebrauchs von Medikamenten mit psychoaktiver Wirkung zeichnete sich 1994 zwischen West- und Ostdeutschland kein systematischer Unterschied ab. 12,2 % der Befragten gaben bei der telefonischen Befragung an, im vorangegangenen Monat mindestens einmal pro Woche solche Medikamente eingenommen zu haben, Frauen mit 15,2 % häufiger als Männer mit 9,4 %. Die Ergebnisse zeigen, daß der Medikamentenkonsum mit dem Alter zunahm, wobei vor allem in der Altersgruppe ab 40 Jahren ein deutlicher Anstieg zu verzeichnen war (vgl. Herbst u. a. 1995).

Kurz nach der Wiedervereinigung analysierten Becker, Hänsgen und Lindinger mittels einer gesundheitspsychologisch motivierten Stichprobenuntersuchung

[27] Vergleiche mit nachfolgenden Studien, die im Auftrag des Bundesgesundheitsministeriums unter maßgeblicher Beteiligung des Instituts für Therapieforschung, München, durchgeführt wurden, sind problematisch, da diese konzeptuell stark verändert wurden. Der neue Erhebungsrahmen wurde dabei mit der Bundeszentrale für gesundheitliche Aufklärung abgestimmt, welche ebenfalls ihre Erhebungen modifizierte (vgl. Herbst u. a. 1995, S. 2).

die ost- und westdeutsche Bevölkerung. Ziel ihrer Erhebung war es, Unterschiede bei psychischen und somatischen Beschwerden sowie in der Befindlichkeit, die theoretisch vermutet werden konnte, zu eruieren. Zusammenfassend klagte nach Auffassung der Autoren die ostdeutsche Bevölkerung angesichts der dramatischen Veränderungen seit der Wende in unerwartet geringem Ausmaß über psychische und physische Beschwerden. Die Autoren vertreten den Standpunkt, daß die Bevölkerung die eingetretenen Veränderungen seit der Wende im Prinzip herbeigesehnt habe und dabei den Übergang zur Marktwirtschaft sowie die Transformationsveränderungen realistisch in dem Sinn eingeschätzt habe, daß man sich bewußt war, daß die erwünschten Verbesserungen der Lebensbedingungen erst nach einer Übergangsphase zu erreichen seien (vgl. Becker u. a. 1991, S. 51).

Bedingte Ansatzpunkte zur Bewertung der Ernährungs-, Trink- und Rauchgewohnheiten liefern statistische Angaben über das Ausgabenverhalten von Haushalten, die in laufenden Wirtschaftsrechnungen erfaßt werden.[28] So betont Fiebinger (1993), die in ihrer Arbeit auf der Basis der Einkommens- und Verbrauchsstichprobe 1993 die Ausgabenstruktur von 4-Personen-Arbeitnehmer-Haushalten mit mittlerem (Typ 2) und höherem Einkommen (Typ 3) unter besonderer Beachtung der unterschiedlichen Verbrauchsgewohnheiten zwischen dem früheren Bundesgebiet sowie den neuen Ländern und Berlin-Ost analysiert, die relativ höhere Nachfrage in Ostdeutschland nach preiswerteren Fleischsorten. Während im Berichtsjahr 1992 im Osten über 20 % weniger Geld für Milch und Milcherzeugnisse als in vergleichbaren Haushalten im Westen ausgegeben wurde, betrugen die Ausgaben für Käse bei den höheren Einkommen lediglich die Hälfte, bei den mittleren Einkommen nur knapp zwei Drittel des westdeutschen Niveaus. Unter Einschluß der nachgefragten Mengen für Butter und Margarine zeichnete es sich ab, daß 4-Personen-Haushalte vom Typ 2 und 3 in den neuen Ländern im Berichtszeitraum monatlich 1,25 kg mehr Fett verbrauchten als in den alten Ländern. Bedeutende Strukturunterschiede sind auch beim Kauf von Obst und Gemüse erkennbar. Der Hang zu südländischem Obst und weniger Frischgemüse kennzeichnete die Situation im Osten. Die Nachfrage nach Vollwert-Broten war 1992 im Vergleich zum Westen nicht sonderlich ausgeprägt.

[28] Absolute Ausgabenunterschiede sind für Vergleichszwecke ungeeignet, da hierbei die vor allem zu Beginn der 90er Jahre noch stark ausgeprägten Preisunterschiede zwischen Ost und West ausgeklammert werden. Teurere Waren müssen nicht notwendigerweise eine bessere Qualität aufweisen, wobei eine bessere Qualität wiederum keinen besseren Beitrag zur Gesundheit leisten muß. Relative Vergleiche der Ausgabenstruktur deuten jedoch auf die zugrundeliegenden Präferenzen, vor allem hinsichtlich des gesundheitsrelevanten Verhaltens, hin.

Fiebinger weist ebenfalls auf die starke Bedeutung von Alkoholika in Ostdeutschland hin. Während bei den betrachteten 4-Personen-Haushalten im Berichtsjahr der Anteil der Ausgaben für alkoholische Getränke an den Getränken insgesamt 51 % betrug, belief sich dieser im früheren Bundesgebiet auf 40,5 % (Typ 2) bzw. 47 % (Typ 3). Im Bereich der Tabakwaren wiesen die neuen Länder ebenfalls eine vergleichsweise schlechtere Bilanz auf. In den ostdeutschen Haushalten wurden 184 Zigaretten und andere Tabakwaren (Haushaltstyp 2) bzw. 142 Stück (Haushaltstyp 3) geraucht, in den westdeutschen Haushalten waren es 125 bzw. 59 Stück pro Monat.

Ein Vergleich der Ergebnisse von Fiebinger (1993) mit denen von Bormann (1991) (vgl. Seite 44 dieser Arbeit) deutet auf mögliche Widersprüche hin. Beide Autoren ermittelten hinsichtlich der Nachfrage nach Tabakwaren bzw. Alkohol unterschiedliche Relationen bezüglich der alten Bundesrepublik und den neuen Ländern. Diese Abweichungen sind möglicherweise durch Unterschiede bei der Erhebung der verwendeten Daten erklärbar. So umfaßt die Einkommens- und Verbrauchsstichprobe nur den Anteil des Konsums, der dem häuslichen Bedarf zugerechnet werden kann (vgl. dazu Abschnitt 5.2.1).

Weitere Beiträge, die das Gesundheitsverhalten in West- und Ostdeutschland miteinander vergleichen, basieren auf der Gegenüberstellung des dritten Durchgangs des Nationalen Gesundheitssurveys im Rahmen der Deutschen Herz-Kreislauf-Präventionsstudie (DHP), deren Erhebung im Jahr 1991 abgeschlossen wurde, mit den Daten des Surveys Ost, der 1991/92 in den neuen Bundesländern durchgeführt wurde. Der Versuch, aus den Surveys Ost bzw. West einen Vergleich abzuleiten, ist freilich nicht unproblematisch. Zwar sind beide (Teil)-Stichproben repräsentativ, doch auf der Basis von unterschiedlichen Altersklassen. Während im Survey West die Bevölkerung im Alter von 25 bis 69 Jahren befragt wurde, lag die Spanne in Ostdeutschland bei 18 bis 79 Jahren. Obwohl dieses Problem durch die Berücksichtigung von Gewichtungsfaktoren gelöst werden konnte, besteht jedoch wie bei den zuvor durchgeführten Vergleichsstudien die Problematik des unterschiedlichen Erhebungszeitraumes (West: 1990/91; Ost: 1991/92). In den darauf basierenden epidemiologischen Arbeiten (vgl. Hoffmeister und Bellach 1995 sowie Bellach 1996) werden Zusammenhänge zwischen verhaltensbedingten Risikofaktoren und dem Auftreten von Krankheiten unter Berücksichtigung von Alter und Geschlecht dargestellt. Im Rahmen weitgehend deskriptiver Vergleiche zwischen ost- und westdeutschem Gesundheitsverhalten wird die Relation von Körpergewicht zu Körpergröße (Body-Mass-Index) untersucht, der insbesondere für die westdeutschen Frauen günstig ausfällt (vgl. Hüttner 1995, S. 123). Die Analyse des Tabakkonsums im Jahre 1991 ergab, daß sich die bislang ermittelten Unterschiede sowohl zwischen Ost und West als auch zwischen Männern und Frauen verringern (vgl. Junge und Stolzenberg 1995, S. 163). Einer Untersuchung der körperlichen Aktivität zufolge treiben Männer grundsätzlich mehr Sport als Frauen. Wo jedoch Sportarten an Voraussetzungen wie Plätze oder Hallen gebunden sind, war der Anteil der Aktiven im Osten geringer (vgl. Hoffmeister und Hüttner 1995, S. 172).

Mit dem neuen Bundes-Gesundheitssurvey 1997/98 steht die logische Fortsetzung der Nationalen Gesundheitssurveys West (1990/91) und des Surveys Ost (1991/92) zur Verfügung. Wegen der verwendeten Instrumente (Fragebogen, medizinisch-physikalische Untersuchung, ärztliche Befragung zur Morbidität und zur Gesundheitsvorsorge, Labordiagnostik) und der angegliederten Module (Arzneimittelsurvey, Ernährungssurvey, Folsäureversorgung, Umweltsurvey sowie Psychische Störungen) sowie der parallelen Datenerhebung in West und Ost unter Zugrundelegung derselben Methodik trägt er zu einer Verbesserung der epidemiologischen Analysemöglichkeiten bei. Im Rahmen des Bundes-Gesundheitssurveys konnten 7124 Personen im Alter von 18 bis 79 Jahren zu gesundheitsrelevanten Themen befragt und einer medizinischen Untersuchung unterzogen werden. Die Datenerhebungen einschließlich der Nachfaßaktionen waren im März 1999 abgeschlossen. Auf dieser Basis untersuchten Junge und Nagel (1999) das Rauchverhalten in Deutschland. Sie verglichen identische Altersgruppen der Survey-Erhebung von 1990/92 mit dem Gesundheitssurvey 1997/98. In Tabelle 4 sind die Raucheranteile von Männern und Frauen, getrennt nach Altersgruppen und dem Untersuchungsgebiet (Ost bzw. West) dargestellt.

Tabelle 4: Vergleich der Raucheranteile 1990/92 mit 1998 (in Prozent)

Alter	**Männer**						**Frauen**					
in	gesamt		West		Ost		Gesamt		West		Ost	
Jahren	1990/92	1998	1990/92	1998	1990/92	1998	1990/92	1998	1990/92	1998	1990/92	1998
25 - 29	47,4	46,0	46,0	45,0	52,6	49,8	41,0	44,3	41,8	44,0	38,0	45,7
30 - 39	49,3	48,9	48,5	47,4	52,1	54,3	39,2	41,3	40,8	40,6	33,7	32,8
40 - 49	40,3	39,0	40,9	37,6	38,1	44,4	28,4	30,7	32,1	31,7	14,3	27,0
50 - 59	32,8	30,3	32,8	30,7	32,7	28,6	16,9	20,5	18,6	21,2	10,7	18,2
60 - 69	24,9	18,0	25,5	18,1	22,3	17,4	11,7	11,9	12,3	11,3	9,5	14,3
insg.	**39,5**	**37,4**	**39,2**	**36,5**	**40,6**	**40,5**	**26,7**	**29,0**	**28,3**	**28,9**	**20,5**	**29,1**

Altersgruppen analog Survey 1990/92, Gewichtung 1998 vergleichbar mit 1990/92.

Quelle: Junge und Nagel 1999, S. 124.

Aus methodischer Perspektive muß auch dieser temporäre Vergleich epidemiologischer Studien mit Vorsicht interpretiert werden (vgl. Junge und Nagel 1999, S. 125). Wie aus Tabelle 4 ersichtlich, ist die Verringerung der Raucheranteile bei Männern, die im Westen Deutschlands stattgefunden hat, in der ehemaligen DDR nur in geringem Umfang zu erkennen. Während sich der Raucheranteil bei westdeutschen Frauen 1998 gegenüber 1990/92 nur geringfügig erhöhte, stieg dieser in Ostdeutschland bei der Vergleichsgruppe um 42 % an.

Bei der Analyse des täglichen Durchschnittskonsums von Zigaretten ergibt sich, wie aus Tabelle 5 ersichtlich, ein ähnliches Bild: Während in Westdeutschland der mittlere Konsum je Raucher sank, stieg der mittlere Konsum bei Männern in Ostdeutschland um eine, bei Frauen um eine halbe Zigarette an.

Tabelle 5: Vergleich der mittleren Anzahl gerauchter Zigaretten pro Zigarettenraucher 1990/92 mit 1998 (in Prozent)

Alter	**Männer**						**Frauen**					
in	gesamt		West		Ost		Gesamt		West		Ost	
Jahren	1990/92	1998	1990/92	1998	1990/92	1998	1990/92	1998	1990/92	1998	1990/92	1998
25 - 29	18,0	17,2	19,3	17,1	14,1	17,5	15,0	12,2	16,3	12,5	9,5	11,1
30 - 39	18,9	18,5	19,6	18,6	17,1	18,2	14,4	14,0	15,3	14,9	10,6	11,0
40 - 49	20,4	19,9	21,6	20,9	16,6	16,6	17,1	15,6	17,8	16,5	12,0	11,7
50 - 59	17,9	17,8	18,8	18,5	15,1	15,3	14,6	14,3	15,2	15,3	11,0	9,7
60 - 69	13,4	15,2	13,7	15,9	12,2	12,0	9,3	12,0	9,6	12,6	7,5	10,1.
insg.	**18,4**	**18,2**	**19,2**	**18,6**	**15,7**	**16,9**	**14,7**	**13,8**	**15,5**	**14,6**	**10,3**	**10,9**

Altersgruppen analog Survey 1990/92, Gewichtung 1998 vergleichbar mit 1990/92.

Quelle: Junge und Nagel 1999, S. 125.

Mensink u. a. (1999) vergleichen den ostdeutschen und westdeutschen Alkoholkonsum. Wie aus Abbildung 5 ersichtlich, konsumieren Frauen im Durchschnitt in allen Altersgruppen bedeutend weniger Gramm reinen Alkohol pro Tag als Männer. In Abbildung 5 sind zwei wichtige Abweichungen im Verbrauchsmuster zwischen Ost und West erkennbar. Erstens übertrifft mit Ausnahme der Altersklasse zwischen 65 und 79 Jahren, der Konsum der ostdeutschen Männer den durchschnittlichen Verbrauch der westdeutschen Vergleichsgruppe. Besonders ausgeprägt ist die Diskrepanz der Altersklassen zwischen 25 und 54 Jahren. Männer im Alter zwischen 45 und 54 konsumieren im Durchschnitt demzufolge mit etwa 26 Gramm Alkohol deutlich mehr als 20 Gramm Alkohol, dem Schwellenwert, über dem der Alkoholgenuß als gesundheitlich bedenklich eingestuft werden kann.[29] Ein reziprokes Bild bietet zweitens das Konsummuster der Frauen. Hier übersteigt der Alkoholkonsum in Westdeutschland denjenigen der ostdeutschen Vergleichsgruppe. Eine Ausnahme bildet die Altersklasse zwischen 25 bis 34 Jahren, in welcher der Verbrauch in Ostdeutschland den Konsum im westlichen Teil Deutschlands im Mittelwert leicht übertrifft.

Abbildung 5: Alkoholkonsum 1998 in Gramm pro Tag

nach Alter, Geschlecht und Ost-West-Zugehörigkeit, Mittelwerte

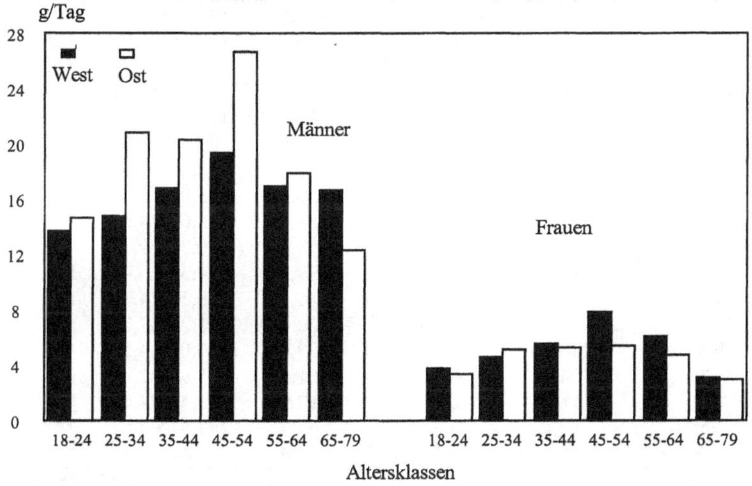

Quelle: Mensink u. a. 1999, S. 203.

Unterschiede weisen auch die lebensmittelbezogenen Ergebnisse bei Mensink u. a. (1999) auf: Wie aus den folgenden beiden Tabellen 6 und 7 ersichtlich, überstieg 1998 der Brotkonsum ostdeutscher Männer und Frauen denjenigen der

29 Hinsichtlich der Unterscheidung zwischen risikoarmem und starkem bzw. riskantem Alkoholkonsum finden sich in der Literatur unterschiedliche Angaben. Weitgehend besteht Übereinstimmung darüber, welche Konsummenge als risikoarm eingestuft wird. Bei Frauen geht man von 20 Gramm reinen Alkohol (das entspricht ca. 0,4 l Weißwein) aus. Bei Männern werden 30 oder 40 Gramm reinen Alkohol angesetzt. Hintergrund dieser unterschiedlichen Einstufung ist das im Durchschnitt niedrigere Körpergewicht, der geringere Gehalt von Wasser im Körper und der langsamere Abbau bzw. die größere Bioverfügbarkeit von Alkohol bei Frauen verglichen mit Männern. Die gesundheitlichen Risiken des Alkoholkonsums, die mit der Konsumhöhe zunehmen, verändern sich ferner mit dem Alter (vgl. BMFSFJ 2001, S. 53 und dort angeführte Quellen).

westdeutschen Vergleichsgruppe, wobei die Differenz bei den Medianwerten statistisch hoch signifikant ist.

Tabelle 6: Einnahme der wichtigsten Lebensmittelgruppen 1998 in Gramm pro Tag, Männer in West- und Ost-Deutschland

	West-Deutschland		**Ost-Deutschland**		
	Median	Perzentile 25 - 75	Median	Perzentile 25 - 75	Median-test[1)]
Brot	161,9	(116,3-217,8)	184,6	(141,4-244,0)	***
Getreide	51,0	(26,6- 87,8)	26,3	(13,5- 51,0)	***
Teigwaren	30,8	(14,2- 57,9)	18,8	(5,6- 37,7)	***
Kuchen, Kekse	20,0	(5,0- 42,9)	26,4	(5,0- 57,1)	*
Süßwaren	38,3	(20,0- 67,2)	33,6	(15,6- 61,5)	*
Gemüse, Pilze	138,8	(96,8-206,0)	137,8	(89,8-203,6)	NS
Blattgemüse, Kräuter	30,3	(12,8- 55,3)	15,6	(5,8- 30,6)	***
Kohlgemüse	37,2	(20,4- 59,6)	39,3	(23,0- 59,2)	NS
Kartoffeln	129,6	(86,0-182,5)	128,2	(85,6-174,6)	NS
Obst	134,8	(66,5-228,8)	168,9	(100,3-279,1)	***
tierische Fette	10,7	(5,0- 19,6)	9,3	(4,3- 20,4)	NS
pflanzliche Fette	15,5	(10,6- 23,4)	16,1	(8,5- 24,1)	NS
Eier	19,0	(10,2- 31,4)	20,4	(11,2- 32,2)	NS
Milch, Käse	236,7	(134,0-408,6)	209,0	(120,0-364,5)	*
Fleisch, Wild	104,4	(68,7-148,8)	101,4	(71,9-142,8)	NS
Geflügel	14,1	(6,4- 25,7)	12,9	(6,4- 24,0)	*
Wurstwaren	50,4	(27,8- 76,3)	66,4	(43,8- 98,5)	***
Fisch	16,1	(6,3- 27,0)	18,9	(8,4- 32,7)	**

1) Statistisch signifikante Differenz in den Mittelwerten mit * p < 0.05; ** p < 0,01; *** p < 0,001; NS nicht signifikant

Quelle: Mensink u. a. 1999, S. 204.

Der Getreidekonsum (einschl. Reis) hingegen betrug im Osten für beide Geschlechter etwa die Hälfte des westdeutschen Getreidekonsums. Der Verzehr von Teigwaren lag dagegen in Ostdeutschland 1998 bei Männern und Frauen wesentlich unterhalb des westdeutschen Verbrauchswerts, wobei auch diese Differenzen hoch signifikant waren. Die Männer im Osten konsumierten einen signifikant höheren Anteil an Kuchen und Keksen, bei Frauen ist keine Differenz zwischen Ost und West festzustellen. Bei Süßigkeiten war für beide Geschlechter die Aufnahme im Osten nur etwas, aber signifikant, geringer. Bei Gemüse und Pilzen wurde lediglich bei den ostdeutschen Frauen ein geringerer Konsum ermittelt. Der Verzehr von Blattgemüse lag für beide Geschlechter im Osten niedriger, es gab aber keine Unterschiede zwischen Ost und West im Verzehr von Kohlgemüse. Der Kartoffelkonsum war hingegen nur bei den Frauen signi-

Tabelle 7: Einnahme der wichtigsten Lebensmittelgruppen 1998 in Gramm pro Tag, Frauen in West- und Ost-Deutschland

	West-Deutschland		Ost-Deutschland		
	Median	Perzentile 25 - 75	Median	Perzentile 25 - 75	Median-test[1)]
Brot	117,0	(85,9-158,1)	132,7	(96,7-65,5)	***
Getreide	45,2	(24,9- 76,8)	27,9	(13,7- 58,8)	***
Teigwaren	27,2	(12,8- 48,0)	18,5	(9,1- 35,4)	***
Kuchen, Kekse	20,4	(7,1- 42,7)	22,9	(8,5- 44,1)	NS
Süßwaren	33,6	(17,1- 54,3)	28,1	(15,7- 47,6)	**
Gemüse, Pilze	143,3	(97,9-212,6)	134,3	(87,6-192,6)	*
Blattgemüse, Kräuter	32,0	(15,6- 57,9)	19,8	(9,3- 35,9)	***
Kohlgemüse	38,6	(20,8- 60,4)	38,4	(23,5- 60,7	NS
Kartoffeln	100,8	(63,6-142,1)	88,4	(58,3-125,8)	***
Obst	162,5	(97,7-261,5)	220,7	(141,1-335,4)	***
tierische Fette	9,2	(4,6- 16,2)	6,4	(3,5- 12,6)	***
pflanzliche Fette	12,8	(8,3- 18,6)	13,0	(7,7- 18,9)	NS
Eier	16,6	(8,6- 27,6)	17,3	(9,7- 25,9)	NS
Milch, Käse	220,6	(138,6-351,1)	229,9	(142,2-358,5)	NS
Fleisch, Wild	69,2	(43,2- 98,7)	70,8	(49,3- 99,4)	NS
Geflügel	12,9	(5,7- 22,1)	11,9	(5,4- 22,0)	NS
Wurstwaren	25,8	(11,4- 42,5)	36,1	(21,4- 53,6)	***
Fisch	12,9	(4,3- 22,5)	16,4	(7,1- 26,7)	***

[1)] Statistisch signifikante Differenz in den Mittelwerten mit * $p < 0.05$; ** $p < 0,01$; *** $p < 0,001$; NS nicht signifikant

Quelle: Mensink u. a. 1999, S. 204.

ifikant unterschiedlich, und zwar war im Osten die verzehrte Menge deutlich geringer. Obst wurde von beiden Geschlechtern in Ostdeutschland deutlich häufiger gegessen, was, in bezug auf die Gesundheit, wünschenswert ist. Die Aufnahme von Fetten pflanzlichen Ursprungs ist nicht signifikant unterschiedlich, und diejenige von Fetten tierischen Ursprungs ist nur bei ostdeutschen Frauen signifikant geringer. Bei ostdeutschen Männern wurde 1998 ein geringerer Verzehr von Milch und Käse ermittelt als bei westdeutschen Männern. Wurstwaren und auch Fisch wurden wiederum im Osten häufiger verzehrt. Es zeigte sich, daß bei einigen Lebensmitteln der Verzehr im Osten höher ist, bei anderen im Westen, und daß dies wiederum nicht eindeutig bei gesundheitlich zu präferierenden Lebensmittelgruppen in eine Richtung geht. Dies impliziert, daß die Nahrungsaufnahme im Osten gegenüber der im Westen aus gesundheitlicher Perspektive weder als generell günstiger noch als ungünstiger eingestuft werden kann. Mensink u. a. (1999) vertreten den Standpunkt, daß beobachtbare Differenzen wahrscheinlich zum Teil auf die geographische Lage zurückzuführen seien.

Bergmann und Mensink (1999) untersuchten die Körpermaße von Ost- und Westdeutschen und stellten die Ergebnisse den Befunden des Nationalen Surveys von 1990/92 gegenüber. Sie weisen darauf hin, daß Übergewicht und starkes Übergewicht (Adipositas; Body-Mass-Index $\geq$ 30 kg/m^2) nur unwesentlich von genetischen und ethischen Faktoren, stark jedoch von den Lebensbedingungen geprägt werden. Übergewicht konnte auf der Grundlage des Datenmaterials von 1998 bei 52 (57)% der westdeutschen (ostdeutschen) Frauen, jedoch bei 67 (66)% der westdeutschen (ostdeutschen) Männer festgestellt werden. Als adipös, d. h. als extrem übergewichtig, galten bei den Männern im Westen (Osten) 18 (21)%, bei den Frauen 21 (24)%. Im 7-Jahres-Vergleich ist die Verbreitung von Übergewicht und Adipositas sowohl im Osten als auch im Westen angestiegen. Sehr deutlich waren die Unterschiede für starkes Übergewicht bei westdeutschen Männern ausgeprägt, wo die Verbreitung von 17,4 auf 19,4 % um 2 Prozentpunkte, verglichen mit der Verbreitung von 1991 also um 11,5 %, zugenommen hat. Bei Männern aus den östlichen Bundesländern war ein Anstieg von 20,6 auf 21,8 % um 1,2 Prozentpunkte, verglichen mit 1991 also um 5,9 %, zu beobachten. Bei Frauen konnten unterschiedliche Entwicklungen festgestellt werden: Die Verbreitung von starkem Übergewicht stieg bei Frauen aus den westlichen Bundesländern von 19,6 auf 20,9 %, also um 1,3 Prozentpunkte an (verglichen mit dem Ausgangswert von 1991 also um 6,4 %). Bei Frauen aus den östlichen Bundesländern war ein gegenläufiger Trend zu beobachten: Insbesondere die Prävalenz von starkem Übergewicht hat von 25,8 auf 24,2 % um 1,6 Prozentpunkte (also um 6,3 %) abgenommen; sie lag jedoch mit 24,2 % noch deutlich über der Quote der Frauen aus den westlichen Bundesländern.

Die Feststellung einer eindeutigen Entwicklungsrichtung beim gesundheitsrelevanten Verhalten in Ostdeutschland ist mit einer Reihe von Problemen verbunden. Die Schlußfolgerungen, die in den einzelnen Beiträgen gezogen wurden, sind nicht eindeutig. Ein wesentlicher Grund hierfür liegt sicherlich in methodischen Unterschieden und Vergleichsschwierigkeiten zwischen den in den vergangenen Jahren durchgeführten Erhebungen, auf denen die dargestellten Studien beruhen. Trotz dieser Schwierigkeiten vertreten die Autoren den Standpunkt, daß eine Annäherung im gesundheitsrelevanten Konsumverhalten zwischen Ost- und Westdeutschland stattgefunden habe (für Alkoholkonsum vgl. Hüllinghorst 2000, S. 20 f.; für Tabakkonsum vgl. Junge 2000).

Im Unterschied zu anderen Autoren, die lediglich einen Angleichungsprozeß zu erkennen glauben, versucht Junge (2000), diesen anhand einiger wichtiger Kenngrößen in den Studien der 1990er Jahre zu untermauern. Die Ergebnisse sind in den Tabellen 8 und 9 dargestellt.

Er wählt hierfür den Anteil von Rauchern, Nierauchern und Exrauchern in den alten und neuen Bundesländern. Im oberen Teil von Tabelle 8 sind wichtige Interpretationsbezüge erkennbar: neben der Jahreszahl der Erhebung sowie der Anzahl der Befragten auch deren Lebensalter. Wie bereits bei der Darstellung der Analysen erwähnt, schwanken bei den Erhebungen die Altersstruktur und deren Spannbreite teilweise beträchtlich. Da lediglich identische Altersgruppen verglichen werden können, bildet Junge in Tabelle 9 für den Raucheranteil vier Altersgruppen, die den größtmöglichen Teil der Studien vergleichbar machen: Er wählt 15 - 24, 25 - 39, 40 - 59 Jahre sowie 15 Jahre und älter. Es kann angenommen werden, daß die ersichtlichen Variationen hinsichtlich der Werte stark von den verwendeten Erhebungsmethoden geprägt sind. Besonders offensichtlich unterscheiden sich die Vergleichswerte für 1995. Hier liegen bei der Gruppe der 15-24jährigen die Angaben aller vier Vergleichskategorien beim Mikrozensus um vier bis zehn Prozentpunkte unterhalb der BZgA-Werte. Hinsichtlich der Angaben für die Raucherinnen in Westdeutschland liegt der Mikrozensus 1999 mit einer Angabe von 34 % bezüglich der Altersgruppe von 25-39 Jahren um 7 Prozentpunkte unterhalb des Bundes-Gesundheitssurveys von 1998.

Da eine Trendaussage aufgrund der Schwankungsbreite nicht unproblematisch ist, beschränkt sich Junge (2000) auf die Auswertung methodisch verwandter Studien. Ein Vergleich der Raucherinnenanteile in Ostdeutschland auf Basis des Surveys Ost (1991/92) und des Bundes-Gesundheitssurveys 1998 läßt einen überaus starken Anstieg erkennen. Diese Aussage wird auch durch den Mikrozensus unterstützt, wobei hier deutlich wird, daß der Anstieg der Raucheranteile weitgehend erst zwischen 1995 und 1999 erfolgte. Eine weitere parallele Trendaussage kann, so Junge, durch einen Vergleich der deskriptiven Angaben von Mikrozensus und BZgA-Untersuchungen (1993 und 1997) abgeleitet werden. So weist der Mikrozensus 1999 gegenüber 1995 einen gestiegenen Raucheranteil bei den 15-24jährigen aus. Ein Zuwachs in Höhe von 3 bis 6 Prozentpunkten bedeutet eine Zunahme von 10 bis 18 % bei männlichen Jugendlichen (West bzw. Ost) und von 13 bzw. 26 % bei weiblichen Jugendlichen (West bzw. Ost). Kritisch anzumerken ist, daß in diesem Zeitraum Jugendliche aus den entsprechenden Altersklassen herausgewachsen sind (vgl. Junge 2000, S. 52). Unter Berücksichtigung der unterschiedlichen Erhebungszeitpunkte kann auch dieser Vergleich nur mit Vorsicht interpretiert werden.

Tabelle 8: Anteil von Rauchern, Nierauchern und Exrauchern in den alten (West) und neuen (Ost) Bundesländern in den 1990er Jahren

Studie	BMG/ IFT	BZgA	BZgA telef.	BZgA telef.	BZgA	Nat. Gesundh. Survey	Survey Ost	Mikrozensus	BMG/ IFT	BZgA
Jahr	**1990**	**1990**	**1990**	**1991**	**1991**	**1991**	**1992**	**1992**	**1992**	**1993**
Befragt(ca.)	21.600	2.200	2.000	2.000	2.000	5.600	2.800	337.000	4.500	3.000
Alter(Jahre)	12-39	14+	16+	16+	16+	25-69	25-69	15+*	12-25	12-25
Raucher (%)										
männl. West	39	36	38	-	-	39	-	36	-	41
Ost	44	-	-	38	43	-	40	39	44	38
weibl. West	37	21	22	-	-	28	-	22	-	35
Ost	34	-	-	25	26	-	21	20	34	27
Nieraucher (%)										
männl. West	43	40	-	-	-	27	-	41	-	54
Ost	33	-	-	-	-	-	26	39	38	60
weibl. West	47	58	-	-	-	53	-	67	-	57
Ost	47	-	-	-	-	-	66	72	49	68
Exraucher (%)										
männl. West	15	16	-	-	-	34	-	22	-	5
Ost	16	-	-	-	-	-	32	22	15	5
weibl. West	16	9	-	-	-	19	-	11	-	5
Ost	16	-	-	-	-	-	14	8	15	5

Anmerkung

* Die in der Erhebung bei 10-Jährigen beginnende Altersskala wurde auf 15-Jährige umgerechnet

Fortsetzung Tabelle 8

Studie	**BMG/IFT telef.**	**BMG/IFT**	**BZgA**	**Mikrozensus**	**Eurobarometer**	**BZgA**	**BMG/IFT**	**Bundes-Gesundheitssurvey**	**Mikrozensus**
Jahr	**1994**	**1995**	**1995**	**1995**	**1995**	**1997**	**1997**	**1998**	**1999**
Befragt(ca.)	2.500	7.800	3.300	342.000	2.000	3.000	3.200	7.100	320.000
Alter(Jahre)	18-59	18-59	15+	15+*	15+	12-25	18-59	18-79	15+*
Raucher (%)									
männl. West	40	42	37	35	38	43	43	36	43
Ost	38	45	42	37	41	45	43	41	37
weibl. West	35	30	22	22	22	38	30	28	23
Ost	25	29	23	19	18	47	30	29	21
Nieraucher (%)									
männl. West	35	30	41	42	40	37	33	35	-
Ost	35	29	37	41	37	39	30	31	-
weibl. West	46	47	66	67	64	47	49	56	-
Ost	52	51	69	72	63	36	54	60	-
Exraucher (%)									
männl. West	24	28	22	23	22	20	23	28	-
Ost	19	26	21	22	22	16	27	28	-
weibl. West	26	24	12	11	14	15	21	16	-
Ost	22	20	8	8	14	17	16	12	-

BMG/ IFT:	Die Studien des Bundesministeriums für Gesundheit wurden vom Institut für Therapieforschung durchgeführt
BZgA:	Bundeszentrale für gesundheitliche Aufklärung
Nat. Gesundh. Survey:	Nationaler Gesundheitssurvey
telef.	Telefonische Befragung

Quelle: Junge 2000, S. 48 f.

Tabelle 9: Raucher-Anteile 1990 – 99 nach Altersgruppen / Geschlecht in den alten/ neuen Bundesländern

Studie	BMG/ IFT	Nat. Gesundh. Survey	Survey Ost	Mikrozensus	BMG/ IFT	BZgA	BMG/ IFT	BZgA	Mikrozensus	Eurobarometer	BZgA	BMG/ IFT	Bund.-Gesundh. Survey	Mikrozensus
Jahr	**1990**	**1991**	**1992**	**1992**	**1992**	**1993**	**1995**	**1995**	**1995**	**1995**	**1997**	**1997**	**1998**	**1999**
Altersgruppen														
15-24														
M West	39	-	-	32	-	47	-	41	31	-	51	-	-	34
M Ost	48	-	-	38	42	44	-	44	34	-	56	-	-	40
F West	38	-	-	25	-	41	-	31	23	-	45	-	-	26
F Ost	40	-	-	24	37	33	-	27	23	-	51	-	-	29
25-39														
M West	49	48	-	47	-	-	47	45	46	-	-	48	47	44
M Ost	56	-	52	52	56	-	53	52	50	-	-	48	53	50
F West	41	41	-	36	-	-	37	34	36	-	-	37	41	34
F Ost	40	-	36	35	40	-	46	40	36	-	-	34	45	37
40-59														
M West	-	36	-	37	-	-	36	39	36	-	-	39	36	38
M Ost	-	-	35	37	-	-	38	41	37	-	-	39	37	38
F West	-	24	-	23	-	-	23	26	24	-	-	23	26	27
F Ost	-	-	13	16	-	-	16	22	17	-	-	21	22	22
15 und mehr														
M West	-	-	-	36	-	-	-	37	35	38	-	-	-	34
M Ost	-	-	-	39	-	-	-	42	37	41	-	-	-	37
F West	-	-	-	22	-	-	-	22	22	22	-	-	-	23
F Ost	-	-	-	20	-	-	-	23	19	18	-	-	-	21

Quelle: Junge 2000, S. 50f.

Trendaussagen auf der Grundlage einer homogeneren Datenbasis liefern Kraus und Augustin (2000). Ihre Arbeit basiert auf einer Analyse der Repräsentativerhebung des Bundesgesundheitsministeriums zum Gebrauch psychoaktiver Substanzen. Auf der Basis von fünf Querschnittserhebungen im Zeitraum 1980 bis 1997 vergleichen sie die Entwicklung der Anteile der Raucher, Nichtraucher und Exraucher sowie die Prävalenz der täglichen Raucher. Bei allen von ihnen untersuchten Indikatoren weisen die Angaben bei den 18 - 24jährigen Westdeutschen insgesamt, den 18 - 39jährigen westdeutschen Frauen sowie den 18 - 39jährigen westdeutschen Männern auf eine rückläufige Tendenz hin. Sie ermittelten ferner bei den 18 - 39jährigen ostdeutschen Frauen einen starken Rückgang der Prävalenz täglichen Tabakkonsums. Die größten Unterschiede zwischen ost- und westdeutschen Frauen sahen die Autoren bei starken Raucherinnen: Der Anteil der starken Raucherinnen war 1990 im Westen dreimal so hoch wie im Osten und 1997 immer noch doppelt so hoch. Kraus und Augustin (2000) weisen selbst auf Probleme hin, die sich aufgrund der Verwendung der Repäsentativerhebungen ergeben und somit zu Fehlern bei der Trendermittlung führen können. So sind diese immer mit Fehlern behaftet, die aus unterschiedlichen Quellen resultieren, wie z. B. Verzerrungen aus Antwortverweigerungen, falsche Angaben, schwer verständliche Fragen oder Auswahl der zur Grundgesamtheit gehörenden Personen. Dazu kommen noch Probleme im Zusammenhang mit Änderungen im Erhebungsinstrument. Geringfügige Änderungen in den Fragestellungen können zu Verzerrungen hinsichtlich der Vergleichbarkeit von Antworten führen. Kraus und Augustin (2000) verwenden deshalb nur gleichlautende Fragen mit möglichst identischen Antwortkategorien. Weitere Vergleichsschwierigkeiten zwischen den einzelnen Repäsentativerhebungen kommen aufgrund von Wechseln in der Art der Stichprobenziehung und der Zielgruppe zustande. Während die Studie von Kraus und Augustin nicht die Intention besitzt, mehrere Erhebungen deskriptiv miteinander vergleichen zu wollen, fällt bei dieser Analyse die große Breite der untersuchten Bevölkerungsgruppen auf, aus der nur oberflächlich allgemeingültige Aussagen eruiert werden können.

2.5 Zusammenfassung und kritische Würdigung

Der Ausdruck „Lebensstil“ wird von vielen Forschungsrichtungen verwendet. Das jeweilige Begriffsverständnis orientiert sich am spezifischen disziplinären Erkenntnisinteresse. Die der vorliegenden Arbeit zugrundeliegende gesundheitsökonomische Intention basiert auf soziologischen und individualpsychologischen Einflüssen, die zur Etablierung des Begriffs im Bereich der Gesundheitswissenschaften geführt haben. Demnach kann Lebensstil als Ausdruck definiert werden, der erstens individuelles Verhalten darstellt, zweitens gesundheitsrelevante Auswirkungen besitzt.

Gesundheitsrelevantes Verhalten steht im Zentrum zahlreicher wissenschaftlicher Teilbereiche mit unterschiedlichem disziplinärem Hintergrund. Wie anhand der Alameda County Study aufgezeigt werden kann, fokussieren etwa Epidemiologen auf den Zusammenhang zwischen Lebensstil und bestimmten Krankheiten, Psychologen beleuchten den Einfluß von Familienstand und Freundeskreis auf gesundheitsrelevantes Verhalten und unterstreichen die psychosomatische Bedeutung sowie die entlastende Funktion von Risikofaktoren. Die Beziehung zwischen gesundheitsrelevantem Verhalten und dem disziplinären Forschungsinteresse ist hinsichtlich der Einordnung bisheriger gesundheitswissenschaftlicher Lebensstil-Analysen, die im Untersuchungsgebiet Ostdeutschland durchgeführt wurden, wichtig. Im Unterschied zu den anderen Gesundheitswissenschaften versteht die Gesundheitsökonomik gesundheitsrelevantes Verhalten als integralen Bestandteil eines individuellen Optimierungskalküls. Gesundheitsförderliche bzw. -schädigende Verhaltensweisen können erstens im Rahmen der Gesundheitsproduktion als Mittel aufgefaßt werden, um den Lebenszeitnutzen zu maximieren (Grossman-Modell). Dominiert zweitens der Nutzen von unmittelbarem gesundheitsschädigenden Konsum, wie der von Tabak über mittelbare nutzenrelevante Wirkungen auf die Gesundheit, so läßt sich dadurch die Nachfrage nach Lebensstilgütern erklären, die häufig mit Suchtattributen in Beziehung gebracht werden. Drogen- und Suchtmodelle fokussieren auf die spezifischen Konsumeffekte bzw. wie diese unterbunden werden können. Da drittens gesundheitsschädigender Konsum Externalitäten und Internalitäten aufweist, kann dadurch staatliches Eingreifen rechtfertigt werden. Im Kontext der vorliegenden Arbeit sind vor allem die ersten beiden Theorieansätze von großer Bedeutung.

Wie der Überblick aufzeigte, entstanden zahlreiche epidemiologische, soziologisch oder psychologisch motivierte Studien, die gesundheitsrelevantes Verhalten in Ostdeutschland zum Gegenstand der Analyse haben. Demgegenüber wurde bislang noch keine Arbeit publiziert, welche das Gesundheitsverhalten in den neuen Ländern auf der Grundlage eines ökonomischen Verhaltensmodells beschreibt und erklärt. Wie im folgenden Kapitel drei der Arbeit gezeigt wird, sind viele Zusammenhänge, die bislang von Gesundheitswissenschaftlern in bezug auf Ostdeutschland untersucht wurden, mit ökonomischen Ansätzen durchaus kompatibel.

In inhaltlicher Hinsicht vermittelte der Forschungsüberblick zum gesundheitsrelevanten Verhalten in Ostdeutschland kein einheitliches Bild. Wie die Übersicht zur Höhe des Tabakkonsums verdeutlichte, bestehen zwischen den deskriptiven Angaben von in etwa zeitgleich erhobenen Daten häufig größere Diskrepanzen. Besonders beim Vergleich zwischen der alten Bundesrepublik und den neuen Ländern werden mögliche Widersprüche sichtbar. Der Tendenz nach scheint in der 1990er Jahren der Tabakkonsum im Westen Deutschlands stärker verbreitet gewesen zu sein. Die vorliegenden Studien belegen jedoch nicht eindeutig, inwiefern in den neuen Ländern in geringerem Ausmaß geraucht wurde. Die Einkommens- und Verbrauchsstichprobe 1993 suggeriert demgegenüber im Bereich der Tabakwaren eine schlechtere Bilanz Ostdeutschlands. Fraglich ist ferner, ob und inwiefern Alkoholkonsum in den 1990er Jahren im Osten Deutschlands insgesamt stärker ausgeprägt war. Einige Studien deuten darauf hin, daß der Eindruck eines übermäßigen Alkoholkonsums in den neuen Ländern möglicherweise verzerrt ist, da lediglich bestimmte männliche Kohorten im Durchschnitt Alkohol überaus stark konsumieren.

Die Beantwortung der Fragestellung, ob und inwiefern sich das gesundheitsrelevante Verhalten der Ostdeutschen seit der Wende verändert hat, kann auf der Grundlage der dargestellten Literatur nicht eindeutig beantwortet werden. Im Fall des Tabakkonsums wird dies durch die Analyse von Junge (2000) deutlich. Nur wenige Datengrundlagen stehen für wissenschaftliche Analysen zur Verfügung. Die Datenerhebungen differier(t)en in methodischer und konzeptioneller Hinsicht. So verwundert es nicht, daß sich die Darstellung des gesundheitsrelevanten Verhaltens und dessen Dynamik bei den darauf basierenden Arbeiten unterscheidet. Trotz dieser vielfältigen Interpretationsschwierigkeiten scheinen die bisherigen Forschungsarbeiten nahezulegen, daß sich das Lebensstilverhalten der Ostdeutschen tendenziell dem der Westdeutschen zumindest in Teilen angenähert hat. Ein Mangel der ermittelten Trendaussagen liegt darin, daß sie auf der Grundlage bestehender, weitgehend unabhängiger, Querschnittsanalysen vorgenommen wurden. Dies ist vor allem aus methodischen und konzeptionellen Gründen problematisch, da hier versucht wurde, Datensätze, die zu unterschiedlichen Zeitpunkten auf der Basis unterschiedlicher Beobachtungseinheiten erhoben wurden, direkt miteinander zu vergleichen. Eine solide Grundlage für intertemporale Vergleiche bieten Paneldaten. Ihr größter Vorzug besteht darin, daß sie eine Unterscheidung von individuellen und zeitabhängigen Einflußfaktoren zulassen. Demgegenüber besteht bei Analysen, die auf der Grundlage „unverbundener" Querschnittsdaten vorgenommen werden, die Schwierigkeit, Alters-, Perioden- und Kohorteneffekte zu separieren. Nähere Einzelheiten dazu werden in Abschnitt 5.3.1 erläutert.

3. Theoretische Ansätze gesundheitsrelevanten Verhaltens

3.1 Das Humankapitalmodell der Nachfrage nach Gesundheit

Michael Grossman wendete bereits 1972 die Becker'sche Humankapitaltheorie (Becker 1964) zur Erklärung der Nachfrage nach Gesundheit und medizinischen Leistungen an (vgl. Grossman 1972a, b). Die von Grossman formulierte Theorie wurde zum Ansatzpunkt für eine Reihe von nachfolgenden Arbeiten. Sein Modell beruht auf mehreren Einsichten hinsichtlich der Nachfrage nach Gesundheit. Die Bedeutung seiner Arbeit besteht darin, spezielle Aspekte zu implementieren, hinsichtlich deren die Gesundheitsnachfrage vom traditionellen Ansatz der Ökonomie abweicht:

1. Konsumenten wollen nicht medizinische Leistungen per se, sondern Gesundheit. Unter diesem Blickwinkel stellen medizinische Leistungen eine abgeleitete Nachfrage nach Einsatzfaktoren dar, um Gesundheit zu produzieren. Menschen wollen Gesundheit; sie fragen Inputs nach, um damit Gesundheit bzw. gesund verbrachte Zeit zu generieren.
2. Der Konsument erwirbt Gesundheit nicht passiv am Markt, sondern produziert sie statt dessen selbst, indem er neben käuflich erworbenen medizinischen Leistungen Zeit für gesundheitsförderliche Anstrengungen einsetzt.
3. Die Gesundheit hält für mehr als eine Periode an. Sie wird nicht augenblicklich aufgezehrt und kann deshalb als Kapitalgut behandelt werden.
4. Die Nachfrage nach Gesundheit besitzt sowohl rein konsumtive als auch rein investive Aspekte: In konsumtiver Hinsicht ist Gesundheit deshalb „erwünscht", da sich gesunde Menschen besser fühlen. Der konsumtive Nutzen geht direkt in die Nutzenfunktion ein. In investiver Hinsicht sehnen sich Menschen nicht zuletzt deshalb nach Gesundheit, da dadurch implizit die Zahl der gesund verbrachten Tage ansteigt, an denen gearbeitet und Einkommen erzielt werden kann.
5. Während andere Formen des Humankapitals die Produktivität in und außerhalb von Märkten beeinflussen, wirkt Gesundheitskapital direkt auf den Umfang der verfügbaren Zeit, welche für wohlfahrtsteigernde Aktivitäten verwendet werden kann.

3.1.1 Das Grundmodell

Analog zur traditionellen Haushaltstheorie verfügt ein Akteur im Ansatz von Grossman (1972a, b) über eine Nutzenfunktion U, welche es ihm erlaubt, Reihenfolgen in bezug auf alternative Güter- und Dienstleistungskombinationen zu bilden. Unter Rückgriff auf die Notation von Wagstaff (1986) gilt:

(3.1) $$U = [s(t), Z(t)],$$

wobei s krank verbrachte Zeit[30] und Z ein Konsumgut darstellen. Dabei wird angenommen, daß

$$U_s \leq 0 \qquad U_Z > 0,$$
$$U_{ss} \geq 0 \qquad U_{ZZ} < 0.$$

Krank verbrachte Zeit s besitzt einen nicht positiven Grenznutzen U_s. Ein zusätzlicher Beitrag von Z, U_Z, wirkt dagegen nutzensteigernd. Es wird ferner angenommen, daß

(3.2) $$s = s(H) \quad \text{mit} \quad s'(\cdot) < 0 \text{ und } s''(\cdot) > 0.$$

Gesundheit wird als langlebiger Kapitalstock H modelliert, der ein bestimmtes Quantum an Krankheitstagen liefert. Alternativ dazu kann die Generierung gesund verbrachter Zeit mit Hilfe von H dargestellt werden. Im folgenden wird jedoch unterstellt, daß „krank verbrachte Zeit“ in inverser Beziehung zur gesund verbrachten Zeit steht. Diese Beziehung läßt sich als Gesundheitsproduktion interpretieren, einer Form von Haushaltsproduktion. In Analogie zur unternehmerischen Produktionstheorie erzeugen die Akteure selbst Güter (hier: krank bzw. gesund verbrachte Zeit; sowie ein Konsumgut) mit Hilfe verschiedener Einsatzfaktoren.

Es wird angenommen, daß Menschen über eine bestimmte Grundausstattung an Gesundheitskapital H_0 verfügen. Die Veränderung des Gesundheitskapitals H,

(3.3) $$\dot{H}(t) = I(t) - \delta[t, X(t)]H(t),$$

läßt sich als Nettoinvestition interpretieren. H vermindert sich über die Abschreibungsrate $\delta(\cdot)$. Dies kann mittels Bruttoinvestitionen $I(t)$ kompensiert werden. Gleichung (3.3) liefert zwei Implementierungsmöglichkeiten gesundheitsrelevanten Verhaltens: Erstens weisen einige Autoren darauf hin, daß gesundheitsrelevantes Verhalten neben medizinischen Leistungen als Bruttoinvestition interpretierbar ist. Verhaltensweisen wie Rauchen oder übermäßiger Alkoholkonsum gehen in diesem Sinne mit einem negativen Grenzprodukt einher

[30] Aus Gründen der Vereinfachung wird hier auf die explizite Darstellung der Zeitrestriktion verzichtet. In gewisser Hinsicht ist dies inkonsistent, da Gesundheitsinvestitionen gemäß der Intention der vorliegenden Arbeit nicht vorrangig als Kauf von medizinischen Leistungen aufgefaßt werden. Gesundheitsförderliche Verhaltensweisen (insbesondere körperliche Aktivität) zeichnen sich gegenüber der Nachfrage nach medizinischen Leistungen durch einen höheren zeitlichen Einsatz aus.

(vgl. Grossman 2000).[31,32] Zweitens kann individueller Lebensstil nach Muurinen (1982) und Wagstaff (1986) unter die Einflußfaktoren X der Abschreibungsrate $\delta(\cdot)$ subsumiert werden, wobei X einen Variablenvektor darstellt, welcher die Intensität der Nutzung des Gesundheitskapitals beeinflußt.[33] Gesundheitsschädliches Verhalten führt zu einem Anstieg der Abschreibung und bedingt ceteris paribus, daß der Gesundheitskapitalstock abnimmt. Innerhalb des Modellrahmens wird unterstellt, daß die individuelle Abschreibungsrate mit zunehmendem Alter t ansteigt. Das individuelle Verhalten reflektiert im Modellrahmen das persönliche Optimierungskalkül. Annahmegemäß entstehen bei der Anpassung des Gesundheitskapitals an die erwünschte Höhe keine Anpassungskosten (vgl. Wagstaff 1986, S. 197).

Durch die Modellierung innerhalb der Investitionen wird die Nachfrage nach Lebensstilgütern und medizinischen Leistungen im Modell nur *indirekt* abgeleitet, da sie sich letztlich aus den Präferenzen des Individuums nach gesund bzw. krank verbrachter Zeit ergeben. Zweck der „Haushaltsproduktionsfunktion" für Gesundheit ist es, die Lücke zwischen Gesundheit als Output und medizinischen Leistungen zu schließen. Fragen Akteure also neben medizinischen Leistungen Lebensstilgüter nach, so kann dies ebenfalls als abgeleitete Nachfrage für das Gut „Gesundheit" (als Alternativmodellierung) interpretiert werden.

Die Entscheidung für ein bestimmtes gesundheitsrelevantes Verhalten besitzt zwei Implikationen: In unmittelbarer Hinsicht für den Gesundheitskapitalstock, mittelbar für den Todeszeitpunkt. Das Lebensende T wird erreicht, wenn der Wert des Gesundheitskapitals unter einen bestimmten, exogen vorbestimmten Schwellenwert H^{min} fällt:

$$T = min \left\{ \, t : H(t) \leq H^{min}(t) \right\}. \tag{3.4}$$

[31] Es wird generell angenommen, daß die so definierten Investitionen während der Jugendzeit die Abschreibung kompensieren können.

[32] Dazu Grossman: „[…] cigarette smoking [and] excessive alcohol use [...] are purchased because they are inputs into the production of other commodities such as smoking pleasure that yield positive utility." (Grossman 2000, S. 353).

[33] Während die Veränderung der Abschreibungsrate durch gesundheitsrelevantes Verhalten eine gewisse Aktivität des Akteurs widerspiegelt, variiert die Abschreibungsrate zwischen Individuen auch aufgrund von Gesundheit und Krankheit per se. So besitzen Menschen, die an chronischen Krankheiten leiden, überdurchschnittlich hohe Abschreibungsraten (vgl. Grossman und Rand 1974).

Aus (3.1) und (3.2) kann die intertemporale Nutzenfunktion ermittelt werden:

(3.5) $$\int_0^T e^{-\rho t} U \{ s [H(t), Z(t)] \},$$

mit ρ als individueller Zeitpräferenzrate. Die dynamische Budgetrestriktion lautet:

(3.6) $$\dot{W}(t) = r \; W(t) + Y\{ s[H(t)] \} - \pi^I(t) I(t) - \pi^Z(t) \, Z(t),$$

wobei der erste Term auf der rechten Seite das Zinseinkommen des Vermögenskapitalstocks $W(t)$ abbildet, mit r als Zinssatz. $Y(\cdot)$ stellt das Erwerbseinkommen dar, sowie $\pi^I(t)$ und $\pi^Z(t)$ die Grenzkosten der Bruttoinvestitionen bzw. des selbst erstellten Konsumgutes. Der Vermögenskapitalstock verändert sich somit im Zeitablauf gemäß der Differenz zwischen Kapital- und Erwerbseinkommen einerseits und den Ausgaben für Investitionen und Konsumgüter, die mit ihren Grenzkosten bewertet werden, andererseits. Das Humankapitalmodell der Nachfrage nach Gesundheit unterstellt ferner, daß $\pi^I(t)$ und $\pi^Z(t)$ unabhängig von $I(t)$ und $Z(t)$ bzw. $H(t)$ sind, sowie daß das Erwerbseinkommen negativ von krank verbrachter Zeit abhängig ist, d. h. $Y(t)_s < 0$.

Das Modell von Grossman stellt ein dynamisches Optimierungsproblem dar. Bei der Lösung sind bestimmte Randbedingungen zu berücksichtigen:

(3.7a) $$H(0) = H_0,$$

(3.7b) $$W(0) = W_0,$$

(3.7c) $$H(T) \geq H^{min},$$

(3.7d) $$W(T) = 0,$$

(3.7e) $$\{ W(t), H[t, Z(t), \pi^I(t), \pi^Z(t)] \} \geq 0, \; \forall t.$$

Die beiden ersten Gleichungen (3.7a, 3.7b) kennzeichnen den Anfangsbestand des Gesundheits- bzw. Vermögenskapitalstocks. Die dritte Gleichung (3.7c) gibt an, daß das Gesundheitskapital mindestens den kritischen Schwellenwert $H^{\min}$, unterhalb dessen der Akteur nicht lebensfähig ist, überschreiten muß. Gleichung (3.7d) drückt aus, daß das Vermögen zum Todeszeitpunkt aufgebraucht sein muß, die fünfte Randbedingung (3.7e) besagt schließlich, daß Vermögens- und Gesundheitskapital im Zeitablauf keine negativen Werte annehmen dürfen.

Im Rahmen der Optimierung müssen die Zeitpfade von H und Z so gewählt werden, daß die intertemporale Nutzenfunktion (3.5) unter Einhaltung der Restriktionen (3.3), (3.4), (3.6) und Randbedingungen (3.7) maximiert wird. Die Gleichgewichtslösung wird durch den nutzenmaximalen Gesundheitskapitalstock bestimmt.

Die Optimalbedingung lautet:

$$(3.8) \qquad \underbrace{\left\{ \frac{\frac{\partial U(t)}{\partial s(t)}}{\lambda(0)} e^{-(\rho-r)t} + \frac{\partial Y(t)}{\partial s(t)} \right\} \frac{\partial s(t)}{\partial H(t)}}_{\text{Grenznutzen des Gesundheitskapitals}} = \underbrace{\left\{ r + \delta(t) - \frac{\dot{\pi}^I(t)}{\pi^I(t)} \right\} \pi^I(t)}_{\text{Grenzkosten des Gesundheitskapitals}},$$

wobei $\lambda(0)$ als Schattenpreis des Anfangsvermögensbestandes und $\dot{\pi}^I(t)/\pi^I(t)$ als Wachstumsrate der Kosten der Bruttoinvestitionen aufgefaßt werden können.

Ökonomisch gesehen impliziert (3.8), daß der Grenznutzen einer zusätzlichen Einheit des Gesundheitskapitals den Grenzkosten seiner Erstellung entsprechen muß. Dies bedeutet, daß Individuen so lange in ihre Gesundheit investieren, bis die Grenzkosten dem Grenznutzen der Gesundheitsproduktion entsprechen. Die linke Seite von (3.8) läßt sich wiederum in zwei Komponenten zerlegen: Einerseits in den *konsumtiven* Grenznutzen von Gesundheitskapital, der den direkten Nutzeneffekt einer Verminderung von krank verbrachter Zeit widerspiegelt. Gesundheit generiert Nutzen, da sich gesunde Menschen besser fühlen als Kranke. Andererseits reflektiert der *investive* Grenznutzen von Gesundheitskapital, daß zusätzliche gesund verbrachte Zeit für produktive Zwecke außerhalb und innerhalb von Märkten verfügbar ist und somit zu Einkommenszuwächsen führen kann. Beide Komponenten erklären jeweils, warum Gesundheit nachgefragt wird:

$$(3.9) \qquad \underbrace{\left\{ \frac{\partial U(t)}{\partial s(t)} e^{-(\rho-r)t} \lambda(0)^{-1} \frac{\partial s(t)}{\partial H(t)} \right\}}_{\substack{\text{Konsumtiver Grenznutzen} \\ \text{des Gesundheitskapitals}}} + \underbrace{\left\{ \frac{\partial Y(t)}{\partial s(t)} \frac{\partial s(t)}{\partial H(t)} \right\}}_{\substack{\text{Investiver Grenznutzen} \\ \text{des Gesundheitskapitals}}}.$$

Die rechte Seite von Gleichung (3.8) stellt die Grenzkosten einer Investition in das Gesundheitskapital dar. Sowohl ein Anstieg im Zinssatz r als auch in der Abschreibungsrate δ führen dazu, daß die Grenzkosten ansteigen.

Eine wichtige Frage hinsichtlich der Nachfrage nach Gesundheit, die implizit auch das Lebensstil-Verhalten der Akteure betrifft, lautet, warum Individuen in unterschiedlichem Ausmaß Zeit und Geld für ihre Gesundheit einsetzen. Das Grossman-Modell liefert zwei Antworten: Erstens differieren individuelle Einkünfte, und die Akteure müssen sich entscheiden, wieviel Geld sie für die Gesundheit und für andere Güter ausgeben wollen. Zweitens unterscheiden sich die individuellen Anfangsausstattungen an Gesundheit.

Das Grossman-Modell beschreibt, wie Konsumenten simultan Entscheidungen über viele Zeitperioden oder Jahre treffen. Darüber hinaus ist es aber auch aufschlußreich, das ganze Leben als eine einzige Periode zu betrachten. Dies ermöglicht es, den doppelten Charakter von Gesundheit sowohl als Investitionsgut als auch als Konsumgut darzustellen. Grossman (1972a, b) betrachtet beide Aspekte als *rivalisierende* Modelle.

Zur Analyse im *reinen Konsummodell* wird in Gleichung (3.8) der Investitionsnutzen gleich Null gesetzt:

$$\text{(3.10)} \qquad \underbrace{\left\{ \frac{\frac{\partial U(t)}{\partial s(t)}}{\lambda(0)} e^{-(\rho - r)t} \right\} \frac{\partial s(t)}{\partial H(t)}}_{\text{Grenznutzen des Gesundheitskapitals}} = \underbrace{\left\{ r + \delta(t) - \frac{\dot{\pi}^I(t)}{\pi^I(t)} \right\} \pi^I(t)}_{\text{Grenzkosten des Gesundheitskapitals}} .$$

Gesundheit ist deshalb „erwünscht“, da sich gesunde Menschen „besser“ fühlen. Falls die gesund verbrachte Zeit nicht explizit in der Nutzenfunktion auftritt, oder der Grenznutzen gesund verbrachter Zeit gleich Null ist, fungiert Gesundheit lediglich als reines Investitionsgut. Der optimale Umfang an Gesundheit kann im *reinen Investitionsmodell* ermittelt werden, indem der Konsumnutzen in Gleichung (3.8) gleich Null gesetzt und die marginale monetäre Ertragsrate einer Investition in die Gesundheit den Opportunitätskosten des Kapitals gleichgesetzt werden:

$$\text{(3.11)} \qquad \underbrace{\frac{\partial Y(t)}{\partial s(t)} \frac{\partial s(t)}{\partial H(t)}}_{\text{Grenznutzen des Gesundheitskapitals}} = \underbrace{\left\{ r + \delta(t) - \frac{\dot{\pi}^I(t)}{\pi^I(t)} \right\} \pi(t)}_{\text{Grenzkosten des Gesundheitskapitals}} .$$

Die Bedeutung des Investitionsmodells besteht in erster Linie darin, daß eine Zunahme der gesund verbrachten Tage das Individuum produktiver werden läßt. Dies erlaubt es dem Individuum, mehr Einkommen zu erzielen. Grossman (1972a, b) mißt dem Investitionsmodell einen größeren Wert bei, weil es seiner Auffassung nach klarere Aussagen über den erwarteten Effekt des Einkommens und der Ausbildung auf die Gesundheit und die Nachfrage nach Gesundheitsleistungen erlaubt.

Nachfolgende Arbeiten, insbesondere die von Muurinen (1982), verwarfen Grossmans Hypothese der rivalisierenden Modelle und betonten stärker den integrativen Aspekt beider Submodelle: Demnach produziert eine Erhöhung des Gesundheitskapitals *gleichzeitig* konsumtiven und investiven Nutzen. Gesundheit wird sowohl wegen ihres direkten Nutzens, wie Freisein von Schmerz, Unwohlsein etc., als auch wegen der damit einhergehenden erhöhten körperlichen Funktionsfähigkeit nachgefragt.

Das Grossman-Modell kann auf der Basis des individuellen Optimierungskalküls erklären, warum sich Menschen in ihrem gesundheitsrelevanten Verhalten unterscheiden:

Erstens steigen mit zunehmendem Alter die Bruttoinvestitionen. Wird formal zwischen medizinischen Leistungen und gesundheitsrelevantem Verhalten nicht unterschieden, so bedeutet dies, daß gesunde Lebensweisen mit steigendem Alter zunehmen bzw. gesundheitsschädigende Verhaltensweisen abnehmen.

Zweitens implizieren im reinen Investitionsmodell höhere Lohnraten oder ein höheres Einkommen ein höheres Niveau des Gesundheitskapitalstocks: Akteure sind dadurch ceteris paribus in der Lage, sich mehr gesundheitsrelevante Einsatzfaktoren zu kaufen, um damit gesund verbrachte Zeit zu erstellen.

Drittens spielen neben monetären individuellen Restriktionen auch zeitliche Beschränkungen eine wichtige Rolle für die Ableitung der optimalen Nachfrage nach Lebensstil.

Viertens unterscheiden sich Menschen bei der Gesundheitsproduktion in technologischer Hinsicht, indem sich etwa die Produktionsmöglichkeiten unterscheiden. Die Effizienz kann differieren. So wird Bildung als Faktor angesehen, der sowohl die Effizienz hinsichtlich der Gesundheits- als auch Haushaltsproduktion verbessert, indem das Grenzprodukt der direkten Inputs gesteigert wird. Folglich wird eine Person mit höherer Bildung einen höheren optimalen Gesundheitskapitalstock besitzen als eine weniger gebildete Person.

Steigt fünftens die Abschreibungsrate, so impliziert dies einen Anstieg im Schattenpreis der Gesundheit, was wiederum zu einem Sinken der Menge des nachgefragten Gesundheitskapitals führt (vgl. Grossman und Rand 1974, S. 126).

3.1.2 Modifikationen und weitere Ansätze

Das von Grossman (1972a, b) entwickelte Modell der Gesundheitsproduktion beruht auf zahlreichen stringenten und restriktiven Annahmen, welche nach Auffassung des Autors in künftigen Arbeiten gelockert werden sollten (vgl. Grossman 1972a, S. 247). Obwohl in den vergangenen 30 Jahren zahlreiche Modifikationen durchgeführt wurden (vgl. dazu Grossman 2000) beschäftigen sich nur wenige theoretische Arbeiten mit Sachverhalten, die in Zusammenhang mit gesundheitsrelevantem Verhalten stehen. Die folgende Übersicht beschränkt sich auf die wichtigsten Ansätze.

3.1.2.1 Unsicherheit

Das ursprüngliche Grossman-Modell geht davon aus, daß der Gesundheitszustand deterministisch bestimmt wird. Cropper (1977) entwickelte dagegen ein Lebenszyklus-Modell der Gesundheitsinvestition, in welchem Krankheit und Tod zufällig erfolgen. Die Autorin untersucht dabei die Beziehung zwischen Investitionsverhalten und Gesundheit sowie den dadurch induzierten Implikationen für die Arbeitsplatzwahl: Mittels der Entscheidung über die Art der Beschäftigung (gesunde versus ungesunde Tätigkeit) entscheidet der Akteur über die (zu erwartenden) Folgen hinsichtlich seiner Gesundheit. Vier wesentliche Aussagen können aus ihrem Modell abgeleitet werden: Erstens verfügen die Individuen über Anreize, ihr Gesundheitskapital zu erhöhen, um dadurch die Wahrscheinlichkeit, krank zu werden, zu reduzieren. Zweitens gelingt es Individuen mit höherem Einkommen oder Vermögen, höhere Gesundheitskapitalbestände zu erlangen als ärmere Menschen. Drittens besteht die wesentliche Wirkung von Unsicherheit bei einem konstant gehaltenen Lohnsatz darin, daß die Höhe des Gesundheitskapitals und der Bruttoinvestition von der Anfangsausstattung abhängig ist. Die Richtung dieser Effekte ist jedoch nicht eindeutig, da sie von der konkreten Modellierung des Risikos abhängt. Viertens werden risikoaverse Individuen bei gegebener Unsicherheit höhere Gesundheitsinvestitionen tätigen als bei Sicherheit.

Nachfolgende Spezifizierungen von Modellen mit Unsicherheit unterstellen risikoaverses Verhalten. Dardanoni und Wagstaff (1987) formulieren ein 2-Perioden-Modell, in dem die Nutzenfunktion der gegenwärtigen Periode nur vom gegenwärtigen Konsum abhängt. Der Faktor „Unsicherheit“ wird mittels einer Zufallsvariable in der Verdienstfunktion in der zweiten Periode erfaßt. Die Autoren zeigen, daß risikoaverse Individuen bei gegebener Unsicherheit höhere Gesundheitsinvestitionen tätigen. Reiche investieren gemäß ihrer Modellierung stärker in die Gesundheit als Arme. Im Gegensatz zu früheren Arbeiten mit dem Investitionsmodell, die aufzeigten, daß Unsicherheit ärmere Bevölkerungsschichten dazu veranlaßt, ihre Gesundheitsinvestitionen zu vermindern, weist Selden (1993) nach, daß es Situationen geben kann, bei denen es sich Arme nicht leisten können, auf Gesundheitsinvestitionen zu verzichten. Während Dardanoni und Wagstaff (1987) veranschaulichen, daß Gesundheitsinvestitionen ein normales Gut darstellen, wenn die Nutzenfunktion sinkende absolute Risikoaversion aufweist, beweist Selden (1993), daß das Gegenteil zutrifft, wenn die Unsicherheit in additiver statt multiplikativer Form im Modell formuliert wird. Chang (1996) berücksichtigt mit seinem Modell der Portfolio-Wahl beide Ansätze: In seiner Rolle als Investor trifft der Konsument die Entscheidung zwischen einer risikolosen (Ersparnisbildung) und einer riskanten Anlage (Gesundheitsinvestition). Dabei bilden die angenommenen Fluktuationen eine exogene, die nicht determinierten Erträge der Gesundheitsinvestition eine endogene Quelle der Unsicherheit. Die exogene Zufallsvariable generiert zwei Effekte: Das Vorzeichen des *Skaleneffekts* ist davon abhängig, wie die Unsicherheit den bestehenden Gesundheitskapitalstock transformiert. Demgegenüber ist das Vorzeichen des sinkenden *Grenzertrageffekts* immer nicht-positiv. Bildet die Ertragsrate eine steigende (oder fallende) Funktion der Zufallsvariablen, dann stellt die Gesundheitsinvestition ein normales (oder inferiores) Gut dar. Der Gesamteffekt ist hierbei nicht determiniert. Vielmehr hängt dieser von der Stärke der beiden Einzeleffekte ab.

Dardanoni und Wagstaff (1990) analysieren zwei Arten von Unsicherheit im reinen Konsummodell im 1-Perioden-Fall. Erstens ist in ihrem Modell die Inzidenz von Krankheiten ungewiß. Zweitens ist die Effektivität der gesundheitsrelevanten Investitionen, die als medizinische Behandlung aufgefaßt werden, unsicher. Die Autoren zeigen, daß die Nachfrage nach medizinischen Leistungen als Folge von steigender Unsicherheit hinsichtlich des künftigen Gesundheitszustandes zunimmt. Analog dazu steigt die Nachfrage nach Gesundheitsinvestitionen bei zunehmender Ungewißheit über die Effektivität der medizinischen Behandlung.

Zweifel (1992) betont in seiner Arbeit die Eigenverantwortung des Akteurs für seine Gesundheit. In seinem 2-Perioden-Modell hebt er hervor, daß die Produktionsmöglichkeiten des Individuums vom Gesundheitszustand abhängen. Der Einzelne ist zwar in der Lage, seinen Gesundheitszustand zu beeinflussen, kann ihn aber nicht effektiv bestimmen.[34] Verwendet das Individuum in der ersten Periode zu viele Ressourcen für den gesundheitsneutralen Konsum, so verdrängt dies Gesundheitsinvestitionen, was wiederum das Risiko erhöht, in der Folgeperiode krank zu werden. Aus dem Modell kann die Folgerung gezogen werden, daß das Individuum im Zustand der Krankheit eher bereit ist, für eine erwartete Verbesserung des Gesundheitszustandes zu zahlen, als wenn es gesund wäre. Die von Zweifel (1992) vorgeschlagene Modellierung erlaubt es auch, die Frage der Beziehung zwischen medizinischen Leistungen einerseits und eigenen gesundheitsförderlichen Anstrengungen andererseits zu beantworten. Ist der Ausgangszustand „gesund“, so besteht zwischen medizinischen und eigenen Leistungen eine substitutive Beziehung; ist der Ausgangszustand dagegen „krank“, so besteht Komplementarität, da eine medizinische Behandlung die Chancen des Individuums verbessert, in der Folgeperiode dank „gesundem“ Zustand selbst für die Erhaltung seiner Gesundheit zu sorgen.

Johansson (1994) erörtert individuelle gesundheitliche Implikationen von Umweltveränderungen. Unsicherheit entsteht durch den Einfluß der Umweltqualität, wobei der künftige Gesundheitsstatus als Zufallsvariable modelliert wird. So lassen sich etwa die gesundheitlichen Auswirkungen gegenwärtiger Luftverschmutzung nicht mit Sicherheit vorhersagen. In seinem 2-Perioden-Modell unterstellt der Autor eine Nutzenfunktion, die separabel in bezug auf die Zeit ist. Gesundheit wird unter Verwendung privater Güter und (Frei-)Zeit produziert, sowie vom öffentlichen Gut „Luftqualität“ beeinflußt. Da letztere nicht konstant ist, sondern innerhalb einer Bandbreite variieren kann, entsteht Unsicherheit in Hinblick auf den Gesundheitszustand. Johansson analysiert auf dieser Grundlage individuelle Anpassungsreaktionen aufgrund marginaler Änderungen von Preisen, des erwarteten Einkommens sowie zukünftiger Luftqualität.

Liljas Arbeiten basieren auf einem mehrperiodigen, kombinierten Investitions- und Konsummodell, wobei er annimmt, daß Inzidenz und Ausmaß von Krankheit unsicher sind (vgl. Liljas 1996, 1997). Der Autor geht von einem mehrdimensionalen Gesundheitsbegriff aus, der dazu führt, daß ein Akteur nie völlig gesund oder krank ist. Der Gesundheitszustand wird als stochastische Variable dargestellt. Bei bestehender Unsicherheit bewertet ein risikoaverser Akteur mit

[34] Der Gesundheitszustand in diesen beiden Perioden kann als Ausschnitt aus einer langen Abfolge von Zuständen aufgefaßt werden. Es wird angenommen, daß das Individuum in seinem Bestreben, den eigenen Gesundheitszustand zu beeinflussen, lediglich auf die Übergangswahrscheinlichkeiten Einfluß nehmen und insofern das Eintreten einer gewünschten Abfolge begünstigen kann. Bleiben die Wahrscheinlichkeiten konstant, spricht man von einem Markoff-Prozeß.

konkaver Nutzenfunktion Gesundheit höher als im deterministischen Referenzmodell. Liljas folgert daraus, daß Unsicherheit zu einem höheren Gesundheitskapitalstock führt. Aufgrund fehlender Gewißheit versucht der Akteur, mittels Gesundheitsinvestitionen sich gegen schlechten Gesundheitszustand abzusichern.

3.1.2.2 Abschreibung des Gesundheitskapitals

Muurinen (1982) erörtert in ihrem Aufsatz Fälle, in denen das Ausmaß der Abschreibungen auf das Gesundheitskapital inter alia von Bildung und anderen exogenen Variablen hervorgerufen wird. Stark gesundheitsschädliches Verhalten führt demzufolge zu einer höheren Abschreibung des Gesundheitskapitals. Muurinen spricht sich für die Einführung eines Effizienzparameters in bezug auf Gesundheitsinvestitionen aus, welcher mit dem Alter abnimmt und in diesem Kontext den Modellrahmen von Grossman ersetzt. In Erweiterung dessen können Abschreibungen auf das Gesundheitskapital als negative Funktionen des Gesundheitszustands aufgefaßt und deshalb endogen modelliert werden (vgl. Liljas 1998a). Je gesünder ein Mensch ist, um so geringer ist die individuelle Abschreibung des Gesundheitskapitalstocks bzw. um so mehr Einkommen vermag das Individuum zu erzielen. Im Optimum impliziert dies, daß die Marginal-Bewertung einer Verbesserung des Gesundheitszustands gegenüber dem Ansatz von Grossman niedriger ausfällt (vgl. Liljas 1996, S. 8). Der Autor weist darauf hin, daß der Akteur über einen zusätzlichen Anreiz verfügt, mittels Gesundheitsinvestitionen sein Gesundheitskapital hoch zu halten, da er dadurch den Umfang der Abschreibung reduzieren kann.

Ein wichtiger Einwand gegenüber der Darstellung von Grossman (1972a, b) besteht darin, daß im ursprünglichen Modell der Gesundheitsproduktion lediglich der Fall einer „inneren Lösung" analysiert wird. Je nach dem, ob ein Akteur zur Lebensmitte oder unmittelbar vor dem Tod exogenen Einflüssen ausgesetzt ist, hat dies unterschiedliche Auswirkungen für sein Verhalten. Ried (1995, 1996) untersucht im reinen Investitionsmodell, Ried (1998) im vollständigen Modell von Grossman, die Auswirkung sowohl temporärer als auch dauerhafter marginaler Veränderungen der Abschreibungsrate des Gesundheitskapitalstocks auf den Zeitpfad der endogenen Modellvariablen. Im Rahmen komparativ-dynamischer Analysen werden somit die Anreizwirkungen und Anpassungsprozesse, die durch eine Änderung der Umweltbedingungen oder durch einen Lebensstilwandel induziert sein können, erörtert. Die konkreten Folgen, etwa in bezug auf die Wahl der Bruttoinvestitionen, des Arbeitsangebotes sowie des Gesundheitskapitalstocks sind bei zeitlich befristetem Anstieg der Abschreibungsrate vom

Zeitpunkt der Ausweitung des gesundheitsschädlichen Verhaltens im Lebenszyklus (Lebensbeginn, Todesnähe oder in der vorangegangenen Periode mitten im Leben) abhängig. Mit den Implikationen einer dauerhaften Veränderung der Abschreibungsrate beschäftigt sich vor allem der Beitrag von Ried (1995).

3.1.2.3 Optimale Lebensdauer und gesundheitsrelevantes Verhalten

Einige Modelle befassen sich mit der Ermittlung der optimalen Lebensdauer. Sie sind jedoch sehr allgemein gehalten und gehen auf die Implikationen in bezug auf gesundheitsrelevante Verhaltensweisen nur am Rande ein (für einen Überblick vgl. Grossman 2000). Forster (1997) spezifiziert sein intertemporales Modell jedoch näher und entwickelt in seiner Arbeit zur optimalen Lebensdauer zwei Teilmodelle, die gesunden bzw. ungesunden Lebensstil abbilden. Er geht davon aus, daß ein Individuum seinen diskontierten Lebensnutzen maximiert, welcher als additive Funktion eines gesundheitsrelevanten Gutes, eines gesundheitsneutralen Gutes und eines Gesundheitskapitalstocks aufgefaßt wird. In den Teilmodellen werden gesunde bzw. ungesunde Lebensstile durch spezifische Annahmen an die Modellparameter zum Ausdruck gebracht. Forster (1997) zeigt, daß nutzenmaximierende Individuen in beiden Teilmodellen eine kürzere Lebensspanne wählen als erreichbar ist. Rational handelnde Akteure wägen zwischen abdiskontierten zusätzlichen Lebensjahren und alternativen unmittelbaren Nutzenverlusten ab und passen ihren gesunden bzw. ungesunden Lebensstil adäquat an. Forster (1997) befaßt sich auch mit der komparativen Statik des Modells. Seiner Analyse zufolge führen Preissteigerungen des gesunden und ungesunden Lebensstilgutes, die Erhöhung der Zeitpräferenz, der Abschreibungsrate und des Gesundheitskapitalstocks im Teilmodell mit gesundem Lebensstil alle zu denselben Konsequenzen einer geringeren Lebensdauer und eines gesunkenen Lebenszeitnutzens. Ein zusätzlicher Bestand an Gesundheitskapital, ein Anstieg des permanenten Einkommens und des „Gesundheitsgrades" des Gutes erhöht dagegen die Lebensdauer und den diskontierten Lebenszeitnutzen. Im Teilmodell mit ungesundem Lebensstil führen die Preissteigerung des gesundheitsneutralen Gutes, die Erhöhung der Zeitpräferenzrate sowie der Abschreibungsrate des Gesundheitskapitals und des Endbestandes an Gesundheitskapital zum Todeszeitpunkt zu einer Verminderung der Lebensdauer sowie des diskontierten Lebenszeitnutzens. Ein zusätzlicher Bestand an Gesundheitskapital und ein Anstieg des permanenten Einkommens steigern die Lebensdauer und den diskontierten Lebenszeitnutzen. Erhöht sich jedoch die Gefährlichkeit des Gutes, so sinkt der Lebenszeitnutzen. Forster (1997) betont die Bedeutung der Transversalitätsbedingung für das Optimierungsverhalten, welche impliziert, daß die Kozustandsvariable zum optimalen Todeszeitpunkt ein positives Vorzeichen haben kann. Dies bedeutet, daß der Konsum entlang des optimalen Pfades möglicherweise steigt und wieder sinkt. Hierdurch unterscheidet sich sein Modell von früheren Modellen mit gefährlichen Konsumgütern, wie etwa denjenigen von Cropper (1977) und Ippolito (1981). Beide Autoren leiten explizite Ergebnisse für den optimalen Konsum im Zeitablauf her, indem sie eine freie End*zustands*-variable verwenden, welche die Kozustandsvariable zum Endzeitpunkt auf Null setzt, was zu einem Sinken der Gesundheitsinvestitionen und zu einem Anstieg des Verbrauchs des gefährlichen Konsumgutes in der letzten Lebensperiode führt.

3.1.2.4 Erweiterung um psychologische Aspekte

Kverndokk (2000) weist darauf hin, daß psychologische Faktoren Auswirkungen auf die Nachfrage nach Gesundheit haben können. Er thematisiert drei Aspekte: Das Streben nach Status (Status Seeking), Darstellung der eigenen Identität sowie Anpassung an Adaptionsniveaus[35]. In ökonomischen Modellen wird *Status Seeking* für gewöhnlich als Streben nach einem besseren Status gegenüber einem Referenzniveau aufgefaßt. Dies äußert sich etwa in einem höheren Konsumniveau (bspw. bei Luxusgütern) gegenüber dem gesellschaftlichen Durchschnitt. Wird Gesundheit als Mittel zur Verbesserung des Status aufgefaßt, so impliziert eine bessere Gesundheit einen höheren Status, verschlechtert sich die Gesundheit dagegen relativ zum Durchschnitt (der Referenzgruppe), so bedeutet dies einen Statusverlust. Gesundheit vermag ferner zur *Erreichung* einer bestimmten angestrebten *Identität* beitragen. Um ein Athlet zu sein, benötigt man gute Gesundheit. Die Nachfrage nach medizinischen Leistungen kann in diesem Sinne das eigene Image verbessern. Mit zunehmendem Alter sinkt das Gesundheitsniveau für gewöhnlich. Verschlechtert es sich im Zeitablauf das Niveau nicht zu drastisch und ist der Akteur mit seinem gegenwärtigen Gesundheitszustand „zufrieden", so kann es sein, daß er Ressourcen statt für gesundheitsförderliches Verhalten (körperliche Aktivität) für konsumtive Zwecke (Besuch kultureller Veranstaltungen) verwendet. Dadurch kommt es zu einer Anpassung an ein niedrigeres gesundheitliches *Anpassungsniveau* (Adaption). Die beschriebenen psychologischen Aspekte fokussieren auf konsumtive Aspekte der Nachfrage und werden von Kverndokk (2000) im Konsummodell (unter

[35] Kverndokk versteht dabei den Terminus „Adaption" analog zu Heyink (1993). Dieser definiert Adaption als „[...] an intrapsychic process in which past, present, and future situations and circumstances are given such cognitive and emotional meaning that an acceptable level of well-being is achieved" (Heyink 1993, S. 1332).

Ausschluß investiver gesundheitlicher Eigenschaften) dargestellt.[36] Kverndokk schlägt zwei konkurrierende Modellierungen des Strebens nach Status vor: Läßt sich der Status mittels eines relativ höheren Verbrauchs des Konsumgutes erreichen, so führt dies über die Budgetrestriktion zu einem geringeren Gesundheitskapital. Erzielt das Individuum dagegen einen zusätzlichen Nutzengewinn durch eine Investition in die relative Gesundheit, so sinkt vice versa die Nachfrage nach dem gewöhnlichen Konsumgut. Status Seeking mittels Gesundheit (Streben nach Fitneß) kann aber auch zu einer Überinvestition in die Gesundheit und damit wohlfahrtsökonomisch zu Zusatzkosten führen.[37] Das Verlangen nach einer bestimmten Identität impliziert eine starke Annäherung an ein bestimmtes Gesundheitsniveau. Sowohl Über- als auch Unterinvestitionen verursachen mittels einer Identitätsfunktion einen negativen Nutzen (vgl. Kverndokk 2000, S. 15). Sowohl beim Status Seeking wie auch beim Identitätsstreben wird die dynamische Struktur nicht stark verändert. Eine statische Analyse ist somit möglich. Dagegen weist der Fall der Gesundheitsadaption einen stärkeren dynamischen Bezug auf. Verändert sich das Adaptionsniveau im Zeitablauf, so ist das Vorzeichen des Schattenpreises der Gesundheit nicht eindeutig. Eine Verbesserung des Gesundheitszustandes kann zu einer Absenkung des Lebenszeitnutzens führen (vgl. Kverndokk 2000, S. 18).

3.1.2.5 Modelle mit expliziter Berücksichtigung gesundheitsrelevanten Verhaltens

Ippolito (1981) untersucht in ihrer Arbeit explizit das Nachfrageverhalten nach gesundheitsschädlichen Gütern. Die Autorin verwendet ein Optimal-Control-Modell, welches den individuellen Lebenszyklus abbildet. Sie zeigt, daß die rationale optimale Lebensstilnachfrage von Faktoren wie Art und Ausmaß der Gefährlichkeit des Gutes, dem individuellen Alter, der Lebenserwartung sowie der zugrundeliegenden Bewertung des Gutes per se abhängt. Wird angenommen, daß der Akteur bei Aufnahme des Konsums nicht notwendigerweise über voll-

[36] Kverndokks Argumentation ist nicht frei von Inkonsistenzen. Einerseits intendiert er, die beiden wesentlichen Gründe der Nachfrage nach Gesundheit (in Form konsumtiver und investiver Eigenschaften) um psychologische Gründe zu erweitern, andererseits bedient er sich des Konsummodells und zeigt damit, daß die thematisierten psychologischen Facetten durch das Konsummodell erklärt werden können.

[37] Da die Zahl von Menschen mit hohem Status innerhalb der Gesellschaft begrenzt ist, führt der Erwerb von Statusgütern lediglich zu einer Umverteilung von Status. Dies bedeutet, daß Status hier eine negative Externalität generiert: Steigender Konsum oder bessere Gesundheit reduzieren die Wohlfahrt der übrigen Menschen. Gemäß der ökonomischen Theorie sollte das Gut, das eine negative Externalität generiert, besteuert werden.

kommene Information hinsichtlich der Gefährlichkeit des Gutes verfügt, so ist das Alter des Akteurs zum Zeitpunkt des Erhalts zusätzlicher Informationen über dessen Schädlichkeit wichtig. Dies vermag zu erklären, warum die individuelle Lebenszyklus-Nachfrage nach gesundheitsschädlichen Gütern wie Alkohol und Tabakwaren einen invers-u-förmigen Verlauf aufweisen kann.

Das Modell der Gesundheitsproduktion von Clark und Etilé (2002), das im wesentlichen auf der Dissertation von Etilé (2000) beruht, stellt eine wichtige Erweiterung bisheriger Arbeiten dar, da es Implikationen gesundheitsrelevanten Verhaltens explizit abbildet und dabei eine Verbindung zum Modell rationaler Sucht von Becker und Murphy (1988) herstellt. Da der Fokus der Modellierung auf der Implementierung suchtgenerierender Güter liegt, wird es im Abschnitt zu Suchtmodellen näher vorgestellt.

3.1.3 Kritische Würdigung

Das auf Grossman (1972a, b) beruhende Humankapitalmodell der Nachfrage nach Gesundheit kann als bedeutende Übertragung grundlegender ökonomischer Methoden und Konzepte, wie der Konsumenten- und Produzententheorie sowie des Marginalprinzips, auf den Bereich der Gesundheit angesehen werden. Das Grundmodell und seine Erweiterungen zeigen zahlreiche Gründe auf, warum Menschen in ihrem Lebensstil differieren. Da sich Akteure in ihren Vermögens- und Zeitrestriktionen unterscheiden, über verschiedene Produktionsmöglichkeiten für Gesundheit sowie ungleiche persönliche Charakteristika (wie Zeitpräferenz und Risikoneigung) verfügen, differiert auch ihr gesundheitsrelevantes Verhalten. Obwohl wiederholt von Ökonomen auf die Bedeutung gesundheitsrelevanten Verhaltens im Rahmen der individuellen Gesundheitsproduktion hingewiesen wurde, weisen das ursprüngliche Modell von Grossman (1972a, b) und dessen Erweiterungen einige Defizite in bezug auf die Modellierung von Lebensstil auf.

Im Zusammenhang mit der theoretischen Formulierung der Einsatzfaktoren der Gesundheitsproduktion ist eine starke Fokussierung auf die Nachfrage nach medizinischen Leistungen ersichtlich. Dies kann insofern erklärt werden, da die Nachfrage nach medizinischen Leistungen aufgrund ihres Kostencharakters seit Jahrzehnten ein Problem des Gesundheitswesens war und ist. Während einerseits im Bereich der Gesundheitsprävention in den Industriestaaten die Bedeutung gesundheitsrelevanten Verhaltens hinsichtlich Morbidität und Mortalität anerkannt wurde, hat dies andererseits keinen adäquaten Niederschlag in der theoretischen Gesundheitsökonomik gefunden.

In formaler Hinsicht wurde Lebensstil bislang auf zweierlei Weise im Modell der Gesundheitsproduktion berücksichtigt. Erstens weisen einige Autoren darauf hin, daß Gesundheitsverhalten neben medizinischen Leistungen als Bruttoinvestition interpretierbar ist. Zweitens läßt sich Lebensstil unter die Einflußfaktoren der Abschreibungsrate subsumieren, welche die Intensität der Nutzung des Gesundheitskapitals beeinflußt. Im erstgenannten Fall werden in formaler Hinsicht Gesundheitsverhalten und medizinische Leistungen gleich behandelt. Bei medizinischen Leistungen ist die gebräuchliche Darstellung naheliegend. Dies sind Marktgüter, die per se über keine Nutzenrelevanz verfügen und von Akteuren erworben werden, um im Rahmen einer Haushaltsproduktion in die nutzenrelevante Größe Gesundheit transformiert zu werden.

Lebensstilgüter unterscheiden sich tatsächlich von medizinischen Leistungen dadurch, daß sie in zweierlei Hinsicht bedingt nutzenrelevant sein können: in zeitlich *unmittelbarem* wie in *mittelbarem* Sinn. Kennzeichen beider Facetten ist es, daß Lebensstil entsprechend zu medizinischen Leistungen keine direkte Nutzenrelevanz besitzt, sondern daß diese erst mittels einer Haushaltsproduktion erzeugt wird. Die erste Dimension, die zeitnah zum Konsum eintritt und vereinfacht als *konsumtiver* Nutzen interpretiert werden kann, entsteht, indem etwa durch Rauchen Entspannung generiert wird. Ein Besuch in einem Fitneßstudio kann einen „Kick" erzeugen. Die zweite Dimension bildet in der Regel die zeitverzögerten Folgen einer akkumulierten Konsumaktivität ab. Fortlaufender Zigarettenkonsum führt bei Annahme tatsächlicher Folgen zu Gesundheitsschädigungen, während sportliche Aktivitäten den Gesundheitszustand verbessern können. In diesem Sinn besitzt Lebensstil den oben dargestellten *investiven* Charakter.

Ein wesentliches Kennzeichen von Lebensstil besteht darin, daß sich der Akteur zum Konsumzeitpunkt nicht für eine Nutzenkategorie entscheiden kann. Beide Aspekte stellen vielmehr das Ergebnis eines gemeinsamen Produktionsprozesses dar. Möchte sich der Handelnde gegenwärtig entspannen, und greift er in entsprechenden Entscheidungssituationen zur Zigarette, so entsteht bei regelmäßigem Konsum als Kuppelprodukt eine Gesundheitseinbuße. Wird jedoch regelmäßig aufgrund des Bedürfnisses nach Gesundheitsprävention Sport betrieben, so resultiert neben dem investiven Nutzen auch ein zusätzlicher unmittelbarer Nutzengewinn, indem konsumnah ein „Kick" durch Endorphinausschüttung entsteht. Während im Fall gesundheitsförderlichen Verhaltens beide induzierten Nutzeneffekte über das gleiche, positive, Vorzeichen verfügen, sind die unmittelbaren und mittelbaren Wirkungen im gesundheitsschädlichen Fall entgegengesetzt. Von einem vorausblickenden Akteur kann deshalb zum Entscheidungszeitpunkt erwartet werden, daß er den Zielkonflikt im Rahmen seiner Optimierung löst. Dessen Ergebnis bildet die individuell optimale Ausübung von Gesundheitsverhalten.

Lebensstil wird im Rahmen des Modells der Gesundheitsproduktion als exogene Größe aufgefaßt. Veränderungen im Lebensstil können zwar, wie Ried in seinen Arbeiten aufzeigt, zu Veränderungen des Ergebnisses der Gesundheitsproduktion sowie damit verbundener Entscheidungen führen. Das Modell ist per se jedoch nicht in der Lage, Veränderungen im Lebensstil zu erklären. Wird aus diesem Modell der Gesundheitsproduktion die Nachfrage nach Lebensstil abgeleitet, so kommt es aufgrund der Nichtbeachtung der zeitnahen unmittelbaren Nutzenrelevanz zu einer Verzerrung im Ergebnis. Darüber hinaus berücksichtigt die bisherige Erfassung von Lebensstil im Modell der Gesundheitsproduktion nicht, daß nicht nur gesundheitsrelevantes Verhalten Auswirkungen auf die Gesundheit besitzt, sondern darüber hinaus auch eine Rückkopplung zwischen beiden Größen besteht. So kann ein schlechter Gesundheitszustand dazu führen, daß ein Raucher aufgrund schlechter Gesundheit den Konsum von Zigaretten einstellt.

Wie bereits bei der Diskussion der investiven Komponente angedeutet wurde, weist selbst die formale Behandlung gesundheitsrelevanten Verhaltens im Sinne von Bruttoinvestitionen in der bisherigen Darstellung bedeutende Defizite auf. Nicht der einmalige Griff zur Zigarette ist gesundheitsschädigend, sondern die Regelmäßigkeit im Konsum und dessen kumulierte Wirkung. Dies impliziert, daß die angesammelte Schädigung einen Charakter als *Kapitalgut* besitzt, der als Schädigungskapital interpretiert werden kann. Dabei handelt es sich etwa um die Schädigung der Leber durch fortlaufenden exzessiven Alkoholgenuß. Die kontinuierliche biologische Erneuerung des Körpers wiederum sollte als Abschreibung auf das „Schädigungskapital" interpretiert werden. Bisherige Modelle klammern den Sachverhalt aus, daß der menschliche Körper in der Lage ist, in Jugendzeiten zugefügte Schädigungen wieder abzubauen. Nach dem Verzicht auf Rauchen und Trinken erneuern sich in der Regel die betroffenen Organe wieder.

Im Rahmen des in Kapitel 4 dargestellten Transformationsmodells werden die genannten Kritikpunkte berücksichtigt.

3.2 Gewohnheits- und Suchtmodelle

Gesundheitsrelevantes Verhalten muß nicht notwendigerweise mit Gewohnheit und Sucht einhergehen. Für viele gesundheitsschädliche Konsumgüter[38] wie Tabakkonsum, (übermäßigen) Alkoholkonsum und illegale Drogen sind jedoch potentiell suchtgenerierende Aspekte nachgewiesen worden. Umgekehrt gibt es eine Reihe von Suchtgütern, deren Nachfrage nicht zwingend gesundheitsrelevante Folgen haben muß. Beispiele für Verhaltensweisen, die Sucht generieren und dabei per se als gesundheitsneutral aufgefaßt werden können, sind etwa Arbeit, Musik, Fernsehen, Lebensstandard und Religion (vgl. dazu Elster und Skog 1999, S. 4). Vice versa kann es auch beim Konsum gesundheitsförderlicher Güter und Aktivitäten zu Gewohnheitseffekten kommen. Seit Jahrzehnten gehen Ökonomen, teilweise im Grenzbereich zu anderen Wissenschaften, der Frage nach, wie insbesondere wiederholtes selbstzerstörerisches Handeln mit dem Homo-oeconomicus-Ansatz in Einklang gebracht werden kann. Auf die Fragestellung dieser Arbeit bezogen bedeutet das: Wie kann die Nachfrage sowohl nach gesundem als auch nach ungesundem Lebensstil erklärt werden?

3.2.1 Implementierung von Gewohnheit und Sucht

Das ökonomische Interesse am Phänomen der Sucht reicht bis in das Jahr 1920 zurück, als Alfred Marshall die wesentlichen Aspekte von Sucht im Hinblick auf das Nachfrageverhalten erfaßte (vgl. Marshall 1920). Ursprünglich bildete die ökonomische Analyse des Gewohnheits- und Suchtverhaltens eine Erweiterung der Konsumententheorie, die sich mit spezifischen Fragestellungen wiederholter Konsumakte beschäftigt. In der Literatur zur Gewohnheitsbildung werden vor allem folgende Aspekte diskutiert: Wie kann der Gewohnheitsbildungsprozeß dargestellt werden? Welcher implizite Planungs- oder Zeithorizont läßt sich für einen typischen wiederholten Konsumakt unterstellen: Handelt der Akteur myopisch oder auf vollkommen dynamisch-rationale Weise? Basiert das Modell auf verhaltensökonomischen oder eher traditionellen ökonomischen Konzepten?

Der Konsum von Lebensstilgütern kann, abhängig vom spezifischen Gut und von individuellen Eigenschaften, in unterschiedlichem Ausmaß Gewöhnungs-

[38] Im Rahmen des theoretischen Teils dieser Arbeit wird davon abstrahiert, daß einige gesundheitsrelevante Verhaltensweisen der epidemiologischen Literatur zufolge hinsichtlich Konsumumfang, Alter und Geschlecht unterschiedliche Vorzeichen bezüglich ihrer Wirkung auf die Gesundheit haben können. Ein häufig diskutierter Fall bildet etwa der (invers) u-förmige Zusammenhang zwischen Alkoholkonsum und Gesundheit (vgl. dazu Baum-Baicker 1985).

oder Suchteffekte hervorrufen.[39] Ein grundlegendes Problem besteht in der mangelnden Trennschärfe bei der Abgrenzung von Gewohnheit und Sucht. Da wissenschaftlich nicht exakt festgestellt werden kann, wann Sucht vorliegt, werden beide Begriffe häufig synonym verwendet. In einem Einführungsartikel zur Suchtproblematik benennt Elster zwölf Attribute, mit denen Sucht in Verbindung gebracht werden kann (vgl. Elster 1999a, S. 244):

- Konsum-induzierte Euphorie
- Entzugsbedingte Dysphorie und Unbehagen
- Verlangen (nach Euphorie oder nach Befreiung aus der Dysphorie)
- Gewöhnung
- Stimulus-Abhängigkeit (konditionierte Gewöhnung, Entzugssyndrome oder Verlangen)
- Objektiver Schaden
- Verdrängungseffekt (die Suche nach Suchterfahrung dominiert das Leben)
- Stimmungsveränderung (Euphorie und Dysphorie nach Gebrauch bzw. Abstinenz)
- Verlangen, den Konsum aufzugeben
- Fehlende Fähigkeit zu einer Entziehung
- Ablehnung
- Kampf um Selbst-Kontrolle (Ambivalenz).

Nicht bei allen „Suchtgütern" werden alle zwölf Attribute beobachtet. So besitzt der Konsum von LSD keine Gewöhnungs- oder Entzugseffekte. Kaffeekonsum weist nur vier der enumerativ genannten Eigenschaften auf: Verlangen, Entzugserscheinungen, Gewöhnung und Stimulus-Abhängigkeit. Rauchen tendiert weder dazu, andere Aktivitäten zu verdrängen noch verändert es die Stimmung (vgl. Elster 1999a, S. 245). Hinsichtlich des Verstärkungseffekts wurden bei Menschen in Laborexperimenten unterschiedliche Implikationen beobachtet (vgl. Higgins 1999, S. 158). Ob Sucht vorliegt, bestimmt sich letztlich aus dem Vorliegen einiger der Attribute sowie deren Ausmaß bzw. Reichweite. Die allgemeine Einstufung als „Suchtgut" kann dabei im zeitlichen Ablauf, wie im Falle von Cannabis, schwanken.

---

[39] Die einzelnen inhärenten Suchteffekte sind Gegenstand der Forschung verschiedener Disziplinen: Die chemischen Aspekte werden im wesentlichen von der *Biochemie* beleuchtet, Gewöhnungseffekte und Entzug von der *Physiologie*; Persönlichkeits- und vererbungsbedingte Merkmale werden sowohl von der *Psychologie* als auch von der *Humangenetik* untersucht. Die Beziehungen zu Armut, gesellschaftlichen Strukturen sowie die Implikationen hinsichtlich der „sozialen Matrix" stellen Probleme dar, mit denen sich *Soziologie* und *Politische Wissenschaften* befassen (vgl. Herrnstein und Prelec 1992, S. 331).

Ökonomische Ansätze betonen vor allem folgende Gewohnheits- und Suchtattribute:

Verstärkungseffekt (reinforcement): Steigt der Konsum eines Suchtgutes in der Vergangenheit, so erhöht sich der Konsum in der Gegenwart, da der Grenznutzen des gegenwärtigen Konsums eines Gutes ansteigt. Hierbei läßt sich eine *schädliche* Sucht dadurch kennzeichnen, daß der Konsum in der Vergangenheit nachteilige Wirkungen auf den gegenwärtigen Nutzen besitzt. So kann Tabakkonsum in der Vergangenheit zu einem schlechteren Gesundheitszustand in der Gegenwart führen.

Gewöhnungseffekt (tolerance): Damit ist der physiologische Aspekt von Sucht gemeint: Ändert sich die Dosierung im Zeitablauf nicht, so reduziert sich die pharmakologische Wirkung. Dies bedeutet, daß ein größerer Konsum in der Vergangenheit einen immer größer werdenden zukünftigen Konsum erforderlich macht, um ein bestimmtes Nutzenniveau aufrechterhalten zu können.

Entzugseffekt (withdrawal): Eine Verminderung des gegenwärtigen Konsums senkt den Nutzen (vgl. Chaloupka 1991).

In den folgenden beiden Abschnitten 3.2.2 und 3.2.3 werden wichtige Ansätze vorgestellt, die in ökonomischer Hinsicht gesundheitsrelevantes Verhalten erklären können.

3.2.2 Rational choice Modelle

3.2.2.1 Grundlagen der Theorie rationaler Sucht

Die Arbeit von Stigler und Becker (1977) wird vor allem von Ökonomen, die traditionell geprägte Erklärungsansätze favorisieren, als Basis für wichtige Modellierungen rational handelnder Akteure und deren Verhaltensweisen (rational choice) angesehen.[40] Die beiden Autoren verankerten gewohnheits- und suchtinduzierte Handlungen in der „Neuen Konsumententheorie". Im Unterschied zu früheren, myopisch orientierten Ansätzen wird intertemporal abhängiger Konsum im Rahmen eines dynamischen Optimierungsproblems dargestellt. Die *Meta*-Präferenzen des Akteurs werden über den Lebenszyklus hinweg als stabil angenommen. Den Dreh- und Angelpunkt des Ansatzes bildet das *Konsumkapital* (consumption capital) (vgl. Stigler und Becker 1977, S. 78). Wird die Neue Konsumententheorie technologisch interpretiert, so lassen sich Konsumhandlungen als Kapitalakkumulation von Fertigkeiten und Wissen auslegen. Werden

[40] „Rational choice" bildet im Verständnis dieser Arbeit den Oberbegriff für rationales Handeln im Sinne der traditionellen ökonomischen Auffassung, wobei das nachfolgend dargestellte Modell rationaler Sucht einen spezifischen Aspekt von Rationalität beinhaltet.

Konsumgüter erworben, um dadurch Güter oder Aktivitäten, wie Entspannung oder Genuß, selbst zu produzieren, so steigert die wiederholte Konsumaktivität die hierfür erforderliche Fertigkeit. Beim kontinuierlichen Konsum eines Gewohnheitsgutes handelt es sich scheinbar um die Beeinflussung des Geschmacks, was aber als Veränderung der produktiven Fähigkeiten im Rahmen der Haushaltsproduktion verstanden werden kann (vgl. Winston 1980, S. 299f.). Daran anknüpfend beschreiben Stigler und Becker zwei Arten von Sucht: „bekömmliche Sucht" und „schädliche Sucht"[41] (vgl. Stigler und Becker 1977, S. 78). Im Hinblick auf „bekömmliche Sucht" verweisen sie auf Marshalls Beispiel von der Wertschätzung für Musik (vgl. Marshall 1920). Das Ergebnis dieser nützlichen Sucht führt zu einem Produktivitätsanstieg der eigenen individuellen Zeit, die in diesem Fall für die Produktion des Gutes „Wertschätzung für Musik" aufgewendet wird, insofern der „Musik-Kapitalstock" anwächst. Die Autoren weisen auf die Ähnlichkeit dieser Idee mit den Termini „Learning by doing" oder „Training on the job" hin, die in der Produktionstheorie verwendet werden (vgl. Stigler und Becker 1977, S. 78). Im Gegensatz dazu charakterisieren sie eine „schädliche Sucht" dadurch, daß die Produktivität der eigenen individuellen Zeit, die beispielsweise für die Produktion von Euphorie mittels Einsatzes von Heroin verwendet wird, sinkt, wenn der Konsum in der Vergangenheit (und somit Euphorie-Kapitalstock) ansteigt.

Iannacone (1984) erweiterte das Stigler-Becker-Modell der Nachfrage nach gewohnheitsgenerierenden Gütern,[42] welche in seinem Modell zur Akkumulierung von Erfahrungen führen.[43] Iannacone zieht aus seinem theoretischen Modell der „Erfahrungseffekte" (experience effects) mehrere interessante theoretische Schlußfolgerungen: Von wesentlicher Bedeutung ist hierbei die Anwendung des von Boyer (1983) entwickelten Konzepts der intertemporalen Komplementarität

[41] Gewohnheiten sind *schädlich* oder „schlecht", wenn größerer gegenwärtiger Konsum den zukünftigen Nutzen senkt, wie etwa bei den schädlichen Auswirkungen starken Rauchens oder Trinkens auf die zukünftige Gesundheit. Analog dazu sind Gewohnheiten *bekömmlich*, wenn größerer gegenwärtiger Konsum den zukünftigen Nutzen erhöht; regelmäßiges Schwimmen oder regelmäßiger Besuch von Gottesdiensten sind Beispiele hierfür (vgl. Becker 1996, S. 79).

[42] Als weitere ältere Modelle der rationalen Sucht gelten Lluch (1974) und Klijn (1977).

[43] Iannacone wendet sein Modell auf den Fall des religiösen Engagements an, welches vom „stock of religious experience" abhängt (vgl. Iannacone 1984, S. 2). Der Autor benutzt in seiner Arbeit nicht das emotionsbeladene Wort „Sucht". Die Ausübung von Religion erzeugt in seinem Ansatz religiöse Erfahrung. Gleichwohl kann der Fall eintreten, daß religiöse Fanatiker Anschläge verüben und dabei mit Rauschgiftsüchtigen vergleichbar sind. Das Beispiel „Religion" belegt das breite Anwendungsspektrum des werturteilsfreien ökonomischen Konzepts.

und deren Analyse in bezug auf Erfahrung. In Übertragung der gewöhnlichen Komplementarität zwischen Gütern impliziert intertemporale Komplementarität die Verbindung der Konsumniveaus eines Gutes im Zeitablauf zwischen angrenzenden Zeitpunkten. Liegt diese vor, wie es etwa bei einem Kettenraucher der Fall ist, der täglich vier Schachteln Zigaretten raucht, handelt es sich um angrenzende intertemporale Komplementarität (adjacent complementarity).

Iannacone (1984) zeigt *erstens*, daß Erfahrungseffekte dann zu einem Phänomen führen, das im weitesten Sinne als „Sucht" oder „starke Gewohnheit" bezeichnet werden kann, wenn *angrenzende intertemporale Komplementarität* vorliegt. Im Fall des Kettenrauchers bilden hierbei die vom Akteur erworbenen Einsatzfaktoren (im Beispiel: Zigaretten), mit deren Hilfe die Erfahrung im Kontext einer Haushaltsproduktion hervorgebracht wird, den Bezugspunkt. Die Nachfrage nach diesen Inputs steigt bei Sucht in der Regel im zeitlichen Verlauf an. Besteht dagegen *ferne intertemporale Komplementarität* (distant complementarity), so kann dies als Sättigung aufgefaßt werden, die im Unterschied zur angrenzenden intertemporalen Komplementarität zu einer sukzessiv sinkenden Nachfrage nach Einsatzfaktoren führt.[44] *Zweitens* besitzen die Grenzkosten der Produktion von Gütern, welche bekömmliche bzw. schädliche Erfahrungseffekte generieren, sowohl direkte als auch indirekte Komponenten. Je schädlicher ceteris paribus die Erfahrungseffekte im Konsum eines Gutes sind, desto größer der Schattenpreis, und desto niedriger ist der Anreiz, das Gut zu konsumieren. Je schädlicher die Erfahrung ist, um so schwächer reagiert *drittens* die Nachfrage nach Einsatzfaktoren, die zur Erzeugung von Erfahrung benötigt werden, auf die Reaktion von Inputpreisen, im Beispiel also den Zigarettenpreisen.

3.2.2.2 Das Modell von Becker und Murphy

Aufbauend auf den dargestellten Arbeiten entwickelten Becker und Murphy (1988) eine *Theorie der rationalen Sucht*, wobei Rationalität gleichzusetzen ist mit einem konsistenten Plan, der den Nutzen im Zeitablauf maximiert.[45] Ihr Modell läßt sich durch zwei Aspekte kennzeichnen: Zum einen stellt es ein Kau-

[44] Zu den Konzepten der angrenzenden und fernen Komplementarität vgl. auch Iannaccone (1986). In diesem Beitrag zeigt der Verfasser auf, unter welchen Bedingungen Sucht und Sättigung determiniert werden. Angrenzende intertemporale Komplementarität kann als Lockerung der intertemporalen Separabilität verstanden werden (vgl. Orphanides und Zervors 1998, S. 76).

[45] Seit Erscheinen des Becker-Murphy-Ansatzes wird in der Literatur der scheinbare Widerspruch zwischen Rationalität und Sucht kontrovers diskutiert. Vgl. dazu die Arbeit von Tomer (2001).

salmodell hinsichtlich der konsumtiven Folgen suchtgenerierender Substanzen dar. Zum Zweiten offeriert es einen ökonomischen Mechanismus, der erklärt, was Menschen veranlaßt, derartige Konsumgüter zu wählen. Sucht, die als starke Gewohnheit definiert wird (vgl. Becker 1996, S. 79), wird über Gewohnheitsbildung und negative Internalitäten modelliert. Aus Gewohnheit wird Sucht, wenn die Auswirkungen früheren Konsums auf den gegenwärtigen Konsum genügend stark sind, um destabilisierend zu wirken.[46] Die Nachfrage ist in der Regel gespalten, da die Akteure wissen, daß sie durch den Konsum süchtig werden können. Becker und Murphy unterstellen folgende Nutzenfunktion:

$$U(t) = U[a(t), c(t), A(t)], \tag{3.12}$$

die in ihren Komponenten a und c streng konkav ist, wobei c ein gewöhnliches Konsumgut und a ein Gut mit Gewohnheits- und Suchteigenschaften, wie etwa Zigaretten, darstellt. Das Gut a besitzt im Modell der rationalen Sucht zwei wesentliche Merkmale: Erstens generiert annahmegemäß sein Konsum einen *unmittelbaren* Nutzen. Dabei abstrahiert das Modell davon, daß bei vielen Konsumgütern die unmittelbare Nutzenrelevanz nicht durch das Gut per se eintritt, sondern erst durch Eigenproduktion unter Verwendung des Konsumgutes erzeugt wird. Im Sinne von Becker und Murphy generiert etwa Kokain unmittelbar einen Kick, der direkt nutzenwirksam ist. Zweitens besteht die besondere Bedeutung in der Erzeugung von (Sucht-) Erfahrung, welche als Kapitalgut aufgefaßt wird. Diese Eigenschaft bildet den wesentlichen Unterschied zu gewöhnlichen Konsumgütern. Somit wird a in der Periode des Konsums nicht aufgebraucht, sondern trägt vielmehr zum Aufbau eines Konsumkapitals A, das im Kontext der Arbeit synonym auch als Sucht-, Gewohnheits- oder Erfahrungskapital[47] bezeichnet wird, bei, dessen Dynamik folgendermaßen dargestellt werden kann:

$$\dot{A}(t) = a(t) - \delta\, A(T) - h\,[D(t)], \tag{3.13}$$

wobei $\dot{A}(T)$ die Veränderungsrate von A im Zeitablauf darstellt. Während die gegenwärtige Konsumerfahrung, die als Bruttoinvestition etwa im Sinne von

[46] Nach Becker und Murphy (1988, S. 682) sind in formaler Hinsicht zwei Kriterien wichtig, damit aus einer schwachen Abhängigkeit Sucht entsteht: Der Anfangskapitalstock sowie die Lage der Nachfragekurve der potentiell süchtigen Person. Dabei spielt die angrenzende Komplementarität eine wichtige Rolle.

[47] Die synonyme Verwendung ist deswegen möglich, da die formale Darstellung vom konkreten Umfang des Konsumkapitals abstrahiert. Liegen jedoch genaue Informationen über dessen Höhe vor, so läßt sich zwischen Gewohnheits- und Suchtkapital analog zur Unterscheidung der Termini „Gewohnheit“ und „Sucht“, differenzieren. „Erfahrung“ stellt demgegenüber einen wertneutralen Begriff dar.

„Lernen“ interpretiert werden kann, den Kapitalstock erweitert, wird in der Vergangenheit gesammelte Erfahrung durch „Vergessen“ entwertet. So erinnert sich z. B. ein Kokainsüchtiger nicht mehr vollständig an frühere Erfahrungen beim Drogenkonsum. In diesem Zusammenhang bildet δ die unmittelbare Abschreibungsrate des Kapitals ab. Sie mißt, allgemein ausgedrückt, die exogen vorgegebene Rolle des Abklingens physischer und mentaler Effekte, die vormals aufgebaut worden sind. *D(t)* bildet die Bemühungen des Akteurs ab, mit der Gewohnheit zu brechen. So hat sich in den vergangenen Jahren ein nicht unbedeutender Markt gebildet, auf dem Leistungen zur Raucherentwöhnung angeboten werden. In diesem Sinne stellen *D(t)* die von Rauchern getätigten Ausgaben dar. Unternommene Entzugsbemühungen mindern zusätzlich den Suchtkapitalstock um die endogene Abschreibungsrate h.

Wird die Veränderungsgleichung des Konsumkapitalstocks (3.13) über die Zeit hinweg integriert, so erhält man eine Funktion, die das Niveau des Gewohnheitskapitals zum Zeitpunkt t wiedergibt:

(3.14) $$A(t) = A_0\, e^{-\delta t} + \int_0^t \left[c(\tau) - D(\tau)\right] e^{-\delta(t-\tau)}\, d\tau ,$$

mit A_0 als Anfangsbestand des psychologischen Suchtkapitals.

Spezielle Charakteristika von Gewohnheit und Sucht werden mittels Marginaleffekten definiert. Ein Gut gilt dann als Gewohnheitsgut, wenn

(3.15) $$\frac{\partial a(t)}{\partial A(t)} > 0 ,$$

d. h. wenn eine Konsumsteigerung, die sich im Konsumkapitalstock niedergeschlagen hat, zu einer Erhöhung des gegenwärtigen Konsums beiträgt. Becker und Murphy bezeichnen eine Gewohnheit als Sucht, falls diese so stark ist, daß

(3.16) $$\frac{\partial a(t)}{\partial A(t)} > \delta ,$$

d. h. falls die marginale Zunahme an Erfahrung die Entwertungsrate übertrifft.

Der *Gewöhnungseffekt* beschreibt die nachteilige Wirkung von Suchtgütern dadurch, daß ein höheres Konsumniveau in der Vergangenheit im Falle von schädlicher Sucht den gegenwärtigen Nutzen senkt (3.17a). Ein immer höherer zukünftiger Konsum ist erforderlich, um ein bestimmtes Nutzenniveau aufrechterhalten zu können. Dies bedeutet etwa beim Zigarettenkonsum, daß mit zunehmender Suchterfahrung, somit mit steigendem A, eine zusätzliche Dosis von

Nikotin a erforderlich ist, um die gleiche Intensität an Euphorie zu empfinden. Im Falle einer bekömmlichen Sucht (3.17b) steigert der zurückliegende Konsum jedoch den gegenwärtigen Nutzen. Somit gilt:

(3.17a) $U_A < 0$ schädliche Gewohnheit,

(3.17b) $U_A > 0$ nützliche Gewohnheit.

In beiden Fällen gilt: $U_{AA} < 0$.

Der damit eng verbundene *Entzugseffekt* impliziert, daß eine Verminderung des gegenwärtigen Konsums den Nutzen senkt. Der *Verstärkungseffekt* beschreibt die Wirkung eines Konsumanstiegs in der Vergangenheit, welcher ceteris paribus eine Zunahme des gegenwärtigen und zukünftigen Konsums induziert. Becker und Murphy zeigen, daß

(3.18) $$\frac{\partial^2 U}{\partial a \partial A} \equiv U_{aA} > 0$$

im Falle vollkommen rationaler Konsumenten eine notwendige Bedingung für die Wirkung des Verstärkungseffektes ist.[48] Wichtig ist das Vorhandensein von angrenzender Komplementarität, welche als Suchtgrad interpretiert werden kann (vgl. Becker und Murphy 1988, S. 682). Damit wird auch die Dynamik des Verstärkungseffekts abgebildet. Im Unterschied zu kurzsichtigen Akteuren bedenken rationale Nutzenmaximierer die in der Zukunft auftretenden schädlichen Konsequenzen des gegenwärtigen Verhaltens. Die Wirksamkeit des Verstärkungseffekts veranlaßt den Akteur, seine Konsumausgaben vom gewöhnlichen Konsumgut auf das Gewohnheits- oder Suchtgut zu verlagern.

Die zugeordnete intertemporale Nutzenfunktion lautet:

(3.19) $$U(t) = \int_{t=0}^{T} e^{-\rho t} U[a(t), c(t), A(t)] \, dt,$$

mit ρ als Zeitpräferenzrate. Die Lebensdauer T ist vorgegeben. Der Nutzen ist annahmegemäß über die Zeit hinweg in a, c und A separabel. Eine Trennbarkeit in a und c allein wird ausgeschlossen, um eine Beschränkung des Konsums auf entweder a oder c zu vermeiden.

[48] Im Falle eines unendlichen Zeithorizonts ist diese aber nicht hinreichend (vgl. Becker und Murphy 1988, S. 680).

Die Lebenszeit-Budgetrestriktion lautet:

$$\begin{aligned}\text{(3.20)} \quad & \int_{t=0}^{T} e^{-rt}\left[c(t)+p_a(t)a(t)+p_d(t)D(t)\right]\mathrm{d}t \\ & \leq W_0+\int_{t=0}^{T} e^{-rt}\, w[A(t)]\,\mathrm{d}t,\end{aligned}$$

wobei die linke Seite von (3.20) die budgetären Ausgaben abbildet. Die rechte Seite (in der zweiten Zeile) stellt die budgetären Einnahmen des Akteurs dar. Wird das gewöhnliche Konsumgut als Numeraire-Gut mit konstantem Preis im Zeitablauf betrachtet, so besitzen lediglich das suchtgenerierende Gut a und die endogene Abschreibung bzw. Aufwertung D Preise p. Auf der Einnahmenseite bildet W_0 den Anfangsbestand der Vermögenswerte ab, $w(A)$ spiegelt die Einkünfte des Akteurs wider, die annahmegemäß vom Umfang des Sucht-Kapitalstocks abhängen. Die Größe r stellt den Zinssatz dar.

Eine Person maximiert ihren Nutzen (3.19) unter Beachtung der Budgetrestriktion (3.20) und der Investitionsfunktion (3.13). Die Optimierung liefert die Bedingungen 1. Ordnung. So läßt sich der optimale Konsumpfad des gewöhnlichen Gutes (3.21) dadurch kennzeichnen, daß dessen Grenznutzen dem abdiskontierten Schattenpreis des Einkommens, μ, entsprechen muß:

$$\text{(3.21)} \quad U_c(t)=\mu\, e^{(\rho-r)t}\ .$$

Für den Grenznutzen des Konsums des suchtgenerierenden Gutes erhält man:

$$\text{(3.22)} \quad U_a(t)=\mu\, p_a(t)\, e^{-(\rho-r)t}-\beta(t),$$

wobei

$$\text{(3.23)} \quad \beta(t)=\int_{\tau=t}^{T} e^{-(\rho-\delta)(\tau-t)}U_A\,\mathrm{d}\tau+\mu\int_{\tau=t}^{T} e^{-(r+\delta)(\tau-t)}w_A\,\mathrm{d}\tau\,.$$

Gleichung (3.22) enthält den vollständigen Preis bzw. die Gesamtkosten des suchtgenerierenden Gutes (vgl. Chaloupka 1988, S. 181). Dieser besteht aus zwei Bestandteilen: Der Ausdruck $p_a(t)e^{-(\rho-r)t}$ mißt den diskontierten *Geld- oder Marktpreis*. $\beta(t)$ bildet den *Schattenpreis* einer zusätzlichen Konsumeinheit ab. (3.23) stellt somit über den Konsumkapitalstock generierte künftige Kosten- und Nutzenaspekte dar. Eine rationale Person erkennt, daß der Konsum eines schädlichen Gutes $(U_A, w_A < 0)$ adverse Effekte auf Nutzen und Einkommen besitzt, während vice versa im Fall eines nützlichen Gutes $(U_A, w_A > 0)$ positive Wirkungen auf den zukünftigen Nutzen und auf das Einkommen ausgehen.

Hinsichtlich schädlicher Gewohnheitsgüter lassen sich folgende Aussagen ableiten (vgl. Chaloupka 1988, S. 182)[49]:

1. Da der Grenznutzen des Sucht-Kapitalstocks für alle Zeitpunkte negative Werte annimmt, übersteigt der vollständige (oder wahre) Preis des Konsums des schädlichen Gutes den Geldpreis.
2. Der Schattenpreis des Gewohnheitsstocks wird ceteris paribus sowohl von der exogenen und der endogenen Abschreibungsrate als auch von der Zeitpräferenzrate beeinflußt.
3. Je höher die Abschreibungsrate, um so niedriger ist der Schattenpreis des Kapitalstocks, der zu einem geringeren Anstieg im Konsum führt.
4. Je höher die Zeitpräferenz, um so niedriger ist der volle Preis des schädlichen Gutes, desto höher dessen Konsum.
5. Der Schattenpreis des Bestandes an Konsumkapital steigt in dem Maße, wie der Kapitalstock anwächst, da der Grenznutzen des Suchtkapitals bei zunehmender Erfahrung sinkt. Deshalb wird der Betrag der endogenen Abschreibung und der Ausgaben auf die endogenen Abschreibungen ansteigen, wenn der Kapitalstock anwächst. Die Ausgaben steigen ebenfalls ceteris paribus, falls die Zeitpräferenzrate und/ oder die Abschreibungsrate auf den schädlichen Bestand anwächst.
6. Wird der künftige Konsum konstant gehalten, so liegt der absolute Wert des Schattenpreises einer zusätzlichen Konsumeinheit unterhalb der Abschreibungsrate auf den zurückliegenden Konsum, und die Zeitpräferenzrate für die Gegenwart ist größer. Dies legt nahe, daß der Konsum eines schädlichen Gutes dann größer ist, wenn die Abschreibungsrate auf den zurückliegenden Konsum und die Zeitpräferenzrate größer sind. Die Abschreibungsrate auf den Konsum in der Vergangenheit und die Zeitpräferenzrate bilden somit wichtige Faktoren, um zu bestimmen, ob es sich beim Verbrauch des schädlichen Gutes um Suchtkonsum handelt.

Die dritte Bedingung 1. Ordnung stellt die Ableitung nach der endogenen Abschreibung h_d dar:

$$(3.24) \qquad h_d(t)\,\beta(t) = \mu\, p_d(t)\, e^{(\rho-r)t}.$$

Aus (3.24) ist ersichtlich, daß auch in bezug auf den Marginaleffekt der endogenen Abschreibung der Schattenpreis einer zusätzlichen Konsumeinheit des suchtgenerierenden Gutes $\beta(t)$ bedeutsam ist, da die endogene Abschreibung über den Kapitalbestand und dessen Veränderung wirkt.

49 Da bekömmliche Güter symmetrisch zum Fall schädlicher Güter sind, lassen sich adäquate Aussagen für erstere formulieren.

Das Becker-Murphy-Modell stellt die erste explizite Ableitung der Nachfragefunktionen hinsichtlich suchtgenerierender Güter im Falle weitblickender Konsumenten dar. In der Öffentlichkeit wird häufig die Meinung geäußert, daß Suchtgüter keine Preissensitivität haben. Im Unterschied zur herkömmlichen Auffassung zeigen Becker und Murphy, daß die Nachfrage nach Suchtgütern langfristig durchaus auf Preisveränderungen reagiert. Die Reaktion auf antizipierte künftige Preise bildet den wichtigsten Unterschied zwischen Modellen myopischer und rationaler Sucht. Becker und Murphy betonen, daß Suchtkonsum nicht nur in negativer Beziehung zum gegenwärtigen Preis steht, sondern auch zum Preis in Vergangenheit und Zukunft. Ein antizipierter Anstieg zukünftiger Preise des Suchtgutes senkt den gegenwärtigen Konsum, da der Konsum zu verschiedenen Zeitpunkten komplementär ist. Dies impliziert, daß Suchtgüter eher auf permanente als auf temporäre Preisänderungen reagieren. Rationale Menschen werden dann mit ihrer Sucht brechen, wenn der langfristige Nutzen in hinreichendem Maße die kurzfristigen Kosten der Anpassung übersteigt. Gemäß der Theorie wird die Methode des Sofortausstiegs (cold turkey) von Menschen, die in hohem Ausmaß süchtig sind, angewandt, um den Suchtkonsum zu beenden (vgl. Becker u. a. 1992, S. 364).

„Rationalität“ und „Suchtkonsum“ scheinen auf den ersten Blick unvereinbar zu sein.[50] Je nach Zeitpräferenz und Größe der Abschreibungsrate auf das Konsumkapital ist es jedoch möglich, daß sich rationale Konsumenten für den Verzehr gesundheitsschädigender Lebensstilgüter entscheiden, der zu einem Zustand führt, welcher mit „Sucht“ umschrieben werden kann. Große Bedeutung besitzen in diesem Kontext die spezifischen Belohnungsstrukturen, mit denen ein Akteur konfrontiert wird. Bei gegebener Konsumgeschichte entscheiden sich Konsumenten, indem sie den Gegenwartswert und die diskontierten künftigen Wohlfahrtsniveaus verschiedener Konsumkarrieren in Beziehung zueinander setzen. Ergebnis des Optimierungsprozesses ist der Konsumpfad mit dem höchsten gesamten Wohlfahrtsniveau.

Im Rahmen von rationalen Suchtmodellen spielt die *individuelle* Zeitpräferenzrate eine wichtige, jedoch nicht dominante Rolle zur Herausbildung von Sucht. Zwei Annahmen unterstreichen die Bedeutung der Zeitpräferenzrate bei der Suchtgenerierung:

---

[50] Die Theorie der rationalen Sucht ist seit ihrer Veröffentlichung immer wieder starker Kritik ausgesetzt. Einen Überblick dazu liefert Abschnitt 3.2.2.3.

1. Die Zeitpräferenzen sind stabil.
2. Es gibt eine große interpersonale Variation in der Größe der Zeitpräferenzrate.

Mit steigender Zeitpräferenzrate erhöht sich die relative Wahrscheinlichkeit, von einem Gut abhängig zu werden. So werden rationale Konsumenten, welche die Zukunft nur sehr gering abdiskontieren, vermutlich nur in geringem Umfang schädliche Güter nachfragen. Menschen, die zukünftige Werte relativ niedriger als Personen mit mittlerer Diskontierungsrate abdiskontieren, werden in der Lage sein, ein (temporär) hohes Konsumniveau, das sich aus irgendwelchen Gründen eingestellt hat, einzuschränken, insofern der langfristige Nutzenverlust aufgrund der Konsumeinschränkung eine höhere Bedeutung besitzt als der kurzfristig intendierte Nutzengewinn, welcher sich etwa durch die euphorische Wirkung von Alkohol oder Zigaretten unmittelbar ergibt. Menschen mit mittlerer Diskontierungsrate und hohem Konsumniveau können jedoch in eine prekäre Situation geraten, weil sie nicht in der Lage sind, den inferioren Zustand mit hohem Konsumniveau zu verlassen. Vor allem Menschen aus dem ärmeren, jüngeren und weniger gebildeten Teil der Bevölkerung messen der Zukunft weniger Gewicht bei und diskontieren die Zukunft stärker ab. Entschließen sich derartige Akteure, in der Gegenwart den Konsum einzuschränken, so impliziert dies einen unmittelbaren Wohlfahrtsverlust, der den abdiskontierten künftigen Nutzengewinn übersteigt.

Aus der Sicht der Theorie steht die mittlere Gruppe im Brennpunkt des Interesses: Individuen, die ihren Konsum nicht stark ausdehnen, aber nicht in der Lage sind, diesen einzuschränken. Becker und Murphy (1988) gehen davon aus, daß eine Lebenskrise mit einem Anstieg des Konsumkapitals ursächlich für die Herausbildung von rationaler Sucht sein kann. Die Problemsituation induziert eine temporäre Verminderung des Diskontierungsfaktors bei (zunächst) stabilen Metapräferenzen und kann den Akteur dadurch zum bereitwilligen Süchtigen machen. Ein signifikanter Anstieg im Konsum über einen bestimmten Zeitraum hinweg kann dazu führen, daß eine Person aus der mittleren Gruppe in diejenige mit starkem Konsum wechselt. Vice versa vermag ein Anreizeffekt dazu beizutragen, daß der Diskontierungsfaktor wieder ansteigt und der Suchtkonsum wieder abnimmt (vgl. Gjelsvik 1999, S. 40).

Einen wichtigen Aspekt bei der Analyse von Modellen rationaler Sucht bildet die *Stabilitätsanalyse*. Sie kann nicht nur aufzeigen, unter welchen Bedingungen ein Konsumpfad respektive ein Suchtkapitalstock zu einem Gleichgewicht konvergiert, sondern auch, welche Aspekte eben dieses verhindern können. Nach Becker und Murphy (1988) bestimmen Menschen ihren optimalen Konsum auf der Basis ihrer Nutzenfunktion, gegenwärtiger wie erwarteter Preise und Einkommen, dem Anfangsstock des Suchtkapitals, der Abschreibungsrate des Suchtgutes und ihrer Zeitpräferenzrate. Der optimale Konsumpfad wird sowohl stabile als auch instabile Gleichgewichtspunkte besitzen. Steigt der Grad potentieller Sucht, d. h. die angrenzende Komplementarität, an, so erhöht sich die Wahrscheinlichkeit, daß das Steady-State-Gleichgewicht instabil ist (vgl. Becker und Murphy 1988, S. 682f.). Instabile Steady-States wiederum erklären krankhafte Sucht, bei der der Konsum einer Person im Zeitablauf stetig zunimmt, selbst wenn das Individuum die (adversen) zukünftigen Folgen antizipiert sowie die Zeitpräferenz die Höhe des Zinssatzes nicht unterschreitet. Multiple Gleichgewichte können implizieren, daß ein und dieselbe Person zu einem bestimmten Zeitpunkt über verschiedene optimale Konsumniveaus mit unterschiedlichen Stabilitätseigenschaften verfügt.

3.2.2.3 Kritische Würdigung des Becker-Murphy-Ansatzes

Das Modell der rationalen Sucht liefert ein grundlegendes Erklärungsmuster für das Nachfrageverhalten nach gesundheitsrelevanten Gütern mit Gewohnheits- und Suchteigenschaften. Während sich der Erklärungsgehalt der nachfolgend dargestellten verhaltensökonomischen Ansätze auf (gesundheits-)schädliche Güter beschränkt, ist das Modell von Becker und Murphy in der Lage, auch die Nachfrage nach (gesundheits-)bekömmlichen Gütern zu erläutern. Dennoch ist das Modell rationaler Sucht in der Literatur nicht unumstritten. Infolge zahlreicher expliziter und impliziter Annahmen ist es seit seiner Veröffentlichung starker Kritik ausgesetzt:

Im Zentrum der Kritik steht die bereits aufgeworfene Frage nach dem Rationalitätsgehalt von Suchtkonsum. Dies wird vor allem von Verhaltensökonomen bezweifelt (vgl. dazu exemplarisch Tomer 2001). Grossman, der sich nach eigenem Bekunden durchaus der Möglichkeiten und Grenzen des *Homo-oeconomicus*-Ansatzes im klaren ist, widerspricht diesen Vorwürfen. Seiner Auffassung nach lassen sich alternative Modelle durch eine nicht angemessene Komplexität und/ oder einen Mangel an empirischen Implikationen kennzeichnen (vgl. Grossman 1993, S. 93).

Laut Winston besteht ein weiterer Kritikpunkt in der Annahme vollkommener Voraussicht:

> " [...] the addict looks strange because he sits down at period $t = 0$, surveys future income, production technologies, investment/ addiction functions, and consumption preferences over his lifetime to period T, maximizes the discounted value of his expected utility, and decides to be an alcoholic. That's the way he will get the

greatest satisfaction out of life. Alcoholics are alcoholics because they want to be alcoholics, *ex ante*, with full knowledge of its consequences." (Winston 1980, S. 302).

Ähnlich argumentieren Waal und Mørland, die darauf hinweisen, daß vollkommene Voraussicht aller künftiger Folgen auch für Erstanwender von Drogen gelten müsse. Zu Beginn einer Suchtkarriere haben jedoch wenige Süchtige klare Vorstellungen darüber, auf was sie sich dabei einlassen (vgl. Waal und Mørland 1999, S. 135).

Gul und Pesendorfer (2001b) betonen, daß im Becker-Murphy-Modell, aus der Perspektive individueller Wohlfahrt gesehen, Suchtkonsum nicht schlecht sei. Demzufolge ermögliche der Ansatz keine Rechtfertigung wohlfahrtstheoretisch begründeter Drogenpolitik.

Während allgemein anerkannt wird, daß es Becker und Murphy gelungen ist, das komplexe Phänomen von Gewohnheit und Sucht in ökonomischen Termini dargestellt zu haben, wird gleichzeitig angeprangert, andere bedeutende Sucht-eigenschaften ausgeklammert zu haben. So bemängelt etwa Skog (1999b) das Fehlen des reiz-abhängigen Verlangens, welches so gravierend sei, daß die aus der Anwendung des Rationalitätskonzepts resultierenden Vorteile konterkariert würden. Schließlich impliziere der Umgang von Süchtigen mit ihrem Verlangen und dessen Befriedigung ernsthafte Probleme für die Betroffenen und die Gesellschaft in toto (vgl. Waal und Mørland 1999, S. 133).

Sowohl Gewohnheits- als auch Entzugseffekte sind bei einigen suchtgenerierenden Substanzen beobachtbar, wobei die Heroinsucht ein gutes Beispiel dafür darstellt. Setzt die Gewohnheit ein, so erhöht sich der Verbrauch - mit sinkendem Grenznutzen. Es gilt als empirisch belegt, daß Nikotinkonsum und einige Verhaltensmuster, die im Zusammenhang mit Alkoholgenuß stehen, mit dem Becker-Murphy-Modell kompatibel sind. Als problematisch gelten etwa erratische Trinkgewohnheiten. In Hinblick auf einige Drogen wie Amphetamine, Cannabis oder Kokain scheint das ursprüngliche Modell der rationalen Sucht ebenfalls ungeeignet zu sein. Dies bedeutet, daß das Verhaltensmodell von Becker und Murphy plausibel die Nachfrage nach einigen Gewohnheits- und Suchtgütern erklären kann, jedoch nicht nach allen. Spezifische Erweiterungen sowie verhaltensökonomische Modelle können als Ergänzungen zum Modell rationaler Sucht betrachtet werden.

3.2.2.4 Erweiterungen des Rational-Addiction-Modells

Seit der Publikation des Artikels von Becker und Murphy (1988) erschienen zahlreiche Veröffentlichungen, welche mittels Modifikationen am ursprünglichen Modellrahmen kritische Anmerkungen zu berücksichtigen trachteten und darüber hinaus bislang unbeachtete Aspekte implementierten. Die folgende Darstellung beschränkt sich auf spezielle Gewohnheits- und Suchtmodelle, die einen engen Bezug zur Nachfrage nach Lebensstilgütern aufweisen.

Sozioökonomische Implikationen
Erweiterungen des Grundmodells von Becker und Murphy (1988) unterstellen verschiedene Preisreaktionen je nach Alter, Einkommen und Bildung. Den Ausgangspunkt für die Überlegungen von Becker u. a. (1991b) bildet Gleichung (3.22), welche die gesamten Suchtkosten abbildet. Es handelt sich um die Summe aus dem Preis des Gutes sowie dem Geldwert der in der Zukunft eintretenden adversen Wirkungen, wie die negativen Effekte auf Einkommen und Gesundheit aufgrund der Ausübung eines gesundheitsschädigenden Verhaltens. Zukünftige Kosten werden von ärmeren, weniger gebildeten und jungen Menschen weniger beachtet, da sie allgemein einen niedrigeren Geldwert für ihre Gesundheit ansetzen als reichere, gebildetere und ältere Konsumenten, die über höhere Einkünfte verfügen. Weiterhin besitzen ärmere, jüngere und weniger gebildete Menschen höhere Zeitdiskontierungsraten, somit eine höhere Zeitpräferenz für die Gegenwart gegenüber Reichen, Erwachsenen und Menschen mit höherer Bildung (vgl. Becker und Mulligan 1997). Daraus folgt, daß Arme, Jüngere und Ungebildetere empfindlicher auf Veränderungen der Geldpreise reagieren, wohingegen die mittlere oder höhere Einkommensschicht, Erwachsene und Gebildetere eher auf Veränderungen der wahrgenommenen oder tatsächlichen Schädigungen reagieren, die in der Zukunft eintreten können. Im Zusammenhang mit rationaler Sucht wird ferner der Einfluß von Bezugsgruppen erörtert, der etwa als direkter und latenter Druck bei Gleichaltrigen vorhanden sein kann. Durch diesen beginnen (manche) Jugendliche zu rauchen, übermäßig zu trinken und mit Drogen zu experimentieren. Starker Druck der Bezugsgruppe kann mäßiges Gewohnheitsverhalten in eine Handlungsweise verwandeln, die als ausgeprägte Gewohnheit oder sogar Sucht in Erscheinung tritt (vgl. Becker und Murphy 1988, S. 691).

Endogene Diskontierung
Während Becker und Murphy (1988) sich in ihrer Analyse auf den Fall stabiler Metapräferenzen beschränken, diskutieren Becker und Mulligan (1997) die Interaktion zwischen Diskontierung und Suchtkonsum. Ihrem Ansatz zufolge gibt

es keinen Grund, anzunehmen, daß Diskontierungsfaktoren für immer einen konstanten, festen Wert annehmen. Da etwa eine Erhöhung der Diskontierungsrate die Orientierung hin zu Gewohnheiten verstärkt, wird dadurch eine weitere Erhöhung der Diskontierungsrate induziert. Dies kann zu einem explosionsartigen Prozeß führen, in dessen Kontext aus einer Gewohnheit ein hochgradiges Suchtverhalten resultiert.

Nicht-Konkavitäten der Nutzenfunktion und Nicht-Konvexitäten im Geschmack
Bereits Becker und Murphy (1988) zeigen, daß ein hinreichend starker Grad an angrenzender Komplementarität und somit potentieller Sucht eine nicht-konkave Nutzenfunktion zur Folge hat. Dies wiederum bedingt unter Umständen Diskontinuitäten in der Beziehung zwischen Konsumkapitalstock und dem optimalen Konsumniveau in jeder Periode. Wird ein bestimmter kritischer Schwellenwert überschritten, so kann bereits eine geringe Änderung der Preise oder des Konsumkapitals Anlaß zum Sofortabbruch sein (vgl. Becker und Murphy 1988, S. 692).

Eine Reihe von Rational-Addiction-Arbeiten modellieren Nicht-Konvexitäten im Geschmack und in der Technologie: Barthold und Hochman (1988) gehen davon aus, daß diejenigen, die einem Suchtverhalten zugeneigt sind, über andere angeborene Eigenschaften und Präferenzen verfügen (vgl. dazu auch Contoyannis und Jones 1999b, S. 8). Nach Auffassung der Autoren erlaubt die Formulierung der Gewohnheitsbildung durch Stigler und Becker (1977) sowie die der Suchtgenerierung mittels endogener Präferenzen und Gewohnheitsbildung (Pollak 1970; Spinnewyn 1981) keine Suchtgenerierung, es sei denn durch vorangegangenen Konsum. Barthold und Hochman modifizieren frühere Ansätze, indem sie die Möglichkeit zulassen, daß einige Individuen unter Maßgabe eines bestimmten Konsumbereichs konkave Indifferenzkurven besitzen, welche unabhängig vom Verhalten zuvor sind. Sie nehmen Abstand von der klassischen Annahme des *homo oeconomicus* und integrieren in ihrem Aufsatz Aspekte soziologischer und psychologischer Ansätze. Als wichtige Komponenten treten Kapitaleffekte und Schwellenwerte in Erscheinung. *Kapitaleffekte* steigern den Konsum eines Suchtgutes, ähnlich wie Gewohnheits- und Verstärkungseffekte im Konzept von Becker und Murphy (1988), während der *Schwellenwert* dafür sorgt, daß der Konsum eines Suchtgutes mit bestimmten kritischen Werten in Zusammenhang gebracht werden kann. Barthold und Hochman (1988) modellieren „Verlangen“ als Anstieg der statischen Grenznutzenrelation zwischen suchtgenerierenden und nicht-suchtgenerierenden Gütern. Eine Implikation des Modells besagt, daß einige Individuen auf unstetige Weise auf Preisveränderungen reagieren. Wird jedoch eine stetige Anpassung vorgenommen, so erfolgt diese nur in bestimmtem Ausmaß. Eine nicht stetige Anpassung steht im Widerspruch zum Gewohnheitsverhalten, welches eine geglättete Anpassung der Individuen vorhersagt (vgl. dazu Pollak 1970 und Spinnewyn 1981). Mit besonderem Bezug auf den Konsumabbruch betonen Barthold und Hochman, daß eine Umkehrung des Konsumverhaltens einen Preisanstieg des suchtgenerierenden Gutes in gewisser Höhe erforderlich macht. Ein Süchtiger widersetzt sich zwar dem Entzug, er wird diesen aber dennoch durchführen, falls es eine ausreichend starke Relativpreis-Bewegung zuungunsten des suchtgenerierenden Gutes gibt.

Michaels (1988) verfolgt ebenfalls den Ansatz des konstanten Geschmacks und greift in seinem Modell direkt auf die „Neue Konsumtheorie" von Lancaster (1966) zurück. Nicht die Nachfrage nach Gütern generiert in diesem Sinn Nutzen, sondern die damit verbundenen Attribute. Im Unterschied zu anderen Ansätzen, in welchen interpersonell verschiedenes suchtgenerierendes Verhalten durch Nicht-Konvexitäten der individuellen Indifferenzkurven hervorgerufen wird, erfolgt dies bei Michaels durch Veränderungen in der Konsumtechnologie. Sucht ist hierbei ein Produktivitätsanstieg des süchtigen Verhaltens im Zuge der Konsumakkumulierung. Dies gilt als Indikator für das Erlernen der Eigenschaften des suchtgenerierenden Gutes. Verändern sich Relativpreise, so kann dies bei Michaels (1988) zu Randlösungen mit Sofortentzug, aber auch zu „Komasaufen" führen. Im Unterschied zum Modell von Barthold und Hochman sind bei Michaels (1988) keine dramatischen Veränderungen der Relativpreise erforderlich, um das Individuum zu veranlassen, mit seiner Gewohnheit zu brechen. Hier können Variationen in der Konsumtechnologie oder im Einkommen hinreichend sein. Verursacht etwa der Konsumkapitalstock, daß zusätzlicher suchtgenerierender Konsum zu einem Produktivitätsverlust bei der Eigenproduktion eines Gutes, jedoch nicht bei der Erstellung eines zweiten Gutes führt, so induziert dies möglicherweise Spezialisierung bei der Eigenproduktion. Hierbei kann es, so Michaels, zur Spezialisierung auf die nicht suchtgenerierende Aktivität kommen. Verfügt das Individuum jedoch nur über ein geringes Erinnerungsvermögen, so ist ein Rückfall möglich, wenn der Akteur der Vorstellung unterliegt, bezüglich der suchtgenerierenden Aktivität keinen Produktivitätsverlust erlitten zu haben. Der Darstellung von Michaels zufolge sind diese potentiellen Konsumzyklen gedämpft. Er diskutiert ferner entzugsbedingte Qualen, welche als Anpassungskosten dargestellt werden. Aufgrund von Nicht-Konvexität setzt ein Entzug den Wechsel hin zu einer niedrigeren, progressiv verlaufenden Indifferenzkurve voraus. Dennoch ist es dem Akteur nach erfolgter Beendigung des Suchtkonsums nicht möglich, eine höhere Indifferenzkurve zu erreichen. Entzugsbedingte Schmerzen treten aufgrund der Produktivitätssenkung auf. Sie reduzieren die Wahlmenge und somit das erreichbare Nutzenniveau.

Große Bedeutung bei der Gewohnheitsbildung besitzt die Verbindung zwischen gegenwärtigem und vergangenem Konsum. Um nicht-konvexe Bereiche der Nutzenfunktion auszuschließen war es vor allem in der älteren Rational-Addiction-Literatur gebräuchlich, die restriktive Annahme der Konkavität der intertemporal separablen Nutzenfunktion nicht nur für den gegenwärtigen bzw. vergangenen Konsum, sondern auch für beide Argumente gemeinsam zu unterstellen. Orphanides und Zervos (1994) weisen auf die Stringenz der Annahme hin und zeigen in ihrem Modell rationaler Sucht auf, daß die Lockerung der Annahme allgemeiner Konkavität zum Verlust der Eindeutigkeit der Lösung und zu mehreren Steady-States führen kann. Das hat möglicherweise zur Folge, daß es eine Reihe lokal optimaler Strategien gibt. Diese sogenannten *Skiba-Punkte* (oder *-Mengen*)[51] sind ökonomisch interessant, da sie die Schwelle zur Änderung global optimaler Strategien bilden können.

Sucht und Arbeitsmarkt
Kenkel und Wang (1996) verbinden rationale Sucht mit Arbeitsmarktentscheidungen. Sie argumentieren, daß rationale Süchtige berufliche Implikationen bei der Wahl der Menge des Alkoholkonsums berücksichtigen. In ihrem Modell erhöht das Ausmaß des Alkoholkonsums die Zeitdiskontierungsrate. Dies hat eine Steigerung der Ungeduld zur Folge. Im Rahmen des Modells werden sowohl die Berufswahl als auch die Bestimmung des Alkoholkonsums simultan innerhalb eines intertemporal rationalen Optimierungsrahmens getroffen.

Mehrere suchtgenerierende Güter
Während Becker und Murphy (1988) lediglich den Fall eines gewohnheitsgenerierenden Gutes betrachten, beschäftigen sich Erweiterungen des Modellrahmens mit dem Fall mehrerer suchtgenerierender Güter. So differenziert Pacula (1997) zwischen legalen und illegalen Drogen und modelliert Übergänge zwischen beiden Kategorien im dynamischen Kontext, welche den sogenannten Einstiegseffekt (gateway effect) darstellen. Die Autorin intendiert, sowohl das realiter beobachtbare konsistente Verhaltensmuster bei Experimenten mit Drogen als auch adäquate beobachtbare Konsummuster bei unterschiedlichen Bevölkerungen, Kulturen und in unterschiedlichen Perioden zu erklären. Die Marginalbedingung im Fall zweier gewohnheitsgenerierender Güter zeigt, daß der Einstieg bezüglich einer „neuen Droge“ dann erfolgt, wenn deren Grenznutzen den marginalen Wert einer „alten Droge“ übersteigt. Die Autorin führt an, daß ein Individuum den Konsum der Substanz aufnehmen wird, welche die niedrig-

[51] Eine alternative Bezeichnung dafür lautet *Dechert-Nishimura-Skiba-Punkte*; im Falle mehrerer Status-Variablen resultiert daraus eine *DNS-Kurve*.

sten Grenzkosten besitzt. Die beobachtbare spezifische Sequenz im Drogenkonsum wird durch Unterschiede in den Grenzkosten zwischen legalen und illegalen Drogen erklärt.

Bask und Melkersson (2000b) betrachten zwei suchtgenerierende Güter, die als Substitute bzw. Komplemente aufgefaßt werden können, deren Konsum entweder spezifische Kapitalstöcke bzw. einen gemeinsamen Suchtkapitalstock generiert. Ihr allgemein gehaltenes Modell ermöglicht es, die Nachfrage nach Suchtgütern unter Berücksichtigung verschiedener Typen von Güterbeziehungen abzuleiten.

Zyklische Konsummuster der Drogennachfrage
Dockner und Feichtinger (1993) beschäftigen sich mit der Frage, wie zyklische Konsummuster entstehen können. Nach ihrer Modellierung hängt dies von der Zahl der akkumulierten Kapitalstöcke ab. Die Autoren interpretieren den Gewohnheits- bzw. Suchtkapitalstock Becker- und Murphy'scher Prägung als güterspezifischen Konsumkapitalstock. Wird lediglich ein Kapitalstock akkumuliert, so verlaufen die Konsumtrajektorien immer monoton. Zyklische Konsumschwankungen sind dabei nicht möglich. Hingegen erfordert die Generierung zyklischer Konsumpfade, wie stabile Grenzzyklen oder gedämpfte (explodierende) Schwingungen, Konsumgüter, die mindestens zwei Kapitalstöcke generieren können. Die Autoren illustrieren ihr theoretisches Modell am Beispiel eines Lebensstil-Gutes, das auf der einen Seite etwa den Kapitalstock „Eßkapital", auf der anderen Seite den Kapitalstock „Gewicht" aufbaut. Die Interaktion zwischen diesen beiden Kapitalstöcken und zwei damit verbundenen gegenläufigen Effekten kann irreguläres Verhalten erklären: Der Suchteffekt bedingt den Anstieg des gegenwärtigen Konsums bei gegebenem Verbrauchsanstieg in der Vergangenheit und ist deshalb für den aufsteigenden Ast des Zyklus verantwortlich. Der Sättigungseffekt wiederum führt zum Absinken des gegenwärtigen Konsums bei gegebener Gewohnheitsakkumulation und bedingt den sinkenden Teil des Zyklus.

Risiko
Eine weitere Kategorie thematisiert den Konsum potentiell suchtgenerierender Güter als (bewußte) Risikoentscheidung des Akteurs, welche nachteilige Implikationen mit sich bringen kann. Orphanides und Zervos (1995) unterstellen, daß sich Individuen unsicher darüber sind, inwiefern sie eine Neigung für eine schädliche Sucht aufweisen. Akteure können dies durch (risikobehaftetes) Experimentieren mit der Droge lernen. Der Genuß eines potentiell suchtgenerierenden Gutes kann, muß jedoch nicht zur Abhängigkeit führen. Tritt jedoch der Fall

entstehender Abhängigkeit ein, resultieren Nebenwirkungen wie Verlangen und Entzugserscheinungen. Obwohl die Handlungen der Individuen optimal und dynamisch konsistent sind, bereuen - so Orphanides und Zervos - Menschen, die süchtig werden, ihre in der Vergangenheit getroffenen Konsumentscheidungen. Dies kann als ex-post-Reue eines Spielers interpretiert werden, dessen Spiel nicht ausbezahlt wurde. Individuen, die die Auffassung vertreten, daß „mir dies nie passieren wird", bilden die Personengruppe, die am wahrscheinlichsten der schädlichen Sucht verfällt. Einen ähnlichen Ansatz wählt Hsieh (1998). Er geht davon aus, daß neue Risiko-Informationen abhängige Zigarettenraucher zum Entzug bewegen können. Diese Informationen können sowohl auf der verbesserten Einschätzung der eigenen Gesundheit als auch auf zusätzlicher öffentlicher Information hinsichtlich gesundheitsrelevanter Folgen beruhen. Seinem Ansatz nach entscheidet sich ein Raucher dann aufzuhören, wenn der Erwartungsnutzen des Abbruchs den Erwartungsnutzen des (weiteren) Rauchens zuzüglich des Nutzenniveaus im Todesfall aufgrund von Tabakkonsum übersteigt.

Clarke (1998) analysiert, wie konsuminduzierte Risiken sowohl den Suchtkonsum als auch die im Gleichgewicht relevante Nachfrage nach dem Suchtgut beeinflussen. Er differenziert zwischen dem Fall, in welchem konsuminduziert die Todesgefahr beeinflußt wird, sowie dem Aspekt, in welchem lediglich der Konsumnutzen sinkt. Die Gesundheitsschädigung wird als Internalität verstanden. Clarke modelliert den Todeszeitpunkt als Zufallsvariable. Die Sterbewahrscheinlichkeit hängt dabei sowohl von der Höhe des Suchtkonsums als auch vom Suchtgrad ab, welcher formal als Kapitalstock dargestellt werden kann. Der Suchtgrad nimmt um den Wert des aktuellen Konsums zu, reduziert sich aber gleichzeitig mit der Abschreibung auf den vorangegangenen Konsum des schädlichen Gutes. Im Gleichgewicht wird der Konsum des Suchtgutes so weit ausgedehnt, bis der Preis dem Grenznutzen des Konsums abzüglich der diskontierten Nettowirkung des Konsums auf den negativen Nutzen aufgrund zunehmender Sucht entspricht. Der Umfang des Suchtkonsums ist dabei sowohl vom Risiko als auch von Suchteffekten unabhängig.

Endogene Kurzsicht

In einer neueren Arbeit rücken Orphanides und Zervos (1998) von der stringenten Annahme vollkommener Voraussicht ab und veranschaulichen endogene Kurzsicht in einem modifizierten Modell. Sie nehmen dazu an, daß die Diskontierungsrate mit steigendem Konsum zunimmt. Dies impliziert, daß Konsumenten mit steigendem Verbrauch des suchtgenerierenden Gutes zunehmend kurzsichtiger werden. Ein steigender Suchtkonsumstock erhöht die erwartete Zeitpräferenzrate. Die Konsumenten verfügen ferner über die Möglichkeit, mit dem

Suchtgut zu experimentieren. Wird die Option gewählt, ein Experiment durchzuführen, kann es zu (steigender) Myopie kommen, welche als Konsequenz der Sucht aufgefaßt wird. Dies steht im Gegensatz zu Suchtmodellen, die das Auftreten von Sucht auf myopischer ex-ante-Basis ableiten. Die Alternative (kein Experiment) impliziert, daß die Zeitpräferenzrate konstant gehalten wird. Orphanides und Zervos (1998) zeigen, daß die eintretende intertemporale Komplementarität ein Suchtverhalten generiert, welches ohne die Annahme einer Komplementarität zwischen vergangenem und gegenwärtigem Konsum (angrenzende Komplementarität) in der unmittelbaren Nutzenfunktion auskommt. Dies führt zu mehreren Steady States, welche innerhalb eines zeitkonsistenten Erwartungsnutzenrahmens für die gleichzeitige Existenz von myopischer Sucht und nicht-kurzsichtiger Nicht-Sucht sorgen.

Entzug und Anpassungskosten
Ist das Suchtverhalten bereits etabliert, so verhindern oder erschweren latente Anpassungskosten den sofortigen Ausstieg. Entzugseffekte stehen in enger Beziehung zu Gelüsten (vgl. Contoyannis und Jones 1999b, S. 18). Bereits Atkinson (1974) wies darauf hin, daß das Konzept der Anpassungskosten eine wertvolle Bereicherung bestehender konventioneller Ansätze der Gewohnheitsbildung bietet. Sein Modell integriert eine Anpassungskostenfunktion innerhalb der Nutzenfunktion. Atkinsons Verdienst besteht darin, darauf hinzuweisen, daß Anpassungskosten asymmetrisch, d. h. nur bei Konsumreduktionen, auftreten.

Suranovic u. a. (1999) beschränken sich in ihrem Rational-Addiction-Ansatz auf die Darstellung des Entzugseffekts, der als Anpassungskosten interpretiert wird. Nach Auffassung der Autoren lassen sich dadurch dennoch wesentliche Aspekte des Gewohnheitskonsums abbilden. Der mit Rauchen zu einem bestimmten Zeitpunkt einhergehende Nutzen besteht aus drei Komponenten: Dem direkten Konsumnutzen, von dem angenommen wird, daß er zunehmend und konkav ist, den mit dem Konsum einhergehenden künftigen Verlusten, wie gesundheitlichen Beeinträchtigungen oder vorzeitigem Tod[52], sowie den in Nutzeneinheiten gemessenen Anpassungskosten, die im Fall von Konsumeinschränkungen auftreten. Suranovic u. a. nehmen in ihrem Grundmodell lediglich an, daß die Entzugskosten mit zunehmender Reduktion steigen, wobei das konkrete Steigungsverhalten der spezifischen Grenzkostenfunktion Gegenstand ihrer Analyse ist.

[52] Suranovic u. a. unterstellen ein endliches Leben. Dies steht im Gegensatz zu zahlreichen Formulierungen rationaler Sucht, die aus Vereinfachungsgründen einen unendlichen Lebenshorizont annehmen. Die formal einfachere Darstellungsform hat jedoch ihren Preis: Unsterbliche Akteure verfügen über keine lebensverlängernden Anreize, mit dem ungesunden Lebensstil zu brechen.

Steigende Grenzkosten implizieren, daß die Entzugskosten mit zunehmender Rate bei der Verminderung des Konsums unterhalb des Gewohnheitskonsums steigen. Geringe Einschränkungen im Konsum unterhalb des Gewohnheitskonsums führen zu geringen Entzugseffekten, was mit einem schwachen Suchtgrad gleichgesetzt werden kann. Bei weiteren Verbrauchseinschränkungen steigen die Anpassungskosten jedoch stark an. Mit zunehmendem Alter verschiebt sich die Verlustfunktion kontinuierlich nach oben und reduziert den Zigarettenkonsum fortlaufend. Falls der Grenznutzen des Konsums unterhalb des mit dem Schattenpreis multiplizierten Preises des gesundheitsschädlichen Gutes liegt, kann dies dazu führen, daß es optimal ist, vollständig mit dem Konsum aufzuhören. Die Autoren folgern, daß Raucher mit schwacher Sucht schrittweise ihren Verbrauch einschränken. Steigen die Entzugskosten mit sinkender Rate bei einer Konsumreduktion unterhalb des Gewohnheitskonsums, so führen geringe Einschränkungen im Verbrauch zu relativ großen Entzugseffekten, was als starke Sucht interpretiert werden kann. Weitere Verminderungen implizieren, daß die Entzugskosten relativ langsam anwachsen. Mit zunehmendem Alter ist hierbei Sofortabbruch auch ohne exogenen Konsumschock möglich, etwa wenn die erwarteten gesundheitlichen Konsequenzen bei einer Fortsetzung des Tabakkonsums eine bestimmte Schmerzgrenze überschreiten.

Suranovic u. a. (1999) diskutieren einen dritten Fall, bei dem Grenzentzugskosten für Konsummengen nahe Null sinken bzw. bei geringen Reduktionen nahe am Gewohnheitskonsum steigen. Die Autoren zeigen, daß es optimal ist, den Konsum nur geringfügig unterhalb des Gewohnheitskonsums einzuschränken. Mit zunehmendem Alter kann es optimal sein, sich graduell über verschiedene Stufen an den vollständigen Entzug heranzutasten. Dies läßt sich als der Fall interpretieren, bei dem Süchtige mehrere Anläufe benötigen, um letztendlich mit der Gewohnheit zu brechen.

Goldbaum (2000) entwickelte den Ansatz von Suranovic u. a. (1999) weiter. Er zeigt, daß der Wunsch, das Rauchen aufzugeben, durchaus mit einem Konsumpfad kompatibel ist, der auf vollkommen rationale Weise gewählt wird. Die Entscheidung, wann und in welchem Ausmaß das Suchtverhalten eingeschränkt wird, ist Teil eines rationalen intertemporalen Optimierungskalküls. So kann sich etwa ein Akteur entscheiden, während der Jugend zu rauchen und später damit wieder aufzuhören. Dies ist jedoch nur dann als „rational" zu werten, wenn der Akteur über vollkommene Information hinsichtlich der Schädlichkeit seines Verhaltens verfügt. Goldbaum wendet sich mit seinem Ansatz vor allem gegen verhaltensökonomisch orientierte Modelle, welche die polare Entscheidung in bezug auf Beginn und Abbruch als dynamische Irrationalität mit Hilfe von versteckten Kosten, Persönlichkeitsspaltung, veränderlichen Präferenzen u. a. darstellen. Goldbaum unterstellt einen Konsumenten mit endlicher Lebenszeit, welcher den Konsumpfad eines suchtgenerierenden und schädlichen Gutes in der Weise bestimmt, daß sein diskontierter Lebenszeitnutzen maximiert wird. Der gewählte Konsumpfad berücksichtigt die zukünftigen gesundheitlichen Kosten des Rauchens sowie die Entzugskosten, die bei Abbruch entstehen. Ferner beachtet Goldbaum (2000) neben dem Suchtkapitalstock einen Gesundheitskapitalstock, wobei jede der beiden Bestandsgrößen einen spezifischen Effekt des Zigarettenkonsums abbildet. Mißt der Akteur etwa mit zunehmendem Alter seiner Gesundheit ein stärkeres Gewicht bei, so kann dies zu einem Konsumabbruch des schädlichen Gutes führen. Die Sucht beeinflußt den Lebenskonsumpfad sowohl durch Mengenänderungen beim Tabakkonsum als auch hinsichtlich des Entzugszeitpunktes. Sie hat ebenfalls Auswirkungen auf die Rauch-Entscheidung, da der Raucher beim Treffen seiner Wahl Entzugskosten berücksichtigen muß. Goldbaum unterscheidet bei seiner Analyse zwischen zwei Fällen: Konsum eines schädlichen, aber suchtunproblematischen Gutes versus Konsum eines schädlichen, suchtgenerierenden Gutes. Der Verfasser zeigt, daß ein rationaler Konsument Suchtwirkungen bei seiner Planung mitberücksichtigt und dabei ein Konsumniveau wählt, das unterhalb des suchtunproblematischen Gutes liegt. Gleichzeitig wird er im ersten Fall einen früheren Ausstiegszeitpunkt wählen.

Rationale Unternehmen

Weitere Modelle rationaler Sucht beschäftigen sich mit Unternehmen, welche Sucht- und Gewohnheitsgüter produzieren und auf Märkten anbieten. Damit wird die Anbieterseite in den Mittelpunkt der Analyse gerückt. Showalter (1999) charakterisiert die Produzenten als rationale Akteure, welche durch ihr vorausblickendes Optimierungsverhalten die Höhe des gegenwärtigen Konsums beeinflussen. Er stellt die Verbindung zu myopischen Akteuren her. Im theoretischen Modellrahmen werden die Implikationen verschiedener Marktformen untersucht. So kann es im Falle einer Marktkontrolle durch einen Monopolisten durchaus in dessen Interesse sein, für eine genau umrissene Zeitdauer den optimalen Preis auf der Höhe der Grenzkosten oder darunter festzusetzen. Unternehmen, die über eine bestimmte Marktmacht verfügen, wie dies typisch ist für die Anbieter von Zigaretten, unterscheiden sich von Unternehmen, die vollkommenem Wettbewerb ausgesetzt sind in bezug auf die Reaktion antizipierter künftiger Ereignisse. Letztgenannte sind nicht in der Lage, für sich Vorteile aus der Suchteigenschaft, die aus der intertemporalen Verknüpfung der Nachfrage resultieren, zu ziehen.

Preisunsicherheit
Coppejans und Sieg (2002) bemängeln an Rational-Addiction-Ansätzen, daß die angenommene vollkommene Voraussicht ungewisse künftige Preise nicht erfasse. Unter Verwendung von Regime-Switching-Modellen weisen Coppejans und Sieg ausgeprägte regionale Unterschiede und Schwankungen für die USA im Fall von Zigaretten für den Zeitraum 1990 - 2000 nach. Zwei Gründe sind dafür verantwortlich: Die Preispolitik der Tabakbranche und staatliche Eingriffe, etwa mittels Besteuerung. Um der Preisunsicherheit und den damit verbundenen Erwartungen der Individuen Rechnung zu tragen, modifizieren Coppejans und Sieg (2002) das Rational-Addiction-Modell, wobei Preiserwartungen über einen Zustandswechsel (transition density) charakterisiert werden. Da eine optimale Politikfunktion auf analytische Weise nicht ermittelt werden kann, bedienen sich die Autoren einer numerischen Szenarienanalyse, bei der sowohl myopische als auch vorausblickende Akteure modelliert werden. Den Ergebnissen zufolge sinkt die Nachfrage nach Zigaretten bei zunehmender Rationalität der Individuen. Werden Preissteigerungen lediglich als transitorisch angesehen, so konsumieren die Nachfrager mehr als im Falle permanenter Preiserhöhungen. Hinsichtlich der Wirkung staatlicher Politik impliziert dies, daß mögliche Verhaltensänderungen der Wirtschaftssubjekte im entscheidenden Ausmaß von ihrer Einschätzung abhängen.

Konsum suchtgenerierender Güter und Gesundheitsproduktion
Im Vordergrund der Rational-Addiction-Literatur steht das Nachfrageverhalten nach Konsumgütern per se, die sich von gewöhnlichen Gütern aufgrund ihrer speziellen Gewohnheits- und Suchtaspekte unterscheiden. Während empirische Überprüfungen häufig auf gesundheitsrelevante Güter zurückgreifen, berücksichtigen die zugrundeliegenden Modelle nicht explizit die besonderen Eigenschaften der Gesundheit, wie dies etwa durch das Modell von Grossman (1972a, b) dargestellt wird. Erst in jüngster Zeit wurden Ansätze entwickelt, die versuchen, eine Verbindung zwischen Gesundheitsproduktion und gesundheitsrelevanten Gütern, deren Konsum mit Gewohnheits- und Suchtaspekten einhergeht, herzustellen.

Das Modell von Clark und Etilé (2002) basiert auf der Arbeit von Etilé (2000). Sie modellieren das Entscheidungsproblem eines Individuums hinsichtlich des Konsums in einer bestimmten Periode. Der Nutzen läßt sich als Funktion zweier Komponenten darstellen: Der Euphorie, welche mittels gegenwärtigem und vergangenem Zigarettenkonsum generiert wird, und einem weiteren Gut, das ebenfalls vom Akteur selbst erzeugt wird. Analog zum Modell von Becker und Murphy (1988) wird unterstellt, daß der fortlaufende Konsum von Zigaretten zum

Aufbau eines Konsumkapitalstocks führt, welcher im Zeitablauf abgeschrieben wird. Auch die Abbildung von Gewöhnungs- und Verstärkungseffekten wird der Implementierung bekannter Modelle nachempfunden.

Die Erweiterung des Modellrahmens bezieht sich auf das zweite Gut in der Nutzenfunktion. Es wird annahmegemäß mit einem Numeraire-Gut, welches alle Güter mit Ausnahme des schädlichen Gutes (Zigaretten) aggregiert, sowie der Gesundheit zum gegenwärtigen Zeitpunkt produziert. Der Genuß von Zigaretten in der Vergangenheit besitzt ferner eine negative Wirkung auf die Gesundheit. Annahmegemäß korreliert der Tabakkonsum sowohl mit dem Risiko schwerwiegender als auch leichter Gesundheitsprobleme. Clark und Etilé (2002) zeigen, daß im Optimum der Grenznutzen des gegenwärtigen Konsums dem vollständigen Preis entsprechen muß, welcher aus der Summe des Marktpreises, multipliziert mit dem Grenznutzen des Vermögens und den zukünftigen Kosten, besteht. Analog zum Modell von Becker und Murphy (1988) umfaßt dieser sowohl die Kosten der Sucht als auch der künftigen gesundheitlichen Konsequenzen gegenwärtigen Konsums. Steigt das wahrgenommene Risiko des Zigarettenkonsums, so impliziert dies eine Absenkung des Konsumniveaus. Wird die Annahme eines fixen, bekannten Risikofaktors aufgegeben, so sind die Erwartungen des Akteurs maßgeblich. Die Individuen maximieren ihren Erwartungsnutzen unter Maßgabe der ihnen zur Verfügung stehenden Informationen. Ändert sich der Informationsstand, so kann dies über Lernverhalten dargestellt werden. Selbst wenn dies nicht stattfindet, so führen negative, nicht antizipierte Veränderungen der Gesundheit dazu, daß der Konsum eingeschränkt wird. Bei Lernverhalten sind die Implikationen weitreichender, da sowohl das Niveau des wahrgenommenen Risikos als auch die Lerngeschwindigkeit ansteigt, sowie mit dem Niveau des Konsums in der Vergangenheit und dem übernommenen Gesundheitsniveau absinkt. Die Bedeutung des Modells von Clark und Etilé (2002) liegt darin, daß hierbei stärker der doppelte Charakter von Lebensstil berücksichtigt wird. Zwar führt in ihrem Modell der fortlaufende Konsum von Zigaretten zum Aufbau eines Kapitalstocks. Dabei handelt es sich jedoch um Sucht*erfahrung* im Sinne von Becker und Murphy, also einer Größe, die in keiner direkten Verbindung zum Gesundheitskapital steht.

3.2.3 Verhaltensökonomische Ansätze

In den eher neoklassisch geprägten Ansätzen rationaler Sucht, wie etwa bei Becker und Murphy (1988), resultiert Sucht aus einer rationalen Selbst-Verabreichung. Zwar wurden die stringenten Modellannahmen in nachfolgenden Arbeiten gelockert, dennoch orientieren sich auch diese am Postulat vollkommener

Rationalität. Vor allem von Verhaltensökonomen wird starke Kritik an diesem Postulat vorgebracht. Ihrer Auffassung nach ist menschliches Verhalten nur eingeschränkt rational.[53] Das von Verhaltensökonomen verfochtene Konzept der *bounded rationality* beruht vor allem auf Simon (1957) und versteht sich als Rationalität des tatsächlich beobachteten Verhaltens. Dies darf jedoch nicht als Irrationalität oder stark abgeschwächte Form vollkommener Rationalität verstanden werden. Beide Rationalitätskonzepte unterscheiden sich vielmehr in struktureller Hinsicht voneinander.

Verhaltensökonomische Ansätze gehen davon aus, daß Menschen nur über sehr begrenzte kognitive Fähigkeiten verfügen. So geben Verhaltensökonomen zu bedenken, daß alltägliche Entscheidungssituationen, wie das Einkaufen im Supermarkt, auf der Grundlage eines Nutzenmaximierungskalküls klassischer Prägung praktisch nicht zu bewältigen ist (vgl. Selten 2000, S. 130). Mindestens ebenso wichtig wie die Schranken der Denk- und Rechenfähigkeit sind andere empirisch belegte Verhaltensweisen, die der vollen Rationalität entgegenstehen. Menschen sind z. B. nicht in der Lage, konsistente Präferenz- und Wahrscheinlichkeitsurteile zu fällen. Dieser Mangel an Konsistenz entzieht nach Auffassung von Verhaltensökonomen einer deskriptiv verstandenen Nutzentheorie die empirische Grundlage. Wird lediglich eingeschränkte Rationalität unterstellt, so hat dies gravierende Folgen für menschliche Verhaltensmodelle. Dies gilt nicht zuletzt für gesundheitsrelevantes Handeln. So genügt es etwa nicht einzusehen, daß es vernünftig ist, mit dem Rauchen aufzuhören - man muß auch über die notwendige Selbstdisziplin verfügen, das Vorhaben umzusetzen. In dynamischer Hinsicht impliziert dies, daß die von Protagonisten rationaler Sucht unterstellte Annahme der Zeitkonsistenz abgelehnt wird. In den letzten Jahren wurden von Verhaltensökonomen zahlreiche Modelle entwickelt, die Erklärungen anbieten, warum Menschen sich auf gesundheits*schädliche* Güter einlassen. Einige der in Abschnitt 3.2.1 genannten Suchteigenschaften fundieren spezifisches Nachfrageverhalten und erschweren den Entzug. Verhaltensökonomische Ansätze veranschaulichen ferner, unter welchen Bedingungen erfolgreiche Konsumreduktionen eintreten können.

3.2.3.1 Projektionsverzerrungen

Der Grund für Fehleinschätzungen kann darin liegen, daß gegenwärtiges Wohlbefinden meistens nicht nur durch den gegenwärtigen Konsum bestimmt wird, sondern auch durch Verhalten in der Vergangenheit, durch zeitlich beschränkte

[53] Zur Kontroverse um vollkommene versus eingeschränkte Rationalität siehe Conlisk (1996).

Geschmacksvariationen und Veränderungen innerhalb der relevanten Umwelt. Die Erkenntnis, daß Zustände Präferenzen tangieren können, ist innerhalb der Ökonomik nicht neu. Dabei wird in der Regel angenommen, daß ein Akteur perfekt voraussagen kann, wie künftige Zustandsänderungen die eigenen künftigen Präferenzen beeinflussen. Bei ihrem Ansatz der Projektionsverzerrung gehen Loewenstein, O'Donoghue und Rabin (2001) jedoch davon aus, daß Menschen dazu neigen, die Auswirkungen von Zustandsveränderungen zu gering zu bewerten.[54] Gegenwärtige Konsumpräferenzen werden verzerrt auf die künftigen Präferenzen projiziert. Eine Person, die einer Projektionsverzerrung unterliegt, versucht zwar, den intertemporalen Nutzen zu maximieren, aber im Unterschied zum Referenzfall mit perfekter Vorhersage wird ihr dies nicht gelingen, da sie den zukunftsspezifischen Nutzen falsch voraussieht. O'Donoghue und Rabin (2001) unterscheiden drei Arten von Projektionsverzerrungen. Die erste Art wird durch Fehlprognosen des zukunftsspezifischen Nutzens von Handlungen, die heute ausgeübt werden, hervorgerufen. Dies führt möglicherweise dazu, daß künftiges Verhalten falsch bewertet und deshalb in der Gegenwart falsche Handlungen ausgeführt werden. Dabei kann es sich etwa um die Bereitschaft eines Individuums handeln, in der Gegenwart ein extrem suchtgenerierendes Gut zu konsumieren. Die zweite Kategorie bezieht sich darauf, daß falsche Prognosen künftigen Verhaltens falsche Prognosen hinsichtlich zukünftiger Folgen gegenwärtiger Wahlakte induzieren. Drittens umfassen Projektionsverzerrungen zustandsbezogene Formen von Mißmanagement. Geht man davon aus, daß zukünftiges Verhalten einer Person von ihrem künftigen Zustand abhängt, erfordert die Unterlassung bestimmter Verhaltensweisen auch die Vermeidung bestimmter Zustände. Da eine Projektionsverzerrung eine Person davon abhalten kann, die Wirkung bestimmter Zustände auf das Verhalten zu erkennen, kann der Fall eintreten, daß nicht antizipierte gesundheitsschädliche Aktivitäten ausgeübt werden. Der Ansatz der Projektionsverzerrung liefert vor allem einen Erklärungsbeitrag für die Entscheidung von Jugendlichen, ungesundes Verhalten durchzuführen und Drogen zu konsumieren.

3.2.3.2 Belohnungsstrukturen

Einige verhaltensökonomische Ansätze beschäftigen sich mit Selbstkontrolle und Impulsivität im Kontext intertemporaler Entscheidungen. Konkret geht es

[54] Der Ansatz kann im verhaltenswissenschaftlichen Forschungsgebiet *heuristics and biases* verortet werden. Demzufolge bedienen sich Menschen beim Treffen von Entscheidungen, deren Implikationen mit Unsicherheit behaftet sind, sogenannter kognitiver Daumenregeln (heuristics), deren Anwendung zu Verzerrungen (biases) führt (vgl. dazu Kahneman, Slovic und Tversky 1982).

darum, ob Personen eine zeitlich vorgelagerte Belohnung gegenüber einer größeren, zeitlich nachgelagerten Belohnung präferieren. Wird erstere bevorzugt, handelt es sich um eine impulsive Wahl. Ist der Akteur dagegen geduldig, so liegt Selbstkontrolle vor. Hinsichtlich der formalen Darstellung weisen Verhaltensökonomen in diesem Zusammenhang auf die Bedeutung der Diskontierungsform hin. Ein höherer Grad temporärer Diskontierung führt zu einer höheren Präferenz für relativ geringere gegenwärtige gegenüber größeren künftigen Belohnungen. Dies ist konform mit der Theorie von Becker und Murphy (1988). Während traditionelle Ökonomen die exponentielle Diskontierung anwenden, bevorzugen Verhaltenswissenschaftler eine hyperbolische Form der Diskontierung. Beide implizieren sehr unterschiedliche intertemporale Wahlhandlungen, welche in der verhaltensökonomischen Literatur ausgiebig diskutiert werden (vgl. etwa den Sammelband von Elster 1999b).

Im Fall der exponentiellen Diskontierung werden früher eintretende kleinere Belohnungen und größere spätere Belohnungen mit demselben Wert diskontiert, die Präferenz zwischen ihnen bleibt im Zeitablauf konstant. Dabei handelt es sich um eine direkte Folge der als konstant angenommenen Zeitpräferenz, welche nach Becker und Mulligan (1997) als Grenzrate der Substitution zwischen gegenwärtigem und künftigem Nutzen interpretiert werden kann. Dies impliziert für einen Akteur, der exponentiell diskontiert und seinen Konsum über die Zeit hinweg alloziiert, daß er seine Entscheidung niemals überdenken muß. Nähert er sich dem festgelegten Konsumzeitpunkt, so wird sich an der getroffenen Entscheidung nichts ändern. Exponentielle Diskontierung ist *zeitkonsistent*, da der relative Wert des Konsums in zwei beliebigen Perioden konstant bleibt. Verhaltenswissenschaftler weisen darauf hin, daß es eine starke empirische Evidenz dafür gibt, daß Menschen die Zukunft hyperbolisch diskontieren, indem sie Erträgen, die in naher Zukunft anfallen, eine geringere Diskontierungsrate zuordnen, sie somit niedriger abdiskontieren als Erträge in der ferneren Zukunft (vgl. Ainslie 1992).
Dies impliziert, daß
1. der Wert der Gegenwart relativ zur nahen Zukunft den Wert der nahen Zukunft relativ zur fernen Zukunft übersteigt, sowie
2. ein Akteur, der die Zukunft hyperbolisch diskontiert, seine Entscheidung bei zunehmender Nähe zur Ausführung nochmals überdenken und gegebenenfalls ändern wird: Es liegt demnach Zeitinkonsistenz vor.[55]

[55] Präferenzumkehrungen bilden somit eine Funktion der Zeit.

Eine besondere Bedeutung besitzt der skizzierte Ansatz bei intertemporalen Zielkonflikten, wie dies bei gesundheitsschädlichem Verhalten der Fall ist: Beim Konsum von Zigaretten fällt in der Gegenwart ein geringer unmittelbarer Nutzen an, Rauchen wiederum führt in der Zukunft zu einem negativen Ertrag. Versucht der Akteur, in der Gegenwart eine Nutzen-Kosten-Analyse durchzuführen, so bedeutet das, daß er bei hyperbolischer Diskontierung den geringen Ertrag (kurze Entspannung) überbewertet. Dies wird durch Abbildung 6 veranschaulicht.

Abbildung 6: Hyperbolische Diskontierung einer positiven Belohnung (*A*) und einer verzögerten negativen Konsequenz (*B*)

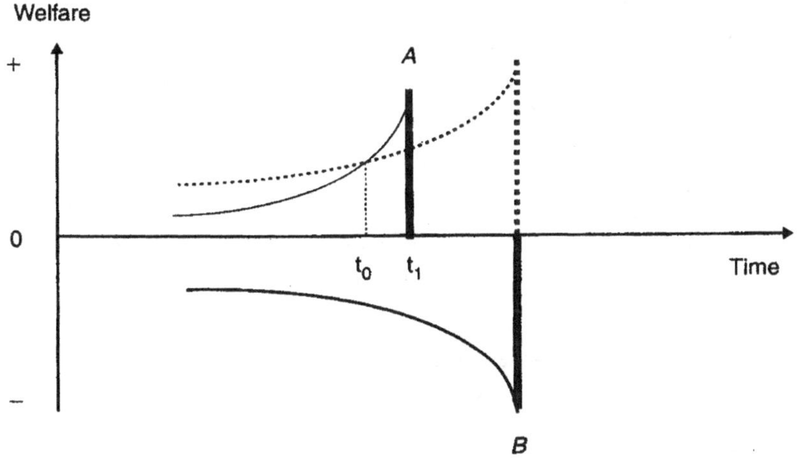

Quelle: Skog (1999a), S. 153.

Der Akteur muß eine Entscheidung zwischen Abstinenz (wird als Null bewertet) und dem Konsum des Gutes (durch *A* dargestellt) treffen, welcher langfristige, negative Konsequenzen („Bestrafung") *B* mit sich bringt. Vor dem Zeitpunkt t_0 ist der Akteur der Auffassung, daß die verzögerte Bestrafung (gesundheitsschädliche Folgen) die positive Belohnung (die konsumierte Menge von Gut *A*) übersteigt, und deshalb wird er sich für den Konsumverzicht entscheiden: In Abbildung 6 liegt die an der Zeitachse gespiegelte punktierte Bestrafungskurve links von t_0 oberhalb der durchgezogenen Kurve. Im Zeitintervall zwischen t_0 und t_1 ändert das Individuum jedoch aufgrund einer Umkehrung der Präferenzen seine Auffassung, wonach die positive Belohnung die Bestrafung übertrifft. In Abbildung 6 bedeutet das, daß die punktierte Kurve unterhalb der durchgezogenen Kurve liegt. Aus diesem Grund wird der Akteur den Konsum *(A)* wählen. Exponentielle Diskontierung schließt dagegen Präferenzumkehrungen aus. Im Fall der hyperbolischen Diskontierung kann ein inkonsistentes Verhalten eintreten. Unter der Annahme, daß sich verschiedene Gruppen von Menschen sowohl hinsichtlich der jeweiligen Diskontierungsfunktion als auch im Diskontierungsgrad unterscheiden, kann unterschiedliches gesundheitsrelevantes Verhalten erklärt werden. Die Etablierung von Zigarettenkonsum läßt sich diesem Ansatz zufolge als Konsequenz impulsiven Verhaltens betrachten.

3.2.3.3 Pikoökonomik

Die Theorie intertemporaler Wahlhandlungen von Ainslie (1992) weicht in zweifacher Hinsicht von der traditionellen Ökonomik ab. Erstens versteht sich diese konzeptionell als Mikro-Mikroökonomik (Pikoökonomik):

> „Just as classical economics describes negotiation for limited resources among institutions, and microeconomics describes such negotiation among individuals, so picoeconomics describes interactions that resemble negotiation among parts that can be defined within the individual for control of that individual's finite behavioral capacity" (Ainslie 1992, S. xiii).

Zweitens unterstellt Ainslie eine hyperbolische Diskontierungsfunktion. Dies ermöglicht die Darstellung von Präferenzänderungen.

Ainslie fokussiert bei seiner Arbeit auf wiederholte Handlungsweisen. Methodisch bedient sich sein positiver Ansatz der Spieltheorie. Der Intention der Pikoökonomik nach stehen hierbei nicht verschiedene Individuen als Akteure miteinander im Wettbewerb. Das *Ich* des Akteurs bildet vielmehr das Forum für verschiedene Unter-Ichs und deren Interessen. Weitere Personen sind nicht Gegenstand der Betrachtung. Beim aktuellen intrapersonalen Spiel sind zukünftige Implikationen wichtig. Dabei kann es sich um die Einschätzung handeln, ob die gleiche Entscheidungssituation in der Zukunft nochmals wiederholt wird. Die Bewertung von Entscheidungsfolgen geschieht, indem die diskontierten Werte nachfolgender Entscheidungen aufaddiert werden. Die Verbindung zur Entscheidungssituation in der Gegenwart bildet ein Kennzeichen von Willensstärke (vgl. Ainslie 1992, S. 61). Von besonderem Interesse sind spezifische Situationen, die als wiederholte Gefangenendilemmata in einem nichtkooperativen Spiel zwischen nachfolgenden persönlichen Ebenen oder subsekutiven Zuständen innerhalb einer Person aufgefaßt werden. Ein derartiger Akteur spielt in diesem

Sinne gegen sein künftiges *Ich*. „Tit for Tat“ oder ähnliche Strategien sind möglich, kooperative Züge denkbar.

Ainslie unterstellt als Arbeitsannahme, daß eine Handlung, die zu einem bestimmten Zeitpunkt durchgeführt wird, als Ergebnis des Optimierungskalküls zu eben jenem Zeitpunkt verstanden werden kann. Steht ein professioneller Klavierspieler beispielsweise vor der Wahl, am Nachmittag Wein zu trinken und in der darauffolgenden Nacht Klavier zu spielen, und werden im Rahmen der Entscheidungsfindung adäquate künftige Entscheidungssituationen, beispielsweise in den folgenden 30 Tagen, berücksichtigt, so ist es offensichtlich, daß die beste Strategie für den Pianisten darin besteht, am Nachmittag zu trinken und bei den folgenden 30 Wiederholungen der Entscheidungssituation zu widerstehen. Werden die Entscheidungssituationen isoliert in das Kalkül mit einbezogen, so wird dies dazu führen, daß der Klavierspieler wohl bei jeder Entscheidungssituation den Alkoholkonsum wählt. Werden die Wiederholungen jedoch als *verkettete* Entscheidungen angesehen, indem die Entscheidung für den gegenwärtigen Tag die Wahl bei der nächsten Gelegenheit beeinflußt, so kann dies die Entscheidung verändern.

Ainslie definiert in diesem Kontext Sucht als Verhalten, das von Vorlieben verursacht wurde, die andere Interessen über bestimmte Zeitabschnitte hinweg dominieren. Ein Mensch, der Drogenmißbrauch begeht, kann Präferenzen für ein Leben ohne „Rauschgift“ haben, jedoch kann es geschehen, daß er sich im konkreten Fall eines „Drogenangebots“ für das letztere entscheidet. Nach Ainslie (1992) werden Menschen nicht rational im Sinne einer dynamisch konsistenten Nutzenmaximierung geboren, sondern sie versuchen, ihre Schwächen zu überwinden, die aufgrund „unmittelbarer Versuchungen“ entstehen können, um ihren langfristigen Zielen gemäß zu handeln. Selbst scheinbar irrationales und unerwünschtes Verhalten ist dabei zielgeleitet (vgl. Ainslie 1992, S. xii). Manchmal, aber nicht immer, kann nach Ainslie die „mentale Buchhaltung“ zur Lösung von Suchtproblemen führen. Werden künftige Implikationen gegenwärtiger Handlungen als Teil der gegenwärtigen Entscheidung angesehen, so sind die zugeordneten Payoff-Strukturen wichtig. Ainslie zeigt, daß Individuen unter Beachtung von Regelbindung diese Inkonsistenz überwinden und sich somit an Entscheidungen, die in der Vergangenheit getroffen wurden, halten können, selbst dann, wenn die unmittelbare Rationalität einem Akteur eine Änderung der Entscheidung nahelegt. Regelgebundene Rationalität, welche Willenskraft widerspiegelt, ermöglicht es Individuen, ihre unterschiedlichen Nutzenaspekte oder Interessen auf konsistente Art und Weise zu koordinieren. Willensstarken Menschen ist es möglich, ganz egal, auf welcher Stufe einer Suchtkarriere sie sich befinden, wahrzunehmen, daß sie sich in einem suboptimalen Zustand befinden. Ein Drogenausstieg ist möglich, ohne anschließend rückfällig zu werden.

Einen interessanten Vergleich zwischen der Pikoökonomik von Ainslie (1992) und dem Modell rationaler Sucht von Becker und Murphy (1988) liefern zwei Arbeiten von Skog (vgl. Skog 1999a, b). Er analysiert rationale Sucht im Modellrahmen der Pikoökonomik. Skog weist generell darauf hin, daß Akteure, welche die Zukunft hyperbolisch abdiskontieren, in gleichen Entscheidungssituationen auf ähnliche Art und Weise handeln. Werden die spezifischen Annahmen der beiden Modelle berücksichtigt, so führt dies zu gravierenden Unterschieden im Erklärungsgehalt. Als Referenzmaßstab der Leistungsfähigkeit beider theoretischer Gedankengebäude dienen Skog drei wichtige Stationen einer Suchtkarriere, die dem Autor zufolge von einem brauchbaren Suchtmodell erklärt werden sollten: Einstieg in den Suchtkonsum, Ringen um Überwindung der Sucht sowie das häufig beobachtbare Phänomen des Rückfalls in den Gewohnheitskonsum nach erfolgtem (temporär) erfolgreichem Ausstieg. In Tabelle 10 werden die genannten Stufen hinsichtlich der Implementierung bei Ainslie sowie bei Becker und Murphy gegenübergestellt.

Tabelle 10: Vergleich der Ansätze von Ainslie und Becker/ Murphy

Ansatz	Beginn der Sucht-Problematik	Ringen um Überwindung der Sucht	Rückfall
Ainslie (1992)	Bislang keine systematische Theorie vorhanden. Könnte auf der Basis von zu kurzem kognitivem Horizont oder unzureichender Information über Risiko oder Verwundbarkeit fundiert werden	Schwierigkeit des Entzugs entsteht aufgrund unzureichender Willenskraft. Ringen um Überwindung der Sucht wird mit dynamischer Inkonsistenz erklärt	Erklärung durch Aushöhlung von Willenskraft
Becker-Murphy (1988)	Wird durch außergewöhnliche Umstände oder ungenügende Informationen und kalkulierte Risiken erklärt (Orphanides und Zervos 1995)	Kurzsicht ist für Schwierigkeit in bezug auf Überwindung der Sucht verantwortlich. Modellrahmen liefert keine Erklärung des Ringens per se	Keine Erklärung

Quelle: Skog (1999a), S. 164.

Tabelle 10 zeigt, daß beide Ansätze trotz einer gemeinsamen Schnittmenge in wichtigen Punkten stark voneinander abweichen. Ein wesentlicher Grund für den Unterschied im Erklärungsmuster liegt in der Grundannahme der dynamischen Konsistenz (Becker und Murphy) versus Inkonsistenz (Ainslie). Letztgenannte bildet den Ausgangspunkt der Pikoökonomik: Fehlende Konsistenz ermöglicht zwar dem Süchtigen den Ausstieg aus der unerwünschten Sucht, sie schließt aber einen möglichen Rückfall wegen der Erosion persönlicher Regeln und mangelnder Willenskraft nicht aus. Gerade dieses Phänomen des Rückfalls kann durch das Modell der rationalen Sucht nicht erklärt werden. Analog zum Becker-Murphy-Modell (1988) besitzt das Modell von Ainslie (1992) keine Gültigkeit hinsichtlich aller Gewohnheits- und Suchtgüter, da nicht sämtliche Suchteigenschaften durch das Modell implementiert werden. Waal und Mørland (1999) zufolge scheint Ainslie suchtgenerierende chemische Substanzen nicht berücksichtigt zu haben. Daneben ist die Anwendung auf Stoffe wie Cannabis und Nikotin nicht unproblematisch.

3.2.3.4 Implikationen fluktuierender Diskontierung

Die Diskontierung im ökonomischen Standardansatz in Rational-Choice-Modellen läßt Unbeherrschtheit oder Willensschwäche (Akrasia) nicht zu. In engem Zusammenhang zu diesem Phänomen steht das Rückfall-Syndrom, zu dessen Modellierung nach Auffassung von Skog (1999a) die Annahme hyperbolischer Diskontierung nicht zwingend erforderlich ist. So genüge es, zu unterstellen, daß individuelle Diskontierungsraten typischerweise unsystematisch im Zeitablauf fluktuieren. Infolgedessen seien Menschen nicht immer gleich weitsichtig. Die auf dieser Prämisse aufbauende Theorie fluktuierender Diskontierungsraten postuliert, daß Menschen ihre Zukunft rekursiv diskontieren. Es wird ferner angenommen, daß Menschen Werturteile auf „realistischen" Erwartungen hinsichtlich eigener künftiger mentaler Zustände aufbauen (vgl. Skog 1999a, S. 164).

Das Modell von Skog (1997) erklärt den Erstkonsum von Suchtgütern. Die Basis der intertemporalen Bewertung bilden der antizipierte Wert der Diskontierungsrate (geometrischer Durchschnitt) sowie temporäre beidseitige Abweichungen davon. Fluktuierende Diskontierung läßt Präferenzumkehrungen zu und impliziert, daß sich Phasen von Geduld und Ungeduld abwechseln können und somit Instabilität möglich wird. Die Annahme eines variablen Diskontierungsfaktors steht nicht im Gegensatz zum Kriterium der Rationalität. Der Ansatz von Skog erklärt sowohl, warum rationale Individuen süchtig werden können, liefert aber auch eine Erklärung für das Phänomen, warum ein Rückfall in die Sucht möglich ist. Menschen, die über eine große Variabilität bei ihrem Diskontierungsfaktor verfügen, besitzen einen niedrigeren antizipierten durchschnittlichen Diskontierungswert und werden deshalb mit einer höheren Wahrscheinlichkeit süchtig. Kennt das Individuum seine Willensschwäche, so kann es versuchen, diese unter Anwendung bestimmter Strategien zu überwinden. Die von Skog vorgeschlagenen Methoden, wie Selbstbindung oder die Formulierung allgemeiner Regeln, ähneln dabei jedoch stark den von Ainslie (1992) dargelegten Strategien.

3.2.3.5 Zeitinkonsistenz und Framing

Wie Ainslie (1992) zeigt, kann der Akteur die Suchtproblematik auch überwinden, indem er die gegenwärtige Entscheidung als Teil einer Reihe identischer künftiger Entscheidungen betrachtet. Bei jeder Gelegenheit kann der Akteur zwischen einer impulsiven Entscheidung (wie etwa Rauchen) und einer besonnenen Entscheidung (Verzicht auf Rauchen) wählen. Mit ausreichendem Zeitabstand zur Entscheidungssituation entschließt sich der Akteur im relevanten Augenblick, auf das Rauchen zu verzichten. Wird hyperbolische Diskontierung unterstellt, so induziert eine Präferenzumkehrung die Wahl der impulsiven Handlungsweise. Gelingt es dem Akteur jedoch, die Problematik einzugrenzen, indem er sich klarmacht, daß es sich um ein Problem handelt, bei dem die Optionen „immer zu rauchen“ versus „nie zu rauchen“ bestehen, so ist es möglich, letztgenannte Möglichkeit zu wählen. Die Eingrenzung des Entscheidungsproblems, welche als „Framing“ bezeichnet wird, was, vereinfacht ausgedrückt, als Kosten-Nutzen-Analyse zweier Alternativen verstanden werden kann, hängt dabei von den früheren Entscheidungen ab, die als Vorhersagen für die letztgenannte Option aufgefaßt werden.

O Donoghue und Rabin (1999) veranschaulichen, daß Menschen, die wissen, daß sie zeitinkonsistent handeln, dieses „Versagen“ bereits bewußt in die entsprechende Situation implementieren können. Das künftige „Ich“ kann dabei in der Gegenwart als „Beschränkung“ für das gegenwärtige Handeln fungieren - oder: Kennt ein Individuum in der Gegenwart die künftigen adversen Folgen seines gegenwärtigen Handelns, so wird es versuchen, deren wahrgenommene (abdiskontierte) Implikationen dem unmittelbaren Nutzen(gewinn) gegenüberzustellen. Probleme entstehen jedoch im Fall der Zeitinkonsistenz bei vorliegenden Selbstkontrollproblemen. O'Donoghue und Rabin (1999) differenzieren zwischen extremen Annahmen: *Kluge* Menschen sind sich vollkommen im klaren über ihre künftigen Selbstkontrollprobleme. Sie wissen demzufolge genau, wie sie sich in der Zukunft verhalten werden. *Naive* Menschen sind sich dagegen vollkommen im unklaren über ihre künftigen Selbstkontrollprobleme. Sie gehen davon aus, daß sie sich in der Zukunft genau so verhalten, wie sie dies gegenwärtig annehmen. Die Autoren zeigen, daß dies im einfachsten Fall bei Klugheit eher schädlich als nützlich sein kann. In ihrem drei-Perioden-Modell intendiert eine *naive* Person, die sich über ihr inkonsistentes Diskontierungsverhalten im unklaren ist, sich in der ersten und zweiten Periode zu enthalten und in der dritten Periode zu konsumieren; de facto enthält sie sich in der ersten und wird in der zweiten und dritten Periode konsumieren. Demgegenüber wird eine *kluge* Person korrekt antizipieren, daß sie in allen drei Perioden konsumieren wird. Dieses Ergebnis tritt jedoch nicht unter komplexeren Bedingungen ein. O'Donoghue und Rabin zeigen, daß, wenn entweder der Nutzen des Drogenkonsums oder die Zeitdiskontierung über die Zeit hinweg variieren, eine naive Person typischerweise mehr konsumieren wird als der kluge Akteur. Während Becker und Murphy (1988) lediglich den Fall stationärer Präferenzen diskutieren, modellieren O'Donoghue und Rabin (1999) außerdem nichtstationäre oder sich wandelnde Präferenzen. Im Fall variabler Kurzsicht (welche von exogenen Faktoren abhängig sein kann) zeigen sie, daß bestimmte schädliche suchtgenerierende Verhaltensweisen wahrscheinlicher bei „naiven“ Selbstkontrollproblemen auftreten als bei „klugen“ Suchtkontrollproblemen.

Auch nach Gruber und Köszegi (2000) bildet Zeitinkonsistenz ein elementares Grundproblem hinsichtlich der Nachfrage nach suchtgenerierenden Gütern. Diese Erkenntnis besitzt ihrer Auffassung nach wichtige Implikationen in bezug auf staatliche Intervention. Während im Modellrahmen von Becker und Murphy (1988) staatliches Eingreifen normativ nur im Ausmaß der Internalisierung externer Effekte gerechtfertigt werden kann,[56] sollte der Staat ebenfalls die Internalitäten berücksichtigen. Darunter verstehen sie den Schaden, den sich beispielsweise Raucher selbst zufügen. Gruber und Köszegi leiten so die optimale staatliche Intervention im Sinne einer „Fehlwahrnehmungssteuer“ ab.

3.2.3.6 Viszerale Theorie der Sucht

Analog zu zahlreichen anderen verhaltensökonomischen Arbeiten wird nach Loewenstein (1996, 1999) Suchtverhalten durch Präferenzänderungen ausgelöst. Während Ainslie (1992) dies vorwiegend mit hyperbolischer Diskontierung begründet und die Entscheidungsfindung in einen konventionellen spieltheoretischen Rahmen einbettet, kritisiert Loewenstein die traditionelle Theorie der Wahlhandlungen. Er insistiert, daß die Entscheidungsfindung eines Süchtigen

[56] Ist kein Marktversagen feststellbar, handeln die Akteure rational, und verfügen diese über vollkommene Information, so besitzt der Staat auch bei Gütern mit Suchteigenschaft per se kein Mandat, über die Internalisierung externer Effekte hinaus in das Marktgeschehen einzugreifen. Vgl. dazu auch die Literatur zur optimalen Besteuerung von gesundheitsschädlichen Gütern wie Pogue und Sgontz (1989).

keinen rationalen Prozeß darstelle, welcher mit dem konventionellen Paradigma der Erwartungsnutzenmaximierung im Einklang steht. Tritt Präferenzumkehrung ein, so kommt diese nach Auffassung von Loewenstein weder aufgrund eines bewußten Gedankens noch aufgrund zeitlicher Nähe zur Konsumgelegenheit per se (Versuchung) zustande. Ursache sei vielmehr eine Folge viszeraler Impulse. Dem Ansatz von Loewenstein zufolge sind Drogenkonsumenten nicht (ir-)rational, sondern „arational - that is people don't perceive themselves as making decisions at all“ (Loewenstein 1996, S. 289). Die Theorie viszeraler Prozesse basiert auf Gefühlen oder Präferenzen, die mittels autonomer, nichtkognitiver Abläufe verursacht werden, die nicht in bezug zu biologischen Bedürfnissen stehen. Diese können als Inputs interpretiert werden, die Präferenzen bilden oder formen (vgl. Loewenstein 1996, S. 273). Viszerale Faktoren verfügen über zwei Eigenschaften: Sie besitzen erstens einen hedonistischen Effekt, zweitens eine Wirkung auf die relative Erwünschtheit verschiedener Güter und Handlungen. Als Beispiele nennt er Triebe wie Hunger, Durst, das Bedürfnis nach Schlaf, sexuelles Verlangen, Emotionen wie Angst, Furcht und Depression sowie stimulus-abhängige Reaktionen wie Schmerz. Alle diese Faktoren sind in der Lage, Präferenzen und Bewertungen zu beeinflussen. Loewenstein versteht Süchtige als Akteure, die unter dem Einfluß viszeraler Impulse stehen. Das typische Verhaltensmuster resultiert aus erfolglosen Versuchen, diesen Impulsen Herr zu werden.

Waal und Mørland (1999) weisen darauf hin, daß der Ansatz von Loewenstein die Bedeutung nutzensteigernder Euphorie und die damit verbundene Anreizwirkung vernachlässige. Statt dessen erkläre das Modell die Dynamik des Drogenkonsums vorwiegend in negativen Termini wie Dysphorie, Schmerz und Verlangen, welche durch einen Mangel an der spezifischen Droge entstehen. Um Sucht generieren zu können, müsse eine psychoaktive Substanz in der Lage sein, die beschriebenen Reaktionen in hinreichender Stärke zu implementieren. Den Schwerpunkt des Modells von Loewenstein bildet die Darstellung von Verlangen. Aufgrund dieser Akzentuierung kann auch sein Ansatz nicht sämtliche Phänomene erklären, die mit Sucht in Zusammenhang gebracht werden können. Sind viszerale Faktoren weniger bedeutsam, wie im Falle von Nikotin oder Cannabis, so sinkt der Erklärungsgehalt des Modells.

3.2.3.7 Konsumreize

Grundlage der *Reiz-Theorie des Konsums* (Cue-Theory of Consumption) von Laibson (2001) ist die psychologische Evidenz, wonach wiederholte Paarungen eines Konsumgutes mit einem Reiz mögliche stimulusbasierende Komplementaritäten generieren können. Liegt ein Reiz vor, wie etwa Parfümduft, der Geruch von frischen Backwaren oder der Anblick einer Zigarettenschachtel, erhöht sich der Grenznutzen, der vom Konsum abgeleitet werden kann. In seiner Arbeit bettet Laibson (2001) dynamische Präferenzen in einen Rational-Choice-Rahmen. Das im Modell abgebildete Verhalten ist durch Reiz-Sensitivität und dessen kostenintensive Handhabung, Bindung sowie stimulusbedingte Ungeduld gekennzeichnet. Unter Verwendung verhaltenswissenschaftlicher Aspekte versucht das Modell, eine Beziehung zu Faktoren, die bei der Verkaufsförderung eine wichtige Rolle spielen und nachfragegenerierend sein können, herzustellen. In diesem Kontext erklärt das Modell, warum sich Präferenzen situationsbezogen schnell ändern können, warum Versuchungen manchmal vermieden werden sollten und wie Unternehmen Güter verpacken und beispielsweise im Supermarkt positionieren. Die Arbeit führt an, daß Reize wichtige Bestimmungsfaktoren von Gewohnheit und Sucht sind. Laibson (2001) verknüpft seinen Ansatz mit den beiden Arbeiten von Becker und Murphy zur rationalen Sucht (1988) bzw. zur Werbung (vgl. Becker und Murphy 1993).[57]

In Abschnitt 3.2.2.2 wurde darauf hingewiesen, daß im Modell rationaler Sucht angenommen wird, daß der Konsum in der Vergangenheit komplementär zum gegenwärtigen Konsum ist. Gleichzeitig wird die Generierung von Gewohnheit und Sucht erklärt. Die im Ansatz von Laibson (2001) eingebetteten kompensatorischen Prozesse, welche die Physiologie des Konsumenten widerspiegeln, können als Fundierung der angrenzenden intertemporalen Komplementarität im Modell von Becker und Murphy (1988) aufgefaßt werden. Die zugeordneten kompensatorischen Variablen, welche die Reiz-Wirkung auffangen, lassen sich als Konsumkapitalstock auffassen, wie er in Arbeiten, die auf der Humankapitaltheorie beruhen, modelliert wird. In dieser Hinsicht kann das Modell von Becker und Murphy (1988) als Spezialfall der Konsumreiztheorie von Laibson interpretiert werden. Die Verbindung zum Modell der Werbung von Becker und Murphy (1993) entsteht durch die dort angenommene Komplementarität von Werbung (sensorische Inputs) und Konsum.

Trotz der interpretatorischen Nähe liefert das Modell von Laibson (2001) Vorhersagen, die vom Becker-Murphy-Modell rationaler Sucht in dreierlei Weise abweichen: Erstens bietet das Reiz-Modell einen Rahmen, um hohe Intensitätsschwankungen bei Reizen verstehen zu können. Es besitzt dabei ein hohes Erklärungspotential, weshalb Vorlieben aufgrund der Präsenz von Drogen, Nah-

[57] Bernheim und Rangel (2002) bezeichnen den Ansatz von Laibson aufgrund der Verknüpfung mit dem Rational-Addiction-Ansatz als „rational addiction with taste shocks“.

rungsmitteln sowie sexuellen Anreizen von Augenblick zu Augenblick variieren können. Zweitens erklärt das Reiz-Modell, wie Konsumenten versuchen, ihre Lust und Neigungen hinsichtlich von Gewohnheiten zu regulieren. Im Modell von Becker und Murphy bildet das Verharren im Zustand der Sucht die optimale Politik. Süchtige Konsumenten würden es jedoch vorziehen, wenn sie über wenig Konsumkapital verfügen würden. Bei Becker und Murphy besitzen die Akteure praktisch über keine optimale Entzugsstrategie. Demgegenüber weist Laibson auf spezifische Management- und Quasi-Bindungs-Strategien hin, welche Süchtige für gewöhnlich benötigen, um ihren „Appetit" zu zügeln. Das Modell veranschaulicht, wie Unternehmen Reize und Versuchungen kreieren und gleichzeitig, wie und warum Konsumenten diese manchmal vermeiden (können). Drittens ist das Modell von Laibson (2001) in der Lage, zahlreiche Aspekte des Suchtkonsums zu erklären, die sich in der Öffentlichkeit abspielen: Das Modell sagt z. B. voraus, daß einige Süchtige und Ex-Süchtige starke Verfechter von Rauchverboten und Inhibition von Alkoholkonsum in der Öffentlichkeit sind. Das Reiz-Modell besitzt ferner einige Gemeinsamkeiten mit Loewensteins Analyse viszeraler Faktoren (vgl. Abschnitt 3.2.3.6). Die *Cue Theory of Consumption* kann dabei als Spezialfall von Loewensteins eher allgemein gehaltenem Modellrahmen gesehen werden. Beide Modelle beschreiben eine Welt, in der sich das Verhalten schnell, sozusagen von Augenblick zu Augenblick, verändern kann und Versuchungen aktiv vermieden werden können oder sollten.

Gul und Pesendorfer (2001a, b) betonen, daß ein weiterer Mechanismus, den sie als *temptation taste-shocks* bezeichnen, eine wichtige Bedeutung für den Konsum suchtgenerierender Substanzen besitzen kann. Sie schlagen ein Modell vor, bei dem die Präferenzen der Akteure auf eine sehr besondere Weise von der Budgetrestriktion abhängen: Falls der Akteur zu einem Zeitpunkt zu entscheiden hat, ob er die Droge zum nachfolgenden Zeitpunkt konsumieren möchte, und die Droge Bestandteil der Budgetrestriktion ist, so kann dies als versuchungsbedingter Geschmacks-Schock (temptation taste shock) aufgefaßt werden, welcher (1) den Grenznutzen im Konsum der Droge erhöht sowie (2) nutzenspezifische Kosten verursacht. Demgegenüber treten die temptation taste shocks nicht auf, wenn der Akteur seine Wahl eine oder mehrere Perioden im Vorfeld trifft, d. h. wenn er bspw. in einer bestimmten Periode entscheidet, ob er in einer konkreten zukünftigen Periode konsumiert. Die Autoren interpretieren die Versuchungsschocks als unmittelbares Verlangen. In ihrem axiomatischen Modellansatz (vgl. Gul und Pesendorfer 2001a) diskutieren sie Fälle, in denen der Konsument der Versuchung erliegt bzw. erfolgreiche Selbstbindung betreibt.

Innerhalb des Modellrahmens analysieren die Autoren ferner die Effekte verschiedener wohlfahrtsökonomisch begründeter drogenpolitischer Maßnahmen. Gul und Pesendorfer (2001b) gehen hierbei von zwei Dimensionen der Drogenpolitik aus: Eine *Prohibitivpolitik* senkt die maximal mögliche Menge des Drogenkonsums ab. Die Autoren zeigen, daß prohibitive Maßnahmen den Akteur besserstellen und zu einer geringeren Drogennachfrage führen. Eine *Preispolitik* erhöht dagegen die Opportunitätskosten des Drogenkonsums, ohne die höchstmögliche Menge des Drogenkonsums abzusenken. Gul und Pesendorfer führen an, daß eine Preispolitik den Akteur schlechterstellt und die Nachfrage reduziert, wenn es sich bei der Droge um ein normales Gut handelt.

3.2.3.8 Charakterisierungsversagen

Wie einige andere Autoren weisen auch Bernheim und Rangel (2002) darauf hin, daß trotz der zahlreichen Modellierungen noch nicht alle Phänomene, die mit Gewohnheit und Sucht in Zusammenhang gebracht werden können, (befriedigend) dargestellt wurden. Sie nennen vor allem folgende Aspekte, welche durch ein Suchtmodell erklärbar sein müssen:

1. Selbst bei den in höchstem Ausmaß suchtgenerierenden Substanzen ist eine Abstinenz auf kurze Sicht möglich. Die Rückfallquoten sind auf lange Sicht jedoch sehr hoch.
2. Konsum und Rückfall werden mit einem mittels (An-)Reizen konditionierten Verlangen in Verbindung gebracht.
3. In Hinblick auf die verschiedenen suchtgenerierenden Substanzen bestehen signifikante Unterschiede.
4. Auch bezüglich der Anwender sind gravierende Unterschiede feststellbar, wie etwa Probier- versus faktischem Suchtkonsum.
5. Anwender reagieren auf gewöhnliche ökonomische Anreize wie Preise und Informationen bezüglich der Effekte dieser Substanzen.
6. Bevor gegenwärtige Konsumenten von Suchtgütern faktisch den Suchtkonsum einstellen, zeigen sie häufig ein Verhalten, das mit *vorläufiger* Selbstbindung charakterisiert werden kann. Damit wollen sie die *vorläufige* Bereitschaft signalisieren, mit der Sucht zu brechen. Dies zeigt sich etwa beim Überprüfen von Rehabilitationseinrichtungen und der Einnahme von Disulfiram, welches unerfreuliche Nebenwirkungen aufweist, wenn nachfolgend Alkohol konsumiert wird.
7. Süchtige, die dabei sind, ihr zwanghaftes Nachfrageverhalten zu überwinden, entwickeln eine Nachfrage nach Therapien zum sog. „attention management". Selbst Süchtige, die bereits seit Jahren „clean" sind, besuchen die Versammlungen von Unterstützungsgruppen wie der Anonymen Al-

koholiker, welche keine individuellen Therapien beisteuern und keine neuen Informationen übermitteln.

8. Süchtige beschreiben ihre Beziehung zu den entsprechenden Substanzen als machtlos und konfliktträchtig. Sie bekunden, während starker viszeraler Zustände Fehler begangen zu haben.

Das Modell von Bernheim und Rangel (2002) versucht, sämtliche aufgeworfene Fragestellungen zu implementieren[58] und besitzt eine starke psychologische und neurowissenschaftliche Fundierung. Das entscheidungstheoretische Modell geht davon aus, daß Verhalten typischerweise aus den Vorgängen zweier Gehirnstrukturen resultiert: dem Neocortex (Großhirn) und dem viszeralen (oder emotionalen) Gehirn. Umweltreize können den Autoren zufolge viszerale Zustände auslösen, was wiederum zur unvollständigen Kennzeichnung des Entscheidungsproblems führt und somit den Entscheidungsträger dazu veranlassen kann, systematische Fehler zu begehen. Reize beeinflussen das Verhalten, da sie darauf einwirken, wie das Gehirn eine Problemstellung charakterisiert, wobei sie jedoch nicht die grundlegenden Präferenzen verändern. Dabei ermöglicht es das Modell, unterschiedliche Konsummuster bezüglich verschiedener Substanzen zuzulassen. Vereinfachende Annahmen erlauben die Modellierung als standardmäßiges dynamisches Programmierungsproblem. Bernheim und Rangel

---

[58] Bernheim und Rangel (2002) weisen auf die Unzulänglichkeiten von vier konkurrierenden Modellansätzen hin: Die erste Klasse, die auf *Gewöhnung und Entzug* ausgerichtet ist, versagt bei der Erklärung von vorläufiger Selbstbindung oder der Tatsache, daß Süchtige davon berichten, in Situationen mit „heißer" viszeraler Gehirnaktivität Fehler begangen zu haben; ferner vermögen diese Modellansätze nicht hinreichend die heterogenen Erfahrungen von Anwendern, die Nachfrage nach Management-Programmen wie denen der Anonymen Alkoholiker sowie Unterschiede zwischen den Substanzen zu erklären. Die zweite Theorieklasse hebt auf durch *Reize* ausgelöste Geschmacksschocks ab, welche zwar die Bedeutung von Reizen zu veranschaulichen vermag sowie den Grund, weshalb Süchtige häufig in zyklischem Muster Komasaufverhalten aufweisen. Diese Theorieklasse ist aber nicht in der Lage, den Erklärungsgehalt der Gewöhnungs- und Entzugsmodelle zu erhöhen. Die dritte Kategorie stellt nach Bernheim und Rangel auf Akteure ab, welche über *dynamisch inkonsistente Präferenzen* verfügen. Diese Theorieklasse vermag zu erklären, warum Menschen kurzfristig abstinentes Verhalten aufzeigen, jedoch nicht auf lange Sicht. Ein Erklärungsdefizit besteht ferner im Hinblick auf das Eingeständnis von Akteuren, während des Konsumaktes Fehler begangen zu haben. Schwierigkeiten existieren außerdem bei der Darstellung von Unterschieden hinsichtlich der Substanzen und Anwender sowie bei der Nachfrage nach Therapieprogrammen. Zur vierten Theorieklasse rechnen Bernheim und Rangel Ansätze, die auf der Vorstellung beruhen, daß Akteure *systematische Vorhersagefehler* begehen. Derartige Modelle können jedoch nicht erklären, weshalb Menschen in der Lage sind, kurz-, jedoch nicht langfristig abstinent zu leben. Ebenso wird durch diese Modelle die Rolle von Reizen, die Nachfrage nach vorläufiger Selbstbindung sowie die Möglichkeit von Fehlern nicht hinreichend gedeutet.

(2002) erörtern in diesem Zusammenhang die Wohlfahrtswirkungen von sechs drogenpolitischen Maßnahmen im Falle des Charakterisierungsversagens vor dem Hintergrund einer idealisierten Ökonomie ohne Vollzugskosten und Schwarzmärkte: Laissez faire, Besteuerung, Subventionierung von Heilbehandlungen, Kriminalisierung, regulierte Rechtsprechung sowie „verhaltensorientierte Maßnahmen", wobei sie unter letzteren etwa Bildung und „schockbasierende" Marketing-Kampagnen verstehen. Sie resümieren, daß erstens vor dem Hintergrund der skizzierten Verhaltensprobleme herkömmliche politische Maßnahmen ineffektiv sind: Eine Laissez-faire-Politik dominiert den Fall der Besteuerung sowie der subventionierten Therapie; eine Politik der Kriminalisierung dominiert Besteuerung jedoch lediglich in bezug auf einige Substanzen und besondere Situationen. Zweitens dominiert eine Politik der regulierten Rechtsprechung, bei der Drogenkonsum legalisiert ist, diese jedoch eine Periode im voraus gekauft werden müssen, alle anderen genannten Maßnahmen. Drittens können verhaltensorientierte Politiken, welche auf im Gehirn stattfindende Prozesse, auf denen das Charakterisierungsversagen beruht, direkt einwirken, wie Bildung und öffentliche Information, wohlfahrtsverbessernd sein.

3.2.4 Kritische Würdigung

Zahlreiche Lebensstilgüter unterscheiden sich von gewöhnlichen Konsumgütern, indem der Konsum von ersteren Gewohnheit und Sucht generieren kann. Die Komplexität des Phänomens entsteht dadurch, daß die damit in Verbindung stehenden zahlreichen Gewohnheits- und Suchtcharakteristika sowie deren Intensität bei den einzelnen Gütern unterschiedlich ausgeprägt sind. Bereits seit Jahrzehnten versuchen Ökonomen, die entsprechenden Eigenschaften in Modellen zu erfassen. Zahlreiche Ansätze fokussieren unterschiedliche Aspekte der Problematik, wobei, vereinfacht ausgedrückt, auf der Grundlage zweier Forschungstraditionen argumentiert wird:

Traditionell orientierte Ökonomen verstehen Suchtverhalten durchaus als rational fundierte Verhaltensweise. Die entsprechenden Modelle unterscheiden sich darin, in welchem Umfang künftige negative Implikationen gegenwärtigen Handelns zum Konsumzeitpunkt in Erwägung gezogen werden. Vor allem ältere Ansätze gehen von myopischen Akteuren aus, welche die Zukunft nicht berücksichtigen. Demgegenüber betonen Becker und Murphy, daß Akteure, die in der Gegenwart ein Gut mit potentiell suchtgenerierenden Eigenschaften wählen, durchaus negative künftige Implikationen einbeziehen. Die umfangreiche empirische Evidenz des Modellansatzes hat dazu beigetragen, daß zahlreiche Ansätze entwickelt wurden, die das Becker-Murphy-Modell modifizieren. Die stringenten Modellannahmen wurden gelockert und einige weitere Suchtcharakteristika mit aufgenommen. Dadurch erweiterte sich der Erklärungsgehalt rationaler Sucht bedeutend.

Verhaltensökonomen lehnen weitgehend die Grundannahme vollkommener Rationalität ab. Verfügen Menschen nur über eine eingeschränkte Rationalität, agieren zeitinkonsistent und sind empfänglich für Fehlwahrnehmungen, läßt sich erklären, wie Erstkonsum von Suchtgütern entstehen kann und sich dessen Dynamik etabliert. Verhaltensökonomische Ansätze fokussieren häufig auf psychisch motiviertes Suchtverhalten und liefern Erklärungsansätze für spezifische Güter.

Die dargestellten Entscheidungsmodelle erfassen einige Aspekte von Sucht, jedoch bietet keine der Theorien ein vollständiges Bild der heterogenen Suchtkategorien und ihrer spezifischen Implikationen für das jeweilige Nachfrageverhalten. Die Theorie von Becker und Murphy (1988) arbeitet am besten die „push“-Aspekte von Sucht in Verbindung mit Abstinenzproblemen heraus, während der Ansatz von Ainslie eher die „pull“-Faktoren euphorischer Erfahrungen abdeckt. Dabei besteht ein besonderer Vorzug des Modells rationaler Sucht darin, daß sich sein Erklärungsgehalt nicht nur auf gesundheitsschädliches Verhalten beschränkt, sondern auch gesundheitsförderliche Aspekte damit ökonomisch fundiert werden können. Demgegenüber sind durch verhaltensökonomisch orientierte Ansätze grundsätzlich nur schädliche Verhaltensweisen implementierbar. Die viszerale Theorie von Loewenstein ist jedoch teilweise geeignet, Aspekte des Verlangens zu berücksichtigen. In gewisser Weise wird diese Theorie noch am besten durch neurobiologische Ergebnisse gestützt, aber sie scheint die Bedeutung von Verlangen und drogen-induzierten Beeinträchtigungen des Gedächtnisses zu stark zu akzentuieren. Dennoch bietet sie eine verständliche Erklärung von Präferenzumkehrungen und dem scheinbar inkonsistenten Verhalten von Süchtigen - analog zu Ainslie.

Trotz der Angriffe von seiten der Verhaltensökonomie sind wohl einige Aspekte des beobachtbaren Suchtverhaltens im Sinne von Becker und Murphy (1988) durchaus rational. Die Einnahme von Drogen wird in der Realität häufig durch zielgerichtete, bewußte Entscheidungen induziert, die darauf ausgerichtet sind, den gesamten Nutzen eines Akteurs zu maximieren, und sowohl die Drogentherapie als auch die Drogenpolitik sollten dieser Erkenntnis Rechnung tragen. Dennoch scheinen die Aspekte des vollständigen Überblicks über die Konsequenzen einer in der Gegenwart getroffenen Entscheidung und das Beharren auf eine konstante Diskontierungsrate künftiger Nutzenströme weniger realistisch zu sein. Die Bedeutung der Theorie von Ainslie liegt nicht so sehr in der Berücksichtigung der Drogeneinnahme - obwohl die hyperbolische Diskontierung sicherlich eine gewisse Rolle spielt. Einen besonderen Wert gewinnt seine Analyse durch die Einbeziehung von Präferenzumkehrungen, die typischerweise bei Suchtverhalten beobachtbar sind, und seine Rücksichtnahme auf Strategien, wie einer entwickelten Sucht beizukommen ist. Im Unterschied zu Becker und Murphy (1988) basiert seine Suchttheorie nicht auf expliziten Annahmen über die Eigenschaften von möglicherweise suchtgenerierenden Substanzen.

Neben dem Überblick in bezug auf Arbeiten, die besondere Aspekte des Nachfrageverhaltens von gesundheitsrelevanten Gütern beinhalten, besteht die Funktion von Kapitel 3.2 vor allem darin, Ansatzpunkte für die Modellierung von Lebensstiländerungen zu liefern. Ein wesentlicher Schwachpunkt verhaltensökonomischer Modelle liegt darin, daß sich ihr Erklärungsgehalt auf schädlichen Lebensstil beschränkt. Demgegenüber lassen sich Modelle, die auf der Grundlage rationaler Sucht beruhen, darüber hinaus auch auf bekömmliche (gesundheitsrelevante) Verhaltensweisen anwenden.

Ansätze rationaler Sucht verstehen, vereinfacht ausgedrückt, die Nachfrage nach Gütern, die über Gewohnheits- und Suchteigenschaften verfügen können, und deren Veränderung, als Folge einer individuellen dynamischen Optimierung. Wegen bestehender Suchteigenschaften kann dies durchaus zu suboptimalen Implikationen führen. Nicht zuletzt die vielen Erweiterungen des Analyserahmens von Becker und Murphy (1988) deuten darauf hin, daß das Modell in bezug auf zahlreiche Phänomene angepaßt werden kann. Demgegenüber weisen verhaltensökonomische Arbeiten stärkere Beschränkungen auf. Die Suchterscheinungen per se sind Gegenstand der Analyse. In keinem der dargestellten Ansätze wird der Zielkonflikt zwischen unmittelbarem gesundheitsrelevantem Verhalten und künftigen Folgen für die Gesundheit explizit dargestellt. Im Unterschied zu eher traditionellen Modellen wurden zahlreiche, weitgehend konkurrierende verhaltensökonomische Ansätze entwickelt, die spezifische menschliche Schwächen zur Erklärung schädlichen Verhaltens heranziehen. So können etwa Wahrnehmungsverzerrungen hinsichtlich der künftigen Nutzenrelevanz gegenwärtiger Handlungen zu falschen gegenwärtigen Bewertungen und infolge dessen zu falschen Entscheidungen führen. Das Modell von O'Donoghue und Rabin (2001) scheint auf den ersten Blick hinsichtlich einer Transformationsökonomie eine gewisse Plausibilität zu besitzen, wonach z. B. Ostdeutsche zum Zeitpunkt der Wende aufgrund mangelnder Erfahrung mit der Marktwirtschaft Handlungen durchgeführt haben können, die sie später bereuen. Eine erforderliche Anpassung des Modellrahmens könnte sich etwa auf die Veränderung der

Daumenregeln hinsichtlich neuer marktwirtschaftlicher Erfahrungen beziehen, mit deren Hilfe die unmittelbaren Konsumentscheidungen getroffen werden. Die Anpassung von Fehlwahrnehmungen läßt sich durchaus in Verbindung mit Gesundheitsverhalten bringen.

Die Auswahl eines Modells muß neben dem implementierten ökonomischen Erklärungsgehalt auch berücksichtigen, ob und wie es überprüft werden kann. So basieren verhaltensökonomische Modelle in der Regel auf einem Verständnis, das durch Experimente gewonnen wird. Ein Vorzug experimenteller Methodik besteht darin, konkrete Entscheidungssituationen im Labor gezielt kontrollieren und somit systematisch Theorien testen zu können. Schwierigkeiten bereitet dabei jedoch die Übertragung des erforderlichen dynamischen Modellrahmens und spezifischer Aspekte, wie der Bedingungen einer sich rapide wandelnden Volkswirtschaft, in ein Experiment. Vor allem ist eine experimentelle Implementierung deswegen ungeeignet, da es im Rahmen der vorliegenden Arbeit nicht nur um menschliches Verhalten in Anbetracht spezifischer Bedingungen per se geht, sondern auch ein konkreter historischer Bezug vorliegt, der auf experimentelle Weise nicht nachgebildet werden kann. Die dargestellten verhaltensökonomischen Modelle sowie die daraus ableitbaren Hypothesen und Aussagen sind auch weniger als Grundlagen für ein ökonometrisches (Schätz)-Modell geeignet, welches unter Verwendung aufbereiteter (sozio-) ökonomischer Daten und ausgewählter ökonometrischer Methoden eine Analyse gesundheitsrelevanten Verhaltens liefern soll. Neben Schwierigkeiten hinsichtlich einer adäquaten ökonometrischen Implementierung sprechen vor allem Datenprobleme dagegen. Eine Verwendung von Erklärungsansätzen auf der Basis rationaler Modelle und mit orthodoxer Darstellungsform besitzen auch in dieser Hinsicht komparative Vorteile - nicht zuletzt deshalb, da bei der Implementierung auf bereits vorhandenes Datenmaterial zurückgegriffen werden kann.

4. Lebensstilwandel im Transformationsprozeß

4.1 Grundmodell gesundheitsrelevanten Verhaltens

Das vorliegende Kapitel fokussiert auf die Auswirkungen sich verändernder wirtschaftlicher Rahmenbedingungen auf individuelles Verhalten. Eine zunehmende Bedeutung marktwirtschaftlicher Beziehungen kann Anreize generieren, gesundheitsrelevante Aktivitäten zu ändern. Das im folgenden entwickelte Modell greift auf wichtige Aspekte von Lebensstil zurück, die in Kapitel 3 dargestellt wurden, und wendet diese auf die hier erörterte Fragestellung an. So spielt erstens der Lebensstil eine wichtige Rolle in bezug auf Gesundheitszustand und Lebenserwartung. Zweitens wurde darauf hingewiesen, daß zahlreiche gesundheitsrelevante Verhaltensweisen mit Gewohnheits- und Suchteffekten einhergehen. Dies unterscheidet das Nachfrageverhalten nach Lebensstilgütern von dem nach gewöhnlichen Gütern. Aufgrund der enormen Komplexität der Beziehung zwischen gesundheitsrelevanten Verhaltensweisen und Suchtaspekten sind eine Reihe von Vereinfachungen erforderlich. Das Modell berücksichtigt konsumtive und investive Aspekte des Lebensstils und orientiert sich an der Rational-Addiction-Literatur zu den Anpassungskosten (vgl. etwa Contoyannis und Jones 1999b; Suranovic u. a. 1999).

Zwei Handlungsebenen des Modells müssen unterschieden werden: Erstens wird angenommen, daß der Akteur vollkommene Voraussicht hinsichtlich der gesundheitlichen Folgen seines gegenwärtigen Handelns besitzt und auf dieser Grundlage unter Berücksichtigung zusätzlicher ökonomischer Größen, wie etwa Vorstellungen über die künftige Preis- und Einkommensentwicklung, seinen optimalen Konsumpfad über den Lebenszyklus bestimmen kann. Dies schließt die Beachtung von Anpassungskosten mit ein, welche bei Konsumreduktionen entstehen. Eine derartige Formulierung ist in der Literatur nicht unumstritten. So weisen Jones (1999, S. 132) und Suranovic u. a. (1999) darauf hin, daß selbst für einen rationalen Akteur die Lösung eines intertemporalen Optimierungsproblems unter Berücksichtigung von Anpassungskosten und dessen Implikationen eine höchst schwierige Aufgabe darstellt, die nahezu übermenschliche Fähigkeiten erforderlich mache. Zur Entschärfung der Problematik wird deshalb zweitens angenommen, daß die Veränderung zentraler ökonomischer Parameter, wie sie etwa im ostdeutschen Transformationsprozeß beobachtbar waren, Anreize generieren können, kurzfristig zu reoptimieren. Wird dabei der ex-ante ermittelte Konsumpfad als suboptimal hoch empfunden, so ist kurzfristig eine Anpassung nach unten hin möglich.

Zur Modellierung der spezifischen Eigenschaften von Lebensstil wird außerdem vorausgesetzt, daß sich die Nutzenfunktion des Akteurs aus dem unmittelbarem Nutzen sowie den Anpassungskosten zusammensetzt.

4.1.1 Unmittelbarer Nutzen

Der *unmittelbare* Nutzen U bildet nutzenstiftende Implikationen des Konsums von Lebensstil a wie Entspannung, Euphorie oder Statusgewinn innerhalb einer Referenzgruppe ab, d. h. Eigenschaften, die ohne Zeitverzögerung anfallen. Dadurch wird der konsumtive Nutzen (vgl. Abschnitt 3.1.3) veranschaulicht. Auf die explizite Darstellung der Haushaltsproduktion dieser nutzenstiftenden Attribute wird hier im Einklang mit Chaloupka verzichtet (vgl. Chaloupka 1988, S. 176f.). Ferner steigt U mit einer abnehmenden Rate bei zunehmendem Verbrauch des gewöhnlichen Konsumgutes c in der Gegenwart an:[59]

(4.1) $$U(t) = U\{a(t), c(t), A(t)\},$$

(4.1a) $$\frac{\partial U}{\partial a} > 0; \quad \frac{\partial^2 U}{\partial a^2} < 0 \qquad \forall a > 0,$$

(4.1b) $$\frac{\partial U}{\partial c} > 0; \quad \frac{\partial^2 U}{\partial c^2} < 0 \qquad \forall c > 0,$$

(4.1c) $$\frac{\partial U}{\partial A} \leq 0; \quad \frac{\partial^2 U}{\partial A^2} < 0 \qquad \forall A > 0.$$

Aus (4.1a) und (4.1b) folgt, daß a und c (normale) Güter darstellen. Das dritte Argument der Nutzenfunktion, A, bildet das *Ergebnis* der investiven Dimension von Lebensstil ab. Analog zum Modell vom Becker und Murphy (1988) handelt es sich um einen Kapitalstock, der zeitgleich mit dem Konsum des gesundheitsrelevanten Gutes aufgebaut wird. Im Unterschied zur in Kapitel 3.2 dargestellten Literatur zur rationalen Sucht resultiert konsuminduziert hier *keine* zunehmende Erfahrung oder Gewohnheit. Die Variable A bildet vielmehr eine physische Größe ab: Im Fall ungesunden Lebensstils wird hierbei die latente Schädigung des Körpers, wie etwa beim Rauchen die der Lunge, bei gesundheitsförderlichem Verhalten die Kräftigung des Herz- und Kreislaufsystems, dargestellt. Im ersten Fall handelt es sich um ein Schädigungskapital, bei Letzterem um einen Förderungskapitalstock.

[59] Es gelten die Inada-Bedingungen.

Beide Typen gesundheitsrelevanten Kapitals stellen Sub-Kapitalstöcke eines umfassenden Gesundheitskapitals dar, wie es etwa von Grossman (1972a, b) verwendet wird. Die Aufsplitterung in bestimmte funktionale Teile basiert auf der Erkenntnis, daß spezifische gesundheitsrelevante Verhaltensweisen nur zur Schädigung bestimmter Organe führen.[60] Gesundheitsförderliches Verhalten kann in dieser Hinsicht als Bruttoinvestition in bezug auf bestimmte Körperfunktionen angesehen werden. Dies bedeutet jedoch, daß Gesundheit Bestandteil der Nutzenfunktion ist.

Im Unterschied zu zahlreichen anderen Modellen werden Suchteigenschaften im vorliegenden Kapitel nicht über das Konsumkapital A modelliert. Die spezifische Nutzenrelevanz des akkumulierten Kapitalstocks kommt dadurch zum Ausdruck, daß eine Zunahme der latenten Schädigung den Todeszeitpunkt näher rücken kann, während vice versa regelmäßige sportliche Aktivität zur Verlängerung des Lebens beitragen kann.

Generell lassen sich auf der Grundlage der Beziehung zwischen den akkumulierten Folgen gesundheitsrelevanten Verhaltens und der Lebensdauer Teilmodelle für gesunden und ungesunden Lebensstil spezifizieren. Die nachfolgende Darstellung beschränkt sich auf den Fall gesundheitsschädlichen Verhaltens.

Hinsichtlich der Kreuzableitungen wird deshalb angenommen:

(4.2a) $$U_{ca} \begin{Bmatrix} > \\ = \\ < \end{Bmatrix} 0,$$

(4.2b) $$U_{cA} = 0,$$

(4.2c) $$U_{aA} \leq 0,$$

(4.2d) $$U_{Aa} < 0.$$

Während die Kreuzableitung zwischen dem gewöhnlichen und dem gesundheitsschädlichen Gut in Annahme (4.2a) unspezifiziert bleibt, bringt Annahme (4.2b) zum Ausdruck, daß ein zunehmender Schädigungskapitalstock per se invariant hinsichtlich des Grenznutzens des gewöhnlichen Konsumgutes ist. Die dritte Annahme (4.2c) veranschaulicht wichtige Implikationen für das gesund-

[60] Das dargestellte Modell versteht sich als Ansatzpunkt für ein umfassendes Lebensstil-Modell, in dem verschiedene gesundheitsrelevante Verhaltensweisen und ihr Beziehungsgeflecht veranschaulicht werden können.

heitsrelevante Verhalten. Der Effekt von (4.2c) darf nicht als Gegenthese zur angrenzenden Komplementarität im Modell rationaler Sucht interpretiert werden. Da das Konsumkapital im vorliegenden Fall nicht die Suchterfahrung reflektiert, sondern die akkumulierte Schädigung, stellt (4.2c) die Wirkung zusätzlicher Schädigung auf den konsumtiven Grenznutzen des ungesunden Lebensstils dar. Liegt angrenzende Substitutionalität $(U_{aA} < 0)$ vor, so schmeckt einem Raucher eine Zigarette weniger, da er sich bewußt ist, daß jeder Zug den Todeszeitpunkt näher rücken kann. Dieser Fall modelliert somit die Rückkopplungsbeziehung zwischen Lebensstil und Gesundheit. Liegt demgegenüber angrenzende Unabhängigkeit $(U_{aA} = 0)$ vor, so besitzt die Einsicht, kürzer zu leben, keine Folgen für die Nutzenrelevanz gegenwärtigen schädlichen Verhaltens. Annahme (4.2d) ist naheliegend: Steigt der gesundheitsschädliche Konsum an, so steigt der negative Nutzen des Schädigungskapitalstocks.

Es wird angenommen, daß konsuminduzierte schädliche Wirkungen von Lebensstil, die zum Aufbau eines Schädigungskapitalstocks A führen, folgende Dynamik besitzen:

(4.3) $$\dot{A} = a(t) - \delta\, A(t),$$

wobei $0 < \delta < 1$ die im Zeitablauf konstante, unmittelbare Regenerierungsrate des Kapitalstocks[61] darstellt. Die Bewegungsgleichung des Konsumkapitals verdeutlicht, daß ein Teil der bisherigen Schädigung regeneriert wird, jedoch neu zugefügte Schädigung an ihre Stelle treten kann. Die Gleichung (4.3) veranschaulicht im Fall schädlichen Verhaltens den Umfang der Selbstheilungskräfte des Akteurs, welche interpersonell variieren können. Das Niveau des Bestandes an Schädigungskapital zu einem bestimmten Zeitpunkt t erhält man, indem (4.3) über die Zeit integriert wird:

(4.4) $$A(t) = A_0\, e^{-\delta t} + \int_{\tau=0}^{t} a(\tau)\, e^{-\delta(t-\tau)}\, \mathrm{d}\tau,$$

wobei A_0 im allgemeinen Fall den Anfangswert des Kapitalstocks darstellt.[62] Der akkumulierte Kapitalstock wird zwar mit der konstanten Rate δ abgebaut, gleichzeitig nimmt er aber um den Umfang des gegenwärtigen Konsums zu. Das somit angehäufte Schädigungskapital führt nur bedingt zu einer Beeinträchti-

[61] Formal entspricht die Regenerierungsrate der Abschreibungsrate in den herkömmlichen Modellen der Kapitalakkumulation.

[62] Das ursprüngliche Schädigungskapital muß nicht notwendigerweise Null sein. Denkbar ist beispielsweise auch eine latente Schädigung zum Zeitpunkt der Geburt.

gung des unmittelbaren Nutzens[63], indem dessen Zunahme den Todeszeitpunkt näher an die Gegenwart heranrückt. Seine vorrangige Bedeutung liegt im Abbau des umfassenden Gesundheitskapitals H, wobei angenommen wird, daß der Akteur zum Zeitpunkt seiner Geburt über eine Grundausstattung H_0 verfügt, die durch die akkumulierte Wirkung gesundheitsschädigenden Verhaltens abgebaut wird:[64]

$$H(t) = H_0 - A(t). \tag{4.5}$$

Das zugrundeliegende Verständnis von Gesundheitskapital beruht auf dem Modell der Gesundheitsproduktion von Grossman (1972a, b), welches in Kapitel 3.1 dargestellt wurde. Da annahmegemäß das Gesundheitskapital nur durch Lebensstil veränderbar ist, wird durch die Berücksichtigung des Schädigungskapitals in der Nutzenfunktion die Nutzenrelevanz des umfassenden Gesundheitskapitals indirekt abgebildet. Während im hier betrachteten Ansatz generell unterstellt wird, daß ein Individuum nur ein bestimmtes Lebensalter $T^{\max} \in T$ erreichen kann, das sich etwa aus der statistischen bedingten Lebenserwartung ergibt, kann gesundheitsrelevanter Konsum zu (künftigen) Verlusten an Lebensjahren führen. Dabei müssen, wie in Abbildung 7 graphisch veranschaulicht, drei Fälle separiert werden.

Auf der Abszisse wird die Zeitdimension t, auf der Ordinate der Gesundheitskapitalstock H, der Schädigungskapitalstock A sowie der gesundheitsrelevante Konsum a jeweils als Funktion der Zeit dargestellt. In Abbildung 7(a) sind die beiden Fälle abgetragen, in welchen der Akteur das maximale Lebensalter $T^{\max}$ erreicht. Da der (als Referenzfall) fungierende vollkommen abstinent lebende Konsument $\left[\{a^*(t)\}_{t=0}^{T} = 0\right]$ sein Gesundheitskapital H_0 nicht beansprucht, gelingt es ihm, die maximal mögliche Lebensdauer $T^{\max}$ mit dem Gesundheitskapital zum

[63] Im vorliegenden Modell werden somit Auswirkungen von Lebensstil auf die Morbidität ausgeklammert.

[64] Wird im symmetrischen Fall gesundheitsförderliches Verhalten als Gesundheitsinvestition aufgefaßt, so wirkt dies dem Abbau von Gesundheitskapital entgegen. Für die Erweiterung des Modellrahmens sind nur geringe Modifikationen erforderlich. So muß erstens genau spezifiziert werden, ob zusätzliches Gesundheitskapital auf unbegrenzte Weise aufgebaut werden kann, oder ob „gute Gesundheit" Grenzen besitzt. Zweitens kann angenommen werden, daß gesundheitsförderliches Verhalten die Lebenserwartung über die im gesundheitsschädigenden Fall feste Grenze hinaus verlängert, wobei in diesem modifizierten Modell grundsätzlich die maximale Lebensdauer nach oben hin nicht spezifiziert werden muß. Wird von altersbedingten Abschreibungen auf das Gesundheitskapital abstrahiert, so ist demnach theoretisch ewiges Leben möglich.

Abbildung 7: Endogene Ermittlung der Lebensdauer

(a) **Fall 1** $\{a_t^*\}_{t=0}^{T}= 0$ **für alle** ***t*** **Fall 2:** $\{\hat{a}_t^*\}_{t=0}^{T}$ **= moderat**

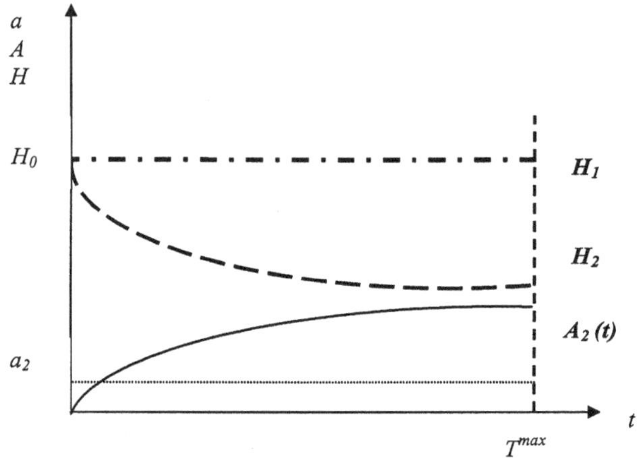

(b) **Fall 3:** *a (t)* **= groß => Lebenserwartung wird reduziert**

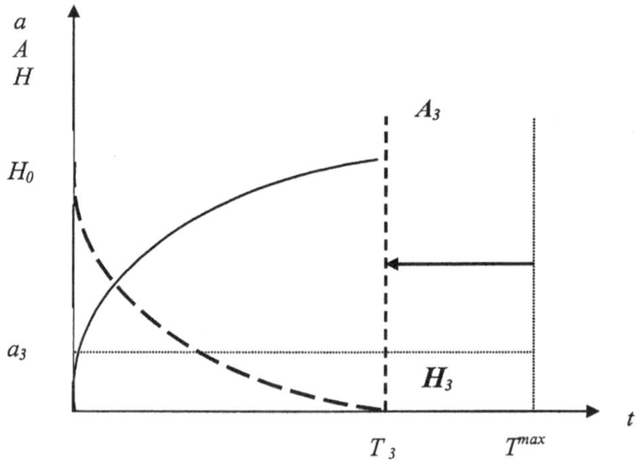

Todeszeitpunkt H_1 zu realisieren. Der Zeitpfad des Gesundheitskapitals bildet somit eine Parallele zur Zeitachse. Gesundheitsschädlicher Konsum muß jedoch nicht notwendigerweise zu künftigen Verlusten an Lebensjahren führen. So bildet Fall 2 das moderate gesundheitsschädliche Verhalten mit $\{\hat{a}^*(t)\}_{t=0}^{T} > 0$ ab. Das in der Abbildung als konstant dargestellte Lebenszeitkonsumniveau a_2 bedingt den permanenten Aufbau eines Schädigungskapitalstocks, einer konkaven Funktion A, die zum Todeszeitpunkt den Wert $A_2(t)$ besitzt. Die stetige Akkumulation des Schädigungskapitals induziert wiederum den Abbau des Gesundheitskapitals, was durch den fallenden Verlauf der H_2-Kurve veranschaulicht wird. Analog zum ursprünglichen Grossman-Modell gilt auch im vorliegenden Ansatz, daß der Todeszeitpunkt dann erreicht ist, wenn eine Mindesthöhe des Gesundheitskapitals $H^{\min}$ unterschritten wird. Hierbei wird der Einfachheit halber angenommen, daß dies bei einem Bestand von $H = 0$ erreicht ist. Übersteigt ein moderater Konsumpfad $\{a^*(t)\}_{t=0}^{T}$ nicht einen kritischen Konsumpfad $\{\hat{a}^*(t)\}_{t=0}^{T}$, so ist das gesundheitsschädliche Verhalten invariant bezüglich des Todeszeitpunktes (Fall 2). Wird $\{\hat{a}^*(t)\}_{t=0}^{T}$ überschritten, so führt dies, wie im Fall 3 und in Abbildung 7(b) durch a_3 dargestellt, zu einer Endogenisierung des Todeszeitpunktes. Unter der Annahme, daß ein Todesfall aus anderen Gründen ausgeschlossen ist, läßt sich dieser durch die zeitliche Veränderung von Gesundheits- (H_3) und Schädigungskapital (A_3) bestimmen. Analog zum Fall 2 besitzt das Schädigungskapital einen steigenden, das Gesundheitskapital einen sinkenden Verlauf. Da das Gesundheitskapital jedoch bereits vor dem höchsten erreichbaren Lebensalter $T^{\max}$ aufgebraucht ist, bedeutet dies, daß der Todeszeitpunkt T_3 bereits früher eintritt, somit in der Graphik nach links verschoben wird. $T^{\max}$ stellt im Fall gesundheitsschädigenden Verhaltens demnach die obere Grenze der möglichen Todeszeitpunkte T dar, einer Menge, der auch T_3 angehört.

Da im Fall 3 zum Todeszeitpunkt das gesamte Gesundheitskapital aufgebraucht ist, gilt:

(4.5') $$H(T) = H_0 - A(T) = 0.$$

Unter Beachtung von (4.4) ist ersichtlich, daß die wichtigsten Einflußgrößen in bezug auf den Todeszeitpunkt die Anfangsbestände an Gesundheits- und Schädigungskapital sowie vor allem die akkumulierte (und abgeschriebene) Konsumgeschichte des Akteurs sind.

4.1.2 Anpassungskosten

Neben der Generierung von unmittelbarem Nutzen und der Berücksichtigung potentiell auftretender künftiger Verluste bildet das *Entstehen von Entzugskosten* das wesentliche Sucht- oder Gewohnheitsattribut des Modells. Die Bemessungsgröße dieser zweiten Komponente der Nutzenfunktion stellt, wie aus Gleichung (4.6) ersichtlich, die Veränderungsrate η des gesundheitsrelevanten Konsums dar:

$$(4.6) \qquad \eta(t) = \dot{a}(t).$$

Die Änderungsrate η bildet zweierlei Arten von Veränderungen des Konsumniveaus von a ab: Einerseits spiegelt sie den stetigen Wachstums- oder Schrumpfungsprozeß des gesundheitsschädlichen Konsums wider. Andererseits liegt eine besondere Eigenschaft von Lebensstilgütern darin, daß ihre Nachfrage über den Lebenszyklus hinweg nicht notwendigerweise stetig ist. Menschen beabsichtigen häufig, das während der Jugend entfaltete gesundheitsschädigende Konsumverhalten in späteren Jahren wieder zu reduzieren oder ganz abzubauen. Aufgrund der relativen Todesnähe intendieren sie häufig dazu, mittels regenerierungsbedingter Rückbildung des Schädigungskapitalstocks zusätzliche Lebenszeit zu gewinnen (vgl. Ippolito 1981). Analog dazu ist vice versa eine Erhöhung des Konsumniveaus im Zeitablauf modellierbar.[65] Während η generell Übergangsstellen im Konsumplan mißt, treten Anpassungskosten nur bei abnehmendem Verbrauch auf, da nur hierbei entzugsbedingte Entbehrung resultiert, welche als Nutzenverlust interpretiert werden kann. Die in Nutzeneinheiten gemessenen Kosten schmälern den unmittelbaren (Brutto-) Nutzen U:

$$(4.7) \qquad K(t) = K[\eta(a)],$$

$$\text{mit} \qquad K(t) = \begin{cases} 0 & \textit{für} \quad \eta(t) \geq 0 \\ > 0 & \phantom{\textit{für}} \quad \eta(t) < 0 \end{cases} \qquad \text{und}$$

$$\left.\frac{\partial K(t)}{\partial a(t)}\right|_{\eta(t)<0} = \left.\frac{\partial K}{\partial \eta}\frac{\partial \eta}{\partial a}\right|_{\eta(t)<0} < 0.$$

[65] Formal betrachtet kann die Umstellung des optimalen Konsumplans zu Diskontinuitäten und zu diskreten Sprungstellen im intertemporalen Konsumpfad führen. Dies bringt jedoch keine weitere Komplikation der Problemformulierung mit sich, da die Optimale Kontrolltheorie im Vergleich zur Variationsrechnung hinsichtlich der Kontrollvariablen lediglich eine abschnittsweise Stetigkeit der Funktion sowie bezüglich der Zustandsvariablen abschnittsweise Differenzierbarkeit verlangt.

Wie aus (4.7) ersichtlich, steigen die Anpassungskosten mit zunehmender Höhe des Entzugs an, wobei die zweite Ableitung im Rahmen des Grundmodells unspezifiziert bleibt. Das unterschiedliche Steigungsverhalten der Grenzkosten kann dabei auf zweierlei Art interpretiert werden:

Erstens wird im Rahmen des vorliegenden Modells die Art des gesundheitsschädlichen Verhaltens nicht festgelegt. Insbesondere aus der epidemiologischen Literatur ist bekannt, daß, objektiv betrachtet, Konsumverminderungen bei verschiedenen gesundheitsschädigenden suchtgenerierenden Substanzen unterschiedlich schwer zu realisieren sind (vgl. exemplarisch Elster und Skog 1999).

Zweitens läßt sich der Grenzkostenverlauf nach Suranovic u. a. (1999) als subjektiver Suchtgrad interpretieren, wobei die Autoren steigende Grenzkosten mit schwacher Sucht, sinkende Grenzkosten mit starker Sucht gleichsetzen. Die Entzugskosten können nach diesen Interpretationen als Anpassungskosten aufgefaßt werden, die bei der Verminderung von Konsummengen unterhalb des etablierten (durchschnittlichen) Gewohnheitskonsums entstehen.[66] Dieser wird im folgenden mit dem Konsum während des vorangegangenen Zeitabschnitts gleichgesetzt. Im Extremfall können die Kosten durch Totalentzug resultieren. Die Kosten steigen im Grundmodell mit zunehmender Konsumeinschränkung zum Gewohnheitskonsum annahmegemäß an. Erhöht sich jedoch das Verbrauchsniveau, so entsteht dadurch kein nutzenminderndes Unbehagen.[67, 68]

Abbildung 8 stellt graphisch die Beziehungen zwischen verschiedenen Arten von Anpassungskosten (Ordinate) und dem Umfang der Konsumminderung (Abszisse) dar.

---

[66] Unter Verwendung des Suchtkapital-Konzepts bietet sich eine funktionale Beziehung zwischen dem Niveau des Kapitalstocks und den resultierenden Entzugskosten an. Dabei muß jedoch berücksichtigt werden, daß ein zum Zeitpunkt t bestehender hoher Suchtkapitalstock nicht notwendigerweise einen zeitgleichen hohen Konsum abbildet. Er kann auch die Folgelast eines hohen Konsumniveaus in der Vergangenheit darstellen.

[67] Jones (1999) diskutiert verschiedene funktionale Zusammenhänge zwischen Verbrauchsreduktion und den Anpassungskosten sowie daraus resultierenden Implikationen.

[68] In der Literatur werden zahlreiche unterschiedliche Anpassungskosten erörtert (fix, variabel: proportional, degressiv etc.). Je nachdem, wie die Kosten implementiert werden, führen diese zu unterschiedlichen Konsequenzen. Die Literatur fokussiert vorwiegend auf Modelle, bei denen die Anpassungskosten nicht in Abhängigkeit der faktischen Änderungen der Stromgröße, sondern als Anteil der Bestandsgrößen dargestellt werden.

Abbildung 8: Anpassungskosten und Suchtgrad

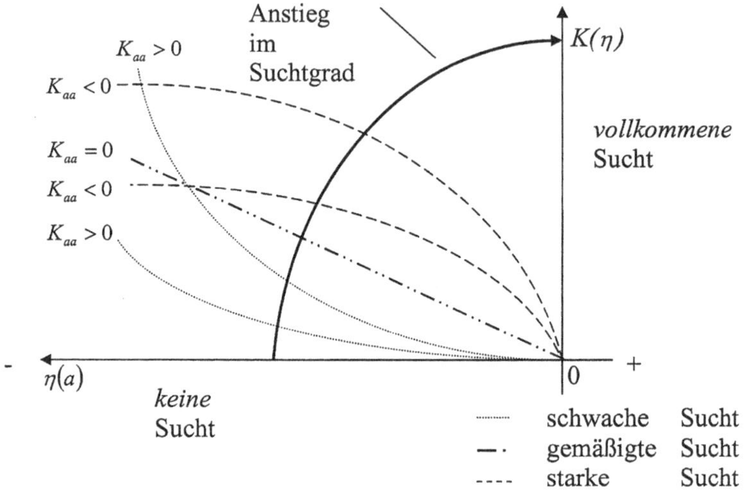

Da die relative Veränderung des gesundheitsschädlichen Verbrauchs nach links hin abgetragen ist, besitzen die eingezeichneten (gestrichelten) Funktionen trotz der unterstellten Annahme ($K_a < 0$) einen positiven Verlauf. Den wesentlichen Unterschied zwischen schwacher, gemäßigter und starker Sucht bildet deren Steigungsverhalten im definierten Bereich, das sich formal als Ableitung der Grenzkosten ermitteln läßt. Schwache Sucht impliziert geringe Kosten bei der Verminderung um wenige Mengeneinheiten. In marginaler Hinsicht steigen diese jedoch bei weiteren Konsumreduktionen an. Schwache Sucht korrespondiert also mit steigenden Grenzkosten und einer nach oben gekrümmten Funktion. Bei einer starken Sucht ist das Gegenteil der Fall. Aufgrund des etablierten Konsumverhaltens fällt relativ zur schwachen Sucht ein Entsagen besonders schwer. Im Vergleich dazu gesehen sind weitere Konsumminderungen leichter umzusetzen. Eine starke Sucht läßt sich demnach formal mit sinkenden Grenzkosten und graphisch als Funktion, deren Anstieg sukzessive abnimmt, darstellen. Eine mittlere Lage zwischen schwacher und starker Sucht nimmt der Fall einer gemäßigten Sucht an. Die Entzugskostenfunktion verläuft hier proportional zur Mengenabnahme, die Grenzkostenfunktion ist damit konstant.

Reduziert sich der Suchtgrad, so bedeutet dies, daß sich die Funktion im Ursprung nach links unten dreht und dabei an die Abszisse anschmiegt, welche den

Fall eines Konsumenten *ohne* Suchtsymptome darstellt. Demgegenüber kann der Fall einer Zunahme im Suchtgrad besonders gut bei sinkenden Grenzkosten (starke Sucht) veranschaulicht werden: Da es dem Akteur immer schwerer fällt, einer bestimmten Menge zu entsagen, dreht sich die Grenzkostenfunktion im Ursprungspunkt nach rechts oben. Sie nähert sich dabei immer stärker der Ordinate, auf welcher der Extremfall einer vollständigen Sucht abgetragen werden kann. Beide Extremfälle stellen interessante Anwendungsbeispiele des Anpassungskosten-Konzepts dar: Der Fall der nicht-vorhandenen Sucht zeigt, daß selbst bei sehr hohen Verbrauchsminderungen bei fehlender Sucht keine Anpassungskosten entstehen. Vice versa resultieren bei vollkommener Sucht bereits bei einer infinitesimal kleinen Konsumreduktion unendlich hohe Anpassungskosten, die de facto dafür sorgen, daß ein Absenken des Konsumniveaus verhindert wird.

4.1.3 Optimierungsproblem

Aufgrund der bisherigen Überlegungen lassen sich die erwarteten konsuminduzierten künftigen Verluste L in Nutzeneinheiten quantifizieren:

$$(4.8) \qquad L(a)=\int_{T}^{T^{\max}} e^{-\rho t}\left\{U[a(t),c(t),A(t)]-K[\eta(a,t)]_{\eta<0}\,\mathrm{d}t\right\},$$

wobei die abdiskontierten Kosten maßgeblich durch die Höhe der konstanten subjektiven Zeitpräferenzrate $\rho > 0$, welche als Grenzrate der Substitution zwischen gegenwärtigem und künftigem Nutzen interpretiert werden kann, geprägt werden. Ist der Todeszeitpunkt T mit dem höchsten Lebensalter $T^{\max}$ identisch, so ist $L(\cdot) = 0$, und damit liegen keine konsuminduzierten künftigen Verluste vor. Im Fall $T < T^{\max}$ ist dies jedoch anders. Rationale Akteure werden dann auf die Option verzichten, die maximal realisierbare Lebensdauer zu erreichen, wenn der Nutzengewinn in vorausgehenden Perioden diese zumindest kompensiert. Die durch unmittelbaren Nutzen und Anpassungskosten gebildete Nettofunktion stellt den abdiskontierten Nutzen alternativer Konsumpfade dar, denen der Akteur aufgrund seiner Konsumentscheidung entsagt.

Aus den Vorüberlegungen läßt sich das intertemporale Optimierungsproblem in bezug auf gesundheitsschädigendes Verhalten ableiten. Hierbei wird direkt auf den Fall 3 der Abbildung 7 abgestellt, d. h. das akkumulierte Schädigungskapital induziert eine Verminderung der Lebenserwartung. Die auf den Zeitpunkt $t = 0$ abdiskontierte intertemporale Nutzenfunktion lautet demnach:

$$(4.9) \qquad W(0)=\int_{t=0}^{T} e^{-\rho t}\left\{U[a(t),c(t),A(t)]-K[\eta(a,t)]_{\eta<0}\,\mathrm{d}t\right\},$$

wobei angenommen wird, daß der Nutzen über die Zeit hinweg in a, c und A trennbar, jedoch nicht in a und c allein separabel ist. Der Akteur besitzt eine intertemporale Budgetrestriktion gemäß:

(4.10) $$\int_{t=0}^{T} e^{-rt}[c(t)+p(t)a(t)]\mathrm{d}t \leq \int_{t=0}^{T} e^{-rt}Y(t),$$

wobei im folgenden unterstellt wird, daß Zinssatz und Zeitpräferenzrate identisch sind, somit $\rho = r$ gilt. Das gewöhnliche Konsumgut c fungiert als Numeraire-Gut, dessen Preis im Zeitablauf als konstant angenommen und deshalb auf Eins gesetzt wird. Der Preisindex des gesundheitsrelevanten Gutes, p, kann deshalb als Relativpreis interpretiert werden. Zur Finanzierung seiner Konsumausgaben steht dem Individuum das exogen vorgegebene Einkommen in Höhe von Y zur Verfügung.

Wird der gewöhnliche Konsum über die Budgetrestriktion (4.10) eliminiert, so lassen sich unter Berücksichtigung der Bewegungsgleichung von A (4.3) sowie der Randbedingungen:

(4.11) $$A(0)=A_0 \quad \text{und} \quad A(T)=H_0$$

Bedingungen ableiten, die entlang des Konsumpfades gelten müssen, anhand derer wichtige Implikationen hinsichtlich des optimalen Lebensstils ersichtlich sind.

So muß der Grenznutzen des Schädigungskapitals den marginalen Opportunitätskosten entsprechen. Dies impliziert, daß

(4.12) $$\dot{\mu} = -\frac{\partial U}{\partial A} + (\rho+\delta)\mu .$$

Durch μ wird der Schattenpreis des Schädigungskapitals dargestellt. Seine Veränderungsrate, $\dot{\mu}$, mißt und bewertet demzufolge Änderungen des Kapitalstocks. Der marginale Beitrag einer in den Prozeß investierten Einheit setzt sich aus der direkten Grenzschädigung, U_A, und den künftig zu erwartenden (indirekten) Kapitalerträgen zusammen. Letztere wiederum bestehen aus Zeitpräferenz und Diskontierungseffekt, die mit dem Schattenpreis μ bewertet werden.

Die Ableitung nach dem Lebensstilgut impliziert die im Modell enthaltene vorausschauende Rationalität. Dies verdeutlicht sich durch folgende Umformung:

(4.13) $$\mu = p \cdot U_c + \Gamma \cdot K' \eta_a - U_a ,$$

wobei Γ eine Umschaltvariable darstellt, die den Wert Eins annimmt, falls eine Absenkung im Konsumniveau vorgenommen wird und somit Anpassungskosten vorliegen. Da angenommen wurde, daß es sich beim Schädigungskapital um ein *bad* handelt, ist sein Schattenpreis μ, welcher die subjektive Wertschätzung des Akteurs widerspiegelt, negativ. Gleichung (4.13) bringt zum Ausdruck, daß ein vorausschauender Akteur bei der Entscheidung, wie er seinen gegenwärtigen Konsum auf die beiden Güter a und c alloziiert, die künftigen Folgen seiner Handlungsweise mit berücksichtigt. Für ein vollkommen kurzsichtiges Individuum, welches künftige Konsequenzen nicht mit in sein Kalkül einbezieht, hätte μ den Wert Null und das Individuum würde a und c derart wählen, daß $p\ U_c + \Gamma\ K'\eta_a = U_a$ gilt. Dies entspricht der Bedingung erster Ordnung für ein statisches einperiodiges Optimierungsproblem. Im vorliegenden Fall gilt jedoch: $p\ U_c + \Gamma\ K'\eta_a < U_a$, da μ, wie mittels (4.12) ermittelt werden kann, negativ ist. Dies läßt sich folgendermaßen interpretieren: Ein vorausschauender Konsument wird weniger a und mehr c konsumieren als ein vollkommen myopischer Akteur, welcher in bezug auf a und c über dieselben Präferenzen verfügt.

Unter Verwendung der Gleichungen (4.12) und (4.13) läßt sich die Optimalbedingung für das gesundheitsrelevante Verhalten ableiten, die entlang des optimalen Pfades gelten muß:

$$\frac{\partial U}{\partial a} = p\frac{\partial U}{\partial c} + \Gamma\ K\ \frac{\partial \eta}{\partial a} - \left(1 - e^{-(\rho+\delta)(T-t)}\right)\frac{U_A}{\rho + \delta}. \tag{4.14}$$

Nach (4.14) muß der Grenznutzen des gesundheitsrelevanten Verhaltens den drei Termen auf der rechten Seite entsprechen. Der erste Ausdruck stellt den mit dem Preis bewerteten Grenznutzen des normalen Konsumguts dar. Ist der Schaltparameter $\Gamma = 1$, so fallen zusätzlich die Grenzkosten der Anpassung ins Gewicht. Der mit einem Minuszeichen verknüpfte dritte Ausdruck bildet den vollständigen Schattenpreis des Schädigungskapitals μ ab, der, wie hergeleitet, negativ ist, somit in Summa zu den beiden anderen Termen auf der rechten Seite addiert wird. Der Schattenpreis μ entspricht dabei der Differenz zwischen dem unmittelbaren und dem subsekutiven abdiskontierten Grenzschaden, welche durch den Faktor $(\rho + \delta)$ dividiert wird. Der zweite und der dritte Term auf der rechten Seite bilden im weitesten Sinne die Grenzkosten des gesundheitsrelevanten Verhaltens ab. Ein marginaler Anstieg der Schädigungskosten muß demnach ceteris paribus im Optimum mit einem Anstieg des Grenznutzens verbunden sein. Erst wenn die Bedingung (4.14) erfüllt ist, besteht für den Akteur kein

Anreiz mehr, von $\{a^*\}_{t=0}^{T}$ auf einen alternativen Pfad überzuwechseln, was bedeuten würde, daß $\{a^*\}_{t=0}^{T}$ nicht optimal gewesen sein kann.

Wird die zugrundeliegende Nutzenfunktion näher spezifiziert, ist es möglich, aus (4.14) die optimale Nachfrage nach Lebensstil $\{a^*\}_{t=0}^{T}$, die optimale Entwicklung des Schädigungskapitals $\{A^*\}_{t=0}^{T}$ im Zeitablauf sowie den optimalen Todeszeitpunkt T^* explizit abzuleiten.[69]

4.1.4 Komparative Analyse

Wichtige Implikationen für die Nachfrage nach dem gesundheitsschädlichen Gut können durch die Veränderung von bislang als fest angenommenen Variablen hervorgerufen werden. Eine besondere Rolle spielen dabei die Konsequenzen einer Preisänderung des gesundheitsschädlichen Gutes, eine Einkommensänderung sowie die Implikationen einer höheren Bildung.

Preis
Die Implikationen einer permanenten Preisminderung des gesundheitsschädlichen Gutes können dabei in zwei Teileffekte zerlegt werden. Da es sich erstens bei Lebensstil um ein normales Konsumgut handelt, ist der Eigenpreiseffekt bei konstantem Grenznutzen des Einkommens negativ, es gilt somit $(\partial a/\partial p)<0$. Zweitens wirkt der Preiseffekt aber auch über das Schädigungskapital. Da in Annahme (4.2c) der Fall der angrenzenden Komplementarität ausgeschlossen wurde,[70] sind lediglich angrenzende Unabhängigkeit ($U_{aA}=0$) und angrenzende Substitutionalität ($U_{aA}<0$) möglich. In bezug auf das Schädigungskapital gilt dabei nach der Analyse von Becker und Murphy (1988):

$$\text{(4.15)} \qquad \frac{\partial \dot{a}}{\partial p}=\frac{\partial}{\partial p}\left(\frac{\mathrm{d}a}{\mathrm{d}A}\dot{A}\right)=\frac{\mathrm{d}a}{\mathrm{d}A}\frac{\partial \dot{A}}{\partial p}+\dot{A}\frac{\partial}{\partial p}\left(\frac{\mathrm{d}a}{\mathrm{d}A}\right)\geq 0,$$

wobei der zweite Term auf der rechten Seite in der Nähe eines Steady State mit $\dot{A}=0$ den Wert Null annimmt. Das Vorzeichen des ersten Terms ist im Falle angrenzender Unabhängigkeit Null, im Fall angrenzender Substitutionalität ist

---

[69] Im Rahmen spezieller Annahmen lassen sich Probleme analysieren, die in direktem Zusammenhang mit Anpassungskosten stehen. So kann etwa das Auftreten mehrerer Sattelpunkte zu keiner eindeutigen Lösung führen (vgl. Jones 1999, S. 132).

[70] Bei angrenzender Komplementarität ist der unten beschriebene Kapitaleffekt insgesamt negativ und trägt im Fall einer permanenten Preissenkung dazu bei, daß sich der Konsum suchtgenerierender Substanzen im Zeitablauf weiter erhöht (vgl. Becker und Murphy 1988, S. 685).

es entgegengesetzt zum Vorzeichen von $(\mathrm{d}a/\mathrm{d}A)$, welches annahmegemäß negativ ist, da eine Preisänderung negativ auf *a(t)* und somit auf $\dot{A}$ wirkt. Der Schädigungseffekt geht somit in die gleiche Richtung wie der Preiseffekt, da zusätzlicher Konsum den Todeszeitpunkt näher rückt. Unter Beachtung der Konkavität der Zielfunktion wird dieser „Mäßigungseffekt" jedoch durch den Eigenpreiseffekt überkompensiert, die Nachfrage nach dem gesundheitsschädlichen Konsumgut nimmt damit bei einer Preisreduktion insgesamt zu. Steigt der Preis jedoch permanent, so gilt auch hierbei das Gesetz der Nachfrage. Isoliert betrachtet sinkt die Nachfrage nach dem Lebensstilgut, da $(\partial a/\partial p) < 0$. Dieser Effekt wird wiederum aufgrund der angrenzenden Substitutionalität kompensiert, da Kapital- und Preiseffekt dieselbe Richtung haben. Im Unterschied zur Preissenkung müssen zusätzlich noch Anpassungskosten berücksichtigt werden. Der Akteur wird in diesem Fall seinen Konsum des gesundheitsschädlichen Gutes so weit reduzieren, bis die Grenzkosten der Anpassung seinem Grenznutzen entsprechen.

Einkommen

Herrscht angrenzende Unabhängigkeit, so führt ein permanenter Einkommensanstieg ceteris paribus zu einem Anstieg des gesundheitsschädigenden Verhaltens, da $(\partial a/\partial Y) > 0$ (direkter Effekt). Liegt jedoch angrenzende Substitutionalität vor, so spielt die Wirkung über das Schädigungskapital eine bedeutende Rolle:

(4.16) $$\frac{\partial \dot{a}}{\partial Y} = \frac{\mathrm{d}a}{\mathrm{d}A}\frac{\partial \dot{A}}{\partial Y} + \dot{A}\frac{\partial}{\partial Y}\left(\frac{\mathrm{d}a}{\mathrm{d}A}\right) \leq 0,$$

wobei auch hier $(\mathrm{d}a/\mathrm{d}A)$ negativ ist. Da ein höheres Einkommen, isoliert betrachtet, zu einer Zunahme des gesundheitsschädigenden Verhaltens führt, erhöht sich damit automatisch der Schädigungskapitalstock. Deshalb ist $(\partial \dot{A}/\partial Y)$ positiv und der erste Term damit negativ. Weil der indirekte Gesamteffekt also eindeutig nichtpositiv ist, hängt es von der Beziehung zwischen direktem und indirektem Effekt ab, ob der Akteur zu einer Konsumreaktion tendiert. Liegt ein negativer Netto-Gesamteffekt vor, so wird der Konsument unter Maßgabe seiner Anpassungskostenfunktion den Verbrauch so weit einschränken, bis der Grenznutzen einer Konsumreduktion deren Grenzkosten entspricht. Ist der Netto-Gesamteffekt hingegen positiv, so wird der Konsument den Umfang seines Lebensstilkonsums in adäquater Weise ausdehnen.

Bildung

Bislang wurde die Zeitpräferenzrate als konstant angenommen. Eine Reihe von Studien hat jedoch gezeigt, daß sich Menschen in ihrer Zeitpräferenz unterscheiden. Dabei wird vor allem darauf hingewiesen, daß Menschen mit einer geringeren Bildung eine höhere Gegenwartspräferenz haben. Umgekehrt bedeutet dies, daß mit zunehmender Bildung die Zeitpräferenzrate sinkt. Wird B als Bildung aufgefaßt, so impliziert dies:

(4.17) $$\frac{\partial \rho}{\partial B} < 0 .$$

Menschen mit höherer Bildung werden demzufolge den adversen künftigen Effekten eine höhere Bedeutung beimessen als Akteure mit geringerer Bildung. Dies steht im Einklang mit der von Becker und Murphy unterstellten Stabilität der Metapräferenzen: Wird angenommen, daß junge Menschen eine hohe Gegenwartspräferenz besitzen, so hat dies zur Folge, daß die zunehmende Bildung sich nur allmählich auf die Zeitpräferenzrate niederschlägt. Geht die höhere Bildung mit einem höheren Einkommen einher, so wird dieser Effekt den negativen indirekten Einkommenseffekt verstärken.

Selbst wenn Menschen über eine hohe Bildung und ein höheres Einkommen verfügen, so muß dies nicht bedeuten, daß sie sich gesundheitsbewußter verhalten als Menschen mit geringer Bildung und niedrigem Einkommen. Kritische Lebensereignisse, wie Schicksalsschläge oder beruflicher Streß, können temporär im Sinne eines psychischen Problembewältigungskonsums den Grenznutzen gesundheitsschädlichen Verhaltens steigern. Nach Ablauf der kritischen Lebensereignisse ist es für den Akteur dennoch unter Umständen schwer, zu einem gesundheitsbewußten Konsumpfad zurückzukehren, da dies durch das latente Vorhandensein von Anpassungskosten verhindert wird.

4.2 Implikationen veränderter wirtschaftlicher Bedingungen

Nachdem der Akteur vor Beginn der ostdeutschen Transformation seinen optimalen Konsumpfad $\{a^*\}_{t=0}^{T}$ festgelegt hat, ereignet sich mit der sogenannten „Wende" (in Ostdeutschland) eine grundlegende Veränderung der wirtschaftlichen Rahmenbedingungen. Da diese aus individueller Perspektive nicht vorhersehbar war, konnte ein Wirtschaftssubjekt deren Implikationen für seine Lebens(konsum)planung nicht adäquat berücksichtigen.

4.2.1 Modellerweiterung

Es wird angenommen, daß vor der ökonomischen Wende der Akteur keine weiteren Kosten- und Nutzenaspekte in bezug auf die Umweltbedingungen, insbesondere hinsichtlich des Arbeitsmarkts, berücksichtigen mußte. Es war somit für den Konsumenten ausreichend, aufgrund seines unmittelbaren Nutzens und der zu erwartenden individuellen Anpassungskosten seinen optimalen Konsumpfad $\{a^*\}_{t=0}^{T}$ zu bestimmen. Nun wird vorausgesetzt, daß Arbeitnehmer produktivitäts- und effizienzorientiert entlohnt werden,[71] wobei unterstellt wird, daß mit zunehmendem gesundheitsschädigendem Verhalten die Produktivität sinkt. So steigen etwa die betrieblichen Ausfallzeiten aufgrund etablierten übermäßigen Alkoholkonsums. Um somit das höchstmögliche Einkommen erzielen zu können, muß sich das Individuum marktkonform verhalten. Schlägt der Akteur jedoch „über die Stränge“, indem er sich besonders gesundheitsschädlich verhält, so hat er Sanktionen vom Arbeitsmarkt zu befürchten.[72] Im Zusammenhang mit der ökonomischen Transformation werden weitere akteurspezifische Implikationen, wie etwa eine Veränderung der Vorlieben, ausgeschlossen. Auch von einem (temporären) Anstieg des Grenznutzens von Lebensstilkonsum wird abgesehen.

In Abschnitt 4.1 wurde die individuelle Ausgangssituation mit der Entscheidung, ein bestimmtes Lebensstilgut mit latenter Suchteigenschaft zu konsumieren, dargestellt. Im Rahmen der im Folgenden beschriebenen mehrstufigen Teilmodelle, welche im diskreten Fall aufgezeigt werden, erfolgt zunächst eine Bestandsaufnahme aus individueller Perspektive. Der ökonomische Wandel, der durch die Transformation induziert wird, läßt sich als Veränderung der Rahmenbedingungen interpretieren, innerhalb derer individuell optimiert wird. Annahmegemäß wird der Bezugsmaßstab durch das Anforderungsprofil auf dem Arbeitsmarkt gebildet. Es wird modellexogen bestimmt und kann als Variablenvektor aufgefaßt werden, dessen Komponenten mit zeitlich unterschiedlicher Gewichtung die für den Akteur zentrale Orientierungsgröße determinieren. Sie muß deshalb im dynamischen Kontext nicht konstant sein. Aus Vereinfachungs-

[71] Das vorliegende Modell beabsichtigt, mögliche Anreizwirkungen abzubilden, die bei der Marktintegration einer früheren Planwirtschaft eingetreten sein können. Diese Modellannahmen, die in theoretischer Hinsicht durchaus geeignet sind, Implikationen der Transformation für das Individuum vereinfacht darzustellen, dürfen nicht mit der ostdeutschen Realität verwechselt werden, hinsichtlich derer Sinn und andere Autoren wiederholt darauf hingewiesen haben, daß zahlreiche Probleme in den neuen Ländern gerade deshalb eingetreten sind, da ein Übergang zur Entlohnung nach dem Grenzprodukt nicht durchgeführt wurde.

[72] Es gibt zahlreiche empirische Arbeiten, welche die Zusammenhänge zwischen gesundheitsrelevantem Verhalten und Einkommen analysieren. Barrett (2001) sowie Lye und Hirschberg (1999) ermitteln eine hohe positive Signifikanz zwischen starkem Alkoholkonsum bzw. Rauchen und der individuellen Bestrafung beim Einkommen. Sie kommen dabei zu ähnlichen Ergebnissen wie die von ihnen aufgeführte Literatur.

gründen wird jedoch angenommen, daß die Orientierungsgröße mit einer eindimensionalen kritischen Grenze im Konsumniveau[73] des gesundheitsschädlichen Gutes a korrespondiert. Es kann sich dabei beispielsweise um die vom Arbeitgeber tolerierte Konsummenge an Alkohol oder Zigaretten handeln. Dazu wird unterstellt, daß Arbeiter nach ihrem Grenzprodukt entlohnt werden, wobei sich zunehmendes gesundheitsschädigendes Verhalten negativ auf ihre Produktivität niederschlägt. Beobachten die Arbeitgeber das Verhalten der Arbeitnehmer, so sind sie unter Berücksichtigung eines tolerierten Konsumbereichs lediglich bereit, die Arbeiter zu einem geringeren Lohn einzustellen. Aufgrund der Bildung der Orientierungsgröße wird die „kritische Grenze" im Konsumniveau $\tilde{a}$ als Zufallsvariable mit der Dichtefunktion $f(\tilde{a})$ aufgefaßt: Die Arbeitnehmer kennen den Toleranzbereich ihres Arbeitgebers nicht. Die damit verbundene Streuung, insbesondere in den Folgeperioden unmittelbar nach der ökonomischen Wende, läßt sich dadurch erklären, daß die ökonomische Transformation nicht in der Wendeperiode abgeschlossen war und die Wirtschaft sich nicht unmittelbar im neuen Gleichgewicht befand. Die mit der Transformation verbundene Unsicherheit läßt sich auch dadurch erklären, daß der ökonomische Wandel für den Akteur mit zahlreichen Arbeitgeberwechseln verbunden sein kann. Die vorliegende Modellierung kann etwa als Situation interpretiert werden, in welcher Unternehmen nur kurze Zeit am Markt bestehen. Das Individuum, das deshalb rechnen muß, den Arbeitgeber zu wechseln trifft eine Entscheidung bei Unsicherheit. Zum gegenwärtigen Zeitpunkt ist das Anforderungsprofil des künftigen Arbeitgebers noch nicht bekannt. Die Wahl des gegenwärtigen Lebensstils besitzt somit Implikationen für den künftigen Arbeitsplatz.

Es wird deshalb unterstellt, daß die Dichtefunktion für den Zeitpunkt t, $f_t(\tilde{a}_t)$, deren Mittel- bzw. Erwartungswert, $\tilde{a}_t^* \geq 0$, sowie die zugehörige Varianz $\sigma^2_{\tilde{a}_t}$ dem Akteur nicht bekannt sind. Aus Gründen der Vereinfachung wird angenommen, daß die Dichtefunktionen im Zeitablauf identisch sind, und somit über denselben (wahren) Mittelwert bzw. die gleiche Streuung verfügen. Damit reduziert sich die mehrdimensionale Zufallsvariable auf den eindimensionalen Fall, der Zeitindex der Dichtefunktion(en) kann unterdrückt werden.

Während vor dem Beginn der ökonomischen Transformation der Akteur lediglich über ein festes exogenes Einkommen Y_t verfügte, wird unterstellt, daß nach

[73] Ein derartiger Grenzwert ist die Promillegrenze für Alkohol am Steuer. Sie ist per Gesetz explizit definiert und läßt de facto keine Schwankungsbreite zu. Mittels einiger Modellerweiterungen kann sie auch als kritische Grenze im Sinne des hier dargestellten Modells aufgefaßt werden.

der Wende der Akteur neben dem festen Einkommensbestandteil Y_t, das als Mindesteinkommen interpretiert werden kann, im Jahr t über ein endogenes Einkommen Ψ_t verfügt, dessen faktische Höhe (verfügbares endogenes Einkommen) negativ von der Diskrepanz zwischen gegenwärtigem Konsumniveau und der periodenspezifischen Ausprägung der kritischen Grenze $\tilde{a}_t$ abhängt.[74] Außerdem soll vorausgesetzt werden, daß der Akteur zu Beginn jeder Zeiteinheit einem (sozialen) Planer wahrheitsgemäß die beabsichtigte Konsumhöhe des gesundheitsschädlichen Gutes mitteilt. Der Planer beobachtet die Realisation der Zufallsvariablen „Schwellenwert des gesundheitsschädigenden Verhaltens" und determiniert so die potentielle Bestrafung des Akteurs. Der Akteur wiederum besitzt nach der Übermittlung des Wertes der Zufallsvariablen keine Möglichkeit, ex ante sein Verhalten vor der ex-post-Bestrafung abzuändern.

Im Hinblick auf die Bestimmung des endogenen Einkommens im Jahr t müssen zwei Fälle unterschieden werden:

<u>**Fall 1**</u>: $a_t \leq \tilde{a}_t \Rightarrow \Psi_t$.
Übersteigt der tatsächliche Konsum in Periode t nicht den kritischen Schwellenwert der Periode t, $\tilde{a}_t$, so wird dem Akteur das endogene Einkommen in voller Höhe zuerkannt.

<u>**Fall 2**</u>: $a_t > \tilde{a}_t \Rightarrow \Psi_t[1-\vartheta(a_t-\tilde{a}_t)]$.
Verfügt der Akteur über ein höheres Konsumniveau, so reduziert sich sein endogenes Einkommen um den Faktor $\vartheta(a_t-\tilde{a}_t)$, wobei der Abschlag für $a_t=\tilde{a}_t$ den Wert Null annimmt und mit zunehmender Diskrepanz zwischen Schwellenwert und tatsächlichem Konsum, die als Bemessungsgrundlage fungiert, mit dem konstanten Satz $0 \leq \vartheta \leq 1$ ansteigt. Es wird unterstellt, daß die Einkommensreduktion maximal das volle endogene Einkommen umfassen kann, nicht jedoch das exogene Einkommen reduziert. Es wird ferner angenommen, daß das Individuum die dem Planer mitgeteilte Konsumhöhe des gesundheitsschädlichen Gutes auf jeden Fall umsetzt. Die potentielle Einkommensreduktion schlägt sich deshalb nur im Konsumniveau der anderen, gesundheitsneutralen Anpassungsvariablen c nieder. Eine Reoptimierung nach Maßgabe der Ausprägung der Zufallsvariablen wird ausgeschlossen.

---

[74] Die Annahme, wonach vor der ökonomischen Wende das Einkommen keinen endogenen Bestandteil hatte, wurde nur aus Vereinfachungsgründen getroffen. Analog dazu kann das Grundmodell so interpretiert werden, daß sich der kritische ex-ante-Schwellenwert auf einem außergewöhnlich hohen Niveau befand. Der Übergang ist in diesem Sinne als drastische Absenkung der Grenze zu verstehen.

Die Einkommensreduktion bildet (in Geldeinheiten ausgedrückte) Zusatzkosten des Gebrauchs von Lebensstilgütern ab, wie sie etwa aufgrund des induzierten Produktivitätsverlusts oder der Krankheitszeit (und damit verlorener Arbeitszeit) entstehen können. Ein exzessiver Lebensstilgenuß kann darüber hinaus mit einem Arbeitsplatzverlust einhergehen, bei dem das betroffene Individuum eine Stelle mit geringerer Qualifikation annehmen muß, arbeitslos wird oder im Extremfall auf Sozialhilfe angewiesen ist und dabei nur über das garantierte Mindesteinkommen Y_t disponieren kann.[75] Wie Viscusi und Hersch (2001) aufzeigen, gibt es auch empirische Evidenz dafür, daß Menschen mit gesundheitsschädlichem Verhalten einen Lohnabschlag am Arbeitsplatz in Kauf nehmen müssen. Im empirischen Teil ihrer Arbeit weisen sie auf der Basis eines umfangreichen Datensatzes nach, daß Raucher vorwiegend risikobehaftetere Berufe ausüben, wobei relativ zu Nichtrauchern die adäquate Risikoübernahme nicht vergütet wird. Diese Zusatzkosten des Lebensstilkonsums treten neben die Kosten in Nutzeneinheiten, auf welche in Abschnitt 4.1.2 eingegangen wurde.

In der folgenden Abbildung 9 ist die Beziehung zwischen kritischer Grenze, faktischem Konsum, Einkommensreduktion und verfügbarem Gesamteinkommen dargestellt. Im I. Quadranten ist die Dichtefunktion der Zufallsvariablen $f(\tilde{a})$, im IV. Sektor die Einkommensreduktion zu erkennen. Der III. Quadrant transformiert die Einkommensreduktion in das II. Segment, welches die Ermittlung des Gesamteinkommens aufzeigt. Im einfachsten Szenario I (Referenzfall) deckt sich der temporäre Konsum mit dem Mittelwert der Zufallsvariablen. Der Akteur trinkt hierbei beispielsweise etwas Bier in moderater Weise, was vom Arbeitgeber gebilligt wird. Da dies zu keiner Einkommensverminderung führt (Fall 1), verfügt der Akteur über das maximale Einkommen G, welches sich aus der Summe von fixem exogenen Einkommen Y_t (der vertikalen Geraden in Quadrant II) und dem gesamten endogenen Einkommen Ψ_t zum Zeitpunkt t ergibt. Übersteigt das Konsumniveau jedoch im 2. Szenario den Schwellenwert (Fall 2), der in Abbildung 9 nach wie vor durch den Mittelwert $\tilde{a}^*$ dargestellt wird, so führt dies über die Einkommensreduktionsfunktion im IV. Quadranten zu einem Einkommensverlust, welcher dem Akteur nur noch ein Gesamteinkommen in Höhe von H garantiert: Raucht der Arbeitnehmer bei seiner Arbeit viele Zigaretten, so führt dies zu Arbeitszeitausfällen, was wiederum vom Ar-

[75] Dies steht nicht im Gegensatz zu den Annahmen im Grundmodell, wonach neben verlorenen Lebensjahren und Entzugskosten keine weiteren Kosten anfallen. Führt im Grundmodell der Genuß von Lebensstilgütern zur Krankheit, so hat dies keine Auswirkung auf die individuellen Bezüge.

Abbildung 9: Kritischer Schwellenwert und Einkommensermittlung

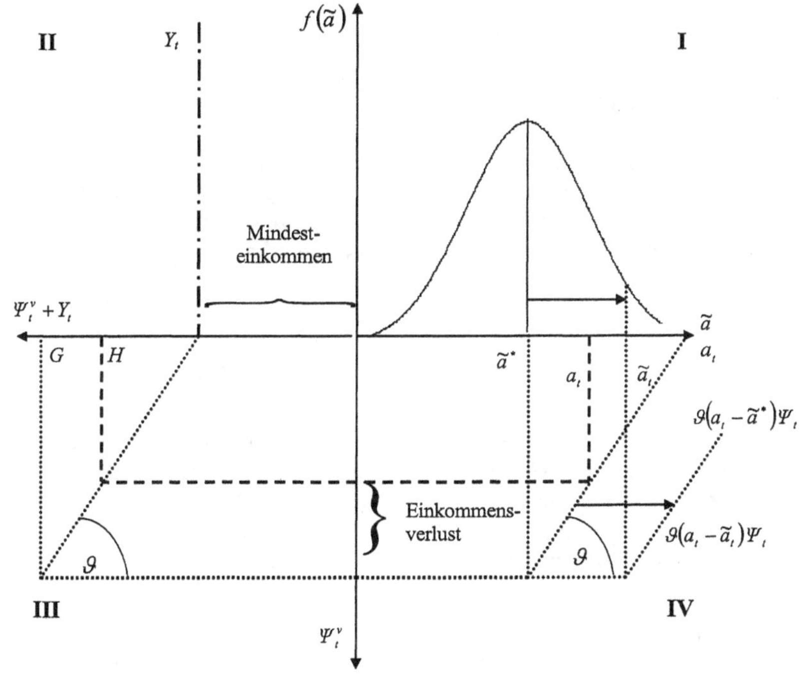

beitgeber sanktioniert wird. Steigt im 3. Szenario der Schwellenwert gegenüber dem Mittelwert an, gilt somit $\tilde{a}_t > \tilde{a}^*$, so verschiebt sich die Einkommensreduktionsfunktion $\vartheta()\Psi$, deren Steigung durch den Faktor des Einkommensabschlags ϑ bestimmt wird, nach rechts. Liegt dabei das faktische Konsumniveau auf der Höhe von a_t (vgl. Szenario 2), so steht dem Akteur wie im Ausgangsfall ein Gesamteinkommen in Höhe von G zur Verfügung. Dies beschreibt den Fall eines toleranten Chefs, der auch ein hohes gesundheitsschädliches Konsumniveau nicht ahndet.

Um die Fälle 1 und 2 innerhalb des Modells zu implementieren, wird in der allgemeinen Darstellung des Einkommens die Reduktionsfunktion $\vartheta(\cdot)$ mit der

Dummy-Variablen γ verknüpft, welche im ersten Fall $(a_t \leq \tilde{a}_t)$ den Wert Null, im zweiten Fall $(a_t > \tilde{a}_t)$ Eins annimmt:

$$(4.18) \qquad Y_t + \Psi_t \left[1 - \gamma\, \vartheta \left(a_t - \tilde{a}_t^*\right)\right].$$

4.2.2 Ansätze zur Reoptimierung

Nach Einführung der Sanktionierung übermäßig gesundheitsschädlichen Konsums (Einkommensreduktion) muß der ex ante festgelegte Konsumpfad dem Kriterium der Optimalität nicht mehr notwendigerweise entsprechen. Im Hinblick auf das Erfordernis, den bisherigen Konsumpfad zu überprüfen, sind vorrangig drei Strategien denkbar:

Strategie 1: Abstinenzfall

Diese Strategie eignet sich für den Fall der Abstinenz. Da der Konsument keine gesundheitsschädlichen Güter konsumiert und dies auch nicht intendiert, muß er keine Schwellenwerte in sein Kalkül einbeziehen. Unter der Annahme einer quasi-linearen Nutzenfunktion bezüglich Lebensstil und dem gewöhnlichen Konsumgut reduziert sich seine Zielfunktion auf das Standardgut *c*. Da beim Maximierungsproblem intertemporale Aspekte ausgeschlossen werden können, beschränkt sich die Optimierung auf den statischen Fall.

Strategie 2: Statisches Modell

Ohne das Vorliegen von Anpassungskosten wäre es dem Akteur möglich, sich gemäß den Vorgaben des Planers optimal anzupassen. Analog zum Fall der Besteuerung treiben Anpassungskosten einen Keil zwischen den Grenznutzen des Konsums und den entsprechenden Preis. Eine generelle Schwierigkeit der vorliegenden Problemstellung besteht darin, daß in der Ausgangsperiode nach der ökonomischen Wende dynamisch nicht optimal reoptimiert werden kann. Der Übergang zu einem neuen optimalen Konsumpfad kann im Fall gesundheitsschädlicher Verhaltensweisen - wie nachfolgend aufgezeigt - mehrere Stufen beinhalten (vgl. dazu die Abschnitte 4.2.3 - 4.2.5), welche zahlreiche Möglichkeiten in sich bergen, vom intertemporal optimalen Pfad abzuweichen. Antizipiert der Akteur etwa nicht, daß der Schwellenwert temporären Schwankungen unterworfen ist, oder ist er nicht in der Lage, sich an deren zurückliegende Realisationen zu erinnern, ist ein Lernverhalten nicht möglich. Eine dynamische Anpassung und eine damit verbundene Reoptimierung sind in diesem statischen Fall nicht durchführbar.

Strategie 3: Sequentielle Strategie

Ein elementarer Unterschied zwischen herkömmlichen Gütern und Sucht- oder Gewohnheitsgütern besteht darin, daß bei letzteren die faktische Anpassung des Konsumentenverhaltens in bezug auf die Implementierung neuer Informationen und Erwartungen erschwert wird. Ein wesentlicher Grund hierfür besteht in der im Modell erfaßten Eigenschaft von Lebensstilgütern, Gewohnheit und Sucht zu generieren. Die Existenz von Entzugskosten führt dazu, daß eine de-facto-*Verhaltensanpassung* nur unter bestimmten Bedingungen für den Akteur optimal ist.

Im Unterschied zum kurzsichtigen Akteur im Fall der Strategie 2 antizipiert der letztgenannte hierbei, daß es ratsam sein könnte, Informationen zu sammeln, die langfristig eine „optimale" Reoptimierung unterstützen können. Damit kann ein (kognitiver) Lernprozeß generiert werden, der zwar nicht mit einer tatsächlichen *Verhaltensänderung* verwechselt werden darf, jedoch dazu beitragen kann, daß erforderlichenfalls die Handlungsweise in intertemporaler Hinsicht reoptimiert wird. In den folgenden Abschnitten werden mehrere Module erläutert, die integraler Bestandteil einer sequentiellen, somit schrittweisen, Reoptimierung sein können. Dies betrifft die in diesem Abschnitt behandelte Strategiewahl, das Lernverhalten (Abschnitt 4.2.3), und die praktische Verhaltensanpassung mit den Aspekten Konsumglättung (4.2.4) sowie Verhaltensanpassung und Reoptimierung (4.2.5).

4.2.3 Bayes'sches Lernen

In der Literatur werden zahlreiche Lernprozeduren erörtert, die je nach den unterstellten Annahmen zu verschiedenen Konsequenzen führen können (vgl. Dimitri 1996). Im vorliegenden Fall wird Lernen gleichgesetzt mit dem Erlernen objektiver Rationalität. Während das im Folgenden skizzierte Lernmodell auf der rein *kognitiven* Ebene angesiedelt ist, geht es erst bei den in Abschnitt 4.2.4 erörterten Implikationen auf der *faktischen* Ebene darum, diese in konsumorientierte Handlungen umzusetzen. Der Lernprozeß gilt dann als „erfolgreich", wenn es dem Akteur im Rahmen des induzierten Verfahrens möglich ist, die Diskrepanz

$$z = Z\left(\tilde{a}^* - \tilde{a}^e\right)^2 \qquad (4.19)$$

zu minimieren. Dabei stellt, wie oben definiert, $\tilde{a}^*$ den wahren Wert des kritischen Schwellenwerts und $\tilde{a}^e$ die subjektive Einschätzung des Akteurs hinsichtlich dieser Größe dar. Die Verlustfunktion Z bildet die quadrierte Abweichung beider Größen voneinander ab. Ziel ist es, die wahre kritische Grenze so exakt wie möglich zu schätzen, somit z zu minimieren.

Annahmen

1. Der Akteur kann in jeder Periode die realisierten Ausprägungen der Zufallsvariablen $\tilde{a}_t \ \forall \ t$ beobachten.
2. Dem Akteur ist die funktionale Struktur des Modells bekannt. Dies bedeutet, daß das Individuum den systematischen (deterministischen) Teil der Zusammenhänge zwischen eigenem Lebensstilkonsum und der endogenen Einkommensverminderung wahrnimmt und deren Funktionsweise versteht. Die exogenen Zufallsschwankungen (der kritischen Grenze) werden als für falsche Erwartungen verantwortlich angesehen.
3. Lernen per se verursacht keine Kosten. Diese entstehen lediglich bei der Implementierung der Lerneffekte im Falle einer Reduktion des Konsumniveaus.
4. Da der Akteur weiß, daß die periodenspezifischen kritischen Grenzen um ihren Mittel- bzw. Erwartungswert streuen, sammelt er die über die realisierten Ausprägungen transferierten Informationen.
5. Im Unterschied zu anderen Lernmodellen wird angenommen, daß der Akteur den temporären Schwellenwert nicht notwendigerweise über seine eigene faktische Handlung bestimmt, sondern daß die Information über die wahre temporäre Ausprägung dem Akteur „mitgeteilt" wird, nachdem dieser dem Planer sein intendiertes Konsumniveau übermittelt hat.[76]

Hinsichtlich des Ablaufs werden folgende allgemeine Regeln unterstellt:

Regeln:

1. Der Akteur bestimmt seine Vorstellungen über den subjektiven Erwartungswert der kritischen Grenze.[77]
2. Danach legt der Planer die temporäre Ausprägung des Schwellenwertes fest.
3. Aufgrund der Realisation aktualisiert das Individuum seine Erwartungen. Auf dieser kognitiven Ebene spielen die Implikationen einer Abweichung zwischen Schwellenwert und faktischem Konsum und somit die potentielle Bestrafung keine Rolle.

[76] Die letzte Annahme ist aufgrund der Modellkonsistenz erforderlich.

[77] Man beachte die implizite Verbindung zwischen Bayes'schem Lernen und den Präferenzen des Akteurs: Bayes'sches Lernen versteht sich als Konsequenz unterstellter Annahmen hinsichtlich der Präferenzen und wird deshalb häufig auch als *Rationales Lernen* bezeichnet (vgl. Blume und Easley 1993, S. 3).

Bayes'sches Lernen stellt ein häufig angewandtes Paradigma in den Wirtschaftswissenschaften dar. Es bildet eine Beziehung zwischen den gegenwärtigen (posteriori) und vorherigen (priori) Vorstellungen eines Akteurs ab. Dabei spielt die Inferenz eine wichtige Rolle. Nach einer gebräuchlichen Interpretation des Bayesianismus verändern sich Vorstellungen durch Lernen: Der Akteur erfährt - zumindest mit einer bestimmten Wahrscheinlichkeit - gewisse Fakten. Dies führt dazu, daß er seine gegenwärtigen Vorstellungen bildet, indem er seine vorherige Überzeugung in bezug auf die neuen Informationen konditioniert. Bayes'sche Akteure werden dadurch charakterisiert, daß sie in der Lage sind, über die möglichen Ausprägungen (state space) eine Wahrscheinlichkeitsverteilung zu bilden (vgl. Dimitri 1996, S. 38).

Es sei $\tilde{a}_1,...,\tilde{a}_n$ die Liste der Realisationen der Zufallsvariable $\tilde{a}$ aus der Menge möglicher Ausprägungen zum Zeitpunkt $t = 0,\ldots,T$, wobei sich jeder der temporären Schwellenwerte in zwei Komponenten zerlegen läßt:

(4.20) $$\tilde{a}_t = \tilde{a}^* + \xi_t,$$

mit $t = 0, 1, 2, 3,...$ sowie $t = 0$ als Zeitpunkt der ökonomischen Wende, wobei ξ_t unabhängige, normalverteilte Zufallsvariablen mit dem Mittelwert Null und der Varianz σ_ξ^2 darstellen:

(4.21) $$\xi \sim N\left(0, \sigma_\xi^2\right).$$

Es wird angenommen, daß die zugrundeliegenden Verteilungsfunktionen im Zeitablauf identisch sind, somit ein streng stationärer Zufallsprozeß vorliegt. Der Störterm ξ bildet transitorische, seriell unkorrelierte Faktoren ab, welche Einfluß auf die optimale Entscheidung haben. Ferner wird davon ausgegangen, daß der Akteur vor der Realisierung der temporären kritischen Schwellenwerte eine (subjektive) Vorinformation über den unbekannten Parameter in Gestalt einer *a priori* Wahrscheinlichkeits- oder Dichtefunktion $E_t(\cdot)$ besitzt.[78] Wird der Zeitindex t in diesem Zusammenhang als die kumulierte Anzahl der Konsumhandlungen (Perioden) interpretiert, so bildet $E_t(\cdot)$ die Erwartungen des Akteurs hinsichtlich einer unbekannten Variablen unter Rückgriff auf die Informationen ab, welche er während der ersten t Konsumakte „beobachtet“ hat. Die a priori Wahrscheinlichkeit beschreibt, grob gesprochen, welche Chancen der Akteur den einzelnen Werten beimißt, mit dem wahren Wert identisch zu sein. Wird

[78] Feldman und Spagat (1995), die sich in ihrer Arbeit ebenfalls mit Bayes'schem Lernen und Anpassungskosten beschäftigen, verwenden keine Dichtefunktionen. Ihre Informationsquelle beruht auf einer Random Summary Statistic.

angenommen, daß der Akteur risikoneutral ist, wird der Entscheider versuchen, den Ausdruck $E_t(z_t)$ zu optimieren, wenn er seine Wahl bezüglich einer Periode t trifft. Die optimale momentane Entscheidung für den gegenwärtigen Bayesschen Schätzer lautet dann:

$$\tilde{a}_t^e = E_t(\tilde{a}_t) = E_t(\tilde{a}^*). \tag{4.22}$$

Die zweite Gleichheitsbeziehung in (4.22) folgt unmittelbar aus $E_\tau(\xi_\tau) = 0$. Diese Entscheidung ist auf der kognitiven Ebene dynamisch optimal, da der Umfang an Informationen, die der Entscheidungsträger erhält, von dem gewählten Wert a_t nicht abhängig ist. Die Gleichungen (4.19), (4.20) und (4.22) implizieren aufgrund der Linearität von Z folgende reduzierte Form:

$$z_t = \left[\tilde{a}^* - E_t(\tilde{a}^*) + \xi_t\right]^2. \tag{4.23}$$

Es sei $b_t = E_t\left[\tilde{a}^* - E_t(\tilde{a}^*)\right]^2$ die nachfolgende *posteriore* Varianz über $\tilde{a}^*$ bei gegebenen Informationen über die ersten t Realisationen. Aus der Darstellung ist ersichtlich, daß sie mit zunehmender Nähe des Erwartungswertes zum wahren Wert sinkt. Ist die vorherige *priore* Verteilung über $\tilde{a}^*$ normal mit der Varianz $\sigma^2_{\tilde{a}^*}$, so läßt sich die Regel von Bayes anwenden. Sie erklärt, wie der Akteur gemäß den Gesetzen der Wahrscheinlichkeit priore Vorstellungen und Informationen in der subsekutiven Form kombiniert:

$$b_t = \frac{\sigma^2_\xi \sigma^2_{\tilde{a}^*}}{\sigma^2_\xi + \sigma^2_{\tilde{a}^*} t}. \tag{4.24}$$

Im vorliegenden Fall wird die Bayes'sche Lerndynamik über die Streuungsmaße generiert. Somit ergibt sich folgende erwartete kognitive Abweichung, nachdem die Aktivität t mal durchgeführt wurde:

$$E_t(z_t) = -(b_t - \sigma^2_\xi). \tag{4.25}$$

Der Entscheidungsträger erhält bei jeder Realisation der „Umweltvariablen" $\tilde{a}_t$, die in der Wirklichkeit mit einer Ausübung der gesundheitsschädlichen Aktivitäten, wie Alkoholkonsum oder Rauchen, verbunden ist, Informationen über den wahren Wert des Schwellenwerts $\tilde{a}^*$. Da sämtliche verfügbaren Informationen durch den Entscheidungsträger akkumuliert werden, verbessert sich sein Informationsstand hinsichtlich der unbekannten Größe. Der Lernprozeß generiert eine nach oben hin ansteigende Lernkurve, die durch (4.25) bezeichnet wird. Sie besitzt immer eine positive Steigung - egal wie viele Wiederholungen durchgeführt werden (müssen) - und zwar deshalb, da zusätzliche Information besser ist als keine Information. Die Lernkurve verläuft konkav, da b mit zunehmendem t sinkt. Die Konvergenz zum wahren Schwellenwert bildet einen Martingale-Prozeß[79], welcher durch die folgende Fortschrittsrate des Lernens gemessen werden kann:

$$\text{(4.26)} \qquad \frac{\lim_{t\to\infty} E_t(z_t)}{E_0(z_0)} = \frac{1-\sigma_{\xi}^2}{1-\sigma_{\tilde{a}^*}-\sigma_{\xi}^2},$$

mit der ursprünglichen Abweichung $E_0(z_0)$ zu Beginn des Lernprozesses. Sie veranschaulicht bei einem unendlichen Zeithorizont die Relation zwischen gegenwärtigen Vorstellungen (im Zähler) und den ursprünglichen Auffassungen (im Nenner). Durch den dargestellten Algorithmus läßt sich eine *asymptotisch* erwartungstreue Schätzfunktion ableiten, die erst bei zunehmender Berücksichtigung von Realisationen aus der subjektiven Perspektive eines Bayesianers fast sicher gegen den Erwartungswert des wahren Schwellenwerts konvergiert.[80]

Die Anpassung der Erwartungen im Zeitablauf stellt jedoch kein simples Unterfangen dar. Die Robustheit der Bayes'schen Aktualisierung hängt entscheidend davon ab, auf welche Weise die gegenwärtigen Beobachtungen und die vorherigen Vorstellungen miteinander kombiniert werden. Wenn der Entscheidungsträger dabei etwa einerseits prioren Vorstellungen ein zu hohes Gewicht einräumt oder andererseits neuen Informationen eine zu große Bedeutung beimißt, so kann dies zu verzerrten Entscheidungen und suboptimalem Lernen führen.

4.2.4 Konsumglättung (Verhaltensanpassung I)

Strategie 1: Null-Strategie
Selbst wenn der Akteur versucht, über den im Abschnitt 4.2.3 beschriebenen Lernmechanismus den wahren Wert der kritischen Schwelle zu ermitteln, so muß dies nicht bedeuten, daß er gleichzeitig weitere Anstrengungen unternimmt, sich auf seinen intertemporal optimalen Konsumpfad zuzubewegen. Die „Null-Strategie“ geht davon aus, daß der Akteur seinen intendierten Verbrauchsplan nicht zu ändern beabsichtigt. Dies kann dazu führen, daß der Akteur keine dy-

[79] Martingale sind spezielle stochastische Prozesse, deren Entwicklung durch das monotone Verhalten bedingter Erwartungswerte festgelegt ist. Sie dienen insbesondere als Hilfsmittel für die Herleitung von Grenzwertsätzen. Der Begriff stammt aus der Theorie der Glücksspiele.

[80] Zahlreiche Arbeiten bieten ausführlichere Darstellungen zur Bayes'schen Erwartungsbildung und zum diesbezüglichen Lernen, vgl. Bernardo und Smith (2000).

namisch optimalen Anpassungen vornimmt, sondern statische Ad-hoc-Reduktionen wählt.

Strategie 2: Konsumglättung
Von einem rationalen Akteur kann erwartet werden, daß er die mittels Lernen (Abschnitt 4.2.3) generierte Erkenntnis in seiner Planung des optimalen Konsumpfads adäquat berücksichtigt. Zur Modellierung sind mehrere Annahmen erforderlich:

Annahmen:
1. Der Akteur weiß, basierend auf den verteilungsspezifischen Annahmen, daß es aufgrund der Eigenschaften der (asymptotischen) Erwartungstreue optimal ist, die im aktuellen Schätzer akkumulierten Informationen im Kalkül zu berücksichtigen, um dadurch seinen intertemporalen Konsumpfad adäquat zu glätten.
2. Vollkommener Kapitalmarkt: Soll- und Habenzinsen sind identisch.
3. Der Akteur begeht bei der Erwartungsbildung keine der systematischen Fehler, auf welche die Verhaltensökonomie hinweist.[81]

Regeln:
Zusätzlich zu den Bayes'schen Regeln im Abschnitt 4.2.3 gilt:
1. Nachdem der Planer den temporären Wert des Schwellenwertes $\tilde{a}_t$ bestimmt hat, vergleicht der Akteur diesen mit dem Wert $\tilde{a}_t^e$, den er aufgrund seiner Lernregeln gebildet hat.
2. Weicht die temporäre Ausprägung des Schwellenwerts $\tilde{a}_t$ vom erwarteten temporären Mittelwert $\tilde{a}_t^e$ ab, so wird der Akteur durch Sparen ($s_t > 0$) und Entsparen ($s_t < 0$) versuchen, den Fall $\tilde{a}_t^e \equiv \tilde{a}_t$ zu simulieren, in welchem sein subjektiver Erwartungswert dem temporären Schwellenwert entspricht.

Sparen glättet den Konsum: Bei konsequenter Anwendung schützt es den Akteur gegenüber Fällen, in denen er temporär bestraft werden würde, obwohl sein Konsum unterhalb des „wahren" Schwellenwertes angesiedelt ist. Die intertemporale Budgetglättung erfolgt mit Hilfe des temporären Kapitalstocks S_t, der zu diesem Zweck eingerichtet wird. Wurde bereits aus der Vorperiode erspartes

[81] So gehen zahlreiche Ansätze der Verhaltensökonomie davon aus, daß sich Menschen in komplexen Entscheidungssituationen sogenannter Heuristiken oder Daumenregeln bedienen (vgl. dazu Abschnitt 3.2.3.1). Die damit induzierten systematischen Fehler führen häufig zu Verzerrungen gegenüber dem optimalen Verhalten (vgl. Rabin 1996).

Kapital S_{t-1} übernommen, und erhöht sich dieses in der Gegenwart um s_t, so vergrößert sich der Kapitalstock S_t gemäß:

(4.27) $$S_t = S_{t-1} + s_t .$$

Tabelle 11 stellt eine Übersicht der Daumenregeln zur sequentiellen Konsumglättung dar. Die zweite Spalte reflektiert die Beziehungen zwischen faktischem Konsum a_t, subjektivem Erwartungswert $\tilde{a}_t^e$ und temporärem Schwellenwert $\tilde{a}_t$, welche die Grundlagen für die spezifischen Entscheidungen (Spalte 3) bilden. Die jeweilige Höhe (Spalte 4) wird dabei durch die entsprechende Konstellation der Variablen in Spalte 2 bestimmt. Da bezüglich der Fälle, in denen der tatsächliche Konsum in Periode t, d. h. a_t, unterhalb von erwarteter und tatsächlicher kritischer Grenze liegt, bei denen somit der Parameter γ den Wert Null annimmt, kein Lernverhalten erforderlich ist, müssen je nach Lage von $\tilde{a}_t^e$ und $\tilde{a}_t$ zu a_t sechs (von insgesamt 13 möglichen) Fällen unterschieden werden:[82]

Tabelle 11: Daumenregeln zur sequentiellen Konsumglättung

Fall	Relation	Sparen/ Entsparen	Faustregel: Veränderung des (endogenen) Einkommens
1	$a_t > \tilde{a}_t > \tilde{a}_t^e$	Sparen	$\vartheta(\tilde{a}_t - \tilde{a}_t^e)$
2	$a_t > \tilde{a}_t^e > \tilde{a}_t$	Entsparen	$\vartheta(\tilde{a}_t^e - \tilde{a}_t)$
3	$\tilde{a}_t^e > a_t > \tilde{a}_t$	Entsparen	$\vartheta(a_t - \tilde{a}_t)$
4	$\tilde{a}_t > a_t > \tilde{a}_t^e$	Sparen	$\vartheta(a_t - \tilde{a}_t^e)$
5	$a_t = \tilde{a}_t > \tilde{a}_t^e$	Sparen	$\vartheta(a_t - \tilde{a}_t^e) = \vartheta(\tilde{a}_t - \tilde{a}_t^e)$
6	$a_t = \tilde{a}_t^e > \tilde{a}_t$	Entsparen	$\vartheta(a_t - \tilde{a}_t) = \vartheta(\tilde{a}_t^e - \tilde{a}_t)$

In den Fällen 1, 4 und 5 liegt der subjektive Erwartungswert $\tilde{a}_t^e$ unterhalb des temporären Schwellenwerts $\tilde{a}_t$. Der Akteur wird hinsichtlich dieser Diskrepanz nicht oder lediglich partiell, nach Maßgabe des aktuellen Konsumniveaus, bestraft. Um künftige subjektiv ungerechtfertigte Bestrafungen zu kompensieren, ist hierfür Sparen erforderlich. Vice versa gilt dies auch bei faktischer Bestrafung in den Fällen $\tilde{a}_t^e > \tilde{a}_t$ (Fälle 2, 3 und 6). Muß der Akteur zur Deckung seiner intertemporalen Budgetgleichung Schulden aufnehmen, da das akkumulierte Kapital nicht ausreicht, so kann er dies annahmegemäß zum konstanten Zinssatz

[82] Die übrigen sieben Fälle sind weder für das Sparen noch für das Entsparen von Bedeutung, da hierbei etwa der tatsächliche und der erwartete (temporäre) Schwellenwert übereinstimmen, bzw. der faktische Konsum unterhalb von beiden liegt.

r tun. Es wird in diesem Zusammenhang vollkommenes Kapitalmarktgleichgewicht unterstellt, d. h. Soll- und Habenzinsen unterscheiden sich nicht.

Weicht der Akteur nicht von seiner Bayes'schen Lernregel ab, und glättet er intertemporal sein Budget, so führt dies aufgrund der unterstellten Annahmen automatisch dazu, daß mit fortschreitender Zeit der Umfang von Ersparnis bzw. Verschuldung gegen Null strebt.

4.2.5 Anpassung und Reoptimierung (Verhaltensanpassung II)

Aufgrund der Annahme, daß der Akteur unmittelbar nach Einführung der Einkommensreduktion vom sozialen Planer wegen der Diskrepanz zum temporären Schwellenwert bestraft wird, folgt unmittelbar, daß sich der Akteur gegenüber dem Ausgangsszenario schlechter stellt: Das niedrigere Budget hat die Verminderung mindestens einer Konsumvariablen zur Folge. Trotz des damit verbundenen materiellen Anreizes sowie des in Abschnitt 4.2.3 modellierten Lernverhaltens muß dies jedoch nicht notwendigerweise bedeuten, daß der Akteur seinen gesundheitsschädlichen Konsum einschränkt. In zahlreichen Lernmodellen wird generell angenommen, daß eine Konvergenz auf kognitiver Ebene automatisch zu einer Konvergenz auf der Handlungsebene führt. Im vorliegenden Fall ist diese Situation nicht automatisch gegeben, da die faktische Anpassung zum neuen optimalen Konsumpfad mit Anpassungskosten verbunden ist. Ein rationaler Akteur wird nur dann sein Konsumverhalten ändern, wenn es sich deshalb für ihn „lohnt", von seinem bisherigen Verhalten abzuweichen.

Annahmen:
Es gelten folgende Übergangsbedingungen zum Zeitpunkt der Wende, der mit τ bezeichnet wird: $\tau \in t$, mit $t = 0, 1, \ldots, \tau, \ldots T$, wobei für den endogenen Todeszeitpunkt wiederum gilt: $T \leq T^{\max}$:

1. Einkommen: Für τ gilt: $Y_{t=\tau} = Y_\tau + \Psi_\tau\big|_{\gamma=0}$: Wird der Akteur zum Zeitpunkt der Wende nicht für ein übermäßiges Konsumniveau bestraft, so verfügt er auf der Basis der beiden Einkommenskomponenten Y_τ und Ψ_τ über ein Gesamteinkommen, das dem fixen exogenen Einkommen (unmittelbar) vor der Wende entspricht.
2. Konsumverhalten: Der Akteur behält bis zum Zeitpunkt der ersten Verhaltensanpassung seinen ex ante ermittelten Konsumpfad $\{a^*\}_{t=0}^{T}$ bei. Beschließt der Akteur, seinen Konsumpfad zu ändern, so erfolgt dies lediglich aufgrund der Anreizwirkung der Einkommensreduktion und eines als suboptimal hoch empfundenen Konsumniveaus. Eine generelle (endogene) Veränderung der

Vorlieben, basierend auf der neuen ökonomischen Rahmenbedingung, d. h. zustandsabhängige Präferenzen, wird ausgeschlossen.

3. Preiseffekte: Es wird unterstellt, daß sich weder der Preis des gesundheitsschädlichen Gutes noch der Relativpreis zum gewöhnlichen Konsumgut ändern.

Im folgenden werden drei verschiedene Strategien der Anpassung vorgestellt, die sich in bezug auf den berücksichtigten Planungshorizont unterscheiden und verschiedenartige Implikationen besitzen.

4.2.5.1 Statische Anpassung: Myopischer Akteur

Die statische (Ad-hoc-)Anpassung geht davon aus, daß der Akteur auf der Basis des realisierten Schwellenwertes der vorangegangenen Periode $t - 1$, seines bisherigen Konsumniveaus der Güter c und a sowie unter Maßgabe seiner Präferenzen ohne Berücksichtigung künftiger Implikationen seiner Handlung entscheidet, ob er sein Nachfrageverhalten ändert. Wesentlich ist der konkrete Verlauf der marginalen Anpassungskostenfunktion (MAC). In den folgenden Abbildungen 10 - 12 werden drei Szenarien analysiert, die sich in bezug auf den Verlauf der Anpassungskostenfunktion unterscheiden. Dabei wird angenommen, daß die MAC jeweils den Suchtgrad des gesundheitsschädlichen Gutes ausdrückt: Während dem ersten Szenario (Abbildung 10) konstante Grenzkosten zugrundegelegt werden, bildet der zweite Fall (Abbildung 11) steigende Grenzkosten ab: Mit zunehmender Mengenreduktion steigen die Kosten, die in Nutzeneinheiten gemessen werden, an. Vice versa skizziert das dritte Szenario (Abbildung 12) den Fall sinkender marginaler Anpassungskosten. Im jeweiligen Achsenkreuz wird auf der Abszisse der gesundheitsrelevante Konsum a und auf der Ordinate der gewöhnliche Konsum c abgetragen. Die ex-ante Budgetgerade wird durch BR_0 bezeichnet. Wird der für die Analyse relevante Sachverhalt unterstellt, daß der faktische Konsum (hier: der ex-ante optimale Konsum a^*) den Schwellenwert übersteigt, so besitzt die ex-post Budgetrestriktion BR_1 eine Sprungstelle, da gesellschaftlich suboptimaler Konsum bestraft wird. Weil das Preisverhältnis zwischen beiden Gütern gleichbleibt, führt dies nach Maßgabe des Bestrafungsniveaus zu einer Verschiebung der Budgetgerade in Richtung Ursprung.[83] Da der Akteur nach der Bestimmung des temporären Schwellenwertes durch den sozialen Planer nicht unmittelbar reoptimieren und qua definitionem die Höhe seines gesundheitsrelevanten Konsums nicht mehr verändern

[83] Eine größere Diskrepanz zwischen Schwellenwert und faktischem Konsum hätte somit in der Darstellung eine größere Verschiebung zur Folge gehabt.

kann, wird die Höhe seines gewöhnlichen Konsums c_1 einerseits durch die modifizierte Budgetgerade BR_1, andererseits durch den Umfang des gesundheitsschädlichen Konsums (hier: $a^* = a_1$) determiniert. Die Diskrepanz $c^* - c_1$ zeigt somit die Bestrafung in (mit dem entsprechenden Preis bewerteten) Mengeneinheiten des Gutes *c* an, auf die der Konsument verzichten muß.

Weil der Konsument im statischen Fall davon ausgeht, daß der Schwellenwert der gegenwärtigen Periode ebenfalls maßgeblich für die folgende Periode (hier mit dem Index *2* bezeichnet) ist, ermittelt der Akteur auf dieser Grundlage unter Berücksichtigung des funktionalen Verlaufs der Anpassungskosten und seiner Präferenzen, inwieweit für ihn die Abweichung vom bisherigen Konsumbündel (a_1, c_1) vorteilhaft ist. Dabei werden im statischen Fall künftige Implikationen, wie etwa künftige Nutzengewinne bzw. -verluste, ausgeklammert. Im hier betrachteten Fall ist der Akteur *vollkommen kurzsichtig*. Dies impliziert, daß der Schattenpreis des Schädigungskapitalstocks den Wert Null annimmt. Der Akteur wird seine Nachfrage nach dem gesundheitsschädlichen Gut reduzieren, wenn eine Konsumreduktion und die damit verbundene geringere Bestrafung (= höheres verfügbares Einkommen) trotz anfallender Anpassungskosten gegenüber der vorangegangenen Situation die Realisierung eines höheren Nutzenniveaus ermöglicht. Die Ermittlung der (neuen) optimalen Nachfrage wird mittels der Marginalbedingung, d. h. durch den Tangentialpunkt der Budgetgerade mit der höchsten erreichbaren Indifferenzkurve, bestimmt. Im Gleichgewicht gilt:

(4.28) $$\frac{U_a - \Gamma \cdot K'\eta_a}{U_c} = \gamma \;\vartheta\; \Psi + p,$$

d. h. da die Bestrafung wie eine Preiserhöhung wirkt, muß das Netto-Grenznutzenverhältnis dem modifizierten Relativpreis $\gamma \cdot \vartheta \cdot \Psi + p$ entsprechen. Weil sich aber gemäß Annahme die anpassungsbedingten Kosten als negativer Nutzen niederschlagen, führt dies dazu, daß bei Konsumreduktion des gesundheitsschädlichen Gutes nicht mehr das ansonsten realisierbare Nutzenniveau erreichbar wird. Um die andernfalls komplexe Darstellung zu reduzieren, werden in den Abbildungen 10 - 12 die marginalen Anpassungskosten (MAC) mittels einer Übergangsfunktion dargestellt. Sie hat jeweils ihren Ursprung in der Ausgangssituation P_1 und kennzeichnet, daß eine Konsumreduktion des gesundheitsschädlichen Gutes zu einer erwarteten Verminderung der Bestrafung, somit zu einem höheren Budget und damit zu einem Bruttonutzengewinn führt. Wird dadurch der Nutzenverlust durch die Anpassungskosten überkompensiert, so verläuft die Übergangsfunktion oberhalb der Budgetrestriktion BR_1. Dies stellt die notwendige Bedingung für die Anpassungsreaktion des Konsumenten dar. Eine Anpassung ist dann für den Akteur optimal, wenn es einen Tangentialpunkt mit dem Indifferenzkurvensystem des Akteurs gibt.

Abbildung 10: Statischer Fall mit konstanten Grenzanpassungskosten

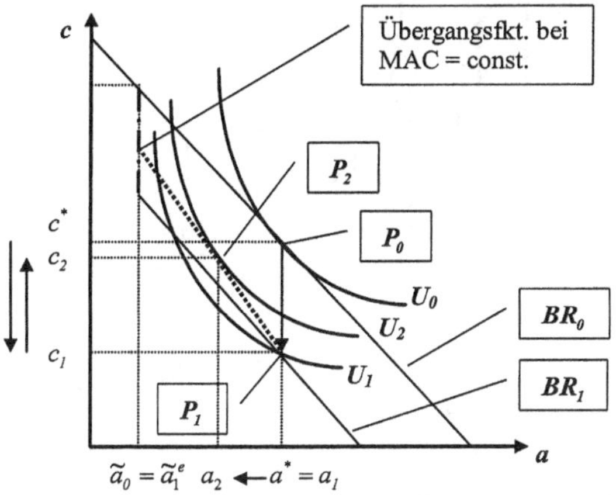

Wie aus Abbildung 10 ersichtlich ist, besitzt die Übergangsfunktion im Fall konstanter Grenzkosten einen linearen Verlauf. Da sich rechts oberhalb von BR_1 ein Tangentialpunkt mit einer höheren Indifferenzkurve U_2 im Punkt P_2 einstellt, ist es für den Akteur optimal, sein gesundheitsschädliches Verhalten zugunsten des gewöhnlichen Konsums zu reduzieren.

Falls eine steigende Konsumreduktion hierbei mit zunehmendem Grenznutzenverlust verbunden ist, existiert ein Bereich, der in Abbildung 11 durch den Abschnitt oberhalb der Indifferenzkurve U_1 beschrieben wird, in dem sich der Akteur gegenüber der Ausgangssituation verbessern kann. Die Punkte P_0 und P_3 kennzeichnen den Bereich, in dem durch Anpassung Nettonutzengewinne möglich sind. Stellen links von P_3 lassen sich dadurch charakterisieren, daß Einkommensgewinne, die das Individuum aufgrund seiner Konsumreduktion erzielt, zwar zur Erhöhung seines Bruttonutzens führen, gleichzeitig aber wegen der ansteigenden Grenzentzugskosten das Nettonutzenniveau gegenüber der Ausgangssituation absinkt. Das optimale Entzugsniveau P_2 wird durch den Tangentialpunkt der Übergangsfunktion mit der höchsten erreichbaren Indifferenzkurve U_2 beschrieben. Im vorliegenden Fall handelt es sich um die Differenz zwischen $(a^* = a_1)$ und a_2.

Abbildung 11: Statischer Fall mit steigenden Grenzanpassungskosten

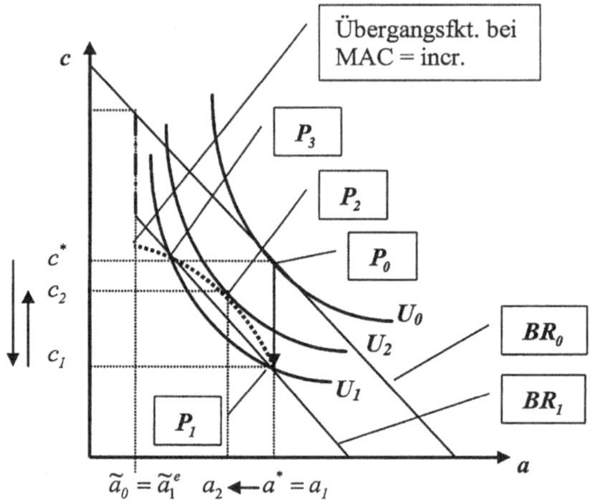

Abbildung 12: Statischer Fall mit sinkenden Grenzanpassungskosten

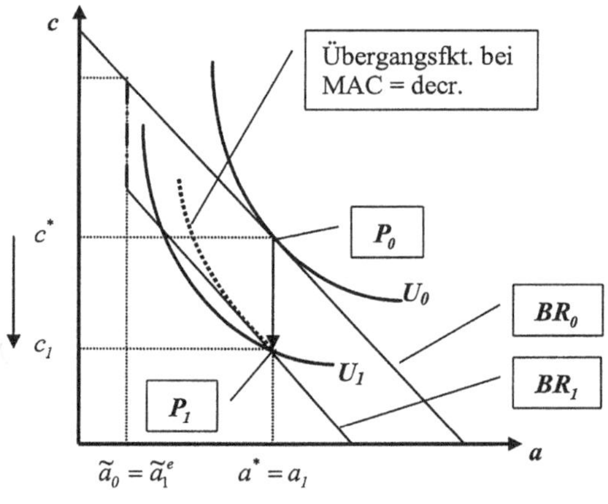

Sinkende Grenzkosten der Anpassung (Abbildung 12) implizieren, daß jede zusätzliche Konsumreduktion relativ weniger Nutzeneinbuße mit sich bringt. Im Unterschied zu den anderen Szenarien ist im vorliegenden Fall keine generelle Aussage möglich: Die qualitative Lösung wird durch die konkrete Lage von Indifferenzkurven und Übergangsfunktion bestimmt. Überlagert sich die Übergangsfunktion mit der Indifferenzkurve U_1, so wird durch eine Verhaltensänderung weder Nutzengewinn noch -verlust realisiert. Die Lösung bleibt undeterminiert, somit einer willkürlichen Wahl des Konsumenten überlassen. Verläuft die Übergangsfunktion im Bereich $[\tilde{a}_0 = \tilde{a}_1^e; a^* = a_1]$ rechts der Budgetgeraden BR_1, so sind zwei Gleichgewichtslösungen denkbar: Im Fall einer sehr steil verlaufenden Übergangsfunktion (dargestelltes Szenario) kann die Beibehaltung des bisherigen Konsumniveaus $(a^* = a_1)$ optimal sein, da es keinen Tangentialpunkt der Übergangsfunktion mit einer höheren Indifferenzkurve gibt. Die Übergangsfunktion markiert zwar realisierbare Nettonutzengewinne, die aufgrund des Einkommenseffektes, d. h. der erwarteten geringeren Bestrafung, sowie der sinkenden marginalen Entzugskosten eintreten können. Dies ist jedoch nicht kompatibel mit den Präferenzen des Akteurs.

Die Verminderung im Konsum auf das Niveau des (erwarteten) Schwellenwertes $\tilde{a}_0 = \tilde{a}_1^e$ kann jedoch bei bestimmten Parameterwerten optimal sein. Da Konsumreduktionen darüber hinaus einerseits das erwartete Einkommen nicht mehr erhöhen, andererseits weiterhin (sinkende marginale) Anpassungskosten auftreten, wird durch $\tilde{a}_0 = \tilde{a}_1^e$ eine Knickstelle in der Übergangsfunktion bezeichnet, welche Tangentialpunkt mit einer Indifferenzkurve U_2, mit $U_0 > U_2 > U_1$, sein kann. Markiert $\tilde{a}_0 = \tilde{a}_1^e$ eine mögliche optimale Absenkung der gesundheitsschädigenden Nachfrage, so ist im vorliegenden Modell eine weitere Reduktion, etwa auf das Abstinenz-Niveau, nicht optimal, da der statisch optimierende Akteur sein endogenes Einkommen nicht weiter erhöhen und entstehende Anpassungskosten in Nutzeneinheiten aufgrund des geringen zeitlichen Horizonts auch nicht anderweitig kompensieren kann.

4.2.5.2 Dynamisch-sequentielle Anpassung: Vorausblickender Akteur

Im statischen Fall (Abschnitt 4.2.5.1) berücksichtigt der Akteur lediglich die Ausprägung des Schwellenwerts der letzten Periode. Demgegenüber kann eine Analyse als *dynamisch* bezeichnet werden, wenn zum Bezugspunkt τ der Entscheidung der zeitliche Verlauf bestimmter Größen von zentraler Bedeutung ist:

Erstens bedeutet dies, daß das bis τ akkumulierte Wissen hinsichtlich des wahren Schwellenwerts eine wichtige Entscheidungsgrundlage darstellt. Integraler Bestandteil des Modells bildet somit das Bayes sche Lernmodell. Da der (temporäre) Erwartungswert direkt aus der/n zurückliegenden Realisation/en des Schwellenwertes bzw. der Schwellenwerte und den Präferenzen abgeleitet wird, bildet der gegenwärtige Erwartungswert den „besten" Bayes'schen Schätzer. Zusätzliche Spekulationen über ein künftiges Abweichen des wahren vom prognostizierten Wert spielen keine Rolle. Der Akteur nimmt somit im vorliegenden dynamischen Rahmen an, daß er vor der Entscheidung steht, in der Gegenwart eine seinen Präferenzen gemäße Anpassung durchzuführen oder dies zu unterlassen.

Zweitens wird angenommen, daß der Akteur vollkommene Voraussicht hinsichtlich der gesundheitsrelevanten Folgen seines gegenwärtigen Handelns besitzt.

Drittens werden bei der vorliegenden Analyse die projizierten Folgen einer (unterlassenen) faktischen Anpassung im Konsumniveau berücksichtigt. Anders ausgedrückt: In welchem Verhältnis stehen Kosten und Nutzen einer Anpassung zueinander? Reduziert etwa der Akteur aufgrund der Anreizwirkung der Einkommensreduktion in der Gegenwart seinen gesundheitsschädlichen Konsum und behält er das niedrigere Niveau bei, so wird dadurch ceteris paribus die Akkumulation des Schädigungskapitals $\{A\}_{t=0}^{T}$ verlangsamt. Automatisch steigt dabei das Alter zum Todeszeitpunkt an, das Ausmaß potentieller künftiger Verluste sinkt. Die zusätzliche Lebenszeit verschafft dem Wirtschaftssubjekt die Möglichkeit, Nutzen zu generieren. Die Implikationen einer marginalen, in der Gegenwart stattfindenden nachhaltigen Verminderung des Konsumniveaus lassen sich durch partielles Ableiten von Gleichung (4.8) unter Beachtung intertemporaler Folgen gesundheitsschädlichen Verhaltens verdeutlichen:

$$(4.29) \qquad L_a = \underbrace{-\rho\ T_a}_{-} \underbrace{\left(e^{-\rho \cdot T}\right)}_{+} \underbrace{\left[U_a - U_c\left(p_t + \gamma\ \vartheta\ \Psi\right) - \Gamma\ K\,\eta_a\right]}_{+} > 0\,.$$

Während das negative Vorzeichen des ersten Terms auf der rechten Seite unmittelbar aufgrund der Annahme folgt, daß zusätzliches gesundheitsschädliches Verhalten den Todeszeitpunkt näher rückt, ist das Vorzeichen des folgenden Terms aufgrund der allgemeinen Modellannahmen größer als Null. Das eindeutig positive Vorzeichen des dritten Terms resultiert direkt aus (4.13) und der Erkenntnis, daß der Schattenpreis des Schädigungskapitalstocks negativ ist. Die anpassungsinduzierte Nutzeneinbuße besitzt hier keine Relevanz. Aufgrund des negativen Vorzeichens ist der Gesamtausdruck auf der rechten Seite strikt positiv. Zusätzlicher gesundheitsschädlicher Konsum führt zu einer erwarteten Zunahme künftiger potentieller Verluste, während diese vice versa durch einen rückläufigen Verbrauch abnehmen.

Viertens müssen Nutzengewinne nicht nur in unmittelbarer Nähe zum Todeszeitpunkt auftreten. Sinkt der Umfang der Bestrafung aufgrund eines niedrigeren gesundheitsschädlichen Niveaus, so steigt im Zeitablauf auch das verfügbare Einkommen an, das für Konsumzwecke zur Verfügung steht.

Da der Akteur auf der Basis seines akkumulierten Wissens (abdiskontierte) zukünftige Nutzengewinne mit gegenwärtigen Nutzenverlusten (Anpassungskosten) vergleicht, handelt es sich im vorliegenden Fall um eine Kosten-Nutzen-Analyse. Methodisch läßt sich dies als Vergleich zweier alternativer abdiskontierter Lebenszeitnutzenströme unter Berücksichtigung von Anpassungskosten darstellen. Werden der Relativpreis p sowie die Einkommensgrößen Y und Ψ konstant gehalten, so bildet die subjektive Zeitpräferenz ρ eine kritische Größe. Wird der statische Fall als Analyse eines vollkommen myopischen Konsumenten interpretiert, welcher der Zukunft keine Bedeutung beimißt, dessen Zeitpräferenzrate demnach gegen Unendlich geht, so wird ersichtlich, daß grundsätzlich die Wahrscheinlichkeit für eine Verhaltensänderung mit sinkender Gegenwartspräferenz ceteris paribus ansteigt.

Formale Grundlage der Entscheidung, ob, bzw. in welchem Umfang in der Gegenwart eine Anpassung vorgenommen wird, bildet ein Vergleich von Wertfunktionen, welche den Wert optimaler Lösungen in Nutzeneinheiten abbilden. So bezeichnet die Wertfunktion V mit

(4.30)
$$V\left[\{a^*\},\{c^*\}\right] = \int_{t=\tau}^{T} e^{-\rho t}\, U\left\{\left[a^*, Y + \Psi\left(1-\gamma\ \vartheta\left(a^* - \tilde{a}^e\right)\right) - p\ a^*, A\right] - \Gamma\ K(\eta)\right\} dt$$

auf der Grundlage der ex-ante optimalen Konsumpfade den Wert des gesundheitsschädlichen (a^*) und gesundheitsneutralen (c^*) Konsumgutes. Gleichung (4.30) veranschaulicht, daß der Akteur die transformationsbedingten Implikationen berücksichtigt. So führt das Individuum die Analyse zum Zeitpunkt τ, mit $t = 0,\ldots,\tau,\ldots T$ durch, welcher mit dem Beginn der ökonomischen Wende identisch sein, aber auch später eintreten kann. Aufgrund ihrer Funktion im Kontext der Konsumglättung und deren Implikationen im Zeitablauf geht die Ersparnis (4.27) nicht in die Wertfunktion ein. Im Unterschied zur Bestrafungsfunktion in Gleichung (4.18) tritt an die Stelle des faktischen temporären Schwellenwertes der auf der Grundlage des Bayes'schen Lernmodells ermittelte aktuelle Erwartungswert. Da der Akteur zum Zeitpunkt τ keine weitere Veränderung erwartet, bleibt $\tilde{a}^e$ im Zeitablauf konstant.

Entsprechend zu (4.30) ist es dem Akteur möglich, eine Wertfunktion $\hat{V}$ zu ermitteln, welche auf der Grundlage der neuen Informationen den Lebenszeitnutzen maximiert. Alternative Konsumpfade $\{c(t)^{**}\}$ und $\{a(t)^{**}\}$ können jedoch nur dann optimal sein, wenn der Akteur das bisher akkumulierte Schädigungskapital und die Implikationen hinsichtlich des Todeszeitpunktes berücksichtigt. Dieser Aspekt bildet den wesentlichen Unterschied zur statischen Analyse (4.2.5.1).

Auf dieser Grundlage vergleicht das Individuum den Wert von $\hat{V}\left[\{a^{**}\},\{c^{**}\}\right]$ mit $V\left[\{a^{*}\},\{c^{*}\}\right]$ unter Berücksichtigung etwaiger Anpassungskosten. Da die Wertfunktion explizit den optimalen Konsumpfad des gesundheitsschädlichen Konsums bedingt auf den aktuellen Erwartungswert des Bestrafungsniveaus berücksichtigt, gilt im Fall suboptimalen gegenwärtigen Konsums:

$$\hat{V}\left[\{a^{**}\},\{c^{**}\}\right] > V\left[\{a^{*}\},\{c^{*}\}\right].$$

Die Gegenüberstellung der mit alternativen Pfaden verbundenen Nutzenniveaus führt schließlich dazu, daß eine Anpassung grundsätzlich durchgeführt wird, falls

$$\hat{V}\left[\{a^{**}\},\{c^{**}\}\right] - V\left[\{a^{*}\},\{c^{*}\}\right] > K\left[a^{*}(\tau^{-}) - a^{**}(\tau^{+})\right], \tag{4.31}$$

wobei der Ausdruck in eckigen Klammern auf der rechten Seite die Differenz im Konsumniveau zwischen der bisherigen Höhe (a^{*}) und dem reoptimierten Wert (a^{**}), d. h. $\dot{a}(\tau)$ darstellt, mit τ^{-} als letztem zurückliegendem Augenblick und τ^{+} als unmittelbar nachfolgendem Zeitpunkt. Übersteigen die unmittelbaren Kosten die (abdiskontierten) Nutzengewinne, so wird sich der Akteur dafür entscheiden, keine Angleichung vorzunehmen. Betrachtet der Akteur die mit dem Übergang auf den (neuen) optimalen Konsumpfad verbundenen Kosten als fix, so handelt es sich um eine „entweder - oder"-Entscheidung. Eine Anpassung in vollem Umfang wird dann durchgeführt, falls Bedingung (4.31) erfüllt ist.

Die Ungleichung (4.31) ist jedoch nicht hinreichend für die Realisation einer unmittelbaren Anpassung. Sie impliziert zwar die Gewährleistung individueller *zukünftiger* Optimalität, wozu auch eine starke Abdiskontierung künftiger Nutzengewinne bei hoher Gegenwartspräferenz gehört, aber die gegenwärtige Vorliebe für eine Anpassung wird dabei ausgeklammert. Wird (4.31) partiell nach der Lebensstilvariablen abgeleitet, so erhält man folgende Marginalbedingung:

$$\frac{\partial \eta}{\partial a} = \frac{\hat{V}[\,] - V[\,]}{K}. \tag{4.32}$$

Vereinfacht ausgedrückt besagt (4.32), daß der Umfang des Entzugs durch das Verhältnis aus (abdiskontiertem) Nettogrenznutzen und den Grenzkosten determiniert wird. Da eine zusätzliche marginale Absenkung im Konsumniveau den Nettogrenznutzen steigert, ist $\hat{V}[\,] - V[\,] < 0$. Der Nenner auf der rechten Seite (K') stellt die äußere Ableitung der Grenzkostenfunktion (K_{η}) dar, welche positiv ist, da ein zunehmender Entzug höhere Anpassungskosten impliziert. Auf der linken Seite der Marginalbedingung ist die innere Ableitung zu erkennen: Da lediglich Auswirkungen von Konsumreduktionen analysiert werden, bestimmt die Beziehung zwischen η und a das gesamte Vorzeichen der Grenzkosten (4.7), das eindeutig negativ ist.

Auch wenn im allgemeinen Fall eine Marginalbedingung formuliert werden kann, welche das Ausmaß der Konsumreduktion widerspiegelt, so lassen sich bei verschiedenen Grenzkostenarten keine generellen Aussagen zur Existenz eines optimalen Anpassungsniveaus ableiten. Wie die statischen Analysen aufzeigen, sind hierbei eine Reihe von Szenarien vorstellbar, die sich aufgrund expliziter Annahmen an den Verlauf der jeweiligen Grenzkostenfunktion und somit hinsichtlich des Suchtgrads ergeben. In direkter Übertragung der statischen Überlegungen läßt sich folgendes feststellen: Existiert eine Übergangsfunktion, die zumindest abschnittsweise einen Bereich mit Nettonutzengewinnen kennzeichnet, so ist eine Konsumreduktion grundsätzlich vorteilhaft. Ob und in welchem Umfang diese aus individueller Perspektive optimal ist, hängt einerseits von der spezifischen Grenzkostenfunktion ab, andererseits vom Steigungsverhalten der Nettogrenzwertfunktion $NGV = \hat{V}[\,] - V[\,]$. Mit Hilfe der folgenden Abbildungen 13 und 14 werden verschiedene Aspekte von steigenden bzw. fallenden Grenzkosten diskutiert.

Auf der Abszisse wird das Ausmaß des Konsumrückgangs (η) dargestellt, auf der Ordinate nutzenrelevante Größen:

Erstens die Höhe der mit einem bestimmten Entzugsniveau verbundenen Anpassungskosten *K*, welche annahmegemäß in Nutzeneinheiten gemessen werden.

Zweitens werden abdiskontierte Nutzensteigerungen $NV = \hat{V} - V$ abgetragen, die sich aufgrund einer Reduktion des gesundheitsschädlichen Konsums zum Zeitpunkt τ vom Niveau $a^*(\tau)$ in Richtung auf $a^{**}(\tau)$ einstellen können.

Drittens wird auf der Ordinate die Nettonutzensteigerung (ΔU) abgebildet, die sich gegenüber dem Ausgangsniveau $\eta = 0$ bei (partiellem) Entzug unter Berücksichtigung der Anpassungskosten einstellt.

Abbildung 13 zeigt den Fall steigender Grenzanpassungskosten *(MAC)*, der als schwache Sucht aufgefaßt werden kann. Die Kostenfunktion *K* steigt somit ausgehend vom bisherigen Konsumniveau $(\eta = 0)$ mit zunehmender Rate an

Abbildung 13: Dynamischer Fall mit steigenden Grenzkosten

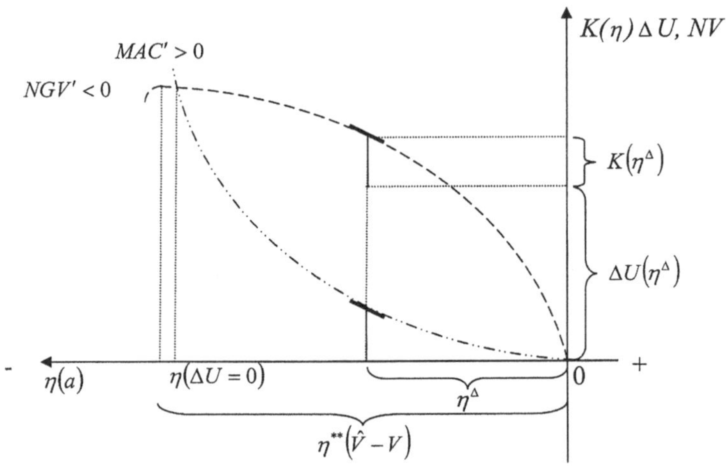

$(MAC' > 0)$. Da in der Abbildung unterstellt wird, daß die Nettowertfunktion $NV = \hat{V} - V$ zwar ansteigt $(NGV > 0)$, aber mit sinkender Rate $(NGV' < 0)$ bei steigendem Entzug Nutzen generiert, weist diese einen gebogenen Verlauf auf. Weil es innerhalb der vorliegenden Analyse durchaus optimal sein kann, das gesundheitsschädliche Verhalten nicht vollständig aufzugeben, impliziert ein Überschreiten der durch die Differenz $a^{**}(\tau^-) - a^*(\tau^+)$ gebildeten Konsumänderung $\eta^{**}(\hat{V} - V)$ abnehmenden Nutzengewinn: Die Funktion *NGV* verändert an dieser Stelle somit ihr Steigungsverhalten. Der Schnittpunkt von Grenzanpassungskostenfunktion und Nettogrenzwertfunktion kennzeichnet das Entzugsniveau, bei dem sich der Akteur gegenüber der Ausgangssituation weder verbessert noch verschlechtert. Zwar führt das niedrigere Konsumniveau zu einer geringeren Bestrafung und höherem verfügbaren Einkommen. Diskontierungsbedingt kann der damit verbundene Nutzengewinn durch die gegenwärtigen Anpassungskosten jedoch vollständig kompensiert werden. Der durch *MAC* und *NGV* gebildete linsenförmige Bereich kennzeichnet den Raum, in dem durch Entzug trotz auftretender Anpassungskosten Nettonutzensteigerungen $\Delta U > 0$ möglich sind. Die Marginalbedingung (4.32) gewährleistet, daß das Individuum das zu realisierende Entzugsniveau η^{Δ} derart wählt, daß der Nettonutzengewinn maximiert wird. In diesem Punkt besitzen *MAC* und *NGV* dieselbe Steigung.

Abbildung 13 zeigt, daß bei schwacher Sucht eine Konsumreduktion möglich ist. An dieser Erkenntnis ändert sich nichts, wenn statt einer sinkenden Nettogrenzwertfunktion $NGV' < 0$ ein konstanter Funktionsverlauf unterstellt wird. Schaubild 13 belegt ferner, daß parameterabhängig der Schnittpunkt von Grenzkostenfunktion und Nettogrenzwertfunktion rechts des durch $\eta^{**}(\hat{V} - V)$ dargestellten Entzugsumfangs liegen kann. Würde demnach der Akteur das Entzugsniveau $\eta^{**}(\hat{V} - V)$ wählen, so würde das gegenüber der Ausgangssituation zu einem Nutzenverlust führen ($\Delta U < 0$).

Schaubild 14 stellt den Fall sinkender Grenzanpassungskosten ($MAC' < 0$) dar.

Abbildung 14: Dynamischer Fall mit sinkenden Grenzkosten

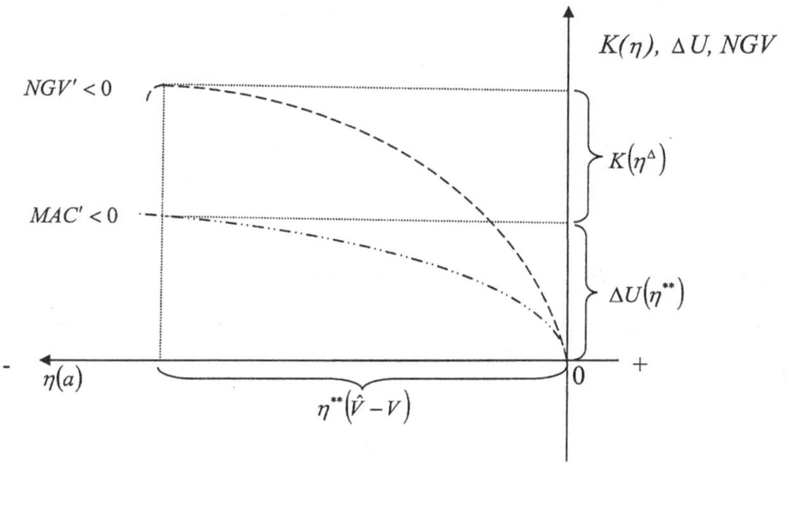

Sowohl Grenzkosten- als auch Nettogrenzwertfunktion weisen einen bogenförmigen Verlauf auf, wobei angenommen wird, daß im Hinblick auf den ganzen relevanten Entzugsbereich $\eta^{**}(\hat{V} - V)$ die Funktion NGV über MAC liegt. Weil im dargestellten Fall die Grenzanpassungskostenfunktion eine geringere Steigung als die Nettogrenzwertfunktion aufweist, steigt mit zunehmendem Entzug der realisierbare Nutzengewinn $\Delta U > 0$ an. Stimmt demzufolge der Wert $a^{**}(\tau)$ mit einem Konsumniveau von Null überein, wird das Individuum den Totalentzug wählen. Da im vorliegenden Modell jedoch davon ausgegangen wird, daß ein moderates Konsumniveau dem Verbraucher Nutzen verschafft und auch vom Arbeitgeber toleriert wird, liegt der faktische Konsumumfang bei sinkenden Grenzanpassungskosten im positiven Bereich.

Analog zum statischen Szenario können im Fall sinkender Grenzanpassungskosten Parametervariationen zu unterschiedlichem Anpassungsverhalten führen. Überlagern sich *MAC* und *NGV*, so bleibt das Verhalten ex ante undeterminiert, da jeder infinitesimale Nutzengewinn, der durch ein niedrigeres Konsumniveau realisiert wird, vollständig durch Anpassungskosten kompensiert wird. Ferner stellt sich die Frage, inwiefern das Szenario einer Nettogrenzwertfunktion, die im gesamten relevanten Bereich *über* der Anpassungskostenfunktion liegt, realistisch ist. Es wurde bereits mehrfach darauf hingewiesen, daß die Höhe der Zeitpräferenzrate im wesentlichen den abdiskontierten Wert künftiger Nutzenerträge bestimmt. Empirische Studien betonen häufig, daß Süchtige eine relativ hohe Gegenwartspräferenz besitzen. Dies impliziert wiederum, daß künftiger Nutzen in der Gegenwart nur in geringem Umfang berücksichtigt wird. Demzufolge ist das Szenario plausibel, bei dem im relevanten Bereich die Grenzkostenfunktion über der Nettogrenzwertfunktion liegt. Dies bedeutet aber, daß es keine optimale Konsumreduktion gibt, da mit steigender Verbrauchsminderung das Ausmaß der realen Nutzeneinbußen zunimmt. Der Akteur wird in diesem Fall auf dem ursprünglichen Konsumniveau $a^*(\tau)$ verharren.

Der *sequentielle* Charakter des vorliegenden Falles entsteht dadurch, daß künftige Bayes'sche Schätzer vom gegenwärtigen Schätzer abweichen können. Wird angenommen, daß der Akteur fortlaufend Kosten-Nutzen-Analysen durchführt, so kann dies dazu führen, daß das Wirtschaftssubjekt in zeitlicher Abfolge mehrere Anpassungsreaktionen vornimmt. Dabei kann auch der Fall eintreten, daß der Konsument feststellt, daß vorherige Anpassungsschritte zu einem suboptimal niedrigen Konsumniveau geführt haben. Da der optimierungsbedingte Verbrauchsanstieg keine Kosten induziert, wird in diesem Fall eine unmittelbare Anpassung gewählt.

Die häufige Wiederholung von Anpassungsschritten aufgrund von Kosten-Nutzen-Überlegungen ist vor allem dann wahrscheinlich, wenn der Akteur lediglich eine partielle Konsumreduktion in bezug auf das optimale Referenzniveau zum Zeitpunkt τ, $a^{**}(\tau)$ durchführt. Werden diese Schritte sehr häufig vollzogen bzw. wiederholt, so kann dies als Annäherung an das Ergebnis der dynamischen Anpassung im Rahmen der Pfadoptimierung aufgefaßt werden.

4.2.5.3 Dynamische Anpassung im Rahmen der Pfadoptimierung[84]

Im Unterschied zur statischen Analyse berücksichtigt der dynamisch-sequentielle Fall zusätzliche intertemporale Effekte. So werden zukünftige Implikationen einer (Nicht)Anpassung bei der gegenwärtigen Entscheidung einbezogen. Bei der Abdiskontierung künftiger Nutzengewinne spielt die Zeitpräferenzrate ρ eine wichtige Rolle. Da die dynamisch-sequentielle Optimierung (Abschnitt 4.2.5.2) nicht auf eine *intertemporale* Rationalität abzielt, besteht jedoch die Gefahr, daß der Akteur ex-ante einen suboptimalen Konsumplan realisiert. Zwar berücksichtigt das Wirtschaftssubjekt hierbei den abdiskontierten zusätzlichen Nutzen, der aufgrund eines längeren Lebens realisierbar ist sowie die negativen Folgen der Schädigung; durch die Projektion auf die Gegenwart werden jedoch wichtige Aspekte der Anpassungskosten aus der Analyse ausgeklammert. Zwei Implikationen treten hierbei in den Vordergrund:

Da der Akteur erstens keine weitere erforderliche Anpassung erwartet, könnte es für ihn sinnvoll sein, die Anpassung nicht sofort in vollem Umfang zu betreiben, sondern bereits bei Festlegung des Konsumplans (und somit nicht ad hoc, wie im dynamisch-sequentiellen Fall) zu entscheiden, diese auf mehrere Zeiteinheiten aufzuteilen. Dies bedeutet, daß das Individuum *intendiert*, seine gesundheitsbeeinflussende Verhaltensweise im Hinblick auf das optimale Niveau in Sprüngen anzupassen. Das ist jedoch gleichbedeutend mit einer Einbettung der Anpassung in den optimalen Konsumpfad. Das dynamische Optimierungsproblem:

$$(4.33) \qquad \Lambda = U\left[a,\, Y + \Psi\left(1-\gamma\ \vartheta\left(a-\tilde{a}^{e}\right)\right) - p\ a,\, A\right] - \Gamma\ K(\eta) + \mu\left(a - \delta\ A\right)$$

berücksichtigt neben der modifizierten Nutzenfunktion, den Anpassungskosten und der Bewegungsgleichung des Schädigungskapitals auch die Randbedingungen:

---

[84] Eine direkte Verbindung zwischen einem Bayes'schen Lernmodell und nicht-stationärer Verhaltensanpassung bietet etwa der Ansatz von Rieder (1975). Auch Feldman und Spagat (1995) betrachten ein Lern- und Verhaltensmodell, bei dem der Akteur auf bayesianische Weise lernt, die faktische Anpassung jedoch durch das Vorhandensein von Anpassungskosten erschwert wird. Zur Ableitung einer optimalen Handlungsweise bedienen sich die Autoren eines Optimal-Control-Rahmens. Obwohl das Modell in einen dynamischen Optimierungsrahmen eingebettet ist, erfolgt die faktische Verhaltensanpassung des Akteurs nicht aufgrund von Kosten- und Nutzenüberlegungen. Als Instrument zur faktischen Verhaltensanpassung verwenden die Autoren das Konzept der sogenannten Übergangswahrscheinlichkeit.

(4.34) $$a\left(\hat{\tau}^-\right) = a^*\left(\hat{\tau}^-\right),$$
$$A\left(\tau^-\right) = A_{\tau^-} \qquad \text{und} \qquad A(T) = H_0,$$

wobei in der Anfangsbedingung der Umfang des bisherigen Lebensstilskonsums mit enthalten ist. Eine wichtige Bedingung hinsichtlich der Eindeutigkeit liefert die notwendige Bedingung zweiter Ordnung:

(4.35) $$\Lambda_{aa} = U_{aa} + U_{cc}(\gamma \ \vartheta \ \Psi + p)^2 - \Gamma \ K \ \eta_{aa} \leq 0.$$

Aufgrund der getroffenen Annahmen sind der erste und der zweite Term eindeutig nichtpositiv. Die Legrande-Clebsch-Bedingung (4.35) ist jedoch nur nichtnegativ und damit erfüllt, wenn der Effekt der ersten beiden Terme durch den Anpassungskosteneffekt nicht überkompensiert wird. Falls demnach überhaupt keine Anpassung betrieben wird, Γ also generell den Wert Null annimmt, ist (4.35) unter den getroffenen Annahmen immer erfüllt. Werden Konsumreduktionen durchgeführt, so ist eine nähere Differenzierung erforderlich: Unproblematisch sind hierbei konstante und steigende Grenzkosten. Im Fall $K''() < 0$, d. h. bei sinkenden Anpassungskosten, kann es jedoch zu einer Verletzung der notwendigen Optimalitätsbedingung zweiter Ordnung kommen. Werden bei starker Sucht Konsumreduktionen durchgeführt, so ist (4.35) nur erfüllt, falls gilt:

(4.35') $$U_{aa} + U_{cc}(\gamma \ \vartheta \ \Psi + p)^2 \leq K \ \eta_{aa}.$$

Die mangelnde Eindeutigkeit im Fall sinkender Entzugskosten deckt sich hierbei mit der graphischen Analyse im statischen Fall.

Zweitens wurde bislang auf die Problematik von Eindeutigkeit und Stabilität der Lösung nur am Rande eingegangen. Per Annahme wurden diese unterstellt. Wie jedoch bereits die Analyse der Konkavität der Hamilton-Funktion (4.33) in der Kontrollvariable (4.35) gezeigt hat, ist diese im vorliegenden Modell generell nur im Fall *ohne* Anpassungskosten sowie bei schwacher Sucht gewährleistet. Ist die Hamilton-Funktion sowohl in der Kontrollvariable als auch in der Zustandsvariablen konkav, d. h. ist die Matrix

$$D^2\Lambda = \frac{\partial^2 \Lambda}{\partial(a, A)^2} = \begin{pmatrix} \Lambda_{aa} & \Lambda_{aA} \\ \Lambda_{Aa} & \Lambda_{AA} \end{pmatrix}$$

negativ semidefinit, so existiert eine optimale Trajektorie, die zu einem stabilen (negativen) Wachstumsgleichgewicht (Steady State) führt. Die Konkavität der maximierten Hamilton-Funktion (4.33) folgt nach dem Hauptminoren-Kriterium direkt aus $\Lambda_{aa} \leq 0$ und $\Lambda_{AA} < 0$. Während $\Lambda_{AA} = U_{AA} < 0$ direkt aufgrund der Grundannahmen des Modells erfüllt ist, bezeichnet (4.35') die Anforderung, die von den Anpassungskosten erfüllt sein muß, um die Legrande-Clebsch-Bedingung zu gewährleisten. Im Gegensatz zur schwachen Sucht, die dem Kriterium der negativen Semidefinität ohne Einschränkungen entspricht, kann aus (4.35') gefolgert werden, daß bei stark sinkenden Grenzanpassungskosten (sehr starke Sucht) grundsätzlich kein stabiles Wachstumsgleichgewicht existiert.

Da die Hamilton-Funktion (4.33) nicht näher spezifiziert wurde, ist eine Stabilitätsanalyse von Konsumpfaden nur näherungsweise durchführbar. Diesbezüglich gehen etwa Becker und Murphy (1988) von der Annahme einer quadratischen Nutzenfunktion aus. Eine weitere Möglichkeit liefert die lineare Approximation der Bedingungen Erster Ordnung (Taylor-Approximation). Die folgende Analyse knüpft an die Darstellung von Ferguson (2000) an und unterstellt, daß sämtliche Ableitungen Dritter Ordnung gleich Null sind. Dadurch soll die Realisierung eines linear stationären Gleichgewichts- (bzw. Wachstums-)pfades für das gesundheitsschädliche Gut a und insbesondere für das Schädigungskapital A gewährleistet werden.

Die Bewegungsgleichung der Zustandsvariablen (4.3) und Bedingung (4.36) liefern ein kanonisches Differentialgleichungssystem in A und μ:

(4.3) $$\dot{A} = a - \delta A,$$

(4.36) $$\dot{\mu} = (\rho + \delta)\mu - U_A.$$

Wird (4.36) nach der adjungierten Variablen aufgelöst und hinsichtlich der Zeit differenziert, so erhält man eine weitere Differentialgleichung für μ:

(4.37) $$\begin{aligned}\dot{\mu} = &- \left[(\gamma\ \vartheta\ \Psi + p)^2\ U_{cc} - \Gamma\ K\, \eta_{aa} + U_{aa} \right] \dot{a} \\ &+ \left[(\gamma\ \vartheta\ \Psi + p)\ U_{cA} + \Gamma\ K\, \eta_{aA} - U_{aA} \right] \dot{A}.\end{aligned}$$

Dabei wird unterstellt, daß ϑ, p und Ψ im Zeitablauf konstant sind.

Verwendet man nun die notwendigen Bedingungen der dynamischen Optimierung (4.33), so erhält man unter Berücksichtigung von (4.3) eine Differentialgleichung in a:

$$(4.38) \qquad \dot{a} = \begin{aligned} &\{[(\gamma\cdot\vartheta\cdot\Psi+p)U_{cA}+\Gamma\cdot K''\eta_{aA}-U_{aA}](a-\delta A)+U_A \\ &-(\rho+\delta)[U_c(\gamma\ \vartheta\ \Psi+p)+\Gamma\ K\ \eta_a-U_a]\} \\ &\times\left[\frac{1}{(\gamma\ \vartheta\ \Psi+p)^2U_{cc}-\Gamma\ K\ \eta_{aa}+U_{aa}}\right]. \end{aligned}$$

Mit (4.3) und (4.38) verfügt man über ein kanonisches Differentialgleichungssystem in (a, A), das sich im Zustands-Kontroll-Raum darstellen läßt. Damit wird eine qualitative Analyse der optimalen dynamischen Anpassung im Phasenraum möglich.

Im stationären Gleichgewicht ändert sich der Umfang des Schädigungskapitalstocks nicht mehr. Somit gilt: $\dot{A}=0$. Aus (4.3) erhält man als Ausdruck für den stationären Ort in bezug auf A:

$$(4.39) \qquad a=\delta A.$$

Die zugehörige Isokline[85] besitzt eine Steigung von:

$$(4.40) \qquad \frac{\partial a}{\partial A}(\dot{A}=0)=\delta>0.$$

Der stationäre Ort für das Schädigungskapital A stellt somit eine gerade Linie dar, deren Steigung δ ist. Der stationäre Ort für a kann über Bedingung (4.38) ermittelt werden. Die getroffenen Annahmen sowie einige Plausibilitätsüberlegungen ermöglichen es, den Ausdruck (4.38) zu vereinfachen und dadurch Aussagen über das Steigungsverhalten der Funktion abzuleiten.

Annahmegemäß nimmt (im Zähler) U_{cA} den Wert Null an (vgl. Formel 4.2b). Da davon ausgegangen werden kann, daß eine Konsumverminderung auf proportionale Weise η beeinflußt, nimmt η_{aa} ebenfalls den Wert Null an:

$$(4.38') \qquad \dot{a} = \begin{aligned} &\{(\Gamma\cdot K''\eta_{aA}-U_{aA})(a-\delta A)+U_A-(\rho+\delta)\} \\ &\times\left\{\frac{U_c(\gamma\ \vartheta\ \Psi+p)+\Gamma\ K\ \eta_a-U_a}{(\gamma\ \vartheta\ \Psi+p)^2U_{cc}}\right\}. \end{aligned}$$

Werden im Phasendiagramm, wie aus Abbildung 15 ersichtlich, die Nachfrage nach gesundheitsschädlichen Gütern (a) auf der Ordinate, sowie die Akkumulation des dazu gehörenden Schädigungskapitalstocks (A) auf der Abszisse abge-

85 Isoklinen bezeichnen Punktmengen konstanter Steigung der Trajektorie.

tragen, so läßt sich der stationäre Ort für A als Ursprungsgerade mit der Steigung δ darstellen. Der stationäre Ort des gesundheitsrelevanten Verhaltens (a) mit $\dot{a}=0$ kann über die Gleichung (4.38') ermittelt werden. Weil dessen Nenner immer negativ ist, nimmt der Gesamtausdruck den Wert Null an, falls der Zähler gleich Null ist. Da jedoch nahe am Gleichgewicht aufgrund (4.39) $a - \delta A = 0$ gilt, entfällt der erste Term im Zähler. Die Steady-State-Bedingung $\dot{a}=0$ impliziert ferner, daß a konstant bleibt, damit also keine Anpassungskosten ($\Gamma=0$) vorliegen. Der stationäre Ort für das Lebensstilgut läßt sich somit wie folgt bestimmen:

$$(4.41) \qquad U_A-(\rho+\delta)\left[U_c(\gamma\cdot\vartheta\cdot\Psi+\rho)-U_a\right]=0.$$

In der Nähe des Gleichgewichts gilt $\dot{a}=\dot{A}=0$ und somit auch $\dot{\mu}=0$ (4.37). Deshalb kann unter Verwendung der notwendigen Bedingungen von (4.33) die Steigung des stationären Ortes für Gut a nahe am Gleichgewicht festgelegt werden. Sie beträgt:

$$(4.42) \qquad \frac{\partial a}{\partial A}(\dot{a}=0)=\frac{(\rho+\delta)\left[(\gamma\cdot\vartheta\cdot\Psi+p)(U_{cA}-U_{aA})\right]-U_{AA}}{U_{Aa}+(\rho+\delta)\left[(\gamma\ \ \vartheta\ \ \Psi+p)^2U_{cc}+U_{aa}\right]}<0.$$

Das Vorzeichen von (4.42) läßt sich folgendermaßen ermitteln: Der Nenner ist negativ, da erstens der Klammerausdruck aufgrund der Grundannahmen kleiner als Null ist. Da eine Veränderung des Lebensstilkonsums den Grenznutzen des Schädigungskapitals nicht ansteigen läßt, ist auch U_{Aa} kleiner als Null. Im Zähler entfällt wegen der getroffenen Annahme (4.2b) die Ableitung U_{cA}. Da sowohl U_{aA} als auch U_{AA} kleiner als Null, jedoch mit einem positiven Vorzeichen verknüpft sind, ist der Zähler positiv und der Gesamtausdruck (4.42) eindeutig negativ: Die Isokline besitzt somit eine negative Steigung.

Abbildung 15 stellt die ex-post ex-ante-Problematik im allgemeinen Fall nach der Einführung der Bestrafung eines suboptimal hohen Konsums dar. Dabei wird der Umfang des gesundheitsrelevanten Konsums a auf der Ordinate, die Höhe des Schädigungskapitalstocks A auf der Abszisse abgetragen. Es wird angenommen, daß sich der Konsument unmittelbar vor dem Zeitpunkt der Wende in einem stabilen Gleichgewichtspunkt im Phasendiagramm befand. Dieser läßt sich dadurch charakterisieren, daß er im Schnittpunkt der beiden Isoklinen $\dot{A}=0$ und $\dot{a}_0 = 0$ liegt (Punkt P_0), welche angeben, wo die Lösungstrajektorien senkrechte bzw. waagrechte Tangenten besitzen. Wird ein Akteur mit suboptimal hohem gesundheitsschädlichem Konsum unterstellt, so impliziert die Einführung der Bestrafung in Form einer Einkommensreduktion, daß das bisherige Steady State für ihn langfristig suboptimal ist.

Abbildung 15: Suboptimal hoher Konsum und Steady State

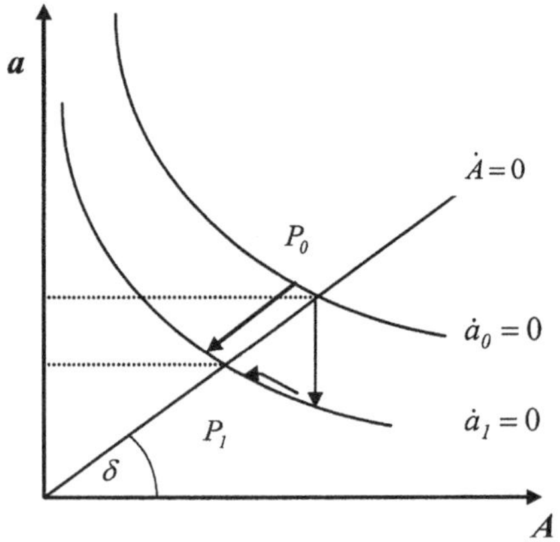

Ist in Formel (4.38) die Schaltfunktion $\gamma()$ aktiv, so führt die Einkommensreduktion zu einem betragsmäßigen Anstieg des Nenners, was im Schaubild 15 mit einer Verschiebung der Isokline $\dot{a}_0 = 0$ nach links unten korrespondiert (neue Lage $\dot{a}_1$). Es ist für den Akteur vorteilhaft, sich auf das neue Steady State (Punkt P_1) zuzubewegen. Dies wird durch die Pfeilrichtung zum Ausdruck gebracht. Der Zustands-Kontroll-Raum verdeutlicht, daß es generell verschiedene Möglichkeiten gibt, Punkt P_0 zu realisieren. Dabei gilt jedoch: Der Akteur vermag nicht, mittels eines einmaligen diskreten Sprungs die neue, langfristig optimale (a, A) Kombination in Punkt P_1 zu erreichen. Der Schädigungskapitalstock kann lediglich über die Kontrollvariable a, d. h. über das gesundheitsrelevante Verhalten, adjustiert werden. Zwei zeitliche Effekte sind dabei zu unterscheiden: Die *kurzfristige* Reaktion des Akteurs besteht darin, das gesundheitsschädliche Konsumniveau von der ex-ante- auf die ex-post-Isokline zu reduzieren (Sprung nach unten), *langfristig* wird er versuchen, sich auf der $\dot{a}$-Isokline auf den neuen Sattelpunkt P_1 zuzubewegen. Der optimale Anpassungspfad kann im allgemeinen Fall durch den dynamischen Optimierungsansatz (4.33) ermittelt werden. Wird die funktionale Form der Anpassungskosten näher spezifiziert, so lassen sich daraus folgende Aussagen ableiten:

Im Fall linearer Grenzkosten lohnt es sich für den Akteur nicht, die optimale Anpassung zu verschieben. Dies folgt unmittelbar aus der Tatsache, daß jede reduzierte Mengeneinheit gleich viel Nutzen kostet. Zwar kann das Gewicht von nutzensenkenden Anpassungskosten in der Gegenwart durch Verlagerung in die Zukunft vermindert werden, da nicht realisierte Nutzengewinne jedoch auf der anderen Seite mit derselben Zeitpräferenzrate ρ abdiskontiert werden, verliert der Akteur durch eine Verzögerungsstrategie per Saldo mehr Lebenszeitnutzen, so daß diese Strategie für ihn unter Optimalitätsaspekten ausscheidet. Analog zum statischen Fall, bei dem sich die Anpassung des Konsums bei sinkenden Grenzkosten, d. h. bei starker Sucht, nur bei bestimmten Parameterkombinationen einstellt, ist es für den Akteur auch intertemporal nur in Spezialfällen optimal, sein bisheriges Konsumniveau zu reduzieren. Im Fall steigender Grenzkosten reagiert er mit einer graduellen Anpassungsstrategie, bei welcher er gemäß seiner Marginalbedingung in der Gegenwart sein Konsumniveau reduziert, wobei es in der Zukunft zu weiteren Anpassungsschritten kommen kann. Letztgenannte Strategie kann dadurch erklärt werden, daß Wirtschaftssubjekte im Bestreben, ihre induzierten Anpassungskosten zu minimieren, dies im Falle steigender Grenzkosten bei bestimmten Parameterkonstellationen erzielen können, indem die Anpassung partioniert und somit über eine gewisse Distanz gestreckt wird.

In bezug auf den Anpassungspfad ist es von Interesse, ob es dem Akteur möglich ist, nach der Durchführung sämtlicher Anpassungsschritte erneut einen stabilen Steady State zu erreichen, in welchem keine Veränderung von a und A mehr erforderlich ist. Wird aus den Bewegungsgleichungen (4.3) und (4.38) durch Ableiten nach a und A eine Jacobimatrix $\mathfrak{J}$ gebildet[86], so kann festgestellt werden, ob ein eindeutiges Gleichgewicht existiert.

$$\mathfrak{J} = \begin{pmatrix} \frac{\partial \dot{a}}{\partial a} & \frac{\partial \dot{a}}{\partial A} \\ \frac{\partial \dot{A}}{\partial a} & \frac{\partial \dot{A}}{\partial A} \end{pmatrix}$$

mit

[86] Diese Matrix ist die Systemmatrix des linearisierten Systems an der Gleichgewichtslage. Sie bestimmt die Dynamik genügend kleiner Abweichungen ξ des Systemzustandes von der Gleichgewichtslage (erster Term einer Taylorreihenexpansion).

$$\text{(4.43a)}\quad \frac{\partial \dot{a}}{\partial a} = (\gamma\ \vartheta\ \Psi + p)U_{cA} + \Gamma\ K\ \eta_{aA} - U_{aA} + U_{Aa} - (\rho + \delta) \times \left[U_{ca}(\gamma\ \vartheta\ \Psi + p) + \Gamma\ K\ \eta_{aa} - U_{aa}\right] \times \frac{1}{(\gamma\ \vartheta\ \Psi + p)^2 U_{cc} - \Gamma\ K\ \eta_{aa} + U_{aa}},$$

$$\text{(4.43b)}\quad \frac{\partial \dot{a}}{\partial A} = -\delta\ \left[(\gamma\ \vartheta\ \Psi + p)U_{cA} + \Gamma\ K\ \eta_{aA} - U_{aA}\right] + U_{AA} - (\rho + \delta) \times \left[U_{cA}(\gamma\ \vartheta\ \Psi + p) + \Gamma\ K\ \eta_{aA} - U_{aA}\right] \times \frac{1}{(\gamma\ \vartheta\ \Psi + p)^2 U_{cc} - \Gamma\ K\ \eta_{aa} + U_{aa}},$$

$$\text{(4.43c)}\quad \frac{\partial \dot{A}}{\partial a} = 1,$$

$$\text{(4.43d)}\quad \frac{\partial \dot{A}}{\partial A} = -\delta .$$

Unter den Annahmen (4.2a) bis (4.2d) sowie weiterer Plausibilitätsvermutungen ist es möglich, die Vorzeichen der Elemente der Jacobimatrix $\mathfrak{I}$ nebst deren Determinante zu bestimmen. Als Referenzfall zu den Szenarien mit steigenden und sinkenden Grenzkosten dient dabei der Fall ohne Anpassungskosten (Standardfall). Dabei bereitet es keine Schwierigkeiten, die partiellen Ableitungen für (4.43c) und (4.43d) zu ermitteln, die sich hinsichtlich der Szenarien nicht unterscheiden.

Im Szenario *ohne* Anpassungskosten $(\Gamma = 0)$ ist der Nenner von (4.43a) eindeutig negativ. Wird aus Vereinfachungsgründen $U_{ca} = 0$ unterstellt, und der Fall angrenzender Unabhängigkeit $(U_{aA} = 0)$ angenommen, so besitzt der Zähler ebenfalls ein negatives Vorzeichen. Damit ist die Wirkung einer marginalen Veränderung $\dot{a}_a$ strikt positiv. Liegen *steigende* Grenzanpassungskosten vor und wird zusätzlich angenommen, daß $K''\eta_{aA}$ den Wert Null annimmt (eine marginale Veränderung des Schädigungskapitalstocks besitzt keine Wirkung auf den Umfang des Entzugs), so ist auch hier (4.43a) eindeutig positiv, da sowohl Zähler als auch Nenner negativ sind. Werden jedoch im Szenario *fallender* Grenzanpassungskosten dieselben Annahmen analog zum Fall steigender Grenzkosten zugrundegelegt, so kann per se keine eindeutige Aussage zum Vorzeichen der partiellen Ableitung gemacht werden. Sowohl das Vorzeichen des Zählers als auch des Nenners sind abhängig davon, ob der jeweilige Kosteneffekt die Wirkung der anderen Komponenten überkompensiert oder nicht. Gilt hinsichtlich des Zählers:

$$\left| U_{Aa} + (\rho + \delta) U_{aa} \right| > \left| (\rho + \delta) K'' \right|$$

und gleichzeitig bezüglich des Nenners:

$$\left| (\gamma \ \vartheta \ \Psi + p)^2 U_{cc} + U_{aa} \right| > \left| K \ \eta_{aa} \right|,$$

so gilt dieselbe Aussage wie im Fall steigender Grenzkosten. Ein positiver Gesamteffekt ist aber auch denkbar, wenn im Zähler und im Nenner der umgekehrte Fall zum Tragen kommt und der Kosten- den Nutzeneffekt überkompensiert. Differieren jedoch die Vorzeichen von Zähler und Nenner, so tritt der Fall ein, daß $\dot{a}_a < 0$ vorliegt.

Generell entspricht der Nenner von (4.43b) demjenigen von (4.43a) in sämtlichen Szenarien. So ist dieser bei fehlenden Anpassungskosten sowie bei steigenden Grenzanpassungskosten eindeutig negativ. Zur Ermittlung des Vorzeichens des Zählers sind im Unterschied zu (4.43a) keine Plausibilitätsüberlegungen erforderlich. Unter den Annahmen (4.2a) bis (4.2d) sowie der Annahme, daß sämtliche Ableitungen Dritter Art den Wert Null annehmen, ist der Zähler bei fehlenden bzw. steigenden Grenzanpassungskosten eindeutig negativ. Dieses Ergebnis gilt unabhängig davon, ob der Fall der angrenzenden Unabhängigkeit oder der angrenzenden Substitutionalität vorliegt. Der Gesamteffekt ist somit positiv. Dagegen ist bei starker Sucht keine eindeutige Angabe zum Gesamteffekt ohne zusätzliche Annahmen hinsichtlich der Größe der Marginaleffekte möglich. Von zentraler Bedeutung ist dabei die Beziehung:

$$\left| (\gamma \ \vartheta \ \Psi + p)^2 U_{cc} + U_{aa} \right| > \left| K \ \eta_{aa} \right|.$$

Ist sie erfüllt, so ist auch der Gesamteffekt von a_a im Falle sinkender Grenzanpassungskosten positiv.

Somit gilt hinsichtlich der Elemente der Jacobimatrix $\mathfrak{J}$: Im Falle fehlender Kosten sowie steigender Grenzanpassungskosten lauten die Vorzeichen der Elemente

$$\mathfrak{J} = \begin{pmatrix} >0 & >0 \\ >0 & <0 \end{pmatrix},$$

somit ist die Determinante der Jacobimatrix, *det* ($\mathfrak{J}$), negativ. Bei sinkenden Anpassungskosten gilt dagegen:

$$\Im = \begin{pmatrix} ? & ? \\ >0 & <0 \end{pmatrix},$$

det ($\Im$) kann nicht eindeutig ermittelt werden.

Von einer dezidierten Lösung für den Fall von starker Sucht soll an dieser Stelle abgesehen werden. Da die Determinante der Jacobimatrix bei steigenden Grenzkosten negativ ist, bedeutet dies, daß eine optimale Trajektorie existiert, die zu einem stabilen Wachstumsgleichgewicht (Steady State) führt.

Ist die Spur der Matrix $\Im$, *Sp* ($\Im$),bekannt: h.

$$Sp(\Im) = \frac{\partial \dot{a}}{\partial a} + \frac{\partial \dot{A}}{\partial A},$$

kann unter Verwendung von *det* ($\Im$) die charakteristische Gleichung gelöst werden, welche Ausgangspunkt für die Berechnung von Eigenwerten und den dazugehörenden Eigenvektoren ist. Dabei gilt:

$$\phi^2 - \underbrace{\left(\frac{\partial \dot{a}}{\partial a} + \frac{\partial \dot{A}}{\partial A}\right)}_{Sp(\Im)}\phi + \underbrace{\frac{\partial \dot{a}}{\partial a}\frac{\partial \dot{A}}{\partial A} - \frac{\partial \dot{A}}{\partial a}\frac{\partial \dot{a}}{\partial A}}_{\det(\Im)} = 0,$$

deren Lösung

$$\phi_{1/2} = \frac{Sp(\Im)}{2} \pm \sqrt{\frac{Sp(\Im)^2}{4} - det(\Im)}$$

die Eigenwerte ϕ_1 und ϕ_2 liefert. Da *det* ($\Im$) < 0, nimmt der Ausdruck unter der Wurzel einen positiven Wert an, d. h.:

$$(4.44) \quad \left\{\frac{(U_{Aa} + (\rho+\delta)U_{aa}) - \delta\left[(\gamma\ \vartheta\ \Psi + p)^2 U_{cc} - \Gamma\ K\ \eta_{aa} + U_{aa}\right]}{2(\gamma\ \vartheta\ \Psi + p)U_{cc} - \Gamma\ K\ \eta_{aa} + U_{aa}}\right\}^2 >$$

$$-\frac{[U_{Aa} - (\rho+\delta)(\Gamma\cdot\eta_{aa} - U_{aa})]\ \delta + \delta\cdot U_{aA} + U_{AA} + (\rho+\delta)U_{aA}}{\left[(\gamma\ \vartheta\ \Psi + p)^2 U_{cc} - K\ \eta_{aa} + U_{aa}\right]^2}.$$

Der Ausdruck in der ersten Zeile von (4.44) bildet $Sp(\Im)^2/4$, in der zweiten Zeile die Determinante der Jacobimatrix im Falle steigender Anpassungskosten ab. Dies impliziert, daß die beiden Eigenwerte reell sind, wobei der Eigenwert ϕ_1 positiv und der Eigenwert ϕ_2 negativ ist. Obwohl aufgrund der Komplexität der

Lösungen der charakteristischen Gleichung die zu ϕ_1 und ϕ_2 korrespondierenden Eigenvektoren nicht explizit berechnet werden können, ist wegen der ermittelten qualitativen Charakteristika des Stabilitätsproblems eine Darstellung im Phasendiagramm möglich. Durch die festgestellte Eigenschaft der Eigenwerte besitzen die stationären Zustände eine bestimmte Ausprägung. Der durch (a^{**}, A^{**}) festgelegte Punkt läßt die Merkmale eines Sattelpunkts erkennen.

In der Abbildung 16 sind wiederum die Isoklinen eingezeichnet, die durch $(\dot{a} = 0, \dot{A} = 0)$ bestimmt werden. Da im vorliegenden Fall die Implikationen einer Konsumverminderung diskutiert werden, stellt der Schnittpunkt der Isoklinenpaare $(\dot{A}, \dot{a}_0)$ bzw. $(\dot{A}, \dot{a}_1)$ das ex-ante bzw. ex-post-stationäre Gleichgewicht dar. In beiden Fällen wird durch die Isoklinen, die als Demarkationslinien aufgefaßt werden können, der (*A*, *a*)-Raum in vier Regionen (*I*, *II*, *III*, *IV*) aufgeteilt.

Abbildung 16: Phasendiagramm im Fall steigender Anpassungskosten

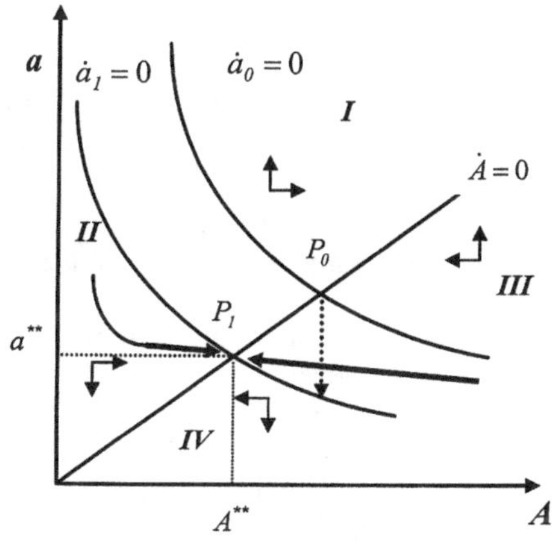

Das Phasendiagramm stellt dar, ob und wie von einem gegebenen Punkt im Phasenraum der stationäre Ort erreicht werden kann. Die Eigenwerte geben in diesem Kontext an, ob die zum jeweiligen Eigenwert gehörende Eigenrichtung (Richtung der Eigenvektoren) stabil oder instabil ist. Bei einem negativen reellen Eigenwert ist diese Eigenrichtung stabil, d. h. es findet eine Annäherung an den Gleichgewichtspunkt aus der Richtung des zugehörigen Eigenvektors statt. Bei einem positiven reellen Eigenwert ist diese Richtung instabil, d. h. in Richtung des entsprechenden Eigenvektors findet eine Entfernung vom Gleichgewicht statt.

Die Orientierung der Lösungstrajektorien in den einzelnen Regionen wird in Abbildung 16 durch je ein Pfeilepaar gekennzeichnet. Wie ersichtlich, verläßt ein einmal in die Regionen *I* bzw. *IV* eingetretener Pfad diese Gebiete nicht mehr und entfernt sich immer weiter vom Gleichgewicht. Da die hinreichenden Bedingungen des dynamischen Optimierungsproblems erfüllt sind, markiert somit der stabile, monoton fallende Sattelpunktpfad (dicke Pfeile) in den Regionen *II* und *III* die optimale Lösungstrajektorie des vorliegenden Modells.[87] Es handelt sich hierbei um die stabile Mannigfaltigkeit. Liegt die unmittelbare Reaktion des Akteurs in der Verminderung des gesundheitsschädlichen Konsumniveaus, so bringt ihn dies im vorliegenden Fall auf den steigenden stabilen Arm des Sattelpunktpfades, der sukzessive gegen das neue, langfristig stabile Wachstumsgleichgewicht P_1 (mit a^{**}, A^{**}) konvergiert. Wie unschwer zu erkennen ist, sind alle anderen möglichen Pfade entweder unzulässig, oder sie führen gegen unendlich hohe Wertekombinationen von (A, a), die nicht optimal sind. Der ebenfalls eingezeichnete fallende Sattelpunktpfad ist für das vorliegende Modell nicht relevant, da er lediglich Handlungsanweisungen für einen ex-ante suboptimal niedrigen Kapitalstock liefert.

Vice versa ist es möglich, analog zur stabilen Mannigfaltigkeit die instabile Mannigfaltigkeit in die Abbildung 16 einzuzeichnen. Bei diesem Sattelpunktpfad durch die Regionen *I* und *IV* handelt es sich um den Sattelpunktpfad, welcher den Richtungsvektor zum positiven Eigenwert darstellt und durch zunehmende Divergenz in bezug auf den stationären Ort charakterisiert werden kann.

Auf eine Reihe spezifischer Besonderheiten und ihre Folgen für die intertemporale Optimierung kann nur kurz eingegangen werden, da dies sonst zu weit führen würde. So vermag etwa das Auftreten von Anpassungskosten unter bestimmten Bedingungen zur Destabilisierung eines ansonsten stabilen gleichgewichtigen Wachstumspfades zu führen (vgl. Feichtinger u. a. 1994). Auf die allgemeine Bedeutung der funktionalen Annahmen hinsichtlich der Zielfunktion in bezug auf Existenz, Eindeutigkeit und Stabilität des Gleichgewichts wurde bereits oben hingewiesen (vg. S.166). Ähnliche Probleme stellen sich ein, wenn man von einem idealtypischen Verlauf der Grenzkostenfunktionen (linear, konvex) abrückt und abschnittsweise definierte Anpassungskosten zuläßt. Neuere Arbeiten zur optimalen Kontrolltheorie fokussieren darüber hinaus auch auf die Bedeutung der Anfangsbedingung(en) (history dependence) für das Erreichen

---

[87] Die Namensgebung „Sattelpunkt" ist einleuchtend, wenn in Abbildung 16 zusätzlich weitere Lösungspfade und ihre Richtungen eingezeichnet werden. Sie besitzen eine hyperbelartige Form und weisen eine gewisse Ähnlichkeit zu den Höhenlinien eines Sattels auf.

einer optimalen Lösung[88] (vgl. exemplarisch Deissenberg u. a. 2001). Aufgrund des Erfordernisses der Stetigkeit im Lebenszyklus wurde in der vorliegenden Arbeit unterstellt, daß die ex-post-Anfangsbedingungen die Folge der ex-ante-Optimierung bilden. Diese erweisen sich jedoch unter Umständen als suboptimal für eine Bewegung hin zum neuen stabilen Gleichgewicht. Vice versa vermag das Vorliegen mehrerer Gleichgewichte sowie eines separierenden Skiba-Punktes in diesem Zusammenhang begreiflich zu machen, warum Menschen unterschiedliche Konsumpfade einschlagen. Dies impliziert, daß formal abgeleitet werden kann, unter welchen Bedingungen Menschen zeitlebens abstinent leben und andere Individuen etwa aufgrund von persönlichen Belastungssituationen, wie sie zu Zeiten der ostdeutschen Wende aufgetreten sein können, zu übermäßigem Konsum suchtgenerierender gesundheitsschädlicher Güter neigen. Gerade bei der Existenz mehrer Steady States, von denen einige durch Instabilität gekennzeichnet sein können, vermag das Auftreten von Schocks im Drogenkonsum zur Konvergenz hin zu einem instabilen Gleichgewicht zu führen (vgl. Orphanides und Zervos 1995 bzw. 1998). Die Implikationen für das gesundheitsrelevante Verhalten in Transformationsökonomien liegen auf der Hand.[89]

4.3 Interpretation und Erweiterungen

Die Grundlage des in diesem Kapitel entwickelten Lebensstil-Modells bildete die im dritten Teil der Arbeit formulierte Kritik an bisherigen Arbeiten zur Implementierung gesundheitsrelevanten Verhaltens. Das allgemein gehaltene Modell, das neben konsumtiven auch investive Aspekte berücksichtigt, kann sowohl in bezug auf gesundheitsförderliche als auch gesundheitsschädigendes Verhalten angewendet werden. Enge Beziehungen bestehen einerseits zum Modell der Gesundheitsproduktion, andererseits zu Konzepten rationaler Sucht.

---

[88] So können beispielsweise konkav-konvexe Zielfunktionale zu mehreren Gleichgewichten führen. Entscheidend für die optimale Konvergenz ist dann das ursprüngliche Niveau des Kapitalstocks. Liegt der spezifische Wert der Anfangsbedingung oberhalb oder unterhalb gewisser Schwellenwerte, so bestimmt diese Lage, zu welchem Steady State die Konvergenz führt.

[89] Einen weiteren Erklärungsbeitrag kann die Übertragung der wachstumstheoretischen Arbeit von Azariadis und Drazen (1990) liefern. Sie gehen der Frage nach, warum verschiedenen Volkswirtschaften, die inter alia identische Charakteristika aufweisen, unterschiedliche Wachstumspfade einschlagen. Die klassische Wachstumstheorie vermag dies nur über exogene Faktoren zu erklären. Die Autoren weisen jedoch auch darauf hin, daß die unterschiedliche Konvergenz sich durch die Existenz verschiedener kritischer Schwellenwerte und damit verbundener Externalitäten (Spillovers) erklären läßt.

Auf der Basis des Lebensstil-Modells wurden die Auswirkungen sich verändernder wirtschaftlicher Rahmenbedingungen und des damit in Zusammenhang stehenden Anforderungsprofils an das individuelle Verhalten erörtert. Um die zunehmende Marktintegration im Modell zu charakterisieren, wurde die zentrale Annahme getroffen, daß im Zuge des Übergangs zur produktivitätsorientierten Entlohnung unerwünscht hoher Verbrauch gesundheitsschädigender Güter zu einem Einkommensverlust in der Gegenwart führt. Im Rahmen des Modells wurde dies durch das Überschreiten eines Schwellenwerts dargestellt. Hat ein Akteur vor der Veränderung seiner (wirtschaftlichen, umweltspezifischen) Rahmenbedingungen in vollkommen rationaler Weise, unter Abwägung der relevanten Nutzen- und Kostenaspekte, den optimalen intertemporalen Konsumpfad festgelegt, kann es sein, daß er sich ex post auf einem suboptimalen Konsumpfad wiederfindet. Zur Implementierung der transformationsbedingten Unsicherheit wurde unterstellt, daß der kritische Schwellenwert im Zeitablauf um einen Mittelwert streut, welcher dem Akteur nicht bekannt ist. Dennoch ist es einem rationalen Wirtschaftssubjekt möglich, aufgrund der beobachtbaren Ausprägungen einen Anpassungsprozeß zu generieren, welcher ihn auf einen optimalen Konsumpfad zurückbringen kann. Die präferenzabhängige Bereitschaft des Wirtschaftssubjekts, neue Informationen zu berücksichtigen, trägt neben der Höhe des akkumulierten Schädigungskapitalstocks zur Geschwindigkeit des Anpassungsprozesses bei.

Der vorgestellte Rahmen fokussierte auf Implikationen einer ökonomischen Transformation auf gefestigte konsumtive Verhaltensweisen. Erstere wird als eindimensionale Größe (Schwellenwert) im Modellrahmen integriert. Letztere werden in der Literatur ausführlich diskutiert, etwa hinsichtlich des Trade-Offs zwischen dem unmittelbaren Nutzen von Lebensstil und dessen zeitverzögernd anfallenden gesundheitsschädlichen Auswirkungen. Dabei wurden vereinfachende Annahmen getroffen, die in der Literatur kontrovers diskutiert werden (vgl. Jones 1999). Dies betrifft vor allem das Problem möglicher nicht-konvexer Präferenzen und mehrfacher Optima. Eine geeignete Modellierung erfordert etwa nach Auffassung von Jones eine komplizierte Rückwärtsinduktion, welche die Planung aller künftigen Entscheidungen mit berücksichtigen würde. Um das damit verbundene Problem zu entschärfen, wurde angenommen, daß der Akteur aufgrund der Anreizwirkung der Einkommenseinbuße vor der Wahl steht, eine unmittelbar anstehende Verhaltensanpassung unter Einbezug von Anpassungskosten durchzuführen oder dies zu unterlassen.

Unter der Annahme, daß sich der funktionale Verlauf der Anpassungskostenfunktion als Suchtgrad interpretieren läßt, der entweder auf das individuelle, subjektive Suchtniveau abzielt oder als objektiver Suchtcharakter eines gesundheitsschädlichen Gutes verstanden werden kann, ist es möglich, folgendes Ergebnis abzuleiten: Erleidet der Konsument aufgrund eines, aus der Perspektive des Arbeitsmarktes, übermäßig hohen Konsums eine Einkommensverminderung, so kann es für ihn mit steigendem Suchtgrad optimal sein, sein gesundheitsschädliches Verhalten nicht zu verändern. Mit sinkendem Suchtgrad steigt ceteris paribus der Anreiz, Verhaltensänderungen durchzuführen. Diese Aussagen können dazu beitragen, verschiedene gesundheitsrelevante Tendenzen im Transformationsprozeß zu interpretieren, insbesondere unterschiedliche Entwicklungsmuster bei verschiedenen Kohorten und gesundheitsschädlichen Gütern. Der Rational-Addiction-Rahmen liefert darüber hinaus eine Erklärung für einen möglichen Anstieg von gesundheitsschädlichem Konsumverhalten. Dieses Gebaren kann durchaus auch von rationalen Akteuren ausgeübt werden, die sich über künftige adverse Folgen vollkommen bewußt sein können. So läßt sich der Anstieg des Grenznutzens beim Rauchen durch exogene Faktoren, wie Arbeitslosigkeit und damit einhergehenden Bewältigungskonsum oder zunehmenden Streß bei der Arbeit erklären. Dabei wird der negative Grenznutzeneffekt (Anreiz zur Konsumabsenkung) durch einen positiven Grenznutzeneffekt (Anreiz zur Konsumerhöhung) überkompensiert.

Die im vorliegenden Kapitel modellierte Anreizwirkung zur Verhaltensanpassung resultierte aufgrund der Marktintegration einer Transformationsökonomie und der damit verbundenen produktivitätsorientierten Entlohnung. Der Ansatz verdeutlicht, daß rationale Individuen subsekutiv versuchen, die neuen Rahmenbedingungen in ihrem längerfristigen Optimierungskalkül zu berücksichtigen. Häufig wird dies jedoch durch Beharrungstendenzen etablierter Konsum- und Verhaltensmuster erschwert. Der einfache Modellrahmen deutete bereits implizit darauf hin, daß bei Annahme realistischerer Verteilungsfunktionen oder komplexerer Lernfunktionen eine Konvergenz hin zum Gleichgewicht erschwert, dieses möglicherweise gar nicht erreicht wird. Eine zusätzliche Erschwernis tritt für den Akteur ein, wenn es nicht, wie in der vorliegenden Arbeit skizziert, lediglich eine ungewisse Größe, sondern beispielsweise zu einem bestimmten Zeitpunkt verschiedene „Schwellenwerte" gibt, die sich stark voneinander unterscheiden. In diesem Kontext ist die Anwendung eines Bayes'schen Lernmodells schwierig. Dazu kommen dynamische Aspekte, die mit dem Lebenszyklus von Individuen stark verknüpft sind, wie etwa der Wandel des sozio-ökonomischen Umfelds und veränderte anreizkompatible Bewertungen von Konsumaktivitäten.

Der Kern des vorgestellten Transformationsmodells bildet die Beziehung zwischen der Existenz ökonomischer Anreize auf der einen Seite sowie latent vorhandener Schwierigkeiten bei den betroffenen Akteuren, darauf angemessen zu reagieren, auf der anderen Seite. Hinsichtlich des ersten Aspekts wurde unterstellt, daß mit der ökonomischen Wende in Ostdeutschland ein Übergang zu produktivitäts- und effizienzorientierter Entlohnung stattfand. Sicherlich kann diese Modellannahme kritisiert werden. So wurde wiederholt von Ökonomen darauf hingewiesen, daß gerade die zu hohe Entlohnung in Ostdeutschland nach der Wiedervereinigung zu einer Verschärfung der Situation auf den Arbeitsmärkten geführt habe. Dennoch stellt die verwendete Modellannahme eine in theoretischer Hinsicht plausible Formulierung dar, weil dadurch vereinfacht die Implikationen individueller Anreize bei zunehmender Marktintegration veranschaulicht werden können. Im Modell wurde in diesem Zusammenhang unterstellt, daß die Transformation zu einem (exogen bestimmten) Anforderungsprofil auf dem Arbeitsmarkt führt, welcher die Arbeitnehmer bei einem mit Produktivitätsverlusten einhergehenden gesundheitsschädlichen Konsum ab einem bestimmten Schwellenwert mit Einkommensabschlägen bestraft. Es wurde angenommen, daß die kritische Grenze im Konsum dem Akteur nicht bekannt ist, daß er lediglich aufgrund neuer Informationen über die Möglichkeit verfügt, den Schwellenwert im Zeitablauf zu erlernen. Ein wichtiges Element im Anpassungsprozeß bildet die intertemporale Konsumglättung, welche eine Brücke zwischen kognitivem Lernen und dem faktischen Handeln schlägt. Durch Sparen und Entsparen simuliert der Akteur, daß sich die ihm zugedachte Bestrafung am kognitiven Erwartungswert des Schwellenwerts orientiert. Zweck der Konsumglättung ist die Veranschaulichung von *Selbstbindung*, die, wie in Abschnitt 3.2.3 dargestellt, von Verhaltensökonomen herangezogen wird, um den individuellen Erfolg bei der Absenkung des Konsumniveaus bei Suchtgütern zu bewerten. Weicht der Konsument gegenwärtig von den Daumenregeln zur sequentiellen Konsumglättung ab, so kann dies zu künftigen Nutzeneinbußen führen. Gerade die Trennung der kognitiven Sphäre vom tatsächlichen Verhalten stellt eine wichtige Erweiterung traditioneller Suchtmodelle dar, welche nicht zwischen den beiden Ebenen unterscheiden. Anders ausgedrückt: Die bisherige Rational-Choice-Literatur setzt rationales Denken weitgehend mit rationalem Handeln gleich. Um reale Phänomene in geeigneter Weise erklären zu können, ist jedoch die Berücksichtigung möglicher Abweichungen geboten. Die fehlende Verhaltensbindung liefert einen wichtigen Erklärungsbeitrag dafür, warum etwa viele Raucher, die sich durchaus der gesundheitsschädlichen Folgen ihrer Aktivität bewußt sind, keine adäquaten Anpassungsreaktionen durchführen.

Hinsichtlich des zweiten Aspekts wurden Anpassungskosten im Modell erfaßt, welche im Falle von Konsumreduktionen die faktische Anpassung erschweren. Es wurde gezeigt, daß sich sinkende, konstante und steigende Grenzkosten generell unterschiedlich auf die faktische Anpassungsdynamik auswirken. Unter Verwendung der von Suranovich u. a. (1999) vorgeschlagenen Interpretation von Anpassungskosten in bezug auf Güter mit Suchtcharakter, wonach steigende (sinkende) Anpassungskosten mit geringer (starker) Sucht gleichgesetzt werden können, ist eine Interpretation möglich.

Generell sagt das Modell voraus, daß es im Transformationsprozeß nicht zu einer einheitlichen Entwicklung (Konsumreduktion) kommt. Dies deckt sich mit den Ergebnissen gesundheitswissenschaftlicher empirischer Studien, die das gesundheitsrelevante Verhalten in Ostdeutschland untersuchten (vgl. dazu Kapitel 3). Die Bereitschaft zu einer Verhaltensanpassung hängt dabei von zwei wesentlichen Charakteristika ab: Von der individuellen Bereitschaft, den kritischen Schwellenwert im Konsumniveau zu erlernen, sowie von der Bereitwilligkeit, auf dynamisch optimale Weise eine Verhaltensanpassung durchzuführen. Letzteres wird durch den Suchtgrad erschwert. Dieser wiederum kann auf zweierlei Weise interpretiert werden: Erstens differieren potentiell suchtgenerierende Substanzen, zweitens unterscheiden sich Menschen hinsichtlich ihrer Veranlagung, süchtig zu werden. Wurden bereits vor der Marktintegration von betroffenen Bürgern gesundheitsschädliche Verhaltensmuster als starke Sucht induziert, so ist die Wahrscheinlichkeit einer Verbrauchsminderung aufgrund der hohen Anpassungskosten relativ gering. An dieser Tatsache ändert auch die „Bestrafung" der Individuen mittels Einkommenseinbußen nichts. Je stärker die zukünftigen Folgen gegenwärtigen Handelns jedoch mit in das individuelle Optimierungskalkül einbezogen werden, um so weniger stark ausgeprägt wird gesundheitsschädliches Verhalten sein. Eine Reihe ökonomischer Arbeiten fokussiert auf den Zusammenhang zwischen Bildung, Zeitpräferenz und gesundheitsrelevantem Verhalten (vgl. Fuchs 1982) und belegt hierbei, daß weniger Gebildete eine stärkere Zeitpräferenz für die Gegenwart besitzen und somit zukünftigen adversen Effekten eine geringere Bedeutung beimessen als Menschen mit hoher Bildung (vgl. Becker und Murphy 1988). Die Analyse der Verhaltensanpassung im statischen bzw. dynamischen Fall wies auf unterschiedliche Folgen hinsichtlich der Berücksichtigung künftiger Gewinne bei der Entscheidung, Konsumreduktionen durchzuführen, hin. Mit zunehmender Einbeziehung der Zukunft steigt der Anreiz, in der Gegenwart den gesundheitsschädlichen Konsum einzuschränken. Die verschiedenen Szenarien in bezug auf den unterstellten Zeithorizont deuten auf die Implikationen von hoher bzw. geringer Zeitpräferenz hin. Deshalb kann mit Hilfe des Modells abgeleitet werden, daß sich insbesondere bei Menschen mit geringerer Bildung relativ ungesunde Konsummuster häufen. Menschen mit hohem Bildungsniveau werden demgegenüber anreizbedingt gesundheitsschädliches Verhalten eher einschränken.

Die Analyse der Implikationen veränderter wirtschaftlicher Bedingungen abstrahierte von der Aussage, daß diese als „kritisches Lebensereignis“ interpretiert werden können, welche temporär den Grenznutzen von Lebensstilkonsum steigern können. Es liegt die Vermutung nahe, daß eine anreizinduzierte Verhaltensanpassung nicht erfolgt oder erschwert wird, wenn der Ansporn durch andere Effekte, welche bspw. durch Arbeitslosigkeit (ungesunder Lebensstil als Problembewältigungs-Konsum) oder Bezugsgruppen-Effekte (Status-Konsum) induziert werden, überlagert wird. Wird Anpassung betrieben, so erhöht eine zunehmende Berücksichtigung der Zukunft in den Fällen konstanter und steigender Grenzkosten, d. h. bei sinkendem Suchtgrad, ceteris paribus die Wahrscheinlichkeit einer faktischen Angleichung. In der vorliegenden Analyse der Verhaltensanpassung wurde lediglich die erste Reaktion des Akteurs nach Einführung der Bestrafung eines suboptimal hohen Konsums untersucht. Es versteht sich von selbst, daß sich das vorliegende Ergebnis auch auf eine Reihe subsekutiver Anpassungsentscheidungen übertragen läßt. Aufgrund der Verbesserung seines Informationsstandes hinsichtlich des wahren Wertes der Zufallsvariablen $\tilde{a}^*$, und der damit verbundenen Erkenntnis, daß die bis dato gewählte Lösung nicht mehr optimal ist, können nachfolgende Anpassungsschritte erforderlich sein. Im Extremfall kann dies einerseits „lebenslanges Lernen“, andererseits „mehrmalige Reoptimierung“ erforderlich machen. Dies ist auch dann nötig, wenn sich der wahre Mittelwert der Zufallsvariable im Zeitablauf, etwa im Lebenszyklus, verändert.

Die skizzierte mehrstufige Reoptimierung führt nicht zwingend zur Realisierung eines Optimum Optimorum. Die fast sichere Konvergenz zum wahren Wert im Kontext des kognitiven Lernprozesses ist lediglich innerhalb eines unendlichen Zeithorizonts gewährleistet. Da die Lebensdauer des Akteurs zeitlich begrenzt ist, sowie ferner durch gesundheitsschädliche Aktivitäten weiter verkürzt wird, kann der Fall eintreten, daß der wahre Wert mittels der Lernregel theoretisch erst nach dem eigenen Todeszeitpunkt realisiert werden würde.

Bislang wurde unterstellt, daß es für den Konsumenten nur *eine* maßgebliche kritische Schwelle gibt. Es wurde angenommen, daß diese eine direkte Folge der ökonomischen Wende in der betreffenden Volkswirtschaft war. Realiter können für einen Akteur jedoch darüber hinaus mehrere maßgebliche Schwellenwerte bestehen. Diese sind in der Gesellschaft latent vorhanden und müssen keine Folge der ökonomischen Transformation Ostdeutschlands sein. Neben allgemeinen, staatlich fixierten Schwellenwerten, die mit monetären Einbußen gekoppelt sind,[90] bestehen schichten- und gruppenspezifische Grenzwerte, deren Überschreiten für das Individuum mit Nutzeneinbußen verbunden sein kann. Wird etwa zu viel Alkohol konsumiert, so schlägt die gruppenspezifische Anerkennung in Mißbilligung um. Während vermutet werden kann, daß etwa die tolerierte Grenze beim Alkohol- und Tabakkonsum von Jugendlichen in der Peer-Group noch relativ hoch angesiedelt ist, sinkt diese mit fortschreitendem Alter. Derartige Schwellenwerte tragen sicherlich zur Disziplinierung beim Konsumverhalten bei. Der Akteur entscheidet letztlich selbst, ob und in welchem Ausmaß diese Nebenbedingungen für ihn bindend sind.

Neben der Konvergenz bildet die *Geschwindigkeit* von Lernprozessen eine wichtige Orientierungshilfe zur Beurteilung von Lernmechanismen. Im vorliegenden Fall war die obere Grenze der Lerngeschwindigkeit durch zwei Größen determiniert: Einerseits die Natur, andererseits die Präferenzen des Akteurs: Die Referenzgröße für die Optimierung bildet in Abschnitt 4.2.3 der Bayes'sche Erwartungswert. Unter Annahme einer konsequenten Selbstbindung in bezug auf die zugrundeliegenden Regeln kann der Akteur lediglich seine Vorlieben hinsichtlich des Lernmechanismus ändern. Darüber hinaus ist es im Modell nicht möglich, die Lerngeschwindigkeit zu steigern. Möglichkeiten hierfür bieten etwa die Einbeziehung mehrerer gleichgerichteter Umweltvariablen oder die Erweiterung auf mehrere Akteure (vgl. Smith und Sørensen 2000). Gerade im vorliegenden Kontext spielen die Interaktion mit anderen Akteuren und bestehende Informations-Externalitäten eine bedeutende Rolle. Beobachtet ein Akteur A die Handlungen anderer Individuen B und C, und sind deren Erfahrungen frei zugänglich, so kann dadurch die Lerndynamik forciert werden (vgl. Bergemann und Välmaki 2000).

Das hier vorliegende Kapitel ging ferner davon aus, daß sich die relevanten Preise und das maximal erzielbare Einkommen im Zeitablauf nicht ändern. Dies stellt eine wirklichkeitsferne Annahme dar. Gerade Volkswirtschaften, deren marktwirtschaftlicher Charakter stark zunimmt, besitzen eine starke Preis- und Einkommensdynamik. Realitätsnähere Analysen von Transformationsprozessen müssen diesen Sachverhalt berücksichtigen. Ein wichtiger Analysegegenstand von Modellen rationaler Sucht bildet die Untersuchung von Implikationen (nicht) antizipierter künftiger Preisänderungen. Es kann vermutet werden, daß gerade in der Zeit nach dem Beginn einer ökonomischen Transformation (Wende) die zukünftige Veränderung des Preisniveaus nicht vollständig antizipiert

[90] Ein Beispiel hierfür ist etwa die Promillegrenze im Straßenverkehr.

werden kann, was wiederum Folgen für die Nachfrage nach Lebensstil hat. Wird ferner unterstellt, daß gesundheitsschädliches Verhalten negativ vom Bildungsniveau abhängt, läßt sich vermutlich ein weiterer wichtiger Erklärungsbeitrag dafür modellieren, welche Auswirkungen die drastische Veränderung und Ausdifferenzierung erzielter Einkommen nach Beginn der ökonomischen Transformation, beispielsweise in Ostdeutschland, auf das individuelle Verhalten hatte.

Zweck der formalen Darstellung war es, Aussagen darüber abzuleiten, ob und inwiefern die zunehmende Marktintegration einer Transformationsökonomie Veränderungen im gesundheitsrelevanten Verhalten induzieren kann. Aufgrund der bestehenden Datenlage ist eine direkte empirische Überprüfung des Transformationsmodells nicht möglich. Die im folgenden Kapitel 5 dargestellten Schätzungen beruhen jedoch auf den wesentlichen Aspekten des in Kapitel 4 entwickelten Modells.

5. Empirische Analyse des Gesundheitsverhaltens in Ostdeutschland

5.1 Ansatzpunkte

Das in Kapitel 4 dargestellte mehrstufige Modell beruhte auf der Grundhypothese, daß die zunehmende marktwirtschaftliche Integration einer ex ante als „marktfern" charakterisierbaren Volkswirtschaft Anreize zu generieren vermag, die zusätzlich zu den „geplanten" Änderungen im gesundheitsrelevanten Verhalten im Lebenszyklus Verhaltensänderungen induzieren können, aber nicht müssen. Da gesundheitsschädliches Verhalten zu Fehlzeiten führen kann, wird suboptimal hoher Verbrauch durch Einkommenseinbußen bestraft. Die kognitiv optimale Anpassung des Konsumniveaus wird jedoch infolge auftretender Anpassungskosten erschwert, welche Gewohnheits- und Suchtaspekte abbilden.

Aufgrund bestehender Datenprobleme kann das in Kapitel 4 entwickelte Modell nicht direkt empirisch überprüft werden. Die Verbindung des Transformationsmodells mit Ansätzen zur Beschreibung und Erklärung gesundheitsrelevanten Verhaltens (Kapitel 3) ermöglicht es jedoch, unter Rückgriff auf bestehendes Datenmaterial zentrale Prämissen und abgeleitete Aussagen zu testen.

Die Grundlage der vorliegenden Arbeit bildet die Annahme, daß das Individuum Produzent der eigenen Gesundheit ist. Das Humankapitalmodell der Nachfrage nach Gesundheit unterstellt, daß gesundheitsförderliches Verhalten als Investition aufgefaßt werden kann, das zu einem Anstieg des Gesundheitskapitals führt. Demgegenüber kann ungesunder Lebensstil im Sinne von Abschreibungen bzw. negativen Investitionen zu einer Beeinträchtigung des Gesundheitszustands und zu einem vorzeitigen Tod führen. Von Bedeutung sind dabei weitere Größen, die vor allem, wie Bildung, Einfluß auf die Effizienz der Produktion besitzen. Eine wichtige Frage lautet somit: Können die von Grossman (1972a, b) und weiteren Autoren apostrophierten Zusammenhänge empirisch bestätigt werden?

Die theoretische Analyse unterstellte, daß es sich beim betrachteten Lebensstil um ein Gut handelt, dessen Konsum, im Unterschied zu gewöhnlichen Gütern, mit Gewohnheits- und Suchtaspekten in Verbindung gebracht werden kann. Besteht Persistenz im Verbrauch, so stellt sich die Frage, inwiefern Konsumenten mögliche in der Zukunft eintretende Folgen bei der gegenwärtigen Verbrauchsentscheidung berücksichtigen. Mit anderen Worten: Kann auf der bestehenden Datengrundlage myopisches oder rationales Verhalten ermittelt werden?

Neben der herausragenden Bedeutung von Lebensstil im Sinne von Einsatzfaktoren im Prozeß der Gesundheitsproduktion verdient die Nachfrage nach Lebensstil besondere Beachtung. Während sich das Grossman-Modell lediglich auf den investiven Charakter von Lebensstilgütern beschränkt und etwa veränderliche Größen wie Bildung nur mit der Effizienz der Gesundheitsgenerierung in Zusammenhang bringt, wird Lebensstil vor allem aufgrund konsumtiver Aspekte nachgefragt. Eine Analyse der Einflußfaktoren für die Nachfrage nach Lebensstilgütern erlaubt Hinweise auf die zugrundeliegende Nutzenrelevanz. Diese kann in regionaler Hinsicht unterschiedlich ausgeprägt sein. Im Kontext der vorliegenden Arbeit ist von Interesse, ob sich die Bestimmungsfaktoren des gesundheitsrelevanten Verhaltens in bezug auf Ost- und Westdeutschland in signifikanter Hinsicht voneinander unterscheiden.

Die theoretischen Überlegungen in Kapitel 4 gingen davon aus, daß Anreize dazu führen können, daß Individuen ihr gesundheitsrelevantes Verhalten verändern. Wichtige empirisch zu überprüfende Fragen lauten demnach: Läßt sich in Ostdeutschland eine Veränderung der gesundheitsrelevanten Verhaltensweisen feststellen? Falls dies zutrifft, was sind deren Ursachen? Beruhen beobachtbare Änderungen im Gesundheitsverhalten eher auf „systemneutralen" Aspekten, die mit dem individuellen Lebenszyklus in Verbindung gebracht werden können? Bestehen darüber hinaus auch Auswirkungen durch die deutsche Wiedervereinigung?

Die Beantwortung der thematisierten Fragen ist stark abhängig vom verfügbaren Datenmaterial. Mögliche Datenquellen werden im folgenden Abschnitt (5.2) genannt und hinsichtlich ihrer Eignung als Grundlage für (gesundheits-)ökonomische Analysen untersucht sowie damit verbundene Schwierigkeiten erläutert. Anschließend wird die bei den hier durchgeführten Schätzungen verwendete Datenbasis näher vorgestellt. Der daran anknüpfende Teil der Arbeit (5.3) liefert die ökonometrischen Grundlagen der empirischen Analyse. Es folgt die Darstellung und Erläuterung der Ergebnisse (5.4). Das Kapitel schließt mit kritischen Anmerkungen zur empirischen Analyse (5.5).

5.2 Daten

Bei der Erläuterung bisheriger Analysen zum gesundheitsrelevanten Verhalten in (Ost-)Deutschland in Kapitel 2 dieser Arbeit wurde bereits auf die unbefriedigende Datenlage hingewiesen. Da es keine aktuelle Übersicht über bestehende

Datenquellen zur Analyse von Lebensstil in Deutschland gibt,[91] werden diese im folgenden Abschnitt 5.2.1 vor dem Hintergrund ihrer Eignung zur Durchführung der im Abschnitt 5.1 erläuterten Fragestellungen kurz dargestellt. Im anschließenden Teil 5.2.2 soll die Datengrundlage der vorliegenden Arbeit erläutert werden.

5.2.1 Erhebungen zum gesundheitsrelevanten Verhalten in Deutschland

Die im Auftrag des Bundesgesundheitsministeriums durchgeführte *Repräsentativerhebung zum Gebrauch psychoaktiver Substanzen* fokussiert auf den Konsum von illegalen Drogen, Alkohol, Medikamenten und Tabak.[92] Die weitgehend jährlich bei Erwachsenen im Alter von 18 bis 59 Jahren erhobene Befragung besitzt zwar einen hohen Stichprobenumfang, der bspw. im Jahr 1995 12.052 Personen betrug, aufgrund der Freiwilligkeit der Umfrage weicht die tatsächliche Partizipation davon jedoch deutlich ab. So lag etwa 1995 die Rücklaufquote des Selbstausfüllbogens bei 65%. Während die Erhebung zwar einige gesundheitsschädliche Aktivitäten aufzeigt, sind die ermittelten Daten zumindest für eine ökonomische Sekundärauswertung vor allem wegen des Mangels an sozioökonomischen Größen ungeeignet.

Die vom Münchner Institut für Jugendforschung im Auftrag der Bundeszentrale für gesundheitliche Aufklärung mit mehrjährigen Unterbrechungen durchgeführten *Drogenaffinitätsstudien* fragen wie die Repräsentativerhebung nach dem Gebrauch von legalen und illegalen Drogen. Die 1991 in Ostdeutschland erstmalig unternommenen mündlichen und telefonischen Befragungen fokussieren auf Jugendliche im Alter von zwölf bis 25 Jahren, wobei hinsichtlich sozialer Merkmale nur Alter und Geschlecht erfaßt werden. Die als reine Querschnittserhebung konzipierte Studie läßt keine Aussagen über individuelle Konsumänderungen im Zeitablauf zu und eignet sich nicht zuletzt aufgrund der 1994 grundlegend veränderten Methodik, die zum Ziel hatte, die Drogenaffinitätsstudie deutlicher von der Repräsentativerhebung (s. o.) abzugrenzen, nicht als Grundlage für die folgende empirische Analyse.

Eine aus gesundheitsökonomischer Perspektive ergiebigere Datengrundlage liefern die *Gesundheitssurveys*. Der Nationale Gesundheitssurvey wurde 1990/91

---

[91] Selbst die relativ aktuelle Bestandsaufnahme von Pfaff und Langer (2001) zur Datenlage im deutschen Gesundheits- und Sozialwesen geht nur am Rande auf Erhebungen zum gesundheitsrelevanten Verhalten ein.

[92] Vgl. dazu die in Kapitel 2 genannte Literatur.

zum dritten Mal in Westdeutschland durchgeführt und 1991/92 durch eine Studie in den neuen Ländern ergänzt. Der erste gesamtdeutsche Survey wurde 1998 umgesetzt. Die Erhebungen umfassen eine Befragung zu vielen gesundheitsrelevanten Verhaltensweisen und Einstellungen, wie zum Beispiel Ernährung, sportliche Betätigung und Rauchgewohnheiten. Sie stellen weiterhin Fragen zur Krankengeschichte und erheben mittels einer medizinischen Untersuchung weitere Gesundheitsindikatoren wie Blutdruck und Cholesterinwerte. Da die Erhebungen auch einige sozioökonomische Merkmale erfassen, sind sie grundsätzlich als Datengrundlage für die vorliegende Arbeit geeignet. Jedoch weisen auch die Gesundheitssurveys inhärente Schwächen auf. So beruhen diese Daten ebenfalls erstens auf einer reinen Querschnittserhebung, unbeobachtete individuenspezifische Effekte (Heterogenität) können somit nicht kontrolliert werden. Die Daten von 1990/91, 1991/92 und 1998 lassen sich nur bedingt miteinander vergleichen. Werden diese Schwierigkeiten ignoriert, ist es möglich, auf der Basis der Gesundheitssurveys lediglich eventuelle Veränderungsdynamiken über zwei Zeitpunkte hinweg zu analysieren. Im Vergleich zum Mikrozensus und zum Sozioökonomischen Panel (s. u.) verfügt der Nationale Gesundheitssurvey zweitens über eine geringere Stichprobengröße von netto 5.225 (West) bzw. 2.211 (Ost) Personen. Eine Ausschöpfungsquote von 70 % ist für eine freiwillige Studie zwar hoch, kann jedoch mit dem Mikrozensus (90 %, freiwilliger Teil einer Pflichterhebung) nicht konkurrieren. Daher besteht bei den Gesundheitssurveys mehr Spielraum für Verzerrungen durch Ausfälle. Drittens ist der befragte Personenkreis auf das Alter von 25 bis 69 Jahren eingeschränkt. Das Verhalten junger Erwachsener wird somit nicht abgebildet.

Der *Mikrozensus* wird seit 1957 jährlich unter der Federführung des Statistischen Bundesamtes durch die Statistischen Landesämter erhoben. Die Stichprobe umfaßt 1 % der Haushalte der Bundesrepublik und wird mittels verschiedener Schichtungen bei der Stichprobenauswahl repräsentativ. Insgesamt werden so jährlich ca. 350.000 Haushalte mit etwa 750.000 Personen erfaßt. Der Schwerpunkt dieser Mehrzweckstichprobe liegt dabei eindeutig auf den Fragen zum Arbeitsmarkt sowie auf den Fragen zur Bevölkerungsstruktur. Die Fragen beziehen sich unter anderem auf die Art der Erwerbstätigkeit und den Familienstand. Die herausragende Eigenschaft des Mikrozensus ist neben seiner enormen Stichprobengröße die Auskunftspflicht, der die Befragten vom Gesetzgeber unterworfen werden. Diese stand Mitte der 80er Jahre im Zentrum der Kritik und war Untersuchungsgegenstand des Wissenschaftlichen Beirates für Mikrozensus und Volkszählung. Infolge dieser Kontroverse wurde die Auskunftspflicht für einzelne Fragen gelockert. Daneben existierten bereits vorher sogenannte Zusatzprogramme, bei denen schon immer auf die Auskunftspflicht verzichtet wurde. Da diese *Ergänzungsbefragungen* aber weiterhin gemeinsam mit den Pflichtfragen erhoben werden, erreichen sie - trotz Freiwilligkeit - in der Regel eine hohe Antwortquote. Zu diesen Zusatzerhebungen gehören die „Fragen zur Gesundheit“. Sie wurden 1978, 1986, 1992, 1995 und 1999 erhoben. Bei diesen Ergänzungsbefragungen, die sich an lediglich 0,5 % der Haushalte richten, wurde bis einschließlich 1995 nach den Rauchgewohnheiten, nach der Benutzung von Jodsalz und nach Erkrankungen und Unfällen in den letzten vier Wochen gefragt. 1999 bezogen sich die Fragen auf Rauchverhalten, Körpermaße, Krankheiten, Unfallverletzungen und Grippeschutzimpfung (vgl. Hein 1996; Dittrich 2001).

Gerade für ökonomische Analysen ist der Mikrozensus des Statistischen Bundesamtes geeigneter, da er eine Vielzahl von sozioökonomischen Größen, insbesondere alle Altersklassen, sowie Angaben zur Erwerbstätigkeit umfaßt. Ein weiterer Vorteil gegenüber den bereits dargestellten Datenquellen liegt darin, daß seit der deutschen Wiedervereinigung drei Beobachtungszeitpunkte vorliegen. Grundlegende Schwächen des Mikrozensus liegen darin, daß es sich hier um eine Querschnittserhebung handelt, die keine individuenspezifischen Veränderungen im Zeitablauf aufzeigen kann. Nachteilig ist ferner, daß jeweils lediglich das Rauchverhalten erhoben wurde. Beschränkt sich die Analyse auf den Tabakkonsum, wie bei Warschburger (2002), die empirisch die Auswirkungen des Rauchens auf die Ausgaben der gesetzlichen Rentenversicherung in Deutschland untersucht, so ist der Mikrozensus sicherlich eine gute Datenbasis. Von großem Nachteil ist, daß als weiterer Lebensstilindikator nur Angaben zum Körpergewicht für das Jahr 1999 vorliegen.

Beim *Sozioökonomischen Panel* (SOEP) handelt es sich um eine repräsentative Langzeitstudie, die seit 1984 erhoben wird. Dabei werden im jährlichen Rhythmus dieselben westdeutschen, seit 1990 zusätzlich auch ostdeutsche Haushalte und ihre Mitglieder über 16 Jahre befragt. Die Altstichprobe des SOEP umfaßt circa 7.000 Haushalte mit 13.000 Personen, unter Berücksichtigung der Erweiterungsstichprobe (SOEP II seit 2000) enthält das Panel 13.000 Haushalte mit 24.000 Personen. Die Daten des SOEP geben Auskunft über objektive Lebensbedingungen sowie über subjektiv wahrgenommene Lebensqualität, über den Wandel in einzelnen Lebensbereichen und über Abhängigkeiten, die zwischen verschiedenen Lebensbereichen und deren Veränderungen existieren.[93] Die Stärken des Sozioökonomischen Panels im *speziellen* liegen vor allem in seinen be-

[93] Besondere Vorzüge, aber auch Schwierigkeiten, die mit dem Paneldesign *allgemein* in Verbindung stehen, werden in Abschnitt 5.3.2 diskutiert.

sonderen Analysemöglichkeiten, die sich aus dem Paneldesign ergeben. Das SOEP zeichnet sich vor allem durch seine hohe Stabilität aus, was nicht zuletzt einer intensiven Panel-Pflege zu verdanken ist. Schwerpunkte bilden Fragen zu Demographie und Bevölkerung, Arbeitsmarkt und Beschäftigung, zu Einkommensverläufen sowie zur Zufriedenheit mit dem Leben (vgl. Hanefeld 1988; SOEP-Group 2001).

Während „Gesundheit" zwar erklärtes Schwerpunktgebiet des SOEP ist, wurden nur wenige Angaben im jährlichen Rhythmus erfragt. Fast lückenlos sind die Angaben zur Gesundheitszufriedenheit (Ausnahme 1995) sowie seit 1992 zum subjektiven Gesundheitszustand (Ausnahme 1993). Häufig wurden Fragen zur Arbeitsunfähigkeit gestellt, in einigen Wellen ferner Angaben zu Arztbesuchen erhoben. Empirische gesundheitsökonomische Arbeiten auf SOEP-Basis fokussieren deshalb auf der Analyse des Gesundheitszustands sowie der Nachfrage nach Gesundheitsleistungen. So schätzten Pohlmeier und Ulrich (1992) auf der Basis der zweiten SOEP-Welle den Gesundheitszustand der deutschen Bevölkerung. Aufgrund bestehender Defizite im Datenmaterial wurden von den Autoren mit Hilfe der Informationen über den individuellen Wohnsitz in bezug auf das jeweiligen Bundesland die drei Variablen Bettendichte, Arztdichte und Tabakwarenkonsum auf der Ebene der Bundesländer aus der amtlichen Statistik zugespielt. Erbsland u. a. (1998) analysierten Auswirkungen der Umweltqualität auf die Nachfrage nach Gesundheit und medizinische Leistungen, Schneider (2002) untersuchte auf der Grundlage von vier Wellen zwischen 1984 und 1987 die Beziehung zwischen Arzt und Patient.

Die Fragen zum gesundheitsrelevanten Verhalten im SOEP beschränkten sich lange Zeit auf die Ausübung körperlicher Aktivität. Hierfür liegen seit 1990 mit Ausnahme von 1991, 1993 und 1998 Angaben vor. Eine der wenigen Analysen zur Nachfrage nach Gesundheit auf der Basis des SOEP bildet die Schätzung zu diesem Punkt unter besonderer Berücksichtigung von Lohnänderungen von Dustmann und Windmeijer (2000). Der subjektive Gesundheitszustand fungierte hier als Näherungsgröße für das Gesundheitskapital. Gesundheitsinvestionen wurden durch sportliche Aktivität approximiert. Erst seit 1998 wird Rauchverhalten im SOEP thematisiert. 1998 wurden Fragen zur Art des Tabakkonsums gestellt, 1998 und 2001 zur Anzahl gerauchter Tabakwaren pro Tag sowie 1999 und 2001 zum Raucherstatus. Jürges (2001) verwendete die Angaben zum Tabakkonsum und Raucherstatus der Wellen 1998 und 1999, um die Wohlfahrtskosten von Suchtkonsum zu analysieren.[94]

Wie aus der Beschreibung des Mikrozensus und des Sozioökonomischen Panels hervorgeht, wurden Angaben zum Tabakkonsum in Deutschland in den vergangenen Jahren noch relativ gut erfaßt. Demgegenüber bestehen Defizite beim Datenmaterial in bezug auf den Alkoholkonsum, der, wie in Kapitel 2 dieser Arbeit dargestellt, von einigen Autoren hinsichtlich seiner Bedeutung in Ostdeutschland besonders betont wird.

Die schlechte Verfügbarkeit von Individualdaten zum gesundheitsrelevanten Verhalten in Deutschland legt deshalb nahe, bei einer Analyse zusätzliche aggregierte Daten aus der *amtlichen Statistik* zu verwenden und diese analog zur Vorgehensweise von Pohlmeier und Ulrich (1992) zuzuspielen.

Angaben zum Alkoholkonsum (insbesondere auf der Ebene der Länder) werden nur im Zusammenhang mit der alle fünf Jahre stattfindenden *Einkommens- und Verbrauchsstichprobe* (EVS)[95] erfaßt, welche 1993 erstmalig auch in Ostdeutschland durchgeführt wurde. Ein generelles Problem bildet die Bezugsgröße der Erhebung, die nicht auf Einzelpersonen, sondern auf Haushaltsgrößen[96] ab-

---

[94] Sind die Paneldaten des Jahres 2002 zugänglich, was vermutlich erst zu Beginn des Jahres 2004 möglich sein wird, so verbessert sich die Datengrundlage in bezug auf Lebensstilanalysen in beträchtlichem Umfang. Bei der Erhebung von 2002 wurden hinsichtlich des Tabakkonsums erstmalig Fragen zum Alter bei Rauchbeginn sowie bei Beendigung des Rauchens gestellt. Weitere Angaben werden ferner zur Lebenszeitprävalenz, zur gegenwärtigen Rauchart sowie zur konsumierten Menge verfügbar sein. Neu hinzu kamen ferner Fragen zu Körpergröße und -gewicht. Die Fortführung des „Zusatzfragebogen: Jugendliche" ermöglicht die Analyse sportlicher Aktivitäten sowie der entsprechenden Sportarten auf der Basis dreier Jahre (2000, 2001 und 2002).

[95] Bei der Einkommens- und Verbrauchsstichprobe handelt es sich um eine Erhebung, bei der alle fünf Jahre in Deutschland private Haushalte zu ihren Einnahmen und Ausgaben, zur Vermögensbildung sowie zur Ausstattung befragt werden. Innerhalb dieser Erhebung haben etwa 1993 etwas mehr als 13.000 Haushalte im früheren Bundesgebiet und rund 3.000 Haushalte in den neuen Ländern und Berlin-Ost einen Monat sehr detailliert ihre Ausgaben für Nahrungsmittel, Getränke und Tabakwaren sowie die gekauften Mengen aufgezeichnet.

[96] Als Haushalt wird eine Gruppe von verwandten oder persönlich verbundenen (auch familienfremden) Personen bezeichnet, die sowohl einkommens- als auch verbrauchsmäßig zusammengehören.

stellt. Auf dieser Bezugsbasis[97] liegen Angaben zum mengenmäßigen Verbrauch von Alkohol (Wein, Bier, Spirituosen) vor (monatlicher Konsum eines Haushalts). Bislang *unveröffentlichte* Daten der amtlichen Statistik sind auf regionaler Ebene der Bundesländer vorhanden. Da diese nur den Anteil des Konsums abdecken, der dem häuslichen Bedarf zugerechnet wird,[98] geht das Statistische Bundesamt davon aus, daß die Angaben insbesondere zwischen den west- und ostdeutschen Ländern verzerrt sind: Während in Ostdeutschland der Konsum aufgrund hoher Getränkepreise vorwiegend zu Hause stattfindet, besitzt der Außer-Haus-Verbrauch, der mengenmäßig nicht erfaßt wird, in Westdeutschland ein größeres Gewicht (vgl. Statistisches Bundesamt 1997, S. 20).

Angaben zum Alkoholverbrauch in Deutschland basieren häufig auf der *Verbrauchssteuerstatistik.* Als Datengrundlage besitzt diese einige deutliche Schwächen: Erstens werden damit nur die Getränkekategorien und Mengen erfaßt, die einer speziellen Verbrauchsbesteuerung unterliegen. Die Verbrauchssteuerstatistik wertet keine Konsumdaten aus, sondern den *Absatz* von Bier, Branntwein und Schaumwein. Dies bedeutet, daß etwa Angaben zum Verbrauch von Trauben- und Fruchtwein mit Ausnahme des Schaumweins mit Hilfe der Verbrauchssteuerstatistik nicht ermittelt werden können. Zweitens wird der Eigenverbrauch nicht erfaßt. Drittens handelt es sich dabei weitgehend um Steuern, die dem Bund zufließen. Da lediglich die Biersteuer Einnahmen für die einzelnen Bundesländern mit sich bringt, bedeutet dies, daß nur hier ein gewisser

---

[97] Dies bedeutet, daß etwa Personen, die in Gemeinschaftsunterkünften und Anstalten leben, nicht erfaßt werden. In der Ergebnisdarstellung der EVS 1993 wurden ferner Haushalte mit sehr hohem Einkommen (monatliches Haushaltsnettoeinkommen von 35.000 DM und mehr) nicht dargestellt, da diese sich nicht in ausreichender Zahl an der Erhebung beteiligten.

[98] Vgl. dazu auch den Beitrag von Euler (1974). Er skizziert verschiedene Erhebungsmethoden und -konzepte und deren Umsetzung hinsichtlich der Erfassung des Verbrauchs von Nahrungs- und Genußmitteln. Von zentraler Bedeutung ist hierbei erstens die Eignung bezüglich bestimmter Erhebungsziele. So will die Einkommens- und Verbrauchsstichprobe de facto das wirtschaftliche Verhalten von Wirtschaftssubjekten auf der Ebene von Haushalten (Erhebungseinheit) erfassen. Es ist somit kein erklärtes Ziel der Stichprobe, in ernährungsphysiologischer Hinsicht optimale Daten zum tatsächlichen Verzehr zu liefern. Ein zweiter wichtiger Aspekt leitet sich direkt aus dem Erhebungsziel ab. Deshalb erscheint es aufgrund der Zielsetzung (Erfassung des wirtschaftlichen Verhaltens von Haushalten) sowie des Kriteriums der Belastbarkeit als durchaus gerechtfertigt, auf die Erhebung des mengenmäßigen Konsums außer Haus zu verzichten. Euler (1974) erläutert ferner weitere Probleme der statistischen Erfassung des Verbrauchs von Nahrungs- und Genußmitteln, wie sie sich etwa durch den Zielkonflikt zwischen Einbeziehung saisonaler Konsumschwankungen einerseits und der Minimierung des Erhebungszeitraums andererseits ergeben.

Bezug zwischen der regionalen Komponente und dem Bierkonsum ermittelt wird. Viertens basiert die Verbrauchssteuerstatistik auf den Angaben der entsprechenden Steuerlager (Brauereien, Hersteller von Branntwein und Schaumwein). So wird bspw. die Biersteuer als indirekte Steuer bei den Produzenten von Bier und somit nicht explizit bei den Verbrauchern erhoben. Würde Bier nur für lokale und regionale Abnehmer produziert, so könnte die Zuordnung zwischen der Länderangabe und dem Aufkommen der Biersteuer sicherlich als näherungsweise Angabe für den länderspezifischen Konsum interpretiert werden. Da tatsächlich überregional vertriebene und verkaufte Biermarken über ein nicht unwesentliches Marktpotential verfügen, kann davon ausgegangen werden, daß die Angaben nur in äußerst verzerrter Weise ein Bild des tatsächlichen Verbrauchs auf der Ebene der Bundesländer wiedergeben. Dies impliziert, daß die Verbrauchssteuerstatistik keine sinnvolle Aussage zum regionalen Konsum (Verzehr) vornehmen kann.

Als noch schwieriger ist die Situation beim Verbrauch von Trauben- und Fruchtwein anzusehen. Da dieser in Deutschland mit Ausnahme des Schaumweins keiner speziellen Verbrauchsbesteuerung unterliegt, greift die amtliche Statistik bei ihren Angaben zum „annähernden Verbrauch von alkoholischen Getränken“ auf die Daten des Produzentenverbands zurück. Dies ist in zweifacher Hinsicht problematisch. Im Unterschied zu anderen Getränkearten ist im vorliegenden Fall zum einen der Umfang des Eigenverbrauchs, der sich nicht in der Mengenangabe widerspiegelt, nicht unerheblich. Neben der bereits bei Bier diskutierten regionalen Verzerrung liegen zum anderen im Fall von Wein mit Ausnahme des Schaumweins der amtlichen Statistik überhaupt keine Angaben vor, auf deren Basis ein annähernder Bezug zum Verbrauch auf der Ebene der Bundesländer abgeleitet werden könnte.

5.2.2 Datengrundlage

Bei der Darstellung möglicher Datengrundlagen (Abschnitt 5.2.1) wurde deutlich, daß eine optimale Datenbasis für gesundheitsökonomische Analysen des gesundheitsrelevanten Verhaltens in Ostdeutschland seit der Wende nicht verfügbar ist. Das bestehende Datenmaterial weist sehr starke Defizite auf. Wegen der großen Vorteile, die ein Panel gegenüber reinen Querschnittserhebungen bietet, beruht die im Abschnitt 5.4 vorgestellte empirische Analyse auf dem Soziooökonomischen Panel.[99] Um möglichst alle verfügbaren Informationen in be-

[99] Die in dieser Arbeit verwendeten Daten des Soziooökonomischen Panels (SOEP) wurden vom Deutschen Institut für Wirtschaftsforschung (DIW) Berlin bereitgestellt.

zug auf Ostdeutschland zu verwenden, wurden die Wellen 1990 - 2001 als Datenbasis herangezogen. Da wichtige Gesundheitsvariablen nur in einigen Wellen enthalten sind, traten Schwierigkeiten bei Schätzungen auf der Grundlage des gesamten Datensatzes auf. Die meisten dargestellten Untersuchungen beschränken sich deshalb in ihrer Datenbasis auf die SOEP-Wellen 1998 bis 2001.

Um bestehende Defizite im Datenmaterial zu beheben, wurde zusätzliches Datenmaterial zugespielt. Dies betrifft *Daten zum Alkoholkonsum*, die auf den Angaben der Einkommens- und Verbrauchsstatistik 1993 und 1998 beruhen. Die bislang unveröffentlichten aggregierten Angaben der von einem durchschnittlichen Haushalt in einem Monat gekauften Mengen an Bier, Wein und Spirituosen wurden direkt vom Statistischen Bundesamt (2003a) zur Verfügung gestellt. Die Schlüsselvariable für das Zuspielen der Daten bildete das dem jeweiligen Haushalt (Beobachtung) zugeordnete Bundesland.[100]

Die zugespielten *Preisreihen* (1991 - 2001) wurden ebenfalls vom Statistischen Bundesamt (2003c) bezogen. Dabei handelt es sich um spezielle jährliche Teilindizes des „Preisindex für die Lebenshaltung privater Haushalte - Gliederung nach dem Verwendungszweck", dessen Basisjahr 1995 ist. Neben dem Preisindex für alkoholische Getränke insgesamt wurden spezielle Preisentwicklungen für Wein, Bier und Spirituosen einbezogen. Zeitadäquate Preisreihen wurden für Tabakwaren insgesamt, Zigaretten, Zigarren und Zigarillos sowie Tabak (Feinschnitt) verwendet. Sämtliche Indexwerte beziehen sich dabei auf die räumlichen Gliederungen (i) Deutschland, (ii) früheres Bundesgebiet und (iii) neue Länder und Berlin-Ost.

Da nur für wenige Jahre näherungsweise Angaben zum Konsum gesundheitsrelevanter Güter vorliegen, war es nicht möglich, sämtliche Preisindexreihen bei den Schätzungen zu berücksichtigen. Deshalb werden die Preisindizes als Wachstumsraten gegenüber dem Vorjahr nachfolgend dargestellt und deren Entwicklung kurz interpretiert. In Abbildung 17 sind diese für Zigaretten, Zigarren und Zigarillos, Tabak sowie Tabakwaren insgesamt dargestellt. Die entsprechenden Wachstumsraten für Bier-, Wein-, Spirituosenpreise sowie die Veränderung der Preise für alkoholische Getränke insgesamt werden in Abbildung 18 veranschaulicht. Dabei wurde sowohl in Abbildung 17 als auch in Abbildung 18

[100] Da die Variable $bula im SOEP nach alten und neuen Bundesländern vorliegt, ist eine regionale Zuordnung der Teilnehmer nach dem Wohnsitz möglich. Während eine Trennung zwischen Ost- und Westberlin vorgenommen werden kann, unterscheidet das Sozioökonomische Panel jedoch nicht zwischen einem Wohnsitz in Rheinland-Pfalz bzw. dem Saarland.

zu Vergleichszwecken die Wachstumssrate des Preisindex für die Lebenshaltung aller privaten Haushalte zusätzlich mit aufgenommen, der für sämtliche hier verwendeten regionalen Gliederungen vorliegt. In beiden Abbildungen wird jeweils im oberen Diagramm die Preisentwicklung für die neuen Länder und Berlin-Ost, in der Mitte für das frühere Bundesgebiet sowie unten für Deutschland insgesamt dargestellt.

Vergleicht man die Wachstumsraten in Abbildung 17, so ist zunächst die Entwicklung der allgemeinen Lebenshaltungskosten augenscheinlich, deren Anstieg von 1992 bis 1999 in allen Diagrammen einen sinkenden Trend aufweist. Der relative Preisanstieg gegenüber dem Vorjahr war dabei in Ostdeutschland am stärksten ausgeprägt, näherte sich von einem hohen Niveau (Wachstumsrate 1992 gegenüber dem Vorjahr: 13,4 %) zunehmend der (west)deutschen Entwicklung an. Von zentraler Bedeutung für das Verständnis der durchgeführten Schätzungen (Abschnitt 5.4) ist die Feststellung, daß die Preise für (verschiedene) Tabakwaren innerhalb Deutschlands fast nicht streuen: Ihre Funktionsverläufe weisen in den Diagrammen fast zu jedem Zeitpunkt das gleiche Niveau auf, wobei der zusammengefaßte Preisindex für Tabakwaren nahezu mit dem Zigarettenpreisindex zusammenfällt. Die relativ starke Dominanz des Zigarettenkonsums erklärt, warum ausgeprägte Veränderungstendenzen, wie sie etwa bei den Preisen für Zigarren und Zigarillos bzw. Tabak erkennbar sind, kaum ihren Niederschlag beim Preisindex für Tabakwaren finden.

Bei einem Vergleich der Entwicklungsmuster in Ost- und Westdeutschland ist besonders auffällig, daß die Preissteigerungen von Tabakwaren im Westen über den gesamten Zeitraum hinweg weitgehend über der Entwicklung der allgemeinen Lebenshaltungskosten lagen. Bis gegen Mitte der 90er Jahre lag die Preissteigerungsrate bei Tabakwaren deutlich unter der der ostdeutschen Lebenshaltungskosten, wobei sich die Diskrepanz im Preisniveau zwischen West und Ost nivellierte. Überstieg die Wachstumsrate der Lebenshaltungskosten in Ostdeutschland 1992 noch diese im Westen um nahezu zehn Prozentpunkte, so reduzierte sich dieser Unterschied bis 1998 auf 0,2 Prozentpunkte, was wohl auch als Folge der in den neuen Ländern mittlerweile vereinbarten moderaten Lohn- und Gehaltsabschlüsse gewertet werden kann.

Preissteigerungen per se können Konsumenten dazu bewegen, ihr Nachfrageverhalten zu ändern (vgl. Evans und Farelly 1995). Liegt Sucht vor, so kann dies zu einem intensiveren Genuß einer Zigarette, zum Wechsel hin zu einer billige-

Abbildung 17: Preis-Wachstumsraten für Tabakwaren

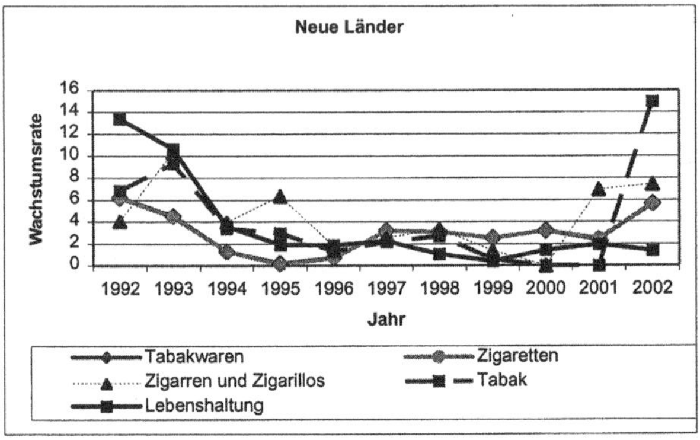

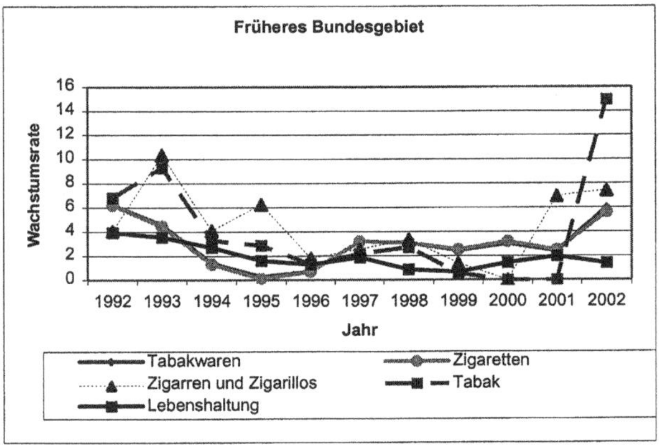

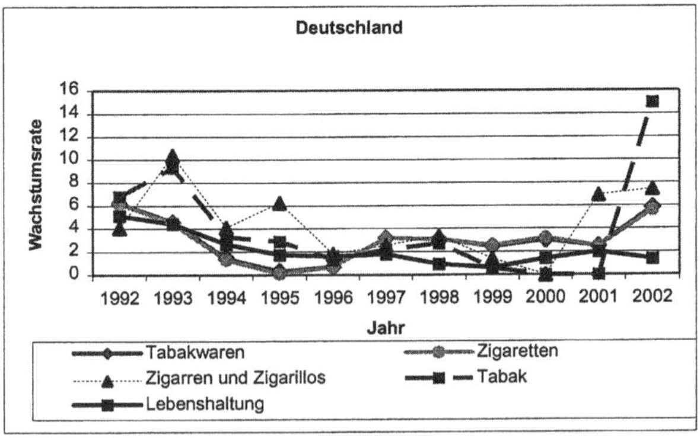

ren Marke oder zur Nachfrage nach geschmuggelten Tabakwaren führen. [101]

Preissteigerungen können darüber hinaus auch als Anreiz verstanden werden, den Tabakkonsum zu beenden. Die Motivation für die Durchführung individueller Verhaltensänderungen steht dabei sicherlich in Beziehung zu weiteren, zeitgleich beobachtbaren Preisveränderungen, die in Abbildung 17 durch die Lebenshaltungskosten dargestellt werden. Ceteris paribus läßt sich vermuten, daß die unterproportionale Steigerung der Preise für Tabakwaren in der ersten Hälfte der 1990er Jahre eine weniger starke Motivation für Ostdeutsche gewesen sein könnte, Anpassungen vorzunehmen.

Während um die Mitte der 1990er Jahre die Preissteigerung für Zigaretten auch in Westdeutschland unterhalb der Zunahme der Lebenshaltungskosten lag, führten jedoch verschiedene Erhöhungen der Tabaksteuer und der Produzentenpreise dazu, daß der Anstieg der Tabakwarenpreise den der Lebenshaltungskosten überstieg. Im Gegensatz zu den Lebenshaltungskosten in Deutschland, die sich im Jahre 2002 gegenüber dem Vorjahr relativ um 1,38 % verteuerten, erhöhten sich die Preise für Tabakwaren um 5,87 %, wobei die Preise für Zigaretten um 5,6 %, Zigarren und Zigarillos um 7,4 % und Tabak sogar um 15 % anstiegen.

Abbildung 18 enthält drei Diagramme, in denen die Wachstumsraten der Preise für alkoholische Getränke in den neuen Ländern, im früheren Bundesgebiet sowie in Deutschland insgesamt für die Jahre 1992 bis 2002 gegenüber dem Vorjahr abgetragen sind. Gegenüber Abbildung 17 sind einige augenscheinliche Unterschiede zu verzeichnen: So übertrifft die Steigerungsrate der Lebenshaltungskosten sowohl in den neuen Ländern als auch in Deutschland insgesamt über den gesamten Betrachtungszeitraum die Veränderungsquote fast aller alkoholischen Getränke. Besonders ausgeprägt ist dies in den neuen Ländern, wobei im früheren Bundesgebiet zu Beginn der 1990er Jahre sowie im Jahr 2001 der Bierpreis sowie 1998 der Weinpreis die Wachstumsrate der Lebenshaltungskosten überstieg.

[101] Die quantitative Beziehung zwischen der Höhe der Tabakbesteuerung und der Nachfrage nach geschmuggelten Zigaretten ist in empirischer Hinsicht nur eingeschränkt ermittelbar. Dennoch weisen die Erfahrungen von Hochsteuerländern wie Schweden darauf hin, daß hohe Tabaksteuern in starkem Umfang die Nachfrage nach Schmuggelware begünstigen. Bask und Melkersson (2000a) betonen, daß dies in Schweden zwischen 1965 und 1996 zum Anlaß genommen wurde, den Anteil der Tabaksteuer am Verkaufspreis zu reduzieren.

Abbildung 18: Preis-Wachstumsraten für alkoholische Getränke

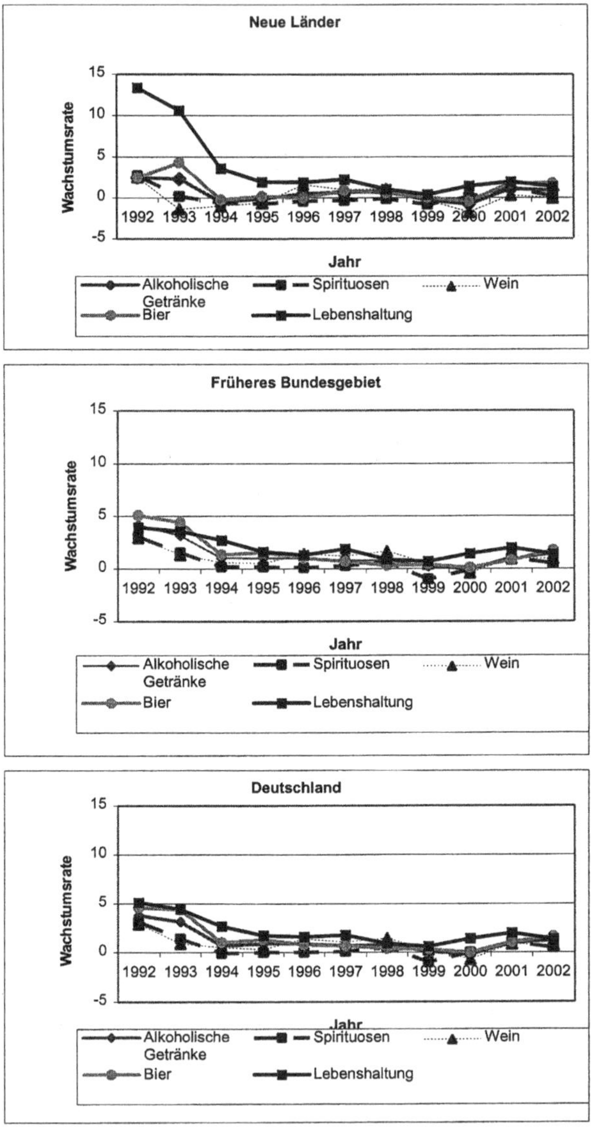

Quelle: Statistisches Bundesamt (2003c).

Im Unterschied zum Gesamtpreisindex der Tabakwaren fällt in Abbildung 18 auf, daß die Wachstumsrate des Preisindex für alkoholische Getränke insgesamt von keiner darin enthaltenen Komponente dominiert wird. Die Veränderungsraten alkoholischer Getränkearten besitzen einen wellenförmigen Verlauf, wobei dieser über den Betrachtungszeitraum einen eindeutig negativen Trend aufweist, d. h. der Preisanstieg verlangsamte sich. Im Unterschied zur Bewegung in Westdeutschland verzeichneten die Veränderungsraten in den neuen Ländern eine etwas geringere fluktuierende Schwankungsbreite.

Auffallend ist dabei, daß über den ganzen Betrachtungszeitraum hinweg Bier den höchsten Preisauftrieb verzeichnete, dessen relative Steigerungsrate in Ostdeutschland im Zeitablauf noch zwischen plus 4,3 Prozent (1993 gegenüber 1992) und minus 0,4 Prozent (2000 gegenüber 1999) lag. Demgegenüber waren in Ostdeutschland Wein- und Spirituosenpreise nicht nur konstant, sie sanken sogar. Die genannte Entwicklung war vor allem bei Spirituosen besonders ausgeprägt, wobei etwa zwischen 1994 und 1999 der Preis immer weiter abnahm. Dieses Phänomen existierte im früheren Bundesgebiet nicht in dem Maße, so daß in bezug auf Gesamtdeutschland in den letzten Jahren nicht von einer annähernden Preisstabilität der Alkoholpreise gesprochen werden kann. Wird die Preisentwicklung isoliert betrachtet, so kann vermutet werden, daß gegenüber der auffallend deutlichen Steigerung bei Tabakwarenpreisen die Preisanreize für Alkoholkonsumenten, ihre Nachfrage einzuschränken, viel weniger gegeben waren.

Aus den theoretischen Überlegungen (Kapitel 3 und 4) sowie den empirischen Befunden zum gesundheitsrelevanten Verhalten (Kapitel 2) lassen sich mögliche Bestimmungsfaktoren des Lebensstils sowie dessen Implikationen ermitteln, welche die Grundlage für die Auswahl der interessierenden Variablen aus dem verfügbaren Datenmaterial bilden. Die in Abbildung 19 dargestellten Zusammenhänge können somit als Referenzrahmen für die durchzuführenden Schätzungen angesehen werden.

Im Rahmen einer Hierarchie von Beziehungen sind drei Ebenen ersichtlich: Die Ebene der *Einflußfaktoren* wird in der Darstellung durch Kreise veranschaulicht. Sie setzt sich aus allgemeinen Einflußfaktoren, prädisponierenden und sozioökonomischen Variablen zusammen. Diese Größen erklären im weitesten Sinne, warum *Lebensstil*güter nachgefragt werden, sowie den individuellen *Gesundheits*zustand. Beide sind in der Abbildung unterhalb der Einflußgrößen angeordnet. Bei den auf der untersten Ebene dargestellten Größen *„Umwelt"* und *„Gesundheitswesen"* handelt es sich um Variablen, die annahmegemäß lediglich den

Gesundheitszustand beeinflussen. Abbildung 19 stellt kein deterministisches Beziehungsgeflecht dar. Vielmehr sind zwischen anreizgenerierenden Einflußgrößen und Lebensstil sowie zwischen Lebensstil und dem individuellen Gesundheitszustand Störgrößen implementierbar, die dafür verantwortlich sind, ob sich eine präferierte Handlungsintention in beobachtbarem Verhalten niederschlägt, bzw. ob etwa Rauchen tatsächlich Auswirkungen auf den Gesundheitszustand hat. Dies steht im Einklang mit neueren Arbeiten zur Gesundheitsproduktion, wie z. B. Zweifel (1992), der darauf hinweist, daß der Einzelne seinen Gesundheitszustand beeinflussen, aber nicht effektiv bestimmen kann.

Eine Reihe von Einflußfaktoren kann sowohl isoliert die Nachfrage nach einem spezifischen Lebensstilgut hervorrufen als auch unabhängig davon Wirkungen auf den individuellen Gesundheitszustand ausüben.

In der Darstellung oben links sind *allgemeine Einflußfaktoren* zu erkennen. Wie bereits im Forschungsüberblick zum gesundheitsrelevanten Verhalten in Ostdeutschland aufgezeigt wurde, wird die Frage möglicher oder bestehender *regionaler Unterschiede* zwischen Ost- und Westdeutschland stark diskutiert. Während regionale Unterschiede innerhalb von Westdeutschland häufig durch latente Differenzen (Bildung, Erwerbstätigkeit etc.) geprägt sind, kann vermutet werden, daß Ost-West-Diskrepanzen auch Folge der jahrzehntelangen Mangelwirtschaft sein können. Da in Ostdeutschland zu DDR-Zeiten manche Güter nicht vorhanden waren, wie etwa illegale Drogen, konnte sich eine entsprechende Konsumpersistenz gar nicht herausbilden. Die bislang publizierten Studien zu Ostdeutschland legen nahe, daß sich mit zunehmender zeitlicher Ferne vom Spätherbst 1989 und einem verstärkten Bevölkerungsaustausch mit Westdeutschland *(Migration)* bestehende Unterschiede sukzessive nivellieren (vgl. dazu Abschnitt 2.4).

Nicht zuletzt Anreize, Einschränkungen und Verbote durch staatliche *Interventionen* und die allgemeine Akzeptanz tragen dazu bei, daß bestimmte gesundheitsrelevante Verhaltensweisen gefördert bzw. unterbunden werden (vgl. Hanewinkel und Isensee 2002; Jha und Chaloupka 1999). Darüber hinaus versucht der Staat, durch direkte gesundheitspolitische Maßnahmen die individuelle Gesundheit auch gezielt zu beeinflussen (vgl. Pacula und Chaloupka 2001).

Zentraler Bestimmungsfaktor, ob und in welchem Umfang ein Gut gekauft wird, ist sein *Preis*. Im Unterschied zur populärwissenschaftlichen Literatur zeigen Arbeiten zur rationalen Sucht, daß süchtige Konsumenten durchaus auf Preisveränderungen reagieren können. Die langfristige Preiselastizität übersteigt dabei für gewöhnlich die kurzfristige Preiselastizität (vgl. Ferguson 2000, S. 592). Außerdem ist auch die Beziehung der Nachfrage zwischen einigen Lebensstilgütern von Interesse, da diese häufig mit Preiseffekten in Verbindung

Abbildung 19: Einflußfaktoren und Implikationen des Lebensstils

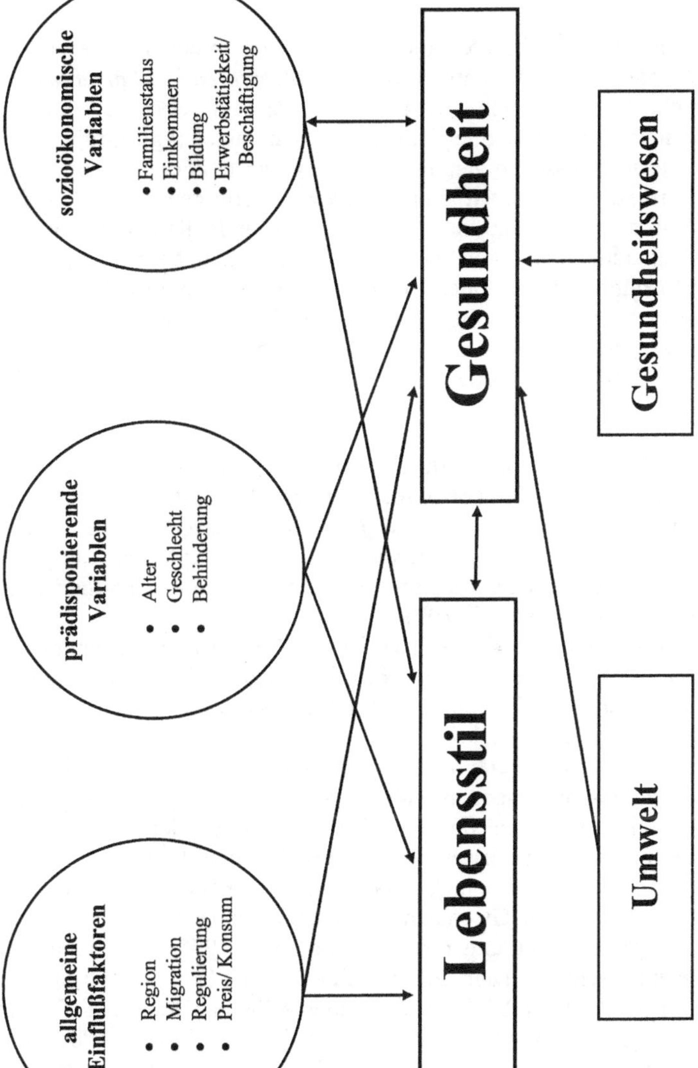

gebracht werden können (vgl. DiNardo und Lemieux 2001; Chaloupka und Laixuthai 1997).

Ob und inwiefern bestimmte Konsumanreize sich in einem konkreten Lebensstil niederschlagen, wird wesentlich von *prädisponierenden Variablen*, wie Alter, Geschlecht und körperlicher Behinderung, geprägt. Vor allem unter Jugendlichen besitzen Lebensstilgüter häufig Statuscharakter (vgl. Gruber und Zinman 2000). Gesundheitsschädigendes Verhalten weist, über den individuellen Lebenszyklus betrachtet, häufig einen invers-u-förmigen Verlauf auf: Zunächst nimmt mit zunehmendem Alter die latente Gesundheitsschädigung durch Alkohol und Zigaretten (besonders bei Jugendlichen) zu, der Konsum senkt sich dann zur Lebensmitte mit zunehmender Todesnähe (vgl. Ippolito 1981). Ein stärkeres Gesundheitsbewußtsein ist bei Frauen beobachtbar. Da ungesundes Verhalten in der Schwangerschaft Folgen für das werdende Kind haben kann, schränken Frauen häufig in dieser Lebensphase den Zigarettenkonsum ein (vgl. Chaloupka 1990).

Eine dritte Kategorie von Einflußfaktoren bilden die *sozioökonomischen Variablen*, die in der Darstellung oben rechts angeordnet sind:

Eine wichtige Größe stellt der *familiäre Hintergrund* des Akteurs dar. So ist es statistisch gesichert, daß sich alleinstehende Menschen häufig ungesünder verhalten als Verheiratete oder Menschen, die mit einem Partner zusammenleben (vgl. Oberender 1989, S. 199).

Aus individueller Perspektive ist das *Einkommen* die zentrale ökonomische Größe. Es definiert weitgehend die Budgetbeschränkung und somit den Umfang an monetären Mitteln, den das Individuum für Konsumzwecke verwenden kann. Zusätzliches Einkommen ermöglicht dem Akteur, sich etwa in ernährungsphysiologisch besserer Weise zu ernähren. Während theoretische Analysen grundsätzlich davon ausgehen, daß ein Akteur über eigene Einkünfte verfügen muß, um seine Ausgaben decken zu können, liefert der Faktor „individuelles Einkommen" häufig empirisch ein falsches Bild von der Grundlage des persönlichen Konsums, da in vielen Haushalten nur eine Person Einkünfte erzielt.

Das Modell von Grossman und nachfolgende Arbeiten messen der *Bildung* eine große Bedeutung bei (vgl. Grossman 1975). Zahlreiche empirische Arbeiten zur Nachfrage nach Gesundheit haben die Hypothese bestätigt, wonach Menschen mit höherer Bildung über einen höheren Grad an Effizienz bei der Gesundheitsproduktion verfügen (vgl. etwa Farell und Fuchs 1982). Dies äußert sich dadurch, daß gesundheitsschädliche Verhaltensweisen weniger häufig ausgeübt werden.

Die Relevanz der Kategorie *Erwerbstätigkeit* liegt nicht nur darin, ob eine *Beschäftigung* zum Zeitpunkt der Erhebung vorliegt, bzw. weshalb nicht (Arbeitslosigkeit, Kurzarbeit oder Ausbildung, Rente) und deren Dauer (bzw. ob die ausgeführte Tätigkeit der Arbeit zu einem früheren Zeitpunkt entspricht), sondern auch in der Art (Branche). Insbesondere das Wechselverhältnis von Arbeitslosigkeit und Gesundheit fand in der Literatur bereits eingehende Beachtung (vgl. Kurella 1992). In bezug auf Ostdeutschland kann vermutet werden, daß sich die hohe Arbeitslosigkeit auch negativ im Lebensstil der Betroffenen niederschlägt. Nicht zuletzt die gesamtwirtschaftliche Entwicklung vermag somit Auswirkungen auf die individuelle Gesundheit zu haben (vgl. Ruhm 2000, 2001).

Variablen können isoliert, andererseits in Abhängigkeit voneinander auf die konkrete Herausbildung von gesundheitsrelevantem Verhalten Einfluß nehmen. So vermag etwa „Bildung“, wie oben beschrieben, separat den Konsum von Tabakwaren zu beeinflussen. Einzelne Bestimmungsgründe sind in der Lage, sich wechselseitig zu verstärken, aber auch aufgrund unterschiedlicher Wirkungsrichtungen (partiell) zu kompensieren. Fördert etwa ein niedriges Bildungsniveau ceteris paribus den Zigarettenkonsum, und senkt unter sonst gleichen Bedingungen ein hoher Preis die Nachfrage, so kann die Kombination beider Effekte zu einem faktisch geringeren Konsum führen.

Die *Lebensstil*-Ebene bildet die konkrete, beobachtbare Ausprägung spezifischen gesundheitsrelevanten Verhaltens ab. Im Fall von Tabakkonsum reflektiert sich dies etwa in der faktischen Nachfrage nach Zigaretten. In der Literatur werden folgende Verhaltensweisen als gesundheitsrelevant eingestuft (vgl. dazu die in Kapitel 2.2 genannte Literatur):

1. Eßgewohnheiten,
2. Trinkgewohnheiten (Alkohol: Bier, Wein, Spirituosen, alkoholische Mixgetränke; sonstige Genußmittel wie Kaffee),
3. Schlafgewohnheiten,
4. Konsum von Schmerzmitteln, Psychopharmaka, Schlaf- und Beruhigungsmitteln,
5. Rauchgewohnheiten,
6. Drogengenuß,
7. Körperliche Betätigung bzw. Sport.

Die Beziehung zwischen Lebensstil und dem *Gesundheit*szustand ist nicht deterministisch. Potentiell gesundheitsschädigendes Verhalten, wie Rauchen oder ungesunde Ernährung, muß nicht notwendigerweise zu einer Verschlechterung des Gesundheitszustandes führen. Zahlreiche empirische (gesundheits-)ökonomische Arbeiten befassen sich mit der Bedeutung von Lebensstil im Zusammenhang mit der individuellen Gesundheitsproduktion (vgl. exemplarisch Leu und Gerfin 1992; Nocera und Zweifel 1998). Spezielle individuelle Faktoren können dazu führen, daß manche Kettenraucher sehr alt werden, leichte Raucher bereits in jungen Jahren an Krebs sterben.

Während die bisherige Darstellung von Einflußfaktoren vor allem in statischer Hinsicht Bestimmungsgrößen der Nachfrage nach Lebensstil und der Gesundheitsproduktion veranschaulichte, müssen vor allem bei einer dynamischen Analyse Rückkopplungsbeziehungen berücksichtigt werden (vgl. Contoyannis u. a. 2001). Wie bereits Grossman im ursprünglichen Modell dargestellt hatte und wie mehrfach von anderen Autoren empirisch überprüft wurde, lohnt sich für Menschen gute Gesundheit, da dadurch Erwerbstätigkeit ausgeübt werden kann und somit subsekutiv Einkommen erzielbar ist (vgl. Grossman 1972a, b). Weitere Arbeiten veranschaulichen, daß nicht nur der ausgeübte Lebensstil Wirkungen für die individuelle Gesundheit besitzt, sondern daß die Selbsteinschätzung des eigenen Gesundheitszustandes dafür verantwortlich ist, ob riskantes gesundheitsschädliches Verhalten ausgeübt wird (vgl. exemplarisch Kenkel 1995). So gingen etwa Smith u. a. (2001) der Frage nach, ob und inwiefern eine Verschlechterung des eigenen Gesundheitszustandes zu einer Verminderung des Tabakkonsums beiträgt.

Im unteren Teil der Abbildung sind Größen angeordnet, die speziell Auswirkungen auf die individuelle Gesundheit haben. Dazu zählen *Umwelt*einflüsse (vgl. Erbsland u. a. 1998). Neben dem gesundheitsrelevanten Verhalten sind ferner die Leistungen des *Gesundheitswesen*s von großer Bedeutung für den faktischen Gesundheitszustand eines Individuums. Je nach Gesundheitszustand bestehen dabei substitutive, komplementäre bzw. unabhängige Beziehungen zwischen medizinischen Leistungen und eigenem gesundheitsrelevanten Verhalten des Akteurs (vgl. Schneider 2002).

Die in Abschnitt 5.4 anhand empirischer Daten analysierten Zusammenhänge konzentrieren sich auf das Beziehungsgeflecht, das in den beiden oberen Ebenen der Abbildung 19 dargestellt ist. Da die Ausübung gesundheitsrelevanten Verhaltens im Vordergrund der Analyse steht, werden Umweltfaktoren bzw. Leistungen des Gesundheitswesens in Hinblick auf die individuelle Gesundheit nicht analysiert.

5.3 Analyse von Paneldaten

Ziel des folgenden Abschnitts ist es, die ökonometrischen Grundlagen der im Teil 5.4 der Arbeit dargestellten (Panel-)Schätzungen zu veranschaulichen. Nähere Angaben zur Herleitung der beschriebenen Schätzer und Tests sowie zu deren spezifischen Eigenschaften können den Verweisen entnommen werden.[102]

5.3.1 Besonderheiten der Panelanalyse

Eine Datenerhebung wird als *Panel* bezeichnet, wenn wiederholt zu verschiedenen Zeitpunkten $t = 1, 2, \ldots, T$ bei denselben Erhebungseinheiten Angaben zu denselben Tatbeständen erhoben werden, so daß es möglich ist, Veränderungen im Zeitablauf zu erfassen. Gegenüber gewöhnlichen Querschnitts- und Zeitreihendaten verfügen Paneldaten über mehrere Vorzüge (vgl. Arminger und Müller 1990, S. 3; Baltagi 2002, S. 7 - 9; Hanefeld 1987, S. 17 - 23):

- Der größte Vorzug von Paneldaten besteht darin, daß sie eine Unterscheidung von individuellen und zeitabhängigen Einflußfaktoren zulassen. Eine Kontrolle unbeobachteter Heterogenität ist dadurch möglich (vgl. Baltagi 2002, S. 5f.). Wie in Kapitel 2 erläutert, wurden von einigen Autoren auf der Basis von Querschnittsanalysen Entwicklungstrends abgeleitet. Abgesehen von dem ohnehin problematischen Vorgehen kommt es hier zu der Schwierigkeit, Alters-, Perioden- und Kohorteneffekte zu separieren. Anhand von Paneldaten können diese Einflußfaktoren jedoch isoliert betrachtet werden.
- Zeitreihenanalysen sind häufig anfällig für Multikollinearität. Dies ist bei Panelanalysen weniger wahrscheinlich, da die Querschnittsdimension die Zeitreihenwerte um eine hohe Variabilität ergänzt, indem weitere Informationen hinzugefügt werden.
- Während mittels Zeitreihendaten lediglich Nettoveränderungen zwischen Zuständen zwischen den Befragungszeitpunkten t_0 und t_1 gemessen werden können, ist es bei einem Panel möglich, Bruttoveränderungen zu ermitteln. Auf der Basis von Zeitreihendaten kann etwa festgestellt werden, daß die Arbeitslosenquote von 9 % (t_0) auf 10 % (t_1) gestiegen ist. Es läßt sich also eine Nettoveränderung von einem Prozentpunkt ermitteln. Man

[102] Auf die Darstellung grundlegender Aspekte der Regressionsanalyse wird im vorliegenden Abschnitt verzichtet. Diese werden durch die Lehrbücher von Greene (2003) und Wooldridge (2000) anschaulich dargestellt. Auf einige gesundheitsökonomische Anwendungen der skizzierten Modelle verweist Jones (2000).

kann jedoch erwarten, daß ein Teil der Arbeitslosen zwischen den Befragungszeitpunkten wieder einen Arbeitsplatz gefunden hat, andere Erwerbspersonen arbeitslos geworden sind. Die Anzahl der insgesamt von Arbeitslosigkeit betroffenen Personen, und somit der Bruttoeffekt, kann sich also vom ermittelten Nettoeffekt stark unterscheiden. Schätzungen auf der Grundlage von Zeitreihendaten führen somit gegenüber Paneldaten zu Verzerrungen.

- Mit Paneldaten ist es möglich, die Richtung von Veränderungen und deren Implikationen auf andere veränderliche Größen zu ermitteln. Dadurch können genauere Analysen durchgeführt werden. So lassen sich Anpassungsprozesse besser untersuchen.

Demgegenüber sind mit der Verwendung von Paneldaten auch einige spezielle Schwierigkeiten verbunden:

- Probleme, die aufgrund des Paneldesigns hervorgerufen werden, wie unvollständige Erfassung der entsprechenden Grundgesamtheit oder Antwortverweigerungen.
- Meßfehler, etwa infolge nicht eindeutig gestellter Fragen und Selektionsverzerrungen, wenn einzelne Untersuchungseinheiten etwa aufgrund von Umzug oder Tod nicht über den ganzen Untersuchungszeitraum beobachtet werden können (Panelmortalität) (vgl. Rendtel 1995). Ein Paneldatensatz gilt in diesem Zusammenhang als *balanced*, wenn für sämtliche Erhebungseinheiten Beobachtungen vorliegen, sowie als *unbalanced*, wenn einzelne Untersuchungseinheiten später ein- oder früher austreten.

Im Unterschied zu gewöhnlichen Zeitreihendaten erstrecken sich Paneldaten nur über wenige Beobachtungszeitpunkte, die für gewöhnlich jährlich erhoben werden (Wellen). Da für jede Untersuchungseinheit nur eine geringe Zeitspanne erfaßt wird, bedeutet dies, daß die Gewährleistung asymptotischer Eigenschaften entscheidend von der Anzahl der Erhebungseinheiten abhängt.

Werden die Besonderheiten von Paneldaten in der Regression nicht berücksichtigt, so impliziert dies nicht nur, daß deren Vorzüge nicht ausgenutzt werden, sondern auch, daß Spezifizierungsverzerrungen auftreten können, welche zu inkonsistenten Parameterschätzern führen. Dabei wird gegen die elementare Anforderung verstoßen, wonach die erklärenden Variablen einer Regressionsgleichung mit den Störgrößen unkorreliert sein müssen.

Das Grundmodell der Paneldatenanalyse unterstellt einen linearen Zusammenhang zwischen *m* erklärenden Variablen x und einer abhängigen y Variablen[103]:

$$(5.1) \qquad y_{it} = \alpha_i + x'_{it}\beta + \varepsilon_{it},$$

wobei β den zu schätzenden Parametervektor angibt.

Entsprechend der Annahme bezüglich der Größe *a* sowie der Verteilung der Störterme ε unterscheidet man Modelle mit *festen* und *zufälligen* individuenspezifischen Effekten. Die modellierten Eigenschaften wiederum bestimmen, welcher Panelschätzer für die Gleichung (5.1) verwendet werden kann. Werden sie in adäquater Weise bei der Schätzung berücksichtigt, so ist es möglich, die gewünschten unverzerrten Schätzer ermitteln zu können.

Modelle mit *festen Effekten* treffen die Annahme individuenspezifischer Effekte α_i, die im Zeitablauf als konstant betrachtet werden. In diesem Zusammenhang werden hinsichtlich der Fehlerterme folgende Annahmen unterstellt:

$$E(\varepsilon_{it}) = 0,$$
$$\text{var}(\varepsilon_{it}) = \sigma_\varepsilon^2,$$
$$\text{cov}(\varepsilon_{it}, \varepsilon_{ji}) = 0,$$
$$\text{cov}(\varepsilon_{it}, \varepsilon_{is}) = 0,$$
$$\text{cov}(\varepsilon_{it}, x_{it}) = 0.$$

Von eminenter Bedeutung ist, daß keine Annahme hinsichtlich der Kovarianz zwischen den festen Effekten und einem beliebigen Regressor, $Cov(\alpha_i, x_{it})$, getroffen wird. Da es sich beim festen Effekt um einen Teil der Störgröße handelt, hier aber eine Korrelation mit dem Regressor erlaubt ist, unterscheidet sich das Fixed-Effects-Modell in dieser Hinsicht vom einfachen Regressionsmodell für Querschnittsdaten.

Die einfachste Form von (5.1) unterstellt, daß die festen individuenspezifischen Effekte in bezug auf sämtliche Beobachtungseinheiten *i* gleich sind. Da $\alpha_i = \alpha$, entspricht dies der Konstanten α im klassischen linearen Regressionsmodell, für das OLS konsistente und effiziente Schätzer liefert. Treffen diese Annahmen jedoch nicht zu, und die unterstellten festen Effekte variieren dennoch, so liefert *pooled Ordinary Least Squares* (POLS) verzerrte Parameterschätzer. Nichtsde-

103 Die folgenden Ausführungen beruhen auf Baltagi (2002), Kapitel 1 und 2.

stotrotz führt die gegenüber dem einfachen Querschnitt vergrößerte Stichprobengröße $(n\ T)$ zu einer Verbesserung der Effizienz.

Sind die individuellen Effekte α_i zwar fest, aber unterscheiden sie sich zwischen den Beobachtungseinheiten $i = 1,...,N$, so ist der gepoolte Schätzer aufgrund Fehlspezifikation verzerrt. Dies kann durch folgende Nullhypothese getestet werden:

(5.2) $$\alpha_1 = \alpha_2 = ... = \alpha_N .$$

Der *Least Squares Dummy Variable* (LSDV) Schätzer basiert auf der Überlegung, Unterschiede zwischen den Beobachtungseinheiten durch Verschiebungen im Ordinatenabschnitt der Standard-OLS-Schätzung abzubilden. Dabei werden jeweils die individuenspezifischen Effekte mit Dummy-Variablen verknüpft. Während die Schätzung für gewöhnlich keine großen Schwierigkeiten bereitet, kann die Einfügung der Dummies bei der Vorbereitung der Schätzung sehr mühsam sein. Demgegenüber basiert der *Within*-Schätzer auf der Idee, die individuellen Effekte nicht mitzuschätzen, sondern sich ihrer mittels eines Kunstgriffs zu entledigen. Anstatt y_{it} auf x_{it} und die Individuendummies zu regressieren, wird $y_{it} - \bar{y}_i$ auf $x_{it} - \bar{x}_i$ regressiert. $\bar{x}_i$ bzw. $\bar{y}_i$ stellen dabei die Mittelwerte über die T Werte von x_{it} (y_{it}) dar. Ein weiterer Vorteil des Verfahrens liegt in der Verringerung der Anzahl der zu schätzenden Parameter.

Eine Erweiterung stellt die zusätzliche Berücksichtigung zeitspezifischer Effekte γ_t, dar:

(5.3) $$y_{it} = \alpha_i + \gamma_t + x_{it}'\beta + \varepsilon_{it} .$$

Die Vorgehensweise bei der Schätzung ähnelt dabei dem LSDV-Ansatz. Spezifische Dummy-Variablen werden eingefügt, um die zeitspezifischen Effekte im *Two-Way Fixed Effects* Modell zu separieren. Um den Fall perfekter Kollinearität zu vermeiden, ist es erforderlich, einen Zeitdummy zu beseitigen. Eine grundsätzliche Schwierigkeit bei diesem Ansatz besteht darin, daß die Anzahl der Variablen, die geschätzt werden, hoch sein kann, was zu einem erheblichen Verlust an Freiheitsgraden führt.

Modelle mit zufälligen Effekten (Random Effects) verstehen die individuenspezifischen Koeffizienten α_i als Zufallsvariablen, die aus zwei Komponenten bestehen: der individuenspezifischen Konstante α sowie der freien Komponente v_i. Es wird ferner angenommen, daß die Konstante α für alle Untersuchungseinheiten und Zeitpunkte, sowie der individuelle Störterm v_i über die Zeit hinweg konstant ist. Somit gilt:

$$y_{it} = \alpha + x'_{it}\beta + v_i + \varepsilon_{it}. \tag{5.4}$$

Folgende Annahmen liegen dem Modell mit zufälligen Effekten zugrunde:

$$E(\varepsilon_{it}) = 0,$$
$$E(v_i) = 0,$$
$$E(\varepsilon_{ij}^2) = \sigma_\varepsilon^2,$$
$$E(v_i^2) = \sigma_v^2,$$
$$E(\varepsilon_{it} v_j) = 0, \ \forall i,t,j,$$
$$E(\varepsilon_{it} \varepsilon_{js}) = 0 \ \forall i \neq j, t \neq s,$$
$$E(v_i v_j) = 0, \ \forall i \neq j.$$

Werden diese Annahmen nicht verletzt, kann das Modell mit zufälligen Effekten durch OLS geschätzt werden. Im Unterschied zum Fixed-Effects-Modell liegt hier keine Korrelation zwischen α_i und x_{ij} vor, d. h. $\mathrm{cov}(x_{it,\alpha_i}) = 0$. Der OLS-Schätzer für β ist zwar unverzerrt und konsistent, jedoch nicht effizient. Zur Gewährleistung der Effizienz kann statt OLS mit dem GLS-Verfahren geschätzt werden. Die Varianz-Kovarianzmatrix, die dabei geschätzt wird, besitzt eine recht komplexe Struktur. Sie verfügt nur über zwei Parameter, σ_ε^2 und σ_v^2.

Aufgrund der Vorstellung, daß es sich bei einer Beobachtungseinheit um eine Zufallsstichprobe handelt, eignet sich das Random-Effects-Modell grundsätzlich gut für Panels, die über zahlreiche Untersuchungseinheiten, aber über nur wenige Wellen verfügen. Dagegen eignen sich Fixed-Effects-Modelle häufig besser für Zeitreihendaten, die nur über wenige Untersuchungseinheiten, wie Länder, verfügen, dagegen jedoch viele Zeitpunktwerte einschließen. Welche von beiden Modellvarianten vorzuziehen ist, läßt sich durch Tests ermitteln. Einen direkten Vergleich auf *fixed* versus *random effects* ermöglicht der Test von Hausman (1978). Dabei wird die Korrelation individueller Effekte mit x_{it} überprüft.

5.3.2 Statische Panelmodelle

Unter Beachtung der in Abschnitt 5.3.1 dargelegten Besonderheiten ist es möglich, Panelschätzungen auf der Basis ökonometrischer Grundlagen der Regressionsanalyse durchzuführen. Gleichung (5.1) kann direkt als statisches Paneldatenmodell aufgefaßt werden. Die folgende Darstellung beschränkt sich auf die Modelle, die bei den vorgenommenen Schätzungen verwendet wurden (vgl. dazu Abschnitt 5.4). Somit werden lediglich die Fälle binärer und ordinaler abhängiger Schätzverfahren vorgestellt.

Handelt es sich bei der abhängigen Variable einer Panelschätzung um eine *binäre dichotome Variable*, so läßt sich dies folgendermaßen darstellen (vgl. Wawro 2001, S. 567):

$$y_{it} = \begin{cases} 1 & \textit{falls} \quad y_{it}^{*} > 0 \\ 0 & \phantom{\textit{falls}} \quad y_{it}^{*} = 0 \end{cases}.$$

Übersteigt die latente Variable y_{it}^{*} den Wert Null, so wird die abhängige Variable auf den Wert Eins gesetzt, andernfalls nimmt sie den Wert Null an. Analog zur statischen Querschnittsanalyse läßt sich die Gleichung (5.1) mit dem Logit- bzw. Probit-Verfahren schätzen, wobei hier durch die Wahl der Methode die Verteilungsannahme für die Störgröße bestimmt wird. Entsprechend der Paneldatenanalyse mit einer stetigen abhängigen Variable muß α_i entweder als fest oder als zufallsbedingt betrachtet werden, d. h. individuenspezifische Effekte lassen sich entweder als konstante Parameter darstellen, oder sie verfügen über eine Verteilung mit Mittelwert und Varianz. Hinsichtlich der im vorliegenden Fall verwendeten Paneldaten, bei denen die Anzahl der Beobachtungszeitpunkte (Wellen) gering, aber die Zahl der Querschnittsbeobachtungen hoch ist, führen Likelihood-Ansätze, welche feste Effekte gemeinsam mit den Koeffizienten schätzen, zu inkonsistenten Schätzern (vgl. Hsiao 1986, S. 159 - 161). Um konsistente Schätzer zu erhalten, benötigt man eine Methode, wie sie für gewöhnlich für stetige Variablen verwendet wird, um die festen Effekte α_i zu beseitigen. Der Conditional Maximum Likelihood-Schätzer, der von Chamberlain (1980) entwickelt wurde, unterstellt eine logistische Verteilung und ist in analoger Weise wie im stetigen Fall auf binäre Variablen anwendbar. Die Vorgehensweise ist ähnlich zur Differenzenbildung. Sie bedient sich des statistischen Konzepts einer „hinreichenden Statistik". Eine hinreichende Statistik ist eine Funktion der beobachteten Daten, die die gesamte verfügbare und relevante Information bezüglich des zu schätzenden Objekts beinhaltet. Diese ist jedoch nur für das Logit-Modell verfügbar. Aufgrund ihrer tendenziell besseren Eignung für die vorliegende Datengrundlage (vgl. dazu Wawro 2001, S. 567) wurde die Probit-Methode gewählt, die jedoch nur für stochastische Effekte praktikabel ist.

Wird eine Normalverteilung $N(0,\sigma_v^2)$ unterstellt sowie die Zufallseffekte wiederum durch v_i dargestellt, so resultiert für das Probit-Modell (vgl. Guilkey und Murphy 1993) die Erfolgswahrscheinlichkeit:

(5.5) $$\Pr(y_i \mid x_i) = \int_{-\infty}^{\infty} \frac{e^{-v_i^2/2\sigma_v^2}}{\sqrt{2\pi\sigma_v}} \left\{ \prod_{t=1}^{N_i} F(x_{it}\beta + v_i) \right\} d\,v_i,$$

$$\text{wobei} \qquad F(x_{it} + v_i) = \begin{cases} \phi(x_{it}\beta + v_i) & \textit{falls} \quad y_{it} \neq 0 \\ 1-\phi(x_{it}\beta + v_i) & \textit{sonst} \end{cases}$$

und ϕ die kumulative Normalverteilung angibt. Wird das Integral mit der M-Punkt Gauß-Hermite-Quadratur approximiert,[104] so läßt sich die folgende Log-Likelihoodfunktion bestimmen:

(5.6) $$\log L = \sum_{i=1}^{N} w_i \log\{\Pr(y_i \mid x_i)\}$$

$$\approx \sum_{i=1}^{N} w_i \ \log\left\{ \frac{1}{\sqrt{\pi}} \sum_{m=1}^{M} w_m^* \prod_{t=1}^{n_i} F\left(x_{it}\beta + \sqrt{2\frac{\rho}{1-\rho}}\ \zeta_m^* \right) \right\}.$$

Hierbei werden durch w_m^* die Gewichte der Quadratur sowie mit ζ_m^* die Quadratur-Abszissen bezeichnet. Es gilt ferner $\rho = \sigma_v^2/(\sigma_v^2+1)$. w_i stellt einen Gewichtungsparameter dar.

Eine qualitativ abhängige Variable y_{it} kann über mehr als nur zwei Kategorien (binärer Fall) verfügen. Von „geordneten Kategorien" spricht man im Fall einer Variablen mit J Ausprägungen, wenn folgender Zusammenhang besteht:

---

[104] Bei der Gauß-Hermite-Quadratur handelt es sich um ein Verfahren zur Approximierung nicht geschlossener Integrale. Es basiert auf der Idee, die funktionale Form unter Berücksichtigung der gewichteten Summe ihrer Werte an einigen Punkten entlang ihrer Länge zu approximieren. Die Genauigkeit der Annäherung steigt mit zunehmender Anzahl der einbezogenen Punkte (vgl. Butler und Moffitt 1982).

$$(5.7) \qquad y_{it} = \begin{cases} 0 & y_{it}^* < \psi_0 \\ 1 & \psi_0 < y_{it}^* < \psi_1 \\ 2 \quad falls & \psi_1 < y_{it}^* < \psi_2 \\ \vdots & \\ J & \psi_{J-1} < y \end{cases}$$

Dabei wird jede der geordneten Kategorien durch bestimmte Schwellenwerte ψ_j abgegrenzt. Überschreitet eine latente (nicht beobachtbare) Zufallsvariable y_{it}^* den Schwellenwert ψ_j, so nimmt y_{it} den Wert j an. Im Fall des vorliegenden Datensatzes stellen etwa die Variablen „Gesundheitszustand" und „Gesundheitszufriedenheit" geordnete kategoriale Größen dar.

Der ordinale Probit-Ansatz läßt sich folgendermaßen darstellen (vgl. Frechette 2001, S. 24):

$$(5.8) \qquad y_{it}^* = \beta\, x_{it} + w_{it}, \qquad i = 1,\dots,N \quad t = 1,\dots,T.$$

Die individuenspezifische Konstante α (vgl. Formel 5.4) wird in (5.8) gleich Null gesetzt, v_i kennzeichnet wiederum den individuenspezifischen Störterm, ε_{it} den allgemeinen Störterm. Beide Größen werden hier durch w_{it} zusammengefaßt:

$$w_{it} = v_i + \varepsilon_{it}.$$

Damit ergibt sich für die Gesamtvarianz von w_{it}:

$$Var(w_{it}) = \sigma_v^2 + \sigma_\varepsilon^2 = \sigma_v^2 + 1.$$

Man spricht deshalb auch von einem Varianzkomponenten-Modell (vgl. Ronning 1991, S. 193). Wird der Korrelationskoeffizient zwischen zwei beliebigen Zeitpunkten t und s mit ρ bezeichnet, so gilt:

$$Corr(w_{it}, w_{is}) = \rho = \frac{\sigma_v^2}{1+\sigma_v^2}.$$

Dies impliziert, daß der Störterm w_{it} zwischen zwei beliebigen Zeitpunkten mit einer konstanten Größe korreliert ist. Werden zur Vereinfachung folgende Größen definiert:

$$\varpi_{it} = \psi_{j-1} - \beta' x_{it},$$

$$\kappa_{it} = \psi_j - \beta' x_{it},$$

so läßt sich unter der Annahme der Randbedingungen

$$\psi_{-1} = -\infty \quad \text{und} \quad \psi_J = \infty$$

im Fall $y_{it} = j$ eine Likelihoodfunktion ermitteln mit:

(5.9) $$L = \sum_{i=1}^{N} \ln P\left(y_{i1}, y_{i1}, \ldots, y_{iT}\right).$$

Frechette (2001, S. 24) zeigt, daß sich deren Wahrscheinlichkeit nach einigen Umformungen folgendermaßen darstellen läßt:

(5.10) $$Pr\left(y_{i1}, y_{i2}, \ldots, y_{iT}\right) = \int_{-\infty}^{\infty} \prod_{t=1}^{T} \left[F(\kappa \mid v_i) - F(\varpi_{it} \mid v_i)\right] du,$$

wobei $F(\cdot)$ die Verteilungsfunktion der Normalverteilung bezeichnet. Unter Anwendung der Gauß-Hermite-Quadratur lassen sich die geschätzten Werte der Parameter β, der Schwellenwerte ψ sowie des Korrelationskoeffizienten ρ berechnen.

5.3.3 Dynamische Panelanalyse

Eine Modellierung dynamischer Prozesse auf der Grundlage von Paneldaten über mehrere Wellen erfordert eine Modifikation und einen Ausbau traditioneller ökonometrischer Methoden, einerseits in Hinblick auf eine Analyse individualspezifischer Verhaltensmuster und andererseits in bezug auf die zeitliche Entwicklung.

Dynamische Panelmodelle unterscheiden sich dadurch von statischen Modellen, daß die Regressionsgleichung Ausprägungen zu unterschiedlichen Zeitpunkten berücksichtigt, welche Persistenz zum Ausdruck bringen. In Erweiterung von (5.1) läßt sich dies folgendermaßen darstellen[105]:

(5.11) $$y_{it} = \alpha_i + \delta\, y_{it-1} + x_{it}'\beta + \varepsilon_{it},$$

wobei δ einen Skalar bezeichnet sowie y_{it-1} die verzögerte endogene Größe. Das dynamische Panelmodell unterstellt folgende Annahmen:

[105] Die folgenden Ausführungen orientieren sich an Baltagi (2002), Kapitel 8.

$$E(\alpha_i)=0,$$
$$E(\varepsilon_{it})=0,$$
$$E(\alpha_i\varepsilon_{it})=0,$$
$$E(\alpha_i^2)=\sigma_\alpha^2,$$
$$E(\varepsilon_{it}^2)=\sigma_\varepsilon^2,$$
$$E(\varepsilon_{it}\varepsilon_{is})=0, \qquad \text{wobei } t \neq s,$$
$$E(\varepsilon_{it}, y_{i1})=0, \qquad \text{für } t=2,\dots,T,$$

wobei y_{i1} die Anfangsbedingung des dynamischen Paneldatenmodells bezeichnet, welche eine wichtige Bedeutung für die Likelihoodfunktion besitzt. Wird (5.11) um eine Periode verzögert, so wird ein grundsätzliches Problem dynamischer Analysen ersichtlich:

(5.12) $$y_{it-1}=\alpha_i+\delta\, y_{it-2}+x'_{it-1}\beta+\varepsilon_{it-1}.$$

Sowohl y_{t-1} als auch α_i berücksichtigen individuelle Heterogenität. Wird (5.12) mit OLS geschätzt, so induziert die Korrelation mit der Störgröße inkonsistente Schätzer von δ sowie der β-Größen. Die Verzerrung des Schätzers $\hat{\delta}$ ist negativ, falls $\delta>0$, sowie in δ ansteigend, dem Grad der Autoregression. Aufgrund der verzögerten abhängigen Variablen löst die Schätzung mit festen Effekten das zugrundeliegende Problem nicht. Die Korrelation zwischen der transformierten endogenen Variablen y_{it-1} und der transformierten Störgröße ε_{it} bleibt weiterhin bestehen.

Von Anderson und Hsiao (1981) stammt der Vorschlag, durch Differenzenbildung den Störgrößeneffekt in der transformierten Gleichung:

$$y_{it}-y_{it-1}=(\alpha_i-\alpha_i)+\delta(y_{it-1}-y_{it-2})+(x_{it}-x_{it-1})'\beta+(\varepsilon_{it}-\varepsilon_{it-1}),$$

zu neutralisieren. Dies läßt sich folgendermaßen darstellen:

(5.13) $$\Delta y_{it}=\delta\,\Delta y_{it-1}+\Delta x'_{it}\beta+\Delta\varepsilon_{it}.$$

Zwar verschwindet der individuenspezifische Effekt, doch besteht im dynamischen Modell weiterhin das Problem der Korrelation zwischen y_{it-1} und ε_{it-1}, wie aus (5.13) ersichtlich ist.

Wird eine within-Transformation angewandt, so liefert dies für $T\rightarrow\infty$ einen konsistenten Schätzer. Da die Anzahl der Wellen in Panels gewöhnlich auf wenige Jahre begrenzt ist, kann dieser Aspekt bei Panelschätzungen nicht ignoriert werden (vgl. Bond 2002, S. 5).

Eine Möglichkeit, dem Problem der Korrelation zwischen Störgrößen und Variablen zu begegnen, besteht in der Verwendung von *Instrumentvariablen* (IV). Dieser Ansatz verwendet die Kovariablen Z, welche etwa in enger Beziehung zur exogenen Größe x stehen, mit den Störgrößen jedoch nicht korreliert sind. Besteht hierbei keine serielle Korrelation, dann folgt, daß sowohl Δy_{it-2} als auch y_{it-2} per se mit Δy_{it-1} korreliert sind, jedoch keine Korrelation mit $\Delta \varepsilon_{it}$ besteht. Anderson und Hsiao (1981) weisen hierbei auf zwei Optionen hin: Erstens kann ein Schätzer verwendet werden, der Δy_{it-2} als Instrument z für Δy_{it-1} benutzt. Zweitens besteht die Möglichkeit, die verzögerte endogene Variable y_{it-2} als Instrumentvariable einzusetzen.

Beide Möglichkeiten liefern rein theoretisch konsistente Schätzer für δ und β. In der Anwendung bereiten diese relativ einfachen Schätzer jedoch einige Schwierigkeiten. Wird die Differenz Δy_{it-2} als Instrumentvariable eingesetzt, so treten häufig Schätzprobleme auf (vgl. dazu Arellano 1989). Dies impliziert, daß Schätzer mit y_{it-2} als Instrument grundsätzlich vorzuziehen sind. Jedoch ist letzterer dann problematisch, wenn δ nahe an 1,0 liegt sowie die Stichproben klein sind und/ oder nur Beobachtungen über wenige Zeitperioden hinweg vorliegen. In der Praxis bereitet ferner die Auswahl geeigneter Instrumente große Schwierigkeiten: Sie müssen sowohl relevant als auch valide sein. Arellano und Bover (1995) sowie Blundell und Bond (1998) wiesen ferner nach, daß der Schätzer von Anderson und Hsiao wertlos ist, wenn bestimmte Schwellenwerte nicht eingehalten werden.

Eine seit Jahren gängige Anwendung des Instrumentvariablen-Ansatzes stellt die Schätzung rationaler Sucht dar. Sie beruht auf dem Vorschlag von Becker u. a. (1994), die damit das Endogenitätsproblem bei der Regression von Konsumpersistenz beseitigen wollten (vgl. dazu Abschnitt 5.4.2). Diese Schätzung unter Anwendung des gewöhnlichen IV-Ansatzes steht mittlerweile aufgrund der resultierenden ineffizienten Schätzer im Zentrum der Kritik (vgl. Baltagi und Griffin 2001, S. 449).

Wird ferner ein hoher Grad an Persistenz in der abhängigen Variablen erwartet, so ist die Verwendung eines alternativen Schätzers ratsam. Eine wichtige Weiterentwicklung des Two Stage Least Squares (2SLS) Schätzers von Anderson und Hsiao lieferten Holtz-Eakin u. a. (1988) sowie Arellano und Bond (1991). Sie zeigen, daß sich durch die Verwendung weiterer verzögerter Variablen als Instrumente Schätzer mit einem höheren Grad an Effizienz konstruieren lassen. Diese sind bei Panels, die sich über mehr als drei Zeitpunkte erstrecken, verfügbar. Die von ihnen vorgeschlagenen Instrumentvariablenschätzer greifen auf sogenannte „Momentenrestriktionen" zurück, wobei diese Bedingungen definieren, die von den Instrumenten erfüllt werden müssen.

Arellano und Bond (1991) schlagen folgende Standard-Momentenrestriktion vor, die für die konsistente Schätzung von δ gewährleistet sein muß:

(5.14) $$E(\Delta\varepsilon_{it}\, y_{is}) = 0, \text{ für } s = 1,\ldots,t-2 \text{ und } t = 3,\ldots,T.$$

Das bedeutet, daß y mit den Differenzen der Störgröße in den nachfolgenden beiden Perioden nicht korreliert sein darf. Darauf beruhende Schätzer werden als sogenannte „verallgemeinerte Momentenschätzer" (*generalized method of moments*, GMM) bezeichnet (vgl. dazu Wooldridge 2001). Die auf Hansen (1982) basierende GMM-Methode verwendet dabei Orthogonalitätsbedingungen (Momentenrestriktionen), um bei bestehender Heteroskedastizität unbekannter Form effiziente Schätzer abzuleiten (vgl. Baum u. a. 2003, S. 1). Mit zunehmender Anzahl der im Panel enthaltenen Wellen steigt nach dem Ansatz von Arellano und Bond (1991) die Anzahl valider Instrumente, was ceteris paribus bessere Schätzungen ermöglicht. Unter Verwendung von p Verzögerungen kann das Schätzmodell folgendermaßen dargestellt werden:

(5.15) $$y_{it} = \alpha_i + \sum_{j=1}^{p} \delta_j\, y_{t-j} + x_{it}\,\beta + \varepsilon_{it}.$$

Das Modell impliziert, daß Kovariablen, die sich im Zeitablauf nicht ändern, aus der Schätzung entfernt werden. Der Arellano-Bond-Schätzer beruht auf der Annahme, daß die Störgrößen seriell unkorreliert sind. Der Sargan-Test überprüft ε auf Autokorrelation:

(5.16) $$S = \hat{\varepsilon}\; z \left(\sum_{i=1}^{N} z_i\, \hat{\varepsilon}_i\, \hat{\varepsilon}_i\, z_i \right)^{-1} z\, \hat{\varepsilon},$$

wobei die Teststatistik χ^2 verteilt ist mit $\left(\sum_{i=p}^{T-2} i\right) - k$ Freiheitsgraden. Besitzt S einen signifikanten Wert, so deutet dies auf ein fehlspezifiziertes Modell hin.

Schätzansätze auf der Basis von GMM haben in den letzten Jahren zunehmend an Bedeutung gewonnen. Ein Grund hierfür besteht in der restriktiven Identifikationsbedingung des IV-Ansatzes, wonach in der Schätzgleichung mindestens so viele (ausgeschlossene) Instrumente wie endogene Regressoren enthalten sein müssen.

Da Angaben zum Tabakkonsum meist nur als Zähldaten zur Verfügung stehen, bietet sich ferner die Anwendung des GEE-Ansatzes an. Diese verallgemeinerten Schätzgleichungen (generalized estimating equations) werden zu den generalisierten linearen Modellen (GLM) gerechnet und berücksichtigen, daß es sich bei der abhängigen Größe häufig nicht um eine stetige Variable handelt, von der eine Normalverteilung angenommen werden kann. Besondere Vorzüge von GLM sind erstens, daß unter ihrem Dach sowohl lineare als auch nicht-lineare Modelle implementierbar sind. Zweitens ermöglicht GLM die Einbettung von Daten, die normal, invers Gamma, Poisson, binomial, geometrisch und negativ binomial verteilt sind, unter Einbeziehung einer Responsefunktion. Während allgemeine GLM-Modelle unterstellen, daß die Beobachtungen unabhängig voneinander sind und eine Korrelation zwischen ihnen nicht berücksichtigt wird, erweiterten Liang und Zeger (1986) sowie Zeger und Liang (1986) diese um den Ansatz der GEEs, um damit innerhalb von verallgemeinerten linearen Regressionsmodellen den Fall der Korrelation zu berücksichtigen. Ein wesentliches Element ihres Ansatzes beruht auf vorhergehenden Methoden der Varianzschätzung, wie sie etwa von Huber (1967) und White (1982) entwickelt wurden, um vor dem Fall falscher Annahmen hinsichtlich der Varianz zu schützen. GEEs werden dazu verwendet, um die marginalen Erwartungen $E(y_{it})$ einer resultierenden Größe y als Funktion einer Menge von erklärenden Variablen auszudrükken.[106] Die marginale Varianz hängt vom marginalen Erwartungswert über $Var(y_{it}) = v(\mu_{it})\, ð$ ab, wobei v eine bekannte Varianzfunktion ist und ð ein Skalen- oder Dispersionsparameter, der eventuell geschätzt werden muß. Bei diesem Ansatz werden die Regression der Zielvariablen auf die erklärenden Variablen und die Korrelation zwischen den Zielvariablen getrennt modelliert.

Nach Liang und Zeger (1986) läßt sich das marginale Regressionsmodell[107] folgendermaßen darstellen:

(5.17) $$g[E(y_{it})] = x_{it}'\beta, \quad y \sim F \text{ mit den Parametern } \theta_{it},$$

mit $i = 1,...,m$ und $t = 1,...,n_i$. Dabei stellt n_i die Beobachtungen für jeden Gruppenidentifizierer i dar. In Gleichung (5.17) bildet $g()$ die Responsefunktion (inverse Linkfunktion), sowie F die Verteilungsfamilie. Sind die Zähldaten y_{it} Poissonverteilt und ist $g()$ eine natürliche Logarithmusfunktion, so folgt:

(5.18) $$\ln[E(y_{it})] = x_{it}'\beta \qquad y \sim \text{Poisson}.$$

[106] Einen sehr detaillierten Überblick über marginale Modellen und weitere Erweiterungen des GLM-Ansatzes für korrelierte Daten, wie konditionale Modelle sowie Modelle mit Zufallseffekten, bieten Diggle u. a. (1994).

[107] In der Literatur zu Panels werden diese auch als „population-averaged models" bezeichnet.

Entsprechend dazu kann auch eine negative Binomialverteilung unterstellt werden (vgl. Diggle u. a. 1994, S. 186).

Der GEE-Ansatz geht von Unabhängigkeit zwischen einzelnen Beobachtungseinheiten aus, läßt jedoch zu, daß wiederholte Beobachtungen, die für eine Einheit vorliegen, zeitlich korrelieren. Zusätzlich zum marginalen Regressionsmodell muß deshalb die Korrelationsmatrix einer gegebenen Untersuchungseinheit spezifiziert werden. So kann etwa eine unstrukturierte Korrelation, aber auch eine „verbunden symmetrische" Struktur angenommen werden, wobei letztere einem Modell mit Zufallseffekten entspricht. Ausgangspunkt ist dabei die Kovarianzmatrix von y_i, die sich folgendermaßen darstellen läßt:

(5.19) $$V_i = \partial A_i^{1/2} R(\pi) A_i^{1/2},$$

wobei A_i eine Diagonalmatrix von Varianzfunktionen sowie $R(\pi)$ die Korrelationsmatrix von y_i, welche durch einen Parametervektor π näher spezifiziert wird, abbildet. Ist die *Mittelwertstruktur* der abhängigen Variable *korrekt spezifiziert*, so gewährleistet die Verwendung der von Gourieroux u. a. (1984a, b) entwickelten Pseudo-Maximum-Likelihood-Methode[108] (PML) trotz Fehlspezifikation der Kovarianzstruktur konsistente Parameterschätzer (vgl. Fitzmaurice u. a. 1993, S. 287). Der bereits dargestellte Vorzug des GEE-Ansatzes, wonach lediglich die Beziehung zwischen dem Erwartungswert der abhängigen Variable und den Kovariablen sowie zwischen Mittelwert und Varianz, d h. die ersten beiden Momente der zu erklärenden Variablen, spezifiziert werden müssen, basiert auf den eingeschränkten Erfordernissen von Pseudo-ML. Demgegenüber erfordert eine volle ML-Schätzung, daß die bedingte Verteilung der abhängigen Variablen aufgeführt wird.

Die Pseudo-ML-Schätzung von β ergibt sich als Lösung von „Quasi-Score"-Differentialgleichungen[109]:

(5.20) $$Q_k(\beta) = \sum_{i=1}^{N} \frac{\partial E(y_i)}{\partial \beta_k} (V_i)^{-1} [Y_i - E(y_i)] = 0 .$$

---

[108] Häufig wird dieses Verfahren auch „Quasi-Maximum-Likelihood-Methode" genannt. Gourieroux u. a. (1984b) weisen darauf hin, daß „pseudo" meist in Arbeiten zu Informationskriterien verwendet wird, wohingegen der Ausdruck „quasi" vor allem in der ökonometrischen Literatur seinen Niederschlag gefunden habe (vgl. Gourieroux 1984b, S. 681).

[109] Die Bedeutung der Quasi-Score-Gleichung wird durch die synonyme Bezeichnung „verallgemeinerte Schätzgleichung" (GEE) klar.

Es gilt: $E[Q(\beta)]=0$ und $Cov[Q(\beta)]=[\partial E(y)/\partial \beta_k]\ V^{-1}[\partial E(y)/\partial \beta_k]$. Die Funktion $Q(\beta)$ verhält sich demnach wie die Ableitung einer Log-Likelihoodfunktion, d.h. einer Score-Funktion. Die Schätzung erfolgt für gewöhnlich mit der Methode der verallgemeinerten gewichteten kleinsten Quadrate (WLS).

Liang und Zeger (1986) wiesen darauf hin, daß eine *korrekt spezifizierte Korrelationsmatrix* bei sehr großen Stichproben die Effizienz steigert. Es läßt sich zeigen, daß dann $Cov[Q_k(\beta)] = D_i V^{-1} D_i$, wobei D_i den Vektor der Ableitungen im Hinblick auf den interessierenden Parameter darstellt. Modell-basierte Schätzer der Varianzen und Kovarianzen sind ermittelbar. Das Ergebnis ist jedoch abhängig von der richtigen Bestimmung der Korrelationsmatrix *R*. Ist diese fehlspezifiziert, so ist der Schätzer $\hat{\beta}_{GEE}$ zwar weiterhin konsistent, wobei jedoch gilt: $Cov[Q_k(\beta)] \neq D_i V^{-1} D_i$. In diesem Fall schlagen Liang und Zeger (1986) die Verwendung eines robusten Schätzers der Varianz-Kovarianz-Matrix vor:

(5.21)
$$Var\left(\hat{\beta}_{GEE}\right) = N\left(\sum_{i=1}^{N}\hat{D}_i\ \hat{V}_i^{-1}\hat{D}_i\right)^{-1}\left(\sum_{i=1}^{N}\hat{D}_i\hat{V}_i^{-1}\ \hat{S}_i\hat{V}_i^{-1}\ \hat{D}_i\right)\left(\sum_{i=!}^{N}\hat{D}_i\hat{V}_i^{-1}\ \hat{D}_i\right)^{-1},$$

wobei $\hat{S}_I = [y_i - E(\hat{y}_i)]\,[y_i - E(\hat{y}_i)]'$ eine empirische Kovarianz-Schätzung abbildet. Der Schätzer kann als analog zu White (1980) aufgefaßt werden.

5.3.4 Tests

Ob unter Verwendung bestimmter Schätzmethoden gesicherte Aussagen abgeleitet werden können, hängt von einer Reihe von Faktoren ab. Durch *Spezifikationstests* kann überprüft werden, ob die bei der Schätzung unterstellten Modellannahmen tatsächlich berechtigt sind. Bei *Hypothesentests* wird anhand von Irrtumswahrscheinlichkeiten geprüft, ob die geschätzten zufallsbehafteten Parameter durch diesen Zufall abweichen oder nicht.[110]

Ferner muß die „Güte" eines Regressionsmodells beachtet werden. Dabei handelt es sich um dessen Fähigkeit, einen möglichst großen Teil der Variation (oder Varianz) der endogenen Variablen *y* zu erklären. Mit sogenannten *Gütetests* lassen sich allgemeine Aussagen darüber machen, wie gut das geschätzte Modell den Datenbefund beschreibt.

110 Ausführliche Darstellungen dazu finden sich bspw. in Greene (2003) oder Wooldridge (2000).

Im Fall von ML-Schätzungen kann das Gütemaß R^2 nicht verwendet werden, da diese Methode nicht primär das Ziel der Abstandsminimierung verfolgt, sondern eine Anpassung an die gemeinsame Dichtefunktion (= Likelihoodfunktion) der abhängigen Variablen intendiert. Um den Erfordernissen von Maximum-Likelihood Rechnung zu tragen, wurden bereits einige Vorschläge für geeignete Gütemaße unterbreitet. Von den vorliegenden Gütekriterien hat sich jedoch kein Maß durchgesetzt (vgl. Dougherty 2002, S. 287). Long (1997) liefert einen Überblick und weist darauf hin, daß Simulationsstudien ergaben, daß das *Gütemaß nach McKelvey und Zavoina* (1975) über die beste Modellanpassung verfügt. Während zahlreiche Gütemaße aufgrund der Verwendung der Log-Likelihood eine volle Maximum-Likelihood-Schätzung voraussetzen, kann das Maß von McKelvey und Zavoina auch z. B. ohne weitere Modifikation bei Pseudo-Maximum-Likelihood-Schätzungen berechnet werden. Das von McKelvey und Zavoina entwickelte Gütemaß wird analog zum Bestimmtheitsmaß im klassischen Regressionsmodell als Verhältnis von erklärter zur Gesamtvarianz ermittelt:

(5.22) $$R^2_{MZ} = \frac{\sum_{i=1}^{N}\left(\hat{y}_i^* - \hat{\bar{y}}_i^*\right)^2}{\sum_{i=1}^{N}\left(\hat{y}_i^* - \hat{\bar{y}}_i^*\right)^2 + N}.$$

Da die Varianz der Beobachtungen im Nenner nicht direkt bestimmt werden kann, wurde diese durch die Summe aus erklärter Varianz und N ersetzt.

Eine Ergänzung zu den (korrigierten) Bestimmtheitsmaßen bilden die sogenannten Infomationskriterien. Sie beruhen auf dem Maximum-Likelihood-Prinzip. Weil durch eine höhere Zahl an Parametern die Güte eines Modells steigt, wird versucht, diese durch einen Abschlag vom Likelihood auszugleichen.

Akaikes Informationskriterium (AIC) wurde entwickelt, um eine Alternative zu konventionellen statistischen Verfahren der Rangbestimmung von Modellen anzubieten. Es wurde von Akaike (1973) formal hergeleitet als:

(5.23) $$AIC = \frac{-2\log L + 2P}{N},$$

wobei im Zähler log L wiederum den Wert der maximierten Log-Likelihoodfunktion und P die Zahl der geschätzten Parameter angibt. Der erste Term wird als „Bias“ bezeichnet. Ihn erhält man, wenn die ML-Schätzer für die Parameter des Modells verwendet werden. Der zweite Term hingegen stellt ein Maß für die Korrektur dieses Bias dar. Dieser hängt von der Parameterzahl ab, die für die

Anpassung des Modells an die Daten benutzt wird. Mit größeren Datensätzen steigt der Wert des ersten Terms, der zweite bleibt unverändert, da er von der Zahl der Beobachtungen N unabhängig ist. Um dies auszugleichen, wird der Zähler durch N dividiert. Durch das AIC und weitere Informationskriterien[111] ist es auf einfache Weise möglich, Modelle mit unterschiedlichen Parametern und verschiedene Stichproben miteinander zu vergleichen und das beste auszuwählen. Werden Modelle miteinander verglichen, so soll dasjenige in Betracht gezogen werden, das über den geringsten AIC-Wert verfügt (vgl. Long 1997, S. 110).

Zur Beurteilung der Güte von Modellen, deren Schätzung nicht auf dem vollen Maximum-Likelihood-Verfahren beruht, wurden modifizierte Informationskriterien auf der Basis des AIC vorgeschlagen (vgl. Hardin und Hilbe 2003, S. 139 - 142). Das von Pan (2001, S. 122) entwickelte *Quasilikelihood under the independence model information criterion* läßt sich folgendermaßen darstellen:

$$(5.24) \qquad QIC = \frac{-2Q\left(g^{-1}(\mathrm{x}\,\beta_{\mathrm{R}})\right) + 2\,Spur\left(\mathrm{A}_{\mathrm{I}}^{-1}\,\mathrm{V}_{MS,\mathrm{R}}\right)}{N}.$$

Der erste Term im Zähler $Q\left(g^{-1}(\mathrm{x}\,\beta_{\mathrm{R}})\right)$ stellt den Wert der Quasilikelihood dar, welcher unter Verwendung der im Modell enthaltenen Koeffizienten bei Annahme einer bestimmten Korrelationsstruktur R ermittelbar ist. Der Korrekturfaktor für den Bias wird hier mittels der Spur von $\mathrm{A}_{\mathrm{I}}^{-1}\,\mathrm{V}_{MS,\mathrm{R}}$ berechnet, wobei A_{I} die Varianzmatrix des unabhängigen Modells sowie $\mathrm{V}_{MS,\mathrm{R}}$ den robusten Sandwich-Varianzschätzer des korrelierten Modells darstellt. Eine wichtige Anwendung des QIC besteht darin, verschiedene Modelle, die unter Annahme unterschiedlicher Korrelationsstrukturen geschätzt wurden, miteinander zu vergleichen. Ein weiteres Informationskriterium für Schätzungen nach der Quasi-Maximum-Likelihood-Methode bildet das QIC_u. Es ist definiert als:

$$(5.25) \qquad QIC_u = \frac{-2Q\left(g^{-1}(\mathrm{x}\,\beta_{\mathrm{R}})\right) + 2\,P}{N},$$

wobei dieses Gütemaß durch die Verwendung der Parameteranzahl P im Zähler eine sehr starke Ähnlichkeit zum AIC (5.23) aufweist. Liegen mehrere Schätzungen unter Verwendung verschiedener erklärender Variable vor, so legt das

[111] Weitere Informationsmaße sind beispielsweise das konsistente AIC (CAIC) sowie das Bayesianische Informationskriterium (BIC) nach Schwarz (1978).

QIC_u wiederum nahe, das Modell auszuwählen, welches über den geringsten QIC_u-Wert verfügt.

5.4 Ergebnisse

5.4.1 Gesundheitsproduktion

Im Kapitel 3.1 wurde das Modell der Gesundheitsproduktion vorgestellt, das in engem Zusammenhang mit dem in Kapitel 4 veranschaulichten Transformationsmodell steht. Auf der Grundlage der in Abbildung 19 dargestellten Beziehung zwischen Lebensstil und Gesundheit sowie möglichen Einflußfaktoren läßt sich das zu schätzende Modell in Abbildung 20 darstellen.

Im linken Teil der Abbildung ist die zu erklärende Größe „Gesundheit“ durch einen Kreis dargestellt. Die erklärenden Größen werden durch Rechtecke abgebildet. Im Einklang mit dem Schwerpunkt der Arbeit auf gesundheitsrelevantes Verhalten und der Implementierung der Gesundheit innerhalb des Transformationsmodells werden Einflußgrößen wie medizinische Leistungen oder Umweltfaktoren nicht berücksichtigt. Entsprechend der Abbildung 19 werden die verwendeten erklärenden Variablen zu Kategorien zusammengefaßt: Den prädisponierenden und sozioökonomischen Variablen, Lebensstil sowie allgemeine Einflußfaktoren. Die Rückkopplungsbeziehung zwischen Gesundheit und Lebensstil, die in Verbindung mit Abbildung 19 diskutiert wurde, wird bei der Schätzung der Gesundheitsproduktion nicht berücksichtigt. Die Wirkung von Störgrößen wird durch ε abgebildet.

Abbildung 20: Gesundheitsproduktion

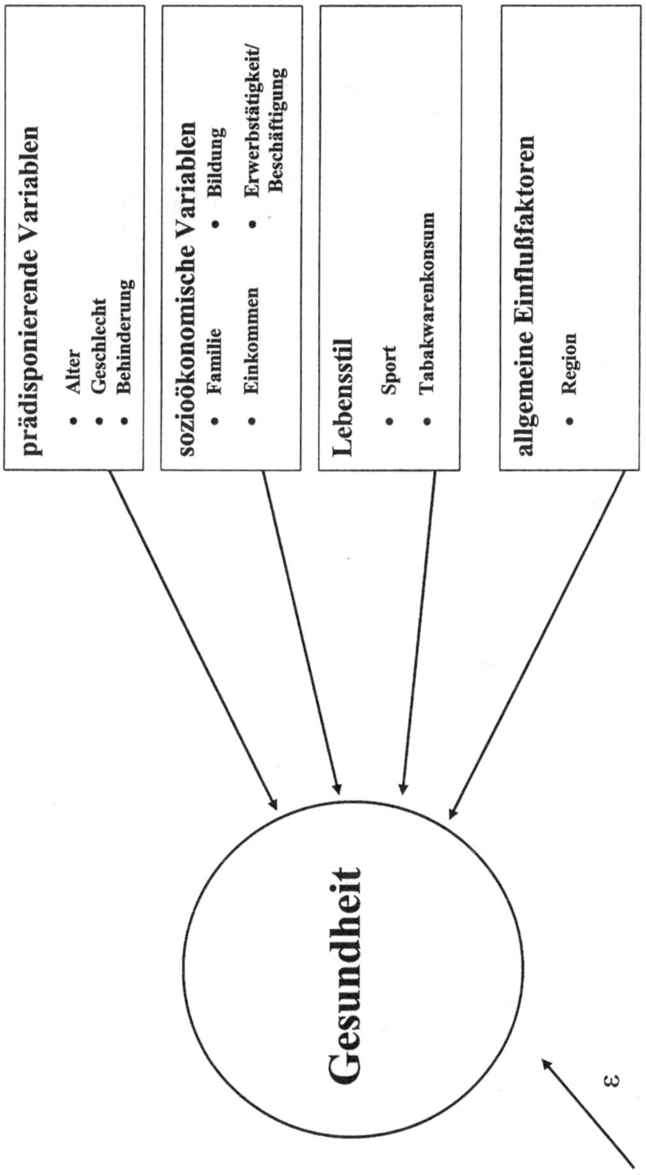

Die folgende Tabelle 12 liefert eine Übersicht über die bei der Analyse verwendeten Variablen, die aus dem Sozioökonomischen Panel ausgewählt wurden:

Tabelle 12: Variablen der Schätzung zur Gesundheitsproduktion

Gesundheit	
Gesundheitszustand	gegenwärtiger subjektiver Gesundheitszustand, 1 = schlecht bis 5 = sehr gut
Gesundheitszufriedenheit	Zufriedenheit mit der Gesundheit, 0 = sehr schlecht bis 1 = sehr gut; Dezimalschritte
prädisponierende Variablen	
Alter	Alter in Jahren
$Alter^2$	Alter in Jahren; quadriert
Mann	1, wenn männlich
Schwerbehindert	1, wenn schwerbehindert
sozioökonomische Variablen	
Familienstatus	
getrennt lebend	1, wenn getrennt lebend
Single	1, wenn ledig
geschieden	1, wenn geschieden
verwitwet	1, wenn verwitwet
Einkommen	Haushaltsnettoeinkommen in DM
Schulbildung	
Realschule	1, wenn mittlerer Schulabschluß
Abitur	1, wenn höherer Schulabschluß
ohne Schulabschluß	1, wenn ohne Schulabschluß
Erwerbstätigkeit und Beschäftigung	
voll erwerbstätig	1, wenn voll erwerbstätig
Teilzeit erwerbstätig	1, wenn Teilzeit erwerbstätig
Ausbildung	1, wenn in Ausbildung
geringfügig beschäftigt	1, wenn geringfügig beschäftigt
arbeitslos Monate	Zahl der arbeitslos verbrachten Monate im Vorjahr
arbeitslos Befragungszeitpunkt	1, wenn arbeitslos zum Befragungszeitpunkt
Lebensstil	
Sport	1, wenn jede Woche
Tabak	Tabakkonsum pro Tag (Zigaretten, Zigarren etc.)
Region	
Ostdeutschland	1, wenn wohnhaft im Gebiet der ehemaligen DDR
Berlin (Ost)	1, wenn wohnhaft im vormaligen Berlin (Ost)
Mecklenburg-Vorpommern	1, wenn wohnhaft in Mecklenburg-Vorpommern
Brandenburg	1, wenn wohnhaft in Brandenburg
Sachsen-Anhalt	1, wenn wohnhaft in Sachsen-Anhalt
Thüringen	1, wenn wohnhaft in Thüringen

Als *abhängige Variablen* der Schätzungen wurden „Gesundheitszustand" bzw. „Gesundheitszufriedenheit" verwendet. Bei beiden Größen handelt es sich um Variablen mit kategorialen Ausprägungen. Während der „gegenwärtige subjektive Gesundheitszustand" in Niveaus von 1 (sehr schlecht) bis 5 (sehr gut) in den Datensatz mit aufgenommen wurde, liegt die „Zufriedenheit mit der Gesundheit" in elf Ausprägungen vor, wobei eine Gesundheitszufriedenheit in Höhe von Null als „sehr schlecht" bezeichnet werden kann bzw. von Eins als „sehr gut". Die Stufen wurden hier als Dezimalschritte erfaßt.

Bei den *erklärenden Variablen* lassen sich verschiedene Gruppen unterscheiden:

Die *prädisponierenden Variablen* enthalten neben dem Alter zum Zeitpunkt der Befragung dessen quadrierten Wert, da angenommen werden kann, daß nicht notwendigerweise über den ganzen Lebenszyklus hinweg eine linear monotone Beziehung zur subjektiven Gesundheit bestehen muß. Sowohl das Geschlecht als auch das Merkmal „schwerbehindert" wurden binär kodiert.

Die *sozioökonomischen Variablen* beinhalten Angaben zum Familienstatus, Einkommen, zum schulischen Bildungsabschluß sowie zur Erwerbstätigkeit. Wie aus Tabelle 12 ersichtlich ist, wurden diese weitgehend als Variablen kodiert, die lediglich zwei Zustände annehmen können. In Einklang mit Contoyannis und Jones (1999a) sollen dadurch spezifische Einflüsse des Familienstandes (getrennt lebend, Single, geschieden und verwitwet), der Schulbildung (Realschule, Abitur, ohne Schulabschluß) sowie von Erwerbstätigkeit und Beschäftigung (voll- bzw. Teilzeit erwerbstätig, Ausbildungsverhältnis, geringfügige Beschäftigung sowie bestehende Arbeitslosigkeit zum Befragungszeitpunkt) erfaßt werden. Um Auswirkungen bestehender Arbeitslosigkeit in der Vergangenheit zu erfassen, wurde die Variable „arbeitslos Monate" in den Schätzungen berücksichtigt. Sie stellt die Anzahl der im Vorjahr arbeitslos verbrachten Monate dar. In diesem Zusammenhang interessiert vor allem, ob die in Ostdeutschland stärker ausgeprägte Arbeitslosigkeit und deren Dauer einen statistisch signifikanten Einfluß auf das subjektive Gesundheitsempfinden ausgeübt haben. Da Mehrpersonenhaushalte häufig nur über einen (Haupt-)Einkommensbezieher verfügen, spiegelt das individuelle Einkommen nicht die faktischen Konsummöglichkeiten eines Individuums wider. Deshalb wurde das Haushaltsnettoeinkommen in DM als Bezugsgröße für das Budget verwendet.

In den Schätzungen zur Gesundheitsproduktion wurde der individuelle *Lebensstil* mit zwei Variablen erfaßt: Die Variable „Sport" bildet im SOEP Freizeitverhalten ab. Dabei wird nach den Ausprägungen „täglich/ mindestens einmal pro Woche", „mindestens einmal jeden Monat", „seltener" bzw. „nie" unterschieden. Da davon ausgegangen werden kann, daß nur regelmäßige sportliche Betätigung, die wöchentlich durchgeführt wird, positive Effekte auf den Gesundheitszustand besitzt, wurde Sport als Kontrollvariable rekodiert, der körperlichen Aktivität wurde dann der Wert Eins zugeordnet, wenn Sport mindestens einmal wöchentlich ausgeübt wird.

Die Variable „Tabak" erfaßt die Anzahl gerauchter Zigaretten, Zigarillos, Zigarren etc. pro Tag. Das bedeutet, daß hierbei nicht zwischen der Tabakwarenart differenziert wird. Aufgrund der 1998 neben dem „Tabakkonsum pro Tag" erfragten „Tabakkonsum-Art" läßt sich zumindest für dieses Jahr ermitteln, daß 96,2 % der Raucher überwiegend Zigaretten rauchten. Lediglich 2,0 % bevorzugten Pfeife und 1,8 % Zigarren. Aus diesem Grund wird bei den folgenden Analysen Tabakwarenkonsum mit Zigarettenkonsum gleichgesetzt.

Neben den Kategorien „prädisponierende Variablen", „sozioökonomische Variablen" und „Lebensstil" wurden bei den Schätzungen regionale Kontrollvariablen verwendet. Diese nehmen dann den Wert Eins an, wenn eine Beobachtungseinheit der entsprechenden Region zugeordnet werden kann. Dies betrifft Ostdeutschland bei Schätzungen, bei denen Daten aus dem gesamten Bundesgebiet zugrundelagen bzw. die ostdeutschen Bundesländer für Analysen, die nur die neuen Länder betreffen. Bei letztgenannten fungiert Sachsen als Referenzregion.

Da Angaben zum Tabakkonsum nur für wenige Jahre vorliegen, bilden Daten der SOEP-Wellen 1998 - 2001 die Grundlage für die folgende empirische Analyse. Um relative Unterschiede zwischen den neuen Ländern, der alten Bundesrepublik und Deutschland insgesamt analysieren zu können, wurden drei getrennte Schätzungen durchgeführt. Für die Gesamtstichprobe standen über alle vier Wellen hinweg 26.007 Beobachtungen zur Verfügung, für die Teilstichproben Ostdeutschland (Westdeutschland) über denselben Zeitraum 8.032 (17.975). Bei allen Untersuchungen wurden, mit Ausnahme der Regionalvariablen, dieselben Größen verwendet. Die deskriptive Statistik ist in Tabelle 13 dargestellt. Durch den Vergleich der Mittelwerte und Standardabweichungen der Stichproben lassen sich einige bemerkenswerte Unterschiede konstatieren. In der deskriptiven Statistik sind in der ersten Spalte die Variablen dargestellt, welche anhand von Tabelle 12 erläutert wurden. Die zweite und dritte Spalte enthalten die Mittelwerte und Standardabweichungen für die Gesamtstichprobe, in der vierten und fünften Spalte sind die entsprechenden Angaben für Ostdeutschland sowie in der sechsten und siebten die für Westdeutschland aufgeführt.

Tabelle 13: Deskriptive Statistik „Gesundheitsproduktion"

	Deutschland insgesamt		Ostdeutschland		Westdeutschland	
Variable	**Mittelwert**	**Standardabweichung**	**Mittelwert**	**Standardabweichung**	**Mittelwert**	**Standardabweichung**
Gesundheit						
Gesundh.zustand	3,256	0,912	3,218	0,876	3,273	0,927
Gesundh.zufried.	0,632	0,214	0,609	0,204	0,642	0,217
prädispon. Variablen						
Alter	50,631	14,653	50,865	13,633	50,527	15,082
$Alter^2$	2778,220	1572,042	2773,361	1449,071	2780,391	1624,017
Mann	0,476	0,450	0,467	0,499	0,481	0,500
Schwerbehindert	0,138	0,347	0,107	0,310	0,153	0,360
sozioökonom. Variablen						
getrennt lebend	0,016	0,125	0,015	0,120	0,016	0,127
Single	0,114	0,318	0,099	0,299	0,121	0,326
geschieden	0,063	0,243	0,067	0,250	0,061	0,240
verwitwet	0,074	0,262	0,070	0,255	0,076	0,265
Einkommen	4389,569	2193,604	3891,936	1757,103	4611,932	2328,643
Realschule	0,290	0,454	0,474	0,499	0,207	0,405
Abitur	0,167	0,373	0,154	0,361	0,173	0,378
ohne Schulabschl.	0,036	0,185	0,004	0,062	0,050	0,217
voll erwerbstätig	0,446	0,497	0,478	0,450	0,432	0,495
Teilzeit erwerbst.	0,095	0,293	0,070	0,256	0,106	0,308
geringf. beschäft.	0,026	0,161	0,012	0,110	0,001	0,025
Ausbildung	0,001	0,026	0,001	0,030	0,033	0,178
arbeitslos Monate	0,772	2,639	1,346	3,334	0,515	2,213
arbeitslos Bfrgzpt.	0,072	0,259	0,129	0,335	0,047	0,211
Lebensstil						
Sport	0,219	0,413	0,157	0,363	0,246	0,431
Tabakkonsum	4,889	9,005	3,923	7,460	5,318	9,58
Region						
Ostdeutschland	0,309	0,462	-	-	-	-
Berlin (Ost)	-	-	0,056	0,230	-	-
Mecklenb.-Vorp.	-	-	0,107	0,309	-	-
Brandenburg	-	-	0,156	0,363	-	-
Sachsen-Anhalt	-	-	0,191	0,393	-	-
Thüringen	-	-	0,194	0,395	-	-

Im Zentrum der folgenden Ausführungen stehen die Angaben für Ostdeutschland. Die entsprechenden Werte für die alte Bundesrepublik bzw. Gesamtdeutschland fungieren hierbei als Referenzgrößen.

Aus den Angaben in der Rubrik „Region“ ist ersichtlich, daß 30,9 % der Beobachtungen innerhalb der Gesamtstichprobe Ostdeutschland zugerechnet werden können. Eine Zuordnung der Beobachtungen innerhalb der ostdeutschen Stichprobe nach Bundesländern ist aus den Angaben in der vierten Spalte zu entnehmen. So stammen etwa 5,6 % der Angaben aus dem Gebiet des ehemaligen Ostberlin.

Bei den meisten der in der Regression enthaltenen Variablen handelt es sich um Dummy-Variablen, wobei die entsprechenden Größen hinsichtlich Familienstand, Schulabschluß, Erwerbstätigkeit und (ostdeutschem) Bundesland aus kategorialen SOEP-Variablen generiert wurden. Da „verheiratet“, „Hauptschulabschluß“, „keine Erwerbstätigkeit“ sowie „Sachsen“ als Referenzgrößen für die erzeugten binären Größen fungieren, sind sie nicht explizit in der Schätzung enthalten. Ihre relativen Anteile ergeben sich jedoch implizit aus den in der Spalte „Mittelwert“ aufgeführten Angaben zu den jeweiligen anderen Größen der Kategorie insgesamt.

Beide bei den Schätzungen zur Gesundheit verwendeten Variablen, Gesundheitszustand bzw. Gesundheitszufriedenheit, unterscheiden sich in ihren relativen Ausprägungen nur geringfügig, wobei in beiden Fällen die Westdeutschen über den Analysezeitraum hinweg im Mittel etwas gesundheitszufriedener waren bzw. ihren Gesundheitszustand höher bewerteten, bei höherer Standardabweichung. Relativ zu den gesamt- bzw. westdeutschen Angaben unterscheidet sich die ostdeutsche Stichprobe nur in geringem Ausmaß beim Alter. Der Mittelwert der Beobachtungseinheiten ist dabei relativ hoch, was sich durch die Schätzung als *balanced panel* erklären läßt. Der Anteil der Männer unterscheidet sich zwischen beiden Teilstichproben um 1,4 Prozentpunkte. Er beträgt in Ostdeutschland 46,7 %, wohingegen er in den alten Bundesländern bei 48,1 % liegt. Ein beträchtlicher Unterschied zwischen Ost- und Westdeutschland kann beim Anteil der Schwerbehinderten festgestellt werden. Die Quote in den neuen Ländern beträgt lediglich 70 % des westdeutschen Durchschnitts. Bezüglich des Familienstandes bestehen nur geringe Abweichungen zwischen den einzelnen Stichproben. Im Osten ist der Anteil der Alleinstehenden und Verwitweten geringfügig niedriger, dafür liegt die Quote der Geschiedenen etwas höher als in der alten Bundesrepublik. Größere Unterschiede sind beim Einkommen zu erkennen. Dieses beträgt im Mittel über die Jahre 1998 - 2001 hinweg lediglich

88,7 % des gesamtdeutschen Niveaus und verfügt ebenfalls über eine niedrigere Standardabweichung, wobei die Unterschiede etwas stärker beim direkten Ost-West-Vergleich ausgeprägt sind. Größere Unterschiede sind auch beim Schulabschluß zu verzeichnen. Nur 0,4 % der ostdeutschen Beobachtungen besitzen keinen Schulabschluß - im Vergleich zu 3,5 % im gesamten deutschen Staatsgebiet. Der Anteil der ostdeutschen SOEP-Teilnehmer mit mittlerem Schulabschluß liegt um 63,4 % über der entsprechenden Größe der Gesamtstichprobe, wobei weniger Beobachtungen in der ostdeutschen Stichprobe über ein Abitur verfügen. Das gravierende Problem der Arbeitslosigkeit in Ostdeutschland wird durch den Vergleich der im Vorjahr arbeitslos verbrachten Monate offenkundig: So übersteigt der Wert für Ostdeutschland (1,3) den korrespondierenden Wert in Westdeutschland (0,5) um das 2,6 fache. Auch der Anteil der Befragten, die sich zum Untersuchungszeitpunkt als arbeitslos bezeichneten, war im Osten deutlich höher: Er betrug 274 % des Westniveaus. Bemerkenswert sind auch die Unterschiede in bezug auf das Gesundheitsverhalten. Während 24,6 % der Beobachtungseinheiten im Mittel in Westdeutschland zwischen 1998 und 2001 wöchentlich Sport trieben, lag der korrespondierende Wert im Osten lediglich bei 15,7%. Ebenfalls lag der Tabakkonsum im Westen im Mittel deutlich höher (5,3 Zigaretten) als in den neuen Ländern (3,9 Zigaretten) und wies gleichzeitig eine höhere Standardabweichung auf.

Analog zu anderen empirischen Überprüfungen der Gesundheitsproduktion standen als Näherungsgröße für die zu erklärende Variable „Gesundheitskapital" lediglich die in Tabelle 13 aufgeführten subjektiven Größen „Gesundheitszufriedenheit" und „subjektiver Gesundheitszustand" zur Wahl. Da es sich bei beiden Größen um kategoriale Variablen mit verschieden geordneten Ausprägungen handelt, wurden Random-Effects-Ordered-Probit-Schätzungen durchgeführt. Sie lieferten ähnliche Ergebnisse. Nachfolgend werden nur die Resultate für den Gesundheitszustand dargestellt.

Zur Kontrolle der zeitlichen Einflüsse wurden zusätzlich Dummy-Variablen für die unterschiedlichen Wellen (1999 - 2001) eingefügt, wobei 1998 als Referenzjahr fungiert. Aufgrund der in Kapitel 3.1 dargestellten theoretischen Ausführungen lassen sich für die weiteren erklärenden Variablen mit Ausnahme der Regionen-Dummies die in Tabelle 14 dargestellten Vorzeichen erwarten:

Tabelle 14: Erwartete Vorzeichen der Gesundheitsproduktion

prädispon. Variablen		Abitur	+
Alter	-	ohne Schulabschluß	-
$Alter^2$	+/-	voll erwerbstätig	+/-
Mann	+/-	Teilzeit erwerbstätig	+/-
Schwerbehindert	-	geringf. beschäftigt	+/-
sozioökonom. Variablen		Ausbildung	+/-
getrennt lebend	+/-	arbeitslos Monate	-
Single	+/-	arbeitslos Befragzpkt.	-
geschieden	+/-	**Lebensstil**	
verwitwet	+/-	Sport	+
Einkommen	+	Tabakkonsum	-
Realschule	+		

Wie aus den Ausführungen zu Abschnitt 3.1 deutlich geworden ist, lassen sich aus Modellen zur Gesundheitsproduktion nicht für alle Einflußgrößen vermutete Wirkungen auf das Gesundheitskapital ableiten. Das Modell von Grossman sagt voraus, daß das Gesundheitskapital mit zunehmendem Alter abnimmt (vgl. auch Doppmann 1985). Der quadrierte Altersterm wurde deshalb in die Analyse mit einbezogen, da viele Studien einen nicht-linearen Zusammenhang zwischen Alter und *subjektivem* Gesundheitszustand ermittelten (vgl. etwa Contoyannis und Rice 2001; Wagstaff 1986). Das Vorzeichen für $Alter^2$ läßt sich aufgrund theoretischer Überlegungen jedoch nicht bestimmen. Aus der ökonomischen Theorie lassen sich ebenfalls keine Erwartungen hinsichtlich geschlechtsspezifischer Einflüsse auf den subjektiven Gesundheitszustand ableiten. Empirische Analysen ermittelten unterschiedliche Wirkungsrichtungen. Demgegenüber kann man aus dem Modell der Gesundheitsproduktion folgern, daß behinderte Menschen über ein geringeres Gesundheitskapital verfügen, was ein negatives Vorzeichen erwarten läßt.

Auch hinsichtlich des Einflusses vom Familienstatus per se lassen sich auf der Basis der Theorie keine Erwartungen bilden. Aufgrund empirischer Analysen ist bekannt, daß Verheiratete, die im Rahmen der vorliegenden Schätzung als Referenzkategorie dienen, länger leben. Es ist außerdem bekannt, daß alleinstehende Menschen häufig ungesünder leben (vgl. Oberender 1989, S. 199). Dennoch kann keine eindeutige Vermutung geäußert werden, wie sich diese Aspekte auf den selbst eingestuften Gesundheitsstatus niederschlagen. Dagegen ist zu erwarten, daß höheres Einkommen ceteris paribus zu einem besseren Gesundheitszustand führt, da das Individuum über zusätzliche Ressourcen verfügt, um gesundheitsorientierter zu leben und damit das Gesundheitskapital relativ geringer beansprucht wird. Bei der Ermittlung der erwarteten Vorzeichen zu den Bildungsvariablen muß berücksichtigt werden, daß der Hauptschulabschluß hierbei als Referenzgröße fungiert. Da Menschen mit höherer Bildung ceteris paribus einen höheren Grad an Effizienz bei der Gesundheitsproduktion besitzen, kann vermutet werden, daß Akteure ohne Schulabschluß über ein relativ geringeres, Individuen mit mittlerer und höherer Schulbildung über mehr Gesundheitskapital verfügen. Auch zu den Variablen zur Erwerbstätigkeit lassen sich anhand der Theorie keine eindeutigen Vorzeichen ableiten.[112] Eine volle Erwerbstätigkeit sichert zwar Einkommen, sagt aber nichts über die Inanspruchnahme von Gesundheitskapital durch die Erwerbstätigkeit (schwere körperliche Belastung oder Tätigkeit am Schreibtisch) aus, noch über damit verbundene Faktoren, wie induzierten Streß. Eine Erwartung zum Vorzeichen der Variable „Ausbildung" läßt sich nur indirekt konstruieren, indem zu vermuten ist, daß es sich hierbei um eine relativ homogene Gruppe jüngerer Menschen handelt. Doppmann weist darauf hin, daß einige Autoren einen positiven Effekt ermittelten (vgl. Doppmann 1985, S. 151). Demgegenüber kann angenommen werden, daß sich Arbeitslosigkeit negativ auf das Gesundheitskapital auswirkt. Eindeutige Vorzeichen lassen sich auch bei den Lebensstilvariablen vorhersagen. Annahmegemäß kann sportliche Aktivität als Gesundheitsinvestition betrachtet werden. Tabakkonsum stellt demgegenüber schädliches Verhalten dar und geht mit einem Abbau des Gesundheitskapitals einher.

Die folgende Tabelle 15 enthält die Ergebnisse der Random-Effects-Ordered-Probit-Schätzungen zur Gesundheitsproduktion, wobei die Resultate der Gesamtstichprobe (Deutschland insgesamt) in der zweiten und dritten Spalte, die der Teilstichprobe Ost in der vierten und fünften Spalte, sowie die der Teilstichprobe West in der sechsten und siebten Spalte dargestellt sind. Bei der abhängigen Variablen handelt es sich um die Selbsteinschätzung des gegenwärtigen Gesundheitszustandes, eine kategoriale Größe, die in fünf Ausprägungen von „schlecht" bis „sehr gut" erfaßt wurde. In der ersten Spalte werden die erklärenden Variablen dargestellt.

Der in der dritten, fünften und siebten Spalte ausgewiesene P-Wert gibt das minimale Signifikanzniveau (Fehler 1. Art) an, für das der beobachtete Wert der Teststatistik zu einer Ablehnung der Nullhypothese (Koeffizient = 0) führt (vgl. Kennedy 1998, S. 409).

[112] Liegen jedoch Angaben über den individuellen Beruf vor, so lassen sich auf der Grundlage der Theorie Erwartungen formulieren (vgl. Case und Deaton 2003).

Tabelle 15: Ergebnisse der Schätzungen zur „Gesundheitsproduktion“

abhängige Variable: subjektiver Gesundheitszustand (Random Effects Ordered Probit)

	Deutschland insgesamt		Ostdeutschland		Westdeutschland	
erklärende Variable	Koeffizient	P-Wert	Koeffizient	P-Wert	Koeffizient	P-Wert
Welle						
Jahr 1999	-0,0676	0,001***	-0,0849	0,027**	-0,0614	0,015**
Jahr 2000	-0,0902	0,000***	-0,0663	0,089*	-0,1028	0,000***
Jahr 2001	-0,1234	0,000***	-0,1753	0,000***	-0,1043	0,000***
prädispon. Variablen						
Alter	-0,0886	0,000***	-0,1086	0,000***	-0,0819	0,000***
$Alter^2$	0,0005	0,000***	0,0007	0,000***	0,0004	0,000***
Mann	0,1975	0,000***	0,0540	0,396	0,2609	0,000***
Schwerbehindert	-1,0315	0,000***	-0,9934	0,000***	-1,0392	0,000***
sozioöko. Variablen						
getrennt lebend	0,0740	0,400	-0,0483	0,779	0,1225	0,232
Single	0,0437	0,403	0,0534	0,614	0,0423	0,483
geschieden	0,0439	0,456	0,1507	0,179	0,0104	0,882
verwitwet	0,0127	0,839	0,1525	0,190	-0,0322	0,666
Einkommen	0,0000	0,000***	0,0001	0,000***	0,0001	0,000***
Realschule	0,0907	0,009***	0,0817	0,216	0,0970	0,021**
Abitur	0,1033	0,018**	0,1357	0,123	0,0932	0,065*
ohne Schulabschl.	-0,0900	0,122	0,1108	0,725	-0,0994	0,093*
voll erwerbstätig	0,1303	0,001***	0,2869	0,000***	0,0804	0,079*
Teilzeit erwerbst.	0,1166	0,014**	0,3538	0,000***	0,0579	0,282
geringf. beschäft.	0,1218	0,058	0,0856	0,593	0,1124	0,110
Ausbildung	0,2591	0,409	0,9103	0,087	-0,0825	0,835
arbeitslos Monate	-0,0113	0,027**	-0,0096	0,184	-0,0136	0,063*
arbeitslos Bfrgzpt.	-0,0660	0,215	0,1012	0.228	-0,1489	0,046**
Lebensstil						
Sport	0,2582	0,000***	0,2817	0,000***	0,2512	0,000***
Tabakkonsum	-0,0086	0,000***	-0,0043	0,253	-0,0089	0,000***
Region						
Ostdeutschland	-0,1161	0,002***	-	-	-	-
Berlin (Ost)	-	-	-0,1483	0,253	-	-
Mecklenb.-Vorp.	-	-	-0,0656	0,273	-	-
Brandenburg	-	-	-0,1361	0,539	-	-
Sachsen-Anhalt	-	-	-0,3272	0,140	-	-
Thüringen	-	-	0,5965	0,000***	-	-
ρ	0,5877	0,000	-0,0656	0,000	0,5822	0,000
Log Likelihood	-26595,38		-7925,20		-18627,24	
LR	2678,14	0,000	798,450	0,000	1923,03	0,000
McKelvy/Zav.R^2	0,4230		0,4148		0,4292	
AIC	2,0475		1,981		2,0757	
N	26007		8032		17975	

*** signifikant auf 1 % Niveau ** signifikant auf 5 % Niveau * signifikant auf 10 % Niveau

Bei den Schätzergebnissen der *Gesamtstichprobe* fällt auf, daß sich der subjektive Gesundheitszustand im Zeitablauf verschlechtert. Alle periodenspezifischen Effekte besitzen ein negatives Vorzeichen und sind dabei auf dem 1 % Niveau signifikant. Auch alle prädisponierenden Variablen sind hochsignifikant: Die Variable „Alter" besitzt das erwartete negative Vorzeichen, wonach sich mit zunehmender Lebensdauer ceteris paribus der subjektive Gesundheitszustand verschlechtert, wobei die hohe Signifikanz des quadrierten Altersterms, der über ein positives Vorzeichen verfügt, auf einen nichtlinearen Zusammenhang zwischen dem Alter und der eigenen Gesundheitseinschätzung hindeutet. Die Vorzeichenänderung läßt sich als u-förmiger Zusammenhang zwischen beiden Größen interpretieren. Der hohe Wendepunkt (88,6 Jahre) deutet darauf hin, daß alte Menschen ihre Gesundheit anders bewerten als jüngere Menschen. Männer verfügen ceteris paribus über einen höheren Gesundheitszustand. Auch die Variable „Schwerbehindert" besitzt das erwartete negative Vorzeichen. Insignifikant sind jedoch die Variablen zum Familienstatus, die alle positiv sind. Die Richtung der Effekte sowie die fehlende Signifikanz decken sich mit anderen Studien (vgl. Contoyannis und Jones 1999a). Das Einkommen ist dagegen hoch signifikant, und das positive Vorzeichen stimmt mit den Erwartungen überein. Auffallend ist bei dieser und den nachfolgenden Schätzungen, die mit „Einkommen" als erklärender Variablen durchgeführt wurden, der sehr niedrige Wert des Einkommenskoeffizienten, der nahe Null liegt. Der Grund hierfür liegt in der Verwendung der Bezugsgröße „Einkommen in DM". Eine Transformation der Werte, bspw. in „Einkommen in 1.000 DM" hätte zu höheren Koeffizienten geführt. Die Bildungsvariablen „Abitur" und „Realschule" weisen das erwartete positive Vorzeichen auf, wonach eine höhere Bildung zu einem höheren Gesundheitskapital führt. Ist kein Bildungsabschluß vorhanden, so führt dies erwartungsgemäß ceteris paribus zu einem schlechteren Gesundheitszustand, wobei der Effekt allerdings insignifikant ist. Liegt in Voll- oder Teilzeit ausgeübte Erwerbstätigkeit vor, so wirkt sich dies positiv auf den Gesundheitszustand aus. Jedoch weist dieser Effekt keine statistische Signifikanz auf. Ausbildung oder geringfügige Beschäftigung besitzen zwar positive, aber insignifikante Effekte. Erwartungsgemäß steht Arbeitslosigkeit in negativer Beziehung zum Gesundheitszustand, wobei jedoch hier nur die zunehmende Dauer der Arbeitslosigkeit im Vorjahr auf dem 5 % Niveau signifikant ist. Auch die Effekte zum gesundheitsrelevanten Verhalten weisen die erwarteten Vorzeichen auf und sind dabei hoch signifikant: Tabakkonsum beeinträchtigt den Gesundheitszustand, sportliche Aktivität führt zu einer Verbesserung des Gesundheitszustands. Beide Effekte bestätigen somit die aus dem Modell der Gesundheitsproduktion abgeleiteten Folgerungen. Von besonderem Interesse für die vorliegende Arbeit ist die Wirkung des Regional-Dummys „Ostdeutschland". Dieser nimmt für die neuen Länder den Wert Eins an. Der Koeffizient besitzt ein negatives Vorzeichen und ist auf dem 1 % Niveau signifikant. Dies bedeutet, daß Ostdeutsche ceteris paribus über einen - subjektiv wahrgenommen - schlechteren gegenwärtigen Gesundheitszustand verfügen als ihre westdeutschen Mitbürger.

Die in den Spalten vier und fünf dargestellten Ergebnisse der *Teilstichprobe Ost* liefern Aussagen zu Einflußfaktoren des subjektiven Gesundheitszustands in den neuen Ländern. Die Schätzergebnisse können ferner mit den Ergebnissen der Gesamtstichprobe verglichen werden, um damit mögliche Unterschiede zu Gesamtdeutschland festzustellen. Auch in der Teilstichprobe verfügen die periodenspezifischen Effekte über ein negatives Vorzeichen, wonach sich auch hier der subjektive Gesundheitszustand im Zeitablauf verschlechtert. Allerdings sind die Ergebnisse für 1999 (2000) nur signifikant auf dem 5 % (10 %) Niveau. Hinsichtlich der prädisponierenden Variablen besitzen alle Koeffizienten das gleiche Vorzeichen wie bei der Gesamtstichprobe: Der Gesundheitszustand verschlechtert sich mit zunehmendem Alter. Der quadrierte Altersterm weist auf einen u-förmigen Zusammenhang hin, wobei in Ostdeutschland mit 77,6 Jahren ein deutlich früherer Wendepunkt festgestellt werden kann. Männer bewerten den gegenwärtigen Gesundheitszustand zwar auch in der Oststichprobe höher, jedoch ist dieser Effekt vollkommen insignifikant. Analog zur Gesamtstichprobe sind auch die Wirkungen des Familienstandes nicht signifikant, wobei die Vorzeichen mit der Ausnahme von „getrennt lebend" alle positiv sind und dabei der Richtung in Gesamtdeutschland entsprechen. Das Haushaltseinkommen besitzt auch in der Ost-Stichprobe einen statistisch hoch signifikanten Einfluß auf die Gesundheit. Die Bildungsgrößen „Abitur" und „Realschule" weisen zwar auch in den neuen Ländern ein positives Vorzeichen auf, sie sind aber insignifikant. Das positive Vorzeichen bei fehlendem Schulabschluß widerspricht den theoretischen Erwartungen, ist jedoch ebenfalls insignifikant. Im Einklang mit den gesamtdeutschen Ergebnissen verfügen Voll- und Teilzeit-Erwerbstätigkeit über einen signifikant positiven Einfluß, der Ausbildungseffekt ist auch hier positiv, aber ohne Signifikanz. Analog gilt dies für die Ausübung einer geringfügigen Beschäftigung. Auffallend ist, daß beide die Arbeitslosigkeit messenden Variablen über unterschiedliche Vorzeichen verfügen. Während zunehmende Dauer der Arbeitslosigkeit das erwartete negative Vorzeichen aufweist, besitzt „Arbeitslosigkeit zum Befragungszeitpunkt" ein positives Vorzeichen, was den Erwartungen widerspricht. Beide Größen sind jedoch nicht statistisch signifikant. Demgegenüber weisen die Lebensstilvariablen die in theoretischer Hinsicht vermuteten Vorzeichen auf. Sportliche Aktivität fördert auf dem 1 % Signifikanzniveau den Gesundheitszustand. Der Effekt für den Tabakkonsum ist zwar negativ, aber nicht signifikant. Da es sich bei der abhängigen Variablen nicht um den faktischen Gesundheitszustand handelt, bedeutet dies, daß Verzerrungen, die durch das Antwortverhalten bedingt sind, auftreten können. Weil Raucher oftmals ihren subjektiven Gesundheitszustand überbewerten, kann auch der Fall eintreten, daß der Effekt über das falsche Vorzeichen verfügt (vgl. exemplarisch Nocera und Zweifel 1998, S. 43).

Die Ergebnisse der *Stichprobe West* decken sich weitgehend mit denen der Gesamtstichprobe. Lediglich die Variablen „verwitwet“ und „Ausbildung“ verfügen hier über das entgegengesetzte Vorzeichen, wobei beide Effekte jedoch insignifikant bleiben. Das Signifikanzniveau hinsichtlich des Einflusses eines bestandenen Abiturs bzw. Realschulabschlusses ist hier geringer, jedoch hat das negative Vorzeichen eines fehlenden Schulabschlusses eine Signifikanz auf dem 5 % Niveau. Auffallend ist, daß in der Teilstichprobe West im Unterschied zu Ostdeutschland gegenwärtige Arbeitslosigkeit nicht nur eine negative Auswirkung auf den Gesundheitszustand besitzt, sondern auch über eine Signifikanz auf dem 10 % Niveau verfügt.

Unter Verwendung des in Tabelle 15 aufgeführten Gütemaßes R^2 nach McKelvy und Zavoina sowie des Informationskriteriums von Akaike (AIC) lassen sich allgemeine Aussagen darüber treffen, wie gut das geschätzte Modell den Datenbefund beschreibt. Ein Vergleich der Pseudo- R^2 -Maße zwischen der Schätzung der Gesamtstichprobe und den Teilstichproben läßt erkennen, daß das Pseudo-Bestimmtheitsmaß seine höchste Ausprägung bei der westdeutschen, sein geringstes Niveau bei der ostdeutschen Schätzung aufweist, was für letztere eine schlechtere Varianzerklärung nahelegt. Das AIC nimmt bei der ostdeutschen Stichprobe ebenfalls den geringsten Wert an, was hier jedoch auf eine bessere Modellanpassung hindeutet.

5.4.2 Gewohnheit und Sucht

Das in Kapitel 4 dieser Arbeit dargestellte Modell beruhte auf der Prämisse, daß sich Akteure bei vollkommener Voraussicht möglicher Folgen ihres ausgeübten Lebensstils für oder gegen den Konsum eines gesundheitsrelevanten Gutes, das über mögliche Suchteigenschaften verfügt, entscheiden. Ein derartiges Gewohnheits- und Suchtmodell bietet zwei Ansatzpunkte für eine empirische Überprüfung (vgl. Chaloupka 1988, S. 206), welche, in Übertragung auf die vorliegende Arbeit, wie folgt lauten:

1. Weist der Lebensstilkonsum in Ostdeutschland (nach der Wende) Eigenschaften von Suchtverhalten auf?

2. Kann vorliegender Suchtkonsum als „rational“ oder „myopisch“ klassifiziert werden?

Als empirische Rational-Addiction-Schätzmodelle werden in der Literatur verschiedene Ansätze vorgeschlagen:

$$a(t) = \beta_0 + \beta_1 P(t) + \beta_2 P(t-1) + \beta_3 P(t+1) + \beta_4 a(t-1) + \beta_5 a(t+1) + \varepsilon, \tag{5.26}$$

$$a(t) = \phi_0 + \phi_1 P(t) + \phi_2 a(t-1) + \phi_3 a(t+1) + \varepsilon, \tag{5.27}$$

$$a(t) = \varsigma_0 + \varsigma_1 P(t) + \varsigma_2 P(t+1) + \varsigma_3 a(t+1) + \varsigma_4 A(t) + \varepsilon. \tag{5.28}$$

Bei β_i, ϕ_i sowie ς_i handelt es sich um die jeweiligen Schätzparameter. In den Schätzgleichungen (5.26) - (5.28) fungiert jeweils der gesundheitsrelevante Konsum a der Periode t als abhängige Variable. Er wird weitgehend durch gegenwärtige, vergangene und künftige Preise des gesundheitsrelevanten Gutes P, sowie durch vergangenen und künftigen Konsum $a(t-1)$ bzw. $a(t+1)$ erklärt. Die Schätzmodelle unterscheiden sich darin, daß in (5.26) neben dem gegenwärtigen Preisniveau auch vergangene und künftige Preise enthalten sind. Gleichung (5.28) enthält zusätzlich die Variable A, welche als Suchtkapitalstock aufgefaßt wird. Sie bildet im weitesten Sinne die Konsumgeschichte ab und kann als Annäherung an die im Grundmodell dargestellten Anpassungskosten interpretiert werden.

Für eine wesentliche Beschränkung der hier schätzbaren Suchtmodelle sind die im Datensatz enthaltenen Variablen verantwortlich. Da bis zum Jahr 2001 im SOEP keine detaillierten Angaben zur Tabakkonsumgeschichte erhoben wurden, kann die von Chaloupka vorgeschlagene Vorgehensweise zur Bildung der Variable A nicht angewandt werden.

Aufgrund der vorhandenen Datenrestriktion und bestehender Endogenitätsprobleme ist es naheliegend, den Ansatz (5.26) in Analogie zu Becker u. a. (1994) folgendermaßen zu modifizieren:

$$a(t) = \beta_0 + \beta_1 P(t) + \beta_2 P(t-1) + \beta_3 P(t+1) + \beta_4 a(t-1) + \beta_5 \hat{a}(t+1) + \beta_6 Y + \varepsilon. \tag{5.29}$$

Erstens wird hierbei das Einkommen Y als zusätzliche erklärende Variable aufgenommen. Zweitens muß die Schätzgleichung dem Umstand Rechnung tragen, daß durch die Aufnahme verzögerter und zukünftiger Werte mit serieller Korrelation zwischen den erklärenden Variablen zu rechnen ist. Aus diesem Grund ist es naheliegend, eine zweistufige Schätzung durchzuführen, bei der im ersten Schritt vergangene und künftige Preise als Instrumente herangezogen werden, um den geschätzten Wert des künftigen Konsums $\hat{a}(t+1)$ zu ermitteln. Die so vorhergesagte Größe $\hat{a}(t+1)$ wird anschließend zur Schätzung des gegenwärtigen Konsums verwendet.

Da Konsummenge und Preis simultan bestimmt werden, kann der Fall endogener Preise grundsätzlich nicht ausgeschlossen werden. Für eine mögliche Exogenität spricht dagegen, daß es sich im vorliegenden Fall nicht um den Tabakwarenpreis handelt, mit dem der individuelle Konsument konfrontiert ist.[113] Eine spezielle Überprüfung auf potentielle Endogenität der Preise ist im vorliegenden Fall jedoch nicht möglich, da keine geeigneten Instrumente hinsichtlich einer erforderlichen zweistufigen Schätzung vorhanden sind. Vor allem in Studien, die Daten aus den USA verwenden, werden Angaben zur Tabaksteuer als Instrumente eingesetzt.

Die Analyse verwendet drei Variablen: Tabakkonsum, Zigarettenpreis und Einkommen. Abbildung 21 liefert eine schematische Übersicht der Schätzung, wobei wiederum die abhängige Variable auf der linken, die erklärenden Größen auf der rechten Seite dargestellt sind. Die eingesetzten Größen „Tabakkonsum" und „Einkommen" wurden bereits anhand der Tabelle 12 (S. 224) erläutert. Diese Variablen wurden dem SOEP entnommen. Zusätzlich wurde bei den Schätzungen die Wachstumsrate der Zigarettenpreisindizes (Variable Preis) verwendet. Diese basiert auf den für die neuen Länder und das ehemaligen Bundesgebiet vorliegenden Verbraucherpreisindizes für Zigaretten mit dem Basisjahr 1995.[114]

[113] Vgl. dazu die folgenden Beschreibungen der verwendeten Variablen.

[114] Der Preisindex wurde deshalb in die Änderungsrate umgewandelt, da es mit den absoluten Preisindizes aufgrund von Multikollinearität zu Schwierigkeiten bei den Schätzungen kam, die durch die mangelnde Streuung der absoluten Indexwerte hervorgerufen wurden. Die Koeffizienten wurden ferner überzeichnet. Die aufgetretenen Probleme konnten durch Transformation in Änderungsraten (gegenüber dem Vorjahr) reduziert werden. Zwar gehen dadurch Niveaueffekte verloren, doch kann angenommen werden, daß für gegenwärtige Raucher die relative Preisänderung eine wichtige Orientierungsgröße darstellt, um zu entscheiden, ob das Rauchen reduziert oder beendet werden soll.

Abbildung 21: Modell der rationalen Sucht

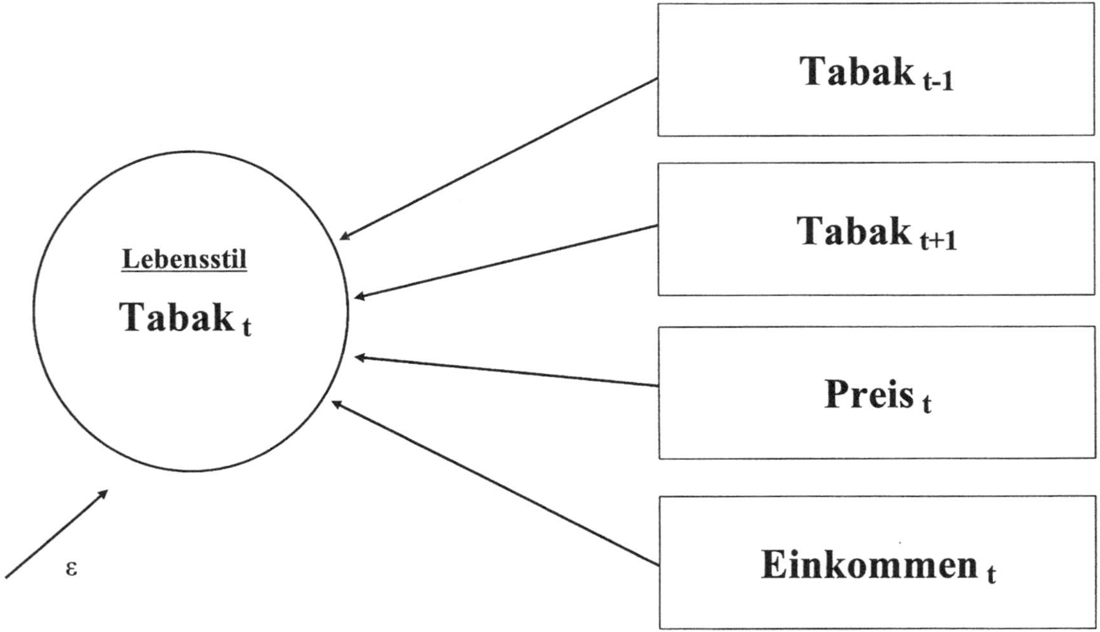

Die Schätzungen wurden auf der Grundlage der Daten der Stichprobe Ost mit den Wellen 1998 bis 2001 durchgeführt, da nur für diese Jahre Hinweise zum Tabakkonsum vorhanden sind. In der nachfolgenden Tabelle 16 sind die Angaben der deskriptiven Statistik aufgeführt:

Tabelle 16: Deskriptive Statistik der Schätzung rationaler Sucht

Variable	Mittelwert	Standard-abweichung
Tabakkonsum	3,806	7,231
Preis	2,688	0,229
Einkommen	3902,684	1794,431

Mittelwert und Standardabweichung der Variablen „Tabakkonsum" und „Einkommen" decken sich weitgehend mit den Angaben der deskriptiven Statistik der Schätzung zur Gesundheitsproduktion für die neuen Länder (vgl. Tabelle 13, S. 227). Die erkennbaren Abweichungen lassen sich durch Unterschiede in der Datengrundlage der Schätzungen erklären. Während sich die Schätzungen zum subjektiven Gesundheitszustand nur auf die Akteure beschränkten, die in der entsprechenden Region ihren Wohnsitz hatten, berücksichtigen die Schätzungen zur rationalen Sucht auch Migration innerhalb Deutschlands. Wurde etwa zu Beginn des Jahres 1999 ein Umzug von Thüringen nach Nordrhein-Westfalen durchgeführt, so beinhalten die in diesem Abschnitt aufgeführten Schätzergebnisse auch den Konsum in der alten Bundesrepublik. Diese Vorgehensweise wurde gewählt, um eine höhere Variation innerhalb der Daten sicherzustellen. Der in Tabelle 16 ausgewiesene Mittelwert (2,68) kann als durchschnittliche prozentuale Preissteigerungsrate gegenüber dem Vorjahr interpretiert werden.

Gemäß den Vorhersagen von Suchtmodellen weist ein positives Vorzeichen des geschätzten Konsumkoeffizienten der Vorperiode auf Gewohnheit oder Sucht hin: Konsum in der Gegenwart und in der Vergangenheit werden als Komplemente betrachtet (vgl. Chaloupka 1990, S. 7). Besitzt der Wert für den Konsum in der Folgeperiode ebenfalls ein positives Vorzeichen, so läßt sich dies als rationale Sucht interpretieren. Da die Richtung von Preisänderungen das Nachfrageverhalten beeinflußt, wird ein negatives Vorzeichen der Variablen „(gegenwärtiger) Preis" erwartet. Weil angenommen werden kann, daß Einkommen mit Bildung korreliert, kann ferner ein positives Vorzeichen in bezug auf das Einkommen vermutet werden.

Um die Zähldaten-Eigenschaft der abhängigen Größe zu berücksichtigen, wurden sowohl die erste als auch die zweite Stufe der Schätzung als GEE-

Zähldaten-Regression durchgeführt. Die deskriptive Statistik in Tabelle 16 verdeutlicht, daß die Annahme einer Poissonverteilung nicht geeignet ist: Der Wert der Varianz der Variablen „Tabak" übersteigt deren Mittelwert um fast das 14fache, was auf eine ausgeprägte Überdispersion hindeutet. Deshalb erfolgte die Annahme einer Negativen Binomialverteilung sowie einer unstrukturierten Korrelationsmatrix. Um eine Fehlspezifikation der gruppeninhärenten Korrelation zu berücksichtigen, wurde der robuste Huber/White/Sandwich-Varianzschätzer herangezogen, welcher selbst bei falschen Hypothesen hinsichtlich der Korrelation konsistente Standardfehler generiert. Die Schätzergebnisse sind in der folgenden Tabelle 17 dargestellt:

Tabelle 17: Ergebnisse der Schätzung rationaler Sucht

abhängige Variable: gegenwärtiger Tabakkonsum (GEE Negative Binomial)

	Schätzung Ostdeutschland	
erklärende Variable	Koeffizient	P-Wert[a)]
Tabak Vorperiode	0,097	0,000***
Tabak Folgeperiode	1,574	0,013**
Preis Gegenwart	0,252	0,000***
Einkommen	-0,000	0,575
Konstante	-1,098	0,026**
Wald χ^2	497,09	0,000
McKelvy/Zavoina R^2	0,3410	
QIC	0,0024	
QIC_u	1,7856	
N	4113	

*** signifikant auf dem 1 % Niveau
** signifikant auf dem 5 % Niveau
* signifikant auf dem 10 % Niveau

a) Der P-Wert gibt das minimale Signifikanzniveau (Fehler 1. Art) an, für das der beobachtete Wert der Teststatistik zu einer Ablehnung der Nullhypothese (Koeffizient = 0) führt (vgl. Kennedy 1998, S. 409).

Betrachtet man die Ergebnisse, so fällt auf, daß der Tabakkonsum der Vorperiode einen hoch signifikanten positiven Einfluß auf die gegenwärtige Nachfrage nach Tabakwaren ausübt. Dies bestätigt die Eigenschaften von Gewohnheit und Sucht. Auch der Effekt des geschätzten zukünftigen Verbrauchs verfügt über das erwartete positive Vorzeichen und ist immerhin auf dem 5 % Niveau signifikant. Abweichend von den Vorhersagen des Modells weist auch die Wachstumsrate der Zigarettenpreisindizes ein positives, somit „falsches", Vorzeichen auf und ist dabei auf dem 1 % Niveau hochsignifikant.[115] Demgegenüber ist das Einkommen insignifikant, wobei das negative Vorzeichen in diesem Fall jedoch mit den Erwartungen übereinstimmt.

Das ausgewiesene Ergebnis für den Wald-Test entspricht einer χ^2-Signifikanz auf dem 1 % Niveau für die Gesamtsignifikanz der Koeffizienten. Die Informationskriterien der Quasilikelihood-Schätzung beziehen sich auf die Güte des Modells hinsichtlich der angenommenen Korrelationsstruktur (QIC) bzw. der enthaltenen Kovariablen (QIC_u) beim Vergleich mit anderen Modellen.

Alternative Schätzstrategien waren nicht geeignet, die Richtung des Preiseffektes zu bereinigen. So führte die Aufnahme zusätzlicher exogener Variablen, wie etwa Alter und Bildungsgrößen, zu keiner Verbesserung der Ergebnisse. Verschiedene Transformationen der Schätzgleichungen und der Variablen wurden durchgeführt, wobei die Verwendung der Wachstumsrate der Preisindizes die besten Ergebnisse lieferte. Eine Wahl der Korrelationsstruktur als „austauschbar“, welche einem Modell mit Zufallseffekten entspricht, änderte die Größe der Koeffizienten nur wenig, nicht aber die Vorzeichen sowie die Signifikanz. Demgegenüber führten Regressionen mit verschiedenen Spezifizierungen des Arellano-Bond-Schätzers dazu, daß Preisvariablen aufgrund von Kollinearität aus der Schätzung entfernt wurden sowie das Vorzeichen des verzögerten Tabakkonsums die falsche Richtung aufwies. Auch bezüglich der in Tabelle 17 dargestellten GEE-Schätzergebnisse stellte die Korrelation der unabhängigen Variablen untereinander ein ernsthaftes Problem dar. Der Test auf Multikollinearität ergab, daß sowohl die verzögerte als auch die künftige Preisveränderungsrate einen Varianzinflationsfaktor (VIF) in Höhe von 655,12 aufwiesen.[116]

Es kann angenommen werden, daß die aufgezeigten Schätzprobleme im wesentlichen auf Schwierigkeiten mit dem vorhandenen Datenmaterial zurückzuführen sind. Erstens wurde bereits mehrfach auf bestehende Schwierigkeiten, die durch die Verwendung von Preisindizes hervorgerufen werden, hingewiesen. Die durchgeführten Schätzungen beruhen auf der impliziten Annahme, daß Unterschiede hinsichtlich der Zigarettenpreise lediglich durch den Wohnsitz des Befragten in Ost- bzw. Westdeutschland verursacht werden. Im Gegensatz zu ande-

---

[115] Ein positiver Preiseffekt kann erwartet werden, wenn neben der Nachfrage nach legalen Tabakwaren auch der Konsum illegaler Zigaretten einbezogen wird. Bask und Melkersson (2000a) ermittelten auf der Grundlage schwedischer Daten einen negativen (positiven) Preiseffekt bei legalen (illegalen) Zigaretten.

[116] Als Faustregel für die Evidenz von Multikollinearität wird ein Überschreiten des Wertes 10 angesehen.

ren Staaten, wie etwa den USA, in denen jedes Bundesland einzeln die Tabakbesteuerung bestimmen kann, erfolgt dies in Deutschland auf der Ebene des Bundes. Bei der Erläuterung von Abbildung 17 (vgl. S. 195) wurde bereits darauf hingewiesen, daß seit einigen Jahren praktisch keine Differenzen der Preisänderungsraten für Zigaretten zwischen West und Ost bestehen. Zwar enthält die Teilstichprobe Ost auch SOEP-Teilnehmer, die im Zeitablauf ihren Wohnsitz in den jeweils anderen Teil der Bundesrepublik verlagerten. Die dadurch erzielte Variation der Variable „Preis" innerhalb einer Welle ist jedoch so gering, daß damit automatisch Schätzprobleme aufgrund von Multikollinearität verursacht werden. Zweitens kann nicht ausgeschlossen werden, daß die Schätzergebnisse aufgrund der Generierung von Angaben zum Tabakkonsum zweier Wellen (1999 und 2000) verzerrt sind.[117] Obwohl dabei sämtliche verfügbaren Informationen berücksichtigt wurden, enthalten die erzeugten Verbrauchsdaten etwa keine Mengenangaben für Individuen, die zum Zeitpunkt der Befragung temporär geraucht haben, oder zwischenzeitlich nicht rauchten.

Empirische Studien zur rationalen Sucht verwenden die Schätzergebnisse als Grundlage, um daraus kurz- und langfristige Preiselastizitäten und Diskontierungsraten zu ermitteln. Aufgrund des vorliegenden positiven Preiseffekts ist dies hinsichtlich des Tabakkonsums in Ostdeutschland weniger sinnvoll: Er deutet auf ein Giffen-Gut hin, was als nicht realistisch betrachtet werden kann.

In den Kapiteln 3 und 4 wurde aufgezeigt, daß auch gesundheitsfördernde Aktivitäten mit Gewohnheits- und Suchtsymptomen einhergehen können. Grundsätzlich liegt deshalb die Folgerung nahe, beispielsweise sportliche Aktivität darauf hin zu testen. Zwar wurde rationales Suchtverhalten neben den zahlreichen Studien zu potentiell gesundheitsschädlichem Verhalten, auf die bereits oben eingegangen wurden, in bezug auf einige weitere Nachfragekategorien wie Glücksspiele (vgl. Mobilia 1993), Kalorienkonsum (vgl. Cawley 1999), Kino (vgl. Cameron 1999), Kunst (vgl. Villani 1992) und Printmedien (vgl. Dewenter 2002) untersucht, aber die Literatur enthält keinen Hinweis auf durchgeführte Analysen zu sportlichen Aktivitäten. Das Forschungsdefizit hinsichtlich der Frage, ob die Ausübung von Sport ebenfalls mit den Vorhersagen von Modellen rationaler Sucht im Einklang steht, basiert sicherlich darauf, daß für geeignete Größen keine Daten vorliegen, die als Instrumente zur Schätzung der Sportausübung herangezogen werden können. Auch wenn in theoretischer Hinsicht die individuellen Opportunitätskosten als geeignet erscheinen, so ist es auf der Grundlage be-

---

[117] Ohne generierte Wellen wäre eine dynamische Analyse nicht möglich gewesen.

stehender Daten schwierig, eine geeignete Proxy-Größe hierfür zu ermitteln. Im SOEP finden sich dazu keine geeigneten Angaben.

Mögen auch einige Schwächen im Datenmaterial dafür verantwortlich sein, daß nicht sämtliche aufgrund der ökonomischen Theorie vermuteten Effekte und deren Richtungen bestätigt werden können, so legen die Schätzergebnisse doch nahe, daß die Nachfrage der Ostdeutschen nach Tabakwaren mit rationaler Sucht in Verbindung gebracht werden kann. Diese Evidenz steht im Einklang mit der oben zitierten Literatur zur empirischen Überprüfung rationaler Sucht. Nur wenige Studien kamen zu konträren Resultaten, wobei die Ergebnisse meist durch Fehlspezifikation bzw. Datenmängeln erklärt werden. Nicht zuletzt die Arbeit von Auld und Grootendorst (2002), die empirisch den Nachweis einer rationalen Sucht nach Milch bestätigt, führt zur Frage, ob die seit der Arbeit von Becker und Murphy (1988) übliche Spezifikation der Schätzgleichung sinnvoll ist. Auld und Grootendorst (2002) weisen anhand von Monte-Carlo-Studien nach, daß mit rationaler Sucht erstens dann gerechnet werden kann, wenn das Objekt der Begierde über eine hohe serielle Korrelation verfügt, sowie zweitens, falls die Preisvariation endogen bestimmt wird - selbst dann, wenn sie nur geringer Art ist. Drittens ist rationale Sucht dann wahrscheinlich, wenn überidentifizierte Instrumentvariablen verwendet werden. Hierbei übersteigt die Anzahl der verfügbaren Instrumente die Zahl der als endogene Regressoren in der Schätzgleichung enthaltenen Variablen.

5.4.3 Nachfrage nach Lebensstil

Eine zentrale Stellung innerhalb dieser Arbeit besitzt das gesundheitsrelevante Verhalten, insbesondere dessen Einflußfaktoren. Im Unterschied zur Gesundheitsproduktion (Abschnitt 5.4.1) gibt es bislang keine eigenständigen theoretischen Ansätze zur Erklärung der Nachfrage nach spezifischen Lebensstilgütern. Indirekt können allenfalls aus den Modellen der Gesundheitsproduktion sowie der Theorie rationaler Sucht allgemeine Bestimmungsfaktoren hierfür abgeleitet werden.

Von zentraler Bedeutung ist der Faktor Bildung. Da Menschen mit höherer Bildung einen höheren Effizienzgrad bei der Gesundheitsproduktion besitzen, kann angenommen werden, daß sie sich gesundheitsbewußter verhalten. Ceteris paribus diskontieren Menschen mit höherer Bildung die Zukunft weniger stark ab, was dazu führt, daß künftige Nutzenverluste bzw. -gewinne, die bei gesundheitsrelevantem Verhalten eintreten können, in der Gegenwart stärker berücksichtigt werden. In Suchtmodellen spielen ferner Schocks eine bedeutende Rolle, die zur

Etablierung persistenten Verhaltens führen können. Anzeichen für mögliche persönliche Krisen finden sich im SOEP vor allem in den Variablen zum Familienstatus sowie zur Arbeitslosigkeit. Aufgrund der gravierenden Arbeitslosigkeitsproblematik in den neuen Ländern kann angenommen werden, daß diese einen Beitrag zur Erklärung von gesundheitsrelevantem Verhalten liefert. Die durchgeführten Schätzungen wurden wiederum weitgehend auf der Basis derselben Variablen für Gesamtdeutschland (Gesamtstichprobe) und Ost- bzw. Westdeutschland (Teilstichproben) durchgeführt, um gezielt Abweichungen analysieren zu können. Sie wurden sowohl für gesundheitsförderliches als auch gesundheitsschädliches Verhalten vorgenommen. Abbildung 22 liefert eine schematische Übersicht der zugrundeliegenden Modelle. Im Kreis auf der linken Seite der Darstellung sind die endogenen Variablen Sport und Tabak dargestellt. Sie werden wiederum durch prädisponierende und sozioökonomische Variablen sowie sonstige Einflußfaktoren erklärt. Im Unterschied zur Analyse sportlicher Aktivität enthalten die Schätzungen zum Tabakwarenkonsum zusätzlich weitere Lebensstilgrößen als erklärenden Variablen. Im Rahmen der in Abschnitt 5.4.3 durchgeführten Schätzungen wird die Beziehung zwischen Lebensstil und dem Gesundheitszustand nicht erörtert.

Sportliche Aktivität
Die Datengrundlage der *Schätzungen zur sportlichen Aktivität* bilden die Wellen 1990, 1992, 1994 - 2001. Wie bereits bei der Variablenbeschreibung angegeben, liegen für die Jahre 1991, 1993 und 1998 keine Beobachtungen vor. Werte für das Jahr 1998 wurden jedoch aufgrund der verfügbaren Informationen generiert. Angaben zur Ausübung von Sport über diese Jahre hinweg liegen sowohl für Ost- als auch für Westdeutschland vor. Ein besonderer Vorzug des langen Zeitraums besteht darin, daß somit das Verhalten der Ostdeutschen nahezu seit dem Beginn der „Wende“ in der Analyse berücksichtigt werden kann.

Für die Schätzung der Gesamtstichprobe standen über alle zehn Wellen hinweg 52.458 Beobachtungen zur Verfügung, für die Teilstichprobe Ostdeutschland (Westdeutschland) über denselben Zeitraum 18.171 (34.287). Bei allen Untersuchungen wurden, mit Ausnahme der Regionalvariablen, dieselben Größen verwendet, die in Tabelle 12, S. 224, beschrieben wurden. Mittelwerte und Standardabweichungen hinsichtlich der drei Stichproben sind in Tabelle 18 dargestellt.

Abbildung 22: Modell der Nachfrage nach Lebensstil

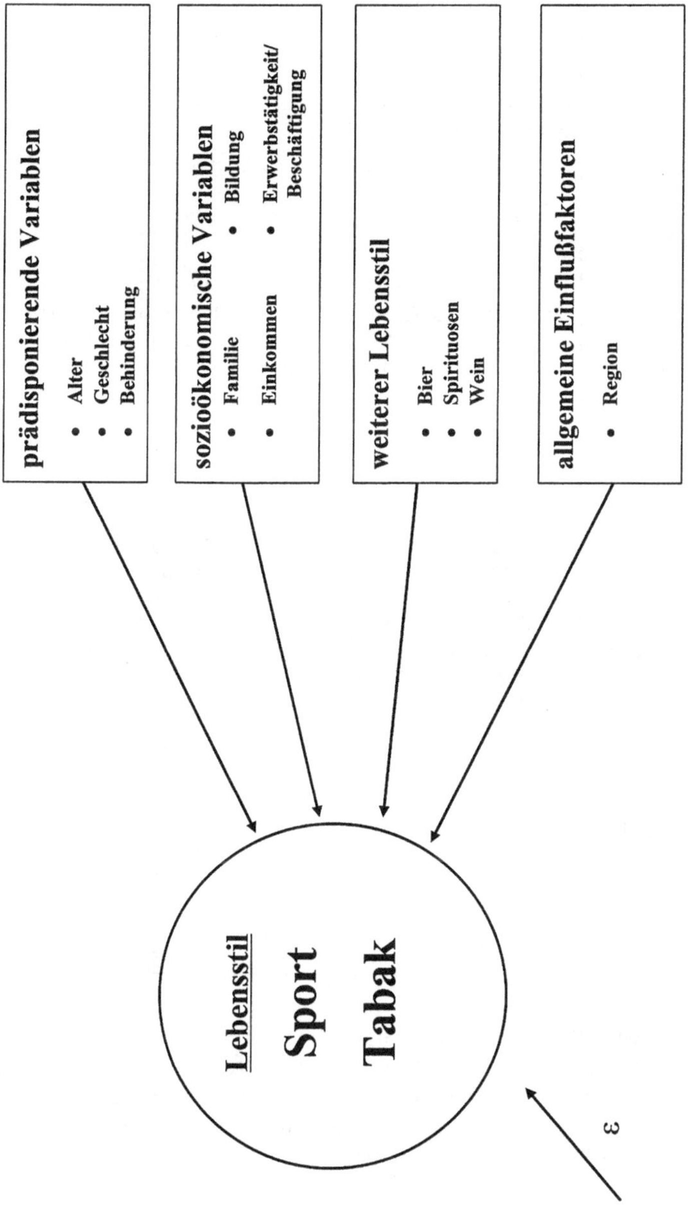

Tabelle 18: Deskriptive Statistik „Sportliche Aktivitäten“

	Deutschland insgesamt		Ostdeutschland		Westdeutschland	
Variable	**Mittelwert**	**Standardabweichung**	**Mittelwert**	**Standardabweichung**	**Mittelwert**	**Standardabweichung**
Lebensstil						
Sport	0,218	0,413	0,143	0,350	0,257	0,437
prädispon. Variablen						
Alter	48,597	14,859	48,284	13,915	48,764	15,333
$Alter^2$	2582,520	1529,256	2524,992	1406,487	2613,008	1589,658
Mann	0,475	0,499	0,467	0,499	0,479	0,500
Schwerbehindert	0,134	0,341	0,093	0,237	0,157	0,363
sozioökonom. Variablen						
getrennt lebend	0,013	0,115	0,011	0,106	0,015	0,120
Single	0,131	0,338	0,110	0,313	0,142	0,349
geschieden	0,059	0,235	0,062	0,241	0,057	0,232
verwitwet	0,068	0,251	0,060	0,236	0,072	0,258
Einkommen	4186,722	2103,692	3633,982	1638,383	4479,656	2258,469
Realschule	0,308	0,462	0,480	0,500	0,217	0,412
Abitur	0,166	0,372	0,151	0,358	0,175	0,379
ohne Schulabschl.	0,029	0,167	0,005	0,0670	0,042	0,201
voll erwerbstätig	0,467	0,499	0,516	0,500	0,442	0,497
Teilzeit erwerbst.	0,091	0,287	0,065	0,246	0,105	0,306
geringf. beschäft.	0,016	0,126	0,007	0,085	0,021	0,143
Ausbildung	0,005	0,073	0,007	0,082	0,004	0,068
arbeitslos Monate	0,717	2,499	1,198	3,096	0,462	2,070
arbeitslos Bfrgzpt.	0,076	0,266	0,133	0,340	0,046	0,210
Region						
Ostdeutschland	0,346	0,476	-	-	-	-
Berlin (Ost)	-	-	0,157	0,232	-	-
Mecklenb.-Vorp.	-	-	0,107	0,310	-	-
Brandenburg	-	-	0,153	0,360	-	-
Sachsen-Anhalt	-	-	0,191	0,393	-	-
Thüringen	-	-	0,193	0,395	-	-

Wiederum enthält die deskriptive Statistik in der ersten Spalte die herangezogenen erklärenden Variablen. Die zweite und dritte Spalte beinhaltet die Mittelwerte und Varianzen für die Gesamtstichprobe, in der vierten und fünften Spalte sind die entsprechenden Angaben für Ostdeutschland, in der sechsten und siebten Spalte für Westdeutschland aufgeführt.

Bei einem Vergleich mit den bei der Schätzung zur Gesundheitsproduktion (Abschnitt 5.4.1) verwendeten Größen ist hier der Anteil der ostdeutschen Beobachtungen etwas höher: Der Dummy „Ostdeutschland“ weist auf einen Anteil der Ostdeutschen in Höhe von 34,6 % hin, wobei dieser bei der Gesamtstichprobe der Schätzung zur Gesundheitsproduktion nur bei 30,8 % lag (vgl. Tabelle 13). Ferner ist aus einem Vergleich der Tabellen 13 und 18 ersichtlich, daß hinsichtlich der regionalen Zuordnung der Befragten zwischen beiden Datengrundlagen sowie hinsichtlich deren Mittelwert und Streuung fast kein Unterschied besteht.

Vergleicht man die sportliche Aktivität zwischen Ost und West, so ist deutlich, daß dieses gesundheitsfördernde Verhalten im Osten im Mittel (14,3 %) weniger stark verbreitet war als im Durchschnitt von Westdeutschland (25,7 %). Ein Vergleich mit den Angaben zu den Anteilen zwischen 1998 und 2001 läßt jedoch erkennen, daß regelmäßiger Sport in Ostdeutschland im Mittel stärker zugenommen hat als im westdeutschen Durchschnitt. So lagen die Werte für 1998 bis 2001 bei 15,7 % (Ost) bzw. 24,6 % (West), wobei deren Standardabweichung im Osten ebenfalls angestiegen ist (vgl. Tabelle 13). Die niedrigeren Mittelwerte der Altersvariablen in der Datengrundlage zur Schätzung sportlicher Aktivitäten erklären sich daraus, daß es sich bei der gemeinsamen Datenbasis der Gesundheits- und Sport-Regression um ein *balanced panel* handelt, bei dem jeweils dieselben Untersuchungseinheiten befragt wurden. Dies impliziert, daß eine zusätzliche Berücksichtigung von Angaben aus früheren Wellen (Sport-Schätzung) automatisch zu einem Absinken der Mittelwerte der Altersvariablen führt. Der Mittelwertvergleich weist auch bei den sportlichen Aktivitäten auf ein im Durchschnitt geringeres Alter in der Ost-Stichprobe hin. Wiederum ist der Anteil der Schwerbehinderten im Osten geringer. Wird der Familienstatus verglichen, so ist ersichtlich, daß sich die Anzahl berücksichtigter Jahre zwar in der Verteilung der Statusstruktur niederschlägt, die Relation zwischen Teilstichproben und Gesamtstichprobe jedoch davon weitgehend unberührt bleibt. So beträgt der Anteil der Singles in der Gesamtstichprobe der Jahre 1990, 1992, 1994 - 2001 13,1 % (Westdeutschland: 14,2 %), wobei dieser bei der Beschränkung auf die Wellen 1998 - 2001 bei 11,4 % (Westdeutschland: 12,1 %) liegt. Aus der deskriptiven Statistik wird deutlich, daß der Anteil der Getrenntlebenden, Verwitweten und Singles im Osten etwas geringer, der der Geschiedenen geringfügig höher liegt als im gesamtdeutschen Mittel. Die Anteile der Bildungsabschlüsse, die in der Tabelle ausgewiesen sind, entsprechen sowohl bei der Gesamt- als auch bei den Teilstichproben weitgehend den bereits bei der Schätzung zur Gesundheitsproduktion in Tabelle 13 dargestellten Werten. Der Anteil der voll Erwerbstätigen war über die einbezogenen Jahre zwischen 1990 und 2001 hinweg in Ostdeutschland (51,6 %) höher als in der gesamten Bundesrepublik, wohingegen Teilzeittätigkeit und geringfügige Beschäftigung in Westdeutschland stärker ausgeprägt waren. Der Anteil der Personen in Ausbildung war durchschnittlich in Ostdeutschland höher, was sich auf einen niedrigeren Mittelwert des Alters zurückführen läßt. Die mittlere Dauer der Arbeitslosigkeit im vorangegangenen Jahr übertraf in Ostdeutschland über den Zeitraum der 1990er Jahre hinweg den Mittelwert in Westdeutschland mit 1,198 Monaten um 159 Prozentpunkte, wobei auch der Anteil der gegenwärtig Arbeitslosen zum Befragungszeitpunkt in Ostdeutschland mit 13,3 % den korrespondierenden Wert im alten Bundesgebiet (4,6 %) wiederum deutlich überstieg.

Wie bereits bei den Ausführungen zu den Datengrundlagen dieser Arbeit erläutert wurde, stellt die Variable „Sport" eine binäre Größe dar, die dann den Wert „1" annimmt, wenn aktive sportliche Betätigung jede Woche ausgeübt wird. Die zugrundeliegende kategoriale Variable im Sozioökonomischen Panel berücksichtigte zwar noch die Ausprägungen „jeden Monat", „seltener" und „nie", da jedoch vermutet werden kann, daß nicht regelmäßig betriebener Sport keine dauerhaften gesundheitsförderlichen Implikationen besitzt, wurden diese Ausprägungen als „kein Sport" erfaßt.

Wie im Fall der Gesundheitsproduktion (Abschnitt 5.4.1) beruhen die hier dargestellten Schätzergebnisse auf einer gepoolten Schätzung, wobei zur Kontrolle der zeitlichen Einflüsse Dummyvariablen für die unterschiedlichen Wellen (1992, 1994 - 2001) eingefügt wurden, 1990 fungiert hier als Referenzjahr. Aufgrund der zu Beginn dieses Abschnitts erfolgten theoretischen Ausführungen lassen sich für die weiteren erklärenden Variablen mit Ausnahme der Regionen-Dummies die in Tabelle 19 dargestellten Vorzeichen erwarten:

Tabelle 19: Erwartete Vorzeichen „Sportliche Aktivitäten"

prädispon. Variablen		Einkommen	+
Alter	+	Realschule	+
$Alter^2$	+/-	Abitur	+
Mann	+/-	ohne Schulabschluß	+/-
Schwerbehindert	-	voll erwerbstätig	+/-
sozioöko. Variablen		Teilzeit erwerbstätig	+/-
getrennt lebend	+/-	geringf. beschäftigt	+/-
Single	+/-	Ausbildung	+/-
geschieden	+/-	arbeitslos Monate	+/-
verwitwet	+/-	arbeitslos Befragzpkt.	+/-

Basierend auf der ökonomischen Theorie ist die Formulierung von Erwartungen in Hinblick auf die Vorzeichen der Koeffizienten von Alter, Einkommen und der Bildungsvariablen möglich. Analog zur Gesundheitsproduktion läßt sich im vorliegenden Fall nicht ausschließen, daß zwischen dem Alter und der zu erklärenden Variable eine nicht-lineare Beziehung herrscht. Während angenommen werden kann, daß sportliche Aktivität aus Motiven der Gesundheitsvorsorge mit zunehmendem Alter ansteigt, ist auch der Fall denkbar, daß altersbedingt weniger Sport getrieben werden kann (vgl. etwa Contoyannis und Jones 1999a). Analog zur Gesundheitsproduktion kann davon ausgegangen werden, daß höheres Einkommen einen Einfluß auf gesundheitsförderliches Verhalten besitzt. Hinsichtlich der Ausprägungen der Bildungsdummies läßt sich aufgrund theoretischer Überlegungen vermuten, daß von Individuen, die über eine höhere oder mittlere Schulbildung verfügen, aus gesundheitlichen Gründen mehr Sport getrieben wird. Liegt kein Schulabschluß vor, so ist zwar auf der Basis des Modells von Grossman ein negativer Einfluß anzunehmen, andererseits kann nicht ausgeschlossen werden, daß Sport aufgrund anderer Motive durchgeführt wird. So wird Sport von Jugendlichen häufig wegen des Drucks der Bezugsgruppe (Peer-Group) ausgeübt. Wie im Fall der Gesundheitsproduktion lassen sich aufgrund theoretischer Überlegungen keine eindeutigen Vorzeichen in bezug auf das Erwerbsverhalten und die vermutete Wirkung der Variable „Ausbildung“ ermitteln. Während in der Literatur häufig auf eine angenommene negative Beziehung zwischen Arbeitslosigkeit und gesundheitsschädlichem Verhalten hingewiesen wird, kann keine eindeutige Richtung hinsichtlich der Ausübung von Sport, d. h. gesundem Lebensstil, eruiert werden.

Da es sich bei der abhängigen Größe der Durchführung sportlicher Aktivitäten um eine binäre Größe handelt, wurde eine Random-Effects-Probit-Schätzung durchgeführt. Tabelle 20 enthält deren Ergebnisse.

Wiederum sind die Resultate der Gesamtstichprobe (Deutschland) in der zweiten und dritten Spalte, die der Teilstichprobe Ost in der vierten und fünften Spalte sowie die der Teilstichprobe West in der sechsten und siebten Spalte dargestellt. Der P-Wert gibt das minimale Signifikanzniveau (Fehler 1. Art) an, für das der beobachtete Wert der Teststatistik zu einer Ablehnung der Nullhypothese (Koeffizient = 0) führt (vgl. Kennedy 1998, S. 409).

Betrachtet man die Ergebnisse der *Gesamtstichprobe*, so fällt hinsichtlich der periodenspezifischen Effekte auf, daß sich mit Ausnahme der Jahre 1994 und 2000 die sportliche Aktivität im Zeitablauf nicht reduziert. Mit Ausnahme des Jahres 1996, dessen Dummy aufgrund Kollinearität herausfällt, sind alle übrigen

Tabelle 20: Ergebnisse der Schätzungen „Sportliche Aktivitäten"
abhängige Variable: sportliche Aktivität (Random Effects Probit)

	Deutschland insgesamt		Ostdeutschland		Westdeutschland	
erklärende Variable	Koeffizient	P-Wert	Koeffizient	P-Wert	Koeffizient	P-Wert
Welle						
Jahr 1992	0,0548	0,306	-	-	0,1697	0,089*
Jahr 1994	-0,0376	0,482	-0,2287	0,003***	0,1345	0,177
Jahr 1995	0,3468	0,000***	0,4468	0,000***	0,4251	0,000***
Jahr 1996	-	-	0,1270	0,099*		-
Jahr 1997	0,1003	0,056*	0,1403	0,075*	0,1942	0,049**
Jahr 1998	0,3603	0,000***	0,6229	0,000***	0,3769	0,000***
Jahr 1999	0,1461	0,006***	0,2764	0,001***	0,2117	0,032**
Jahr 2000	-0,0708	0,188	0,0453	0,603	-0,0061	0,955
Jahr 2001	0,2807	0,000***	0,5240	0,000***	0,3018	0,002***
prädispon. Variablen						
Alter	0,0127	0,193	-0,0252	0,167	0,0180	0,099*
$Alter^2$	-0,0004	0,001***	0,0000	0,798	-0,0004	0,000***
Mann	0,1310	0,008***	0,0896	0,373	0,1157	0,047**
Schwerbehindert	-0,0288	0,576	-0,0661	0,517	-0,0030	0,959
sozioöko. Variablen						
getrennt lebend	0,0994	0,276	-0,0228	0,910	0,1953	0,068*
Single	0,5353	0,000***	0,0436	0,726	0,6496	0,000***
geschieden	0,3079	0,000***	0,2660	0,024**	0,3621	0,000***
verwitwet	0,1804	0,040**	0,0687	0,786	0,2214	0,019**
Einkommen	0,0001	0,000***	0,0000	0,059*	0,0001	0,000***
Realschule	0,6267	0,000***	0,4246	0,000***	0,7410	0,000***
Abitur	0,9136	0,000***	1,0927	0,000***	0,8605	0,000***
ohne Schulabschl.	-0,3599	0,000***	0,5190	0,083*	-0,3941	0,000***
voll erwerbstätig	-0,1427	0,000***	-0,1797	0,023**	-0,1197	0,008***
Teilzeit erwerbst.	0,0096	0,836	-0,2977	0,007*	0,0971	0,061*
geringf. beschäft.	0,0741	0,334	-0,2347	0,295	0,1459	0,078*
Ausbildung	0,1754	0,120	0,0738	0,694	0,2277	0,117
arbeitslos Monate	0,0036	0,537	0,0037	0,670	0,0030	0,713
arbeitslos Bfrgzpt.	-0,0723	0,201	-0,1302	0,150	-0,0450	0,566
Region						
Ostdeutschland	-0,7468	0,000***	-	-	-	-
Berlin (Ost)	-	-	0,3827	0,027**	-	-
Mecklenb.-Vorp.	-	-	-0,1119	0,462	-	-
Brandenburg	-	-	-0,1515	0,263	-	-
Sachsen-Anhalt	-	-	0,0266	0,879	-	-
Thüringen	-	-	-0,1358	0,234	-	-
ρ	0,7117		0,7072		0,7183	
$\ln(\sigma_v^2)$	0,9038		0,8816		0,9361	
σ_v	1,5713		1,5540		1,5969	
Log Likelihood	-17765,73		-4993,2792		-12686,364	
Wald	1254,52	0,000	376,14	0,000	977,40	0,000
McKelvy/Zav.R^2	0,3579		0,2631		0,3533	
AIC.	0,6784		0,5530		0,7415	
N	52458		18171		34287	

*** signifikant auf dem 1% Niveau ** signifikant auf dem 5% Niveau * signifikant auf dem 10% Niveau

Effekte positiv. Die Zunahme an sportlicher Betätigung im Zeitablauf ist dabei für die Jahre 1995, 1998, 1999 und 2001 auf dem 1 % Niveau, für 1997 noch auf dem 10 % Niveau statistisch signifikant. Hinsichtlich der prädisponierenden Variablen deuten die unterschiedlichen Vorzeichen der beiden Variablen, die den Einfluß des Alters erfassen, auf den vermuteten nicht-linearen Zusammenhang hin. Erwartungsgemäß steigt die sportliche Betätigung mit dem Alter an. Da der quadrierte Altersterm über ein negatives Vorzeichen verfügt, kann die Beziehung zur sportlichen Aktivität hinsichtlich des Lebenszyklus als invers-u-förmig interpretiert werden, wobei jedoch nur der quadrierte Altersterm, der über ein negatives Vorzeichen verfügt, (hoch) signifikant ist. Alle Koeffizienten des Familienstatus sind positiv, wobei „Single" und „geschieden" sogar auf dem 1 % Niveau, „verwitwet" noch auf dem 5 % Niveau statistische Signifikanz aufweisen. Lediglich „getrennt lebend" ist insignifikant. Sowohl das Haushaltseinkommen als auch die Bildungsvariablen besitzen die erwarteten Vorzeichen und sind dabei hoch signifikant. Da die Einkommensgröße in DM in die Schätzung einging, ist der Koeffizient sehr klein. Während sich die volle Erwerbstätigkeit in hoch signifikanter Weise negativ auf die Ausübung sportlicher Aktivität niederschlägt, was möglicherweise durch Zeitprobleme oder Opportunitätskosten erklärt werden kann, sind Teilzeittätigkeit, geringfügige Beschäftigung und Ausbildung zwar positiv, aber vollkommen insignifikant. Obwohl sich die Dauer der Arbeitslosigkeit im Vorjahr bei der Gesamtstichprobe zwar positiv, aber insignifikant in der Ausübung sportlicher Aktivität niederschlug, wirkte sich die Arbeitslosigkeit zum Befragungszeitpunkt negativ, aber ebenfalls insignifikant auf gesundheitsförderliches Handeln aus. Ein besonderes Augenmerk gebührt dem Vorzeichen des Regional-Dummies „Ostdeutschland". Wie im Fall der Gesundheitsproduktion besitzt auch dieser Koeffizient ein negatives Vorzeichen und ist dabei hoch signifikant. Dies weist darauf hin, daß Ostdeutsche ceteris paribus weniger Sport treiben als ihre westdeutschen Mitbürger.

Wiederum finden sich in den Spalten vier und fünf detaillierte Ergebnisse der *Teilstichprobe Ost*. Im Vergleich zur Gesamtstichprobe sind dabei einige Unterschiede gut erkennbar. Im Bereich der periodenspezifischen Effekte fehlt auch hier ein Wellen-Dummy (hier 1992) aufgrund von Kollinearitätsproblemen. Es ist ersichtlich, daß lediglich im Jahr 1994 weniger Sport getrieben wurde als im Basisjahr 1990. Der negative Effekt ist dabei hoch signifikant. Die Jahres-Dummies seit 1995 besitzen jedoch alle ein positives Vorzeichen, wobei lediglich die Angabe für das Jahr 2000 statistisch nicht signifikant ist. Während die Größen für 1995, 1998 und 1999 auf dem 1 % Niveau hoch signifikant sind, ist dies der Effekt der Welle von 1996 noch auf dem 10 % Niveau. Auch bei der ostdeutschen Stichprobe weisen die Alterseffekte unterschiedliche Vorzeichen auf, wobei hier gegenüber der Gesamtstichprobe die Vorzeichen vertauscht sind. Entgegen den Erwartungen besitzt die Variable „Alter“ ein negatives, der quadrierte Altersterm ein positives Vorzeichen, wobei beide Koeffizienten jedoch nicht signifikant sind. Zum gleichen Ergebnis, jedoch mit signifikanten Koeffizienten, kamen Contoyannis und Jones (1999a) auf der Datengrundlage des UK Health and Lifestyle Survey, wobei die Autoren ebenfalls von einem nichtlinearen Zusammenhang zwischen Alter und sportlicher Betätigung ausgingen. Analog zur Gesamtstichprobe weist der Geschlechts-Dummy darauf hin, daß Männer mehr Sport treiben. Jedoch ist der Wert insignifikant, wie dies auch bei der Variablen „Schwerbehindert“ der Fall ist, welche erwartungsgemäß über ein negatives Vorzeichen verfügt. Von den Variablen zum Familienstatus besitzt „getrennt lebend“ in Abweichung von der Gesamtstichprobe ein negatives Vorzeichen, ist jedoch insignifikant. Die weiteren Familien-Variablen sind dagegen alle positiv, wobei „geschieden“ auf dem 5 % Niveau signifikant ist. Das Einkommen wirkt sich zwar auch in der Ost-Stichprobe positiv auf eine sportliche Aktivität aus, ist jedoch nur auf dem 10 % Niveau statistisch signifikant. Im Einklang mit den Erwartungen verfügen die Bildungs-Dummies zum mittleren und höheren Schulabschluß über ein positives Vorzeichen und sind dabei hoch signifikant. Abweichend davon wirkt sich auch ein fehlender Schulabschluß ceteris paribus förderlich auf die abhängige Variable „Sportliche Aktivität“ aus, wobei der Effekt nur auf dem 10 % Niveau statistische Signifikanz besitzt. Volle Erwerbstätigkeit wirkt statistisch signifikant sportlicher Aktivität entgegen, wie auch, abweichend von der Gesamtstichprobe, eine vorhandene Teilzeiterwerbstätigkeit. Der Effekt bestehender Ausbildung weist ein positives, aber insignifikantes Vorzeichen auf, geringfügige Beschäftigung scheint positive Einflüsse zu besitzen, die jedoch ebenfalls insignifikant sind. Die Vorzeichen von gegenwärtiger Arbeitslosigkeit (negativ) sowie der Dauer der Arbeitslosigkeit im zurückliegenden Jahr (positiv) entsprechen dabei denen der Gesamtstichprobe, sind jedoch, wie bei der gesamtdeutschen Schätzung, insignifikant. Aus den Dummies der ostdeutschen Bundesländer ist ersichtlich, daß ein Wohnsitz in Berlin (Ost) in positiver Weise mit sportlicher Aktivität in Zusammenhang gebracht werden kann, wobei der Effekt im Vergleich zu den anderen Länder-Größen signifikant ist. Auch in Sachsen-Anhalt scheint mehr, in Mecklenburg-Vorpommern, Brandenburg und Thüringen weniger Sport getrieben worden zu sein, wobei hier die Effekte jedoch nicht signifikant sind.

Die Schätzergebnisse der *Teilstichprobe West* entsprechen wiederum weitgehend denen der Gesamtstichprobe, wobei lediglich der Jahres-Dummy für 1994 über ein anderes Vorzeichen verfügt. Abweichungen bestehen jedoch hinsichtlich der Signifikanz der Koeffizienten, wobei hier die positiven Einflüsse des

Jahres-Dummies 1992 „getrennt lebend“ sowie „Teilzeit erwerbstätig“ und „geringfügig beschäftigt“ auf dem 10 % Niveau statistische Signifikanz aufweisen. Da beide Altersvariablen hier über signifikante Einflüsse verfügen, ist es naheliegend, den Wendepunkt für die invers-u-förmige Beziehung zwischen Alter und sportlicher Aktivität zu ermitteln: Dieser liegt bei 45 Jahren.

In den in Tabelle 20 dargestellten Schätzergebnissen sind ferner die panelspezifischen Varianzkomponenten enthalten, die auf der Grundlage der Standardabweichung σ_v in logarithmierter Form ($\ln(\sigma_v^2)$) ausgewiesen sind. Die für die Gesamtstichprobe dargestellten Werte übertreffen geringfügig die Größen der Teilstichprobe Ost, wobei die Abweichung der beiden Teilstichproben stärker ausgeprägt ist. Auf ihrer Grundlage läßt sich die Größe ρ berechnen:

$$\rho = \frac{\sigma_v^2}{\sigma_v^2 + 1}.$$

Sie bildet den Anteil der panelspezifischen Varianzkomponente an der gesamten Varianz ab. Falls ρ den Wert Null annimmt, so bedeutet dies, daß die panelspezifische Varianz unbedeutend ist und sich der Panelschätzer nicht vom gewöhnlichen Querschnittschätzer unterscheidet. Die ausgewiesenen Werte von ρ um 0,7 deuten darauf hin, daß dies hier nicht der Fall ist. Als Null-Hypothese formuliert ($H_0: \rho = 0$), kann die Beziehung zwischen Panel- und Querschnittschätzer mit einem LR-Test überprüft werden. Auf der Basis aller drei Stichproben konnten die Hypothesen auf hoch signifikantem Niveau verworfen werden.

Werden die durchgeführten Schätzungen anhand des Pseudo- R^2-Maßes nach McKelvy und Zavoina miteinander verglichen, so deutet der geringere Wert bei der ostdeutschen Stichprobe auf eine schlechtere Varianzerklärung hin. Die Gütemaße der Stichprobe West sowie der Gesamtstichprobe unterscheiden sich nur geringfügig. Demgegenüber verfügt die Stichprobe Ost über den niedrigsten, die Stichprobe West über den höchsten AIC-Wert hin, was im vorliegenden Fall auf eine bessere bzw. schlechtere Modellanpassung gegenüber der Gesamtstichprobe hindeutet.

Tabakkonsum

Bereits bei der Beschreibung der Datengrundlage wurde darauf hingewiesen, daß das SOEP als Variable, welche gesundheitsschädliches Verhalten beschreibt, lediglich Angaben zum Rauchverhalten enthält (vgl. Abschnitt 5.2.2). Bei den folgenden Analysen handelt es sich um Querschnittschätzungen des Tabakkonsums für das Jahr 1998. Dabei wurde versucht, zwei Aspekte des verwendeten Datensatzes auszunutzen. Erstens ist es die Welle, für die erstmalig im

SOEP Angaben zum individuellen Tabakkonsum erfragt wurden. Zweitens liegen für das Jahr 1998 aus der Einkommens- und Verbrauchsstichprobe auf der Ebene der Bundesländer Angaben zum Verzehr alkoholischer Getränke (Bier, Spirituosen, Trauben- und Fruchtwein) vor, die bei der Analyse verwendet werden können: Dabei handelt es sich um Angaben in Liter pro Monat je Haushalt. Abschnitt 5.2.1 ging bereits darauf ein, wie diese Größe ermittelt wird, sowie welche Schwierigkeiten eine Verwendung dieser Angaben mit sich bringt.

Die weiteren bei der Analyse verwendeten erklärenden Variablen decken sich weitgehend mit den Größen, die bereits in den zuvor durchgeführten Schätzungen benutzt und unter Verwendung von Tabelle 12 beschrieben wurden (vgl. S. 224). Während bei der Schätzung analog zu „Sportlichen Aktivitäten" ein Regional-Dummy eingefügt wurde, um den Einfluß der Region zu kontrollieren, wurde bei der Stichprobe Ost darauf verzichtet. Da die Konsumangaben zu den alkoholischen Getränken auf Länderbasis zugespielt wurden, mußte mit Kollinearität gerechnet werden.

Die folgende Tabelle 21 enthält die deskriptive Statistik der bei den Querschnittschätzungen (Gesamtstichprobe und Teilstichprobe Ost bzw. West) verwendeten Variablen.

Bei der Analyse der Mittelwerte und Standardabweichungen der Größen bewegen sich die aufgeführten Angaben weitgehend auf dem Niveau der bisher vorgestellten deskriptiven Statistiken. Ein Vergleich der Angaben zum Tabakkonsum von 1998 gegenüber dem Mittel der Jahre 1998 - 2001 läßt erkennen, daß dieses Maß sowohl für die Teilstichprobe (von 4,018 auf 3,923, d.h. um 2,36 %) als auch hinsichtlich der Gesamtstichprobe (von 5,121 auf 4,889, d. h. um 4,5%) gesunken ist (vgl. dazu Tabelle 13, S. 227).

Die geringeren Werte bei den Altersvariablen im Vergleich zur Analyse der „Gesundheitsproduktion" (vgl. Tabelle 13, S. 227) kann wiederum durch die Verwendung des „balanced panel" erklärt werden. Da der komplette bei dieser Arbeit verwendete SOEP-Datensatz lediglich Angaben für Individuen enthält, für die zwischen 1990 und 2001 für jedes Jahr Daten vorliegen, so bedeutet dies, daß der Altersdurchschnitt von Welle zu Welle älter wird. Wird deshalb der Mittelwert für den Querschnitt 1998 mit dem einer Analyse auf der Grundlage der Jahre 1998 bis 2001 verglichen, so ist der Durchschnitt im ersten Fall automatisch niedriger.

Tabelle 21: Deskriptive Statistik „Tabakwarenkonsum“ (Querschnittschätzung 1998)

	Deutschland insgesamt		Ostdeutschland		Westdeutschland	
Variable	**Mittelwert**	**Standardabweichung**	**Mittelwert**	**Standardabweichung**	**Mittelwert**	**Standardabweichung**
Lebensstil						
Tabakkonsum	5,121	9,332	4,018	7,524	5,652	10,045
prädispon. Variablen						
Alter	49,317	14,562	49,608	13,721	49,177	14,949
Alter^2	2644,148	1519,615	2649,129	1421,670	2641,754	1564,678
Mann	0,476	0,499	0,465	0,499	0,480	0,500
Schwerbehindert	0,130	0,337	0,099	0,299	0,145	0,352
sozioökonom. Variablen						
getrennt lebend	0,016	0,127	0,014	0,119	0,017	0,131
Single	0,122	0,327	0,105	0,307	0,130	0,336
geschieden	0,058	0,235	0,064	0,245	0,056	0,229
verwitwet	0,069	0,253	0,066	0,248	0,070	0,256
Einkommen	4226,560	2045,432	3749,624	1612,768	4455,838	2187,127
Realschule	0,292	0,455	0,481	0,500	0,201	0,401
Abitur	0,161	0,368	0,150	0,357	0,167	0,373
ohne Schulabschl	0,049	0,216	0,005	0,070	0,070	0,255
voll erwerbstätig	0,455	0,498	0,489	0,500	0,438	0,496
Teilzeit erwerbst.	0,090	0,286	0,063	0,243	0,103	0,304
geringf. beschäft.	0,016	0,127	0,013	0,113	0,018	0,133
Ausbildung	0,022	0,148	0,010	0,099	0,028	0,166
arbeitslos Monate	0,851	2,748	1,370	3,332	0,602	2,377
arbeitslos Bfrgzpt.	0,086	0,280	0,142	0,349	0,059	0,235
Weiterer Lebensstil						
Bierkonsum	9,986	2,05	11,882	1,600	9,074	1,560
Spirituosenkonsum	0,624	0,216	0,866	0,183	0,507	0,106
Weinkonsum	3,075	0,529	2,809	0,230	3,203	0,582
Region						
Ostdeutschland	0,326	0,468	-	-	-	-

Analog zu den prädisponierenden Variablen erklären sich die geringfügigen Abweichungen zur deskriptiven Statistik der Schätzungen zur Gesundheitsproduktion bei den Variablen zu Familienstatus und Bildung vorwiegend aus dynamischen Aspekten. Werden die Angaben zur Erwerbstätigkeit sowie zur Arbeitslosigkeit der deskriptiven Statistik von Querschnitt und gepoolter Panelschätzung miteinander verglichen, so sind dabei gesamtwirtschaftliche Bezüge erkennbar. So lag die im Mittel im Vorjahr verbrachte Zeit der Arbeitslosigkeit bei der Gesamtstichprobe (Stichprobe Ostdeutschland) für den Querschnitt 1998 bei 0,851 (1,370) Monaten, wohingegen der mittlere Wert für den gesamten Zeitraum 1998 - 2001, also mit den Bezugsjahren 1997 bis 2000, auf 0,772 (1,346) Monate zurückging. Demgegenüber stieg der Anteil der Arbeitslosen zum Zeitpunkt der Befragung von 1998 im Vergleich zum Zeitintervall 1998 - 2001 sowohl in bezug auf die Gesamtstichprobe als auch in bezug auf die beiden Teilstichproben. Bei den bisherigen Analysen konnte aufgrund fehlender Angaben der Alkoholkonsum nicht einbezogen werden. Damit lassen sich die in der deskriptiven Statistik aufgeführten Werte nur zwischen den Ausprägungen der Mittelwerte und Varianzen hinsichtlich Gesamt- und Teilstichproben (Querschnitt 1998) vergleichen und interpretieren.

Wie aus Tabelle 21 ersichtlich ist, übersteigt der Verzehr von Bier und Spirituosen der Ostdeutschen das jeweilige Mittel der westdeutschen Stichprobe, wobei auch die Streuungen in den alten Bundesländern niedriger sind. Die Menge der pro Haushalt getrunkenen Liter Wein übersteigt im Mittel der Stichprobe West (3,2 Liter) die entsprechende ostdeutsche Kenngröße (2,8 Liter).

Die folgende Tabelle 22 enthält die erwarteten Vorzeichen der erklärenden Variablen der Querschnittschätzungen, bei der die Konsummenge an Zigaretten, Zigarren und Stumpen die abhängige Größe „Tabak" bildet.

Tabelle 22: Erwartete Vorzeichen der Schätzungen zum Tabakkonsum

prädispon. Variablen		Abitur	-
Alter	+	ohne Schulabschluß	+
$Alter^2$	-	voll erwerbstätig	+/-
Mann	+	Teilzeit erwerbstätig	+/-
Schwerbehindert	+/-	geringf. beschäftigt	+/-
sozioöko. Variablen		Ausbildung	+
getrennt lebend	+	arbeitslos Monate	+
Single	+	arbeitslos Begfragzpkt.	+
geschieden	+	**Lebensstil**	
verwitwet	+	Bier	+
Einkommen	-	Spirituosen	+
Realschule	-	Tabak	+

Hinsichtlich der Altersvariablen kann ein nichtlinearer Verlauf erwartet werden, wonach der Tabakkonsum zwar mit dem Alter ansteigt, jedoch mit sinkender Rate. Viele Jugendliche rauchen, stellen den Konsum aber mit zunehmendem Alter ein. Demzufolge kann erwartet werden, daß Alter über ein positives, der quadrierte Altersterm über ein negatives Vorzeichen verfügt. Zahlreiche Studien kommen zu dem Ergebnis, daß Männer mehr rauchen als Frauen. Dies belegen nicht zuletzt die Untersuchungen, die in Kapitel 2 dargestellt wurden. Ein Grund hierfür liegt sicherlich darin, daß rauchende Frauen im Gegensatz zu Männern zusätzlichen gesundheitlichen Risiken ausgesetzt sind (vgl. Chaloupka 1990, S. 2f.). Analog zu den bisherigen Analysen ist es nicht möglich, eine Prognose hinsichtlich des Einflusses von körperlicher Beeinträchtigung auf das Rauchverhalten abzugeben.

Durch die Ausdifferenzierung von Familienstatus bzw. Erwerbstätigkeit und Beschäftigung lassen sich die Schätzungen hinsichtlich möglicher individueller Belastungsfaktoren kontrollieren. Es kann angenommen werden, daß bestimmte familiäre Merkmale eine ausgeprägte Beziehung zum spezifischen Lebensstil aufweisen. Die Theorie rationaler Sucht liefert Hinweise darauf, daß die Ausprägungen „getrennt lebend", „geschieden" sowie „verwitwet" mit individuellen Schocks in Verbindung gebracht werden können, die eventuell dafür sorgen, daß Tabakwaren nachgefragt werden (positives Vorzeichen). Es kann angenommen werden, daß der Status „Single" mit einem ungesunden Lebensstil in Verbindung steht - im Unterschied zu verheirateten Personen (Referenzkategorie). Auf der Basis des Modells der Gesundheitsproduktion lassen sich wiederum Erwartungen hinsichtlich der Bildungsvariablen formulieren. Personen mit mittlerem und höherem Schulabschluß verhalten sich demnach gesundheitsbewußter. Es kann erwartet werden, daß der Einfluß ihrer Bildung in negativer Beziehung zur Nachfrage nach Tabakwaren gebracht werden kann. Personen, die keinen Schulabschluß vorweisen können, werden gegenüber Menschen mit Hauptschulabschluß (Referenzkategorie) über ein stärker ausgeprägtes Nachfrageverhalten verfügen (positives Vorzeichen). In diesem Zusammenhang ist zu vermuten, daß ein höheres Einkommen einen negativen Einfluß auf den Konsum von Tabakwaren ausübt.

Wiederum ist es aufgrund theoretischer Überlegungen nicht möglich, Erwartungen hinsichtlich Voll- und Teilzeit-Erwerbstätigkeit sowie geringfügiger Beschäftigung zu formulieren. Geht man davon aus, daß es sich bei Auszubildenden um eine relativ homogene Gruppe von Jugendlichen und jungen Erwachsenen handelt, so lassen sich Referenzgruppen-Effekte vermuten: Der Konsum von Zigaretten erfolgt hier aus Statusgründen, so daß ein positives Vorzeichen erwartet werden kann. Arbeitslosigkeit kann mit einem möglichen Schock in Verbindung gebracht werden. Demzufolge ist zu erwarten, daß beide Variablen über ein positives Vorzeichen verfügen. Weiterhin läßt sich vermuten, daß zwischen dem Konsum alkoholischer Getränke und dem Tabakwarenkonsum ein komplementärer Zusammenhang besteht, die Variablen „Bierkonsum", „Spirituosenkonsum" und „Weinkonsum" Koeffizienten mit positivem Vorzeichen aufweisen (vgl. etwa Jimenez und Labeaga 1994).

Die folgende Tabelle 23 enthält die Ergebnisse der Zähldatenschätzung für die Gesamtstichprobe (N = 6.225) in der zweiten und dritten Spalte sowie für die Teilstichprobe Ost (N = 2.021) in der vierten und fünften Spalte, bzw. für Westdeutschland (N = 4204) in der sechsten und siebten Spalte. Bereits durch die Beziehung zwischen dem Mittelwert des Tabakkonsums und dessen Varianz, der aus der deskriptiven Statistik ermittelt werden kann, läßt sich ein Hinweis auf Überdispersion erkennen. So beträgt bei der Gesamtstichprobe (Teilstichprobe Ost) die Varianz des Tabakkonsums das 17(14)fache des Mittelwerts. Hinsichtlich der Angaben von Westdeutschland übersteigt die Varianz den Mittelwert fast um das 18fache. Probeschätzungen mit dem Poisson-Modell belegten in hoch signifikanter Weise, daß eine Abweichung zur Poisson-Verteilungsannahme vorliegt. Vor diesem Hintergrund wurde das Modell der Negativen Binomialverteilung gewählt.

In der *Gesamtstichprobe* weisen die Koeffizienten der Altersvariablen das erwartete Vorzeichen auf und sind auf dem 1 % Niveau signifikant. Demzufolge steigt der Zigarettenkonsum zwar mit dem Alter an, da der quadrierte Altersterm ein negatives Vorzeichen aufweist, läßt sich der Effekt als invers-u-förmig interpretieren. Der Wendepunkt liegt bei 35,4 Jahren. Wie erwartet gibt das Schätzergebnis auch den Einfluß des Geschlechts wieder: Männer rauchten demnach hoch signifikant mehr als die Frauen der SOEP-Welle von 1998. Behinderte Personen konsumierten weniger Tabakwaren als Menschen ohne entsprechende Beeinträchtigung. Bei den Variablen zum Familienstatus weisen die Koeffizienten der Kontrollvariablen „getrennt lebend", „Single" und „geschieden" das erwartete positive Vorzeichen auf, doch ist die Richtung des Vorzeichens von „Single" nicht signifikant. Der Effekt von „geschiedenen Personen" ist hoch signifikant. Auch Verwitwete fragen mehr Tabakwaren nach, doch ist die Wirkung insignifikant. Wie erwartet, sinkt mit steigendem Einkommen der Tabakkonsum. Die Bildungsvariablen „Realschule" und „Abitur" weisen ebenfalls das erwartete negative Vorzeichen auf. Die Einflüsse sind hoch signifikant. Liegt kein Schulabschluß vor, so scheint dies zwar die Nachfrage nach Tabak-

Tabelle 23: Ergebnisse der Schätzungen „Tabakkonsum“ I

abhängige Variable: Tabakkonsum Querschnittschätzung 1998 (Negativ Binomial)

	Deutschland insgesamt		Ostdeutschland		Westdeutschland	
erklärende Variable	Koeffizient	P-Wert[a)]	Koeffizient	P-Wert[a)]	Koeffizient	P-Wert[a)]
prädispon. Variablen						
Alter	0,0990	0,000***	0,0710	0,037**	0,1009	0.000***
$Alter^2$	-0,0014	0,000***	-0,0011	0,005***	-0,0014	0.000***
Mann	0,6624	0,000***	0,9016	0,000***	0,5707	0.000***
Schwerbehindert	-0,0467	0,557	-0,1889	0,287	0,1009	0.933
sozioöko. Variablen						
getrennt lebend	0,2420	0,094*	0,0142	0,949	0,2905	0.105
Single	0,0635	0,375	-0,1969	0,167	0,1295	0.114
geschieden	0,4276	0,000***	0,0432	0,758	0,5483	0.000***
verwitwet	0,2354	0,074	0,1738	0,436	0,2559	0.118
Einkommen	-0,0001	0,004***	-0,0001	0,103	-0.0001	0.015**
Realschule	-0,2586	0,000***	-0,3274	0,002***	-0,2534	0.000***
Abitur	-0,6167	0,000***	-0,7306	0,000***	-0,6156	0.000***
ohne Schulabschl.	0,0832	0,345	-0,0688	0,834	0,0893	0.329
voll erwerbstätig	0,0515	0,506	0,2872	0,102	0,0331	0.706
Teilzeit erwerbst.	0,1802	0,067*	0,1305	0,598	0,1774	0.092*
geringf. beschäft.	-0,4319	0,021	-0,3140	0,497	-0,4841	0.028**
Ausbildung	-0,3271	0,080**	0,2896	0,385	-0,4729	0.022**
arbeitslos Monate	0,0127	0,179	0,0025	0,858	0,0175	0.158
arbeitslos Bfrgzpt.	0,1746	0,114	0,4904	0,009***	0,0848	0.563
Weiterer Lebensstil						
Bierkonsum	-0,0491	0,001***	-0,1090	0,000***	0,0525	0.098*
Spirituosenkonsum	-0,2014	0,389	-0,3062	0,289	2,1596	0.008***
Weinkonsum	-0,1376	0,020**	-0,2402	0,226	0,2424	0.066*
Region						
Ostdeutschland	-0,1507	0,160	-	-	-	-
Konstante	1,1431	0,022**	2,509	0,016**	-2,1956	0,055*
Log Likelihood	-11623,47		-3447,99		-8163,646	
LR	322,00	0,000	112,47	0,000	234,77	0,000
McKelvy/Zav.R^2	0,3860		0,3926		0,3911	
AIC.	13,0307		10,5866		14,0526	
ln δ	2,1917		2,2125		2,1710	
δ	8,9502		9,1386		8,7634	
N	6225		2021		4204	

*** signifikant auf 1 % Niveau ** signifikant auf 5 % Niveau * signifikant auf dem 10 % Niveau

[a)] Der P-Wert gibt das minimale Signifikanzniveau (Fehler 1. Art) an, für das der beobachtete Wert der Teststatistik zu einer Ablehnung der Nullhypothese (Koeffizient = 0) führt (vgl. Kennedy 1998, S. 409).

waren zu erklären, der Einfluß ist aber auf der Basis der Gesamtstichprobe nicht signifikant. Voll- und Teilzeitarbeit deuten zwar ceteris paribus auf eine höhere Nachfrage nach Tabakwaren hin, doch ist dieser Einfluß nur für Teilzeiterwerbstätigkeit (auf dem 10 % Niveau) signifikant. Auszubildende scheinen weniger zu rauchen, wobei die Wirkung nicht signifikant ist. Der Einfluß geringfügiger Beschäftigung verwundert zwar in seiner Deutlichkeit (Signifikanz auf dem 5 % Niveau), doch kann dies möglicherweise dadurch erklärt werden, daß die Gruppe der geringfügig Beschäftigten relativ inhomogen ist. Die beiden Variablen zur Arbeitslosigkeit weisen die erwarteten positiven Vorzeichen auf, ihre Koeffizienten sind aber nicht signifikant.

Von besonderem Interesse sind die Einflüsse der zugespielten Variablen zum Konsum alkoholischer Getränke. Wider Erwarten besitzen alle ein negatives Vorzeichen, was in gewisser Hinsicht nicht plausibel erscheint. Es gibt zahlreiche Studien, die auf einen Zusammenhang von Alkohol- und Tabakkonsum hinweisen. Während die Effekte für Bier auf dem 1 % Niveau bzw. für Wein auf dem 5 % Niveau signifikant sind, ist die Wirkung von Spirituosen nicht signifikant. Ostdeutsche Bürger fragen relativ weniger Tabakwaren nach, doch ist dieser Effekt nicht signifikant. Eine mögliche Erklärung des ermittelten negativen Einflusses von Alkoholkonsum auf das Rauchverhalten besteht darin, daß der Schätzung ein Endogenitätsfehler zugrundeliegt. So gibt es die Möglichkeit, daß der tatsächliche positive Zusammenhang durch einen negativen Effekt überlagert wird, der sich aufgrund einer fehlenden Variablen einstellt. Einen Ansatzpunkt liefert die in der Schätzung nicht enthaltene Größe „sportliche Aktivität". Der Endogenitätsfehler kann dadurch verursacht werden, daß es sich bei Rauchern um gesunde, robuste Menschen handelt, die viel Sport treiben, aber wenig Alkohol trinken. Die damit verbundene Problematik liegt darin, daß der Zusammenhang zwischen Tabakkonsum und Sport nicht untersucht wird.

Ein ähnliches Bild geben die Effekte der *Teilstichprobe Ost* wieder, wobei einige der Parameter jedoch über eine geringere oder keine Signifikanz verfügen. So entsprechen die Einflüsse der prädisponierenden Variablen denen auf gesamtdeutscher Basis, wobei im Osten Deutschlands das Alter nur auf dem 5 % Niveau statistisch signifikant ist. Da der quadrierte Altersterm wiederum ein negatives Vorzeichen aufweist, läßt sich der Zusammenhang zwischen Alter und Tabakwarenkonsum ebenfalls als invers-u-förmig interpretieren, wobei der Wendepunkt hier bei 32,8 Jahren liegt. Mit Ausnahme von „Singles" verfügen alle Kontrollvariablen zum Familienstatus über ein positives Vorzeichen. Alle sind insignifikant. Das Einkommen besitzt zwar auch das erwartete Vorzeichen, ist hier aber insignifikant. Die geringe absolute Größe des Einkommenskoeffizienten läßt sich wieder durch die Verwendung der Angaben in DM erklären. Erstaunlicherweise verfügen alle Bildungsvariablen über ein negatives Vorzeichen, wobei jedoch nur, wie vermutet, ein mittlerer und höherer Schulabschluß hoch signifikant sind. Mit Ausnahme der Ausbildung besitzen alle Variablen zur Erwerbstätigkeit und Beschäftigung einen positiven Einfluß. Alle sind aber insignifikant. Erwartungsgemäß verfügen die Größen zur Arbeitslosigkeit über ein positives Vorzeichen, doch nur die Arbeitslosigkeit zum gegenwärtigen Zeitpunkt wirkt sich in (hoch) signifikanter Weise auf die Nachfrage nach Tabakwaren aus. Die Koeffizienten zum Alkoholkonsum weisen wie bei der Gesamtstichprobe ein negatives Vorzeichen auf. Der Bierkonsum ist in diesem Kontext auf dem 1 % Niveau statistisch signifikant.

Die Ergebnisse der *westdeutschen Stichprobe* hinsichtlich der prädisponierenden und sozioökonomischen Variablen entsprechen wiederum weitgehend denen der Gesamtstichprobe. Lediglich der Koeffizient der Variable „Schwerbehindert" besitzt ein anderes, positives, Vorzeichen, wobei der Parameter wiederum statistisch insignifikant ist. Der Wendepunkt der Beziehung zwischen Alter und Tabakwarenkonsum liegt bei der westdeutschen Stichprobe bei 36,03 Jahren, somit etwas höher als im Osten Deutschlands. Der positive Effekt von Trennung besitzt in bezug auf Westdeutschland keinen signifikanten Einfluß, die negative Wirkung einer geringfügigen Beschäftigung ist hier sogar auf dem 10 % Niveau signifikant. Im Vergleich zu den beiden anderen Schätzungen weisen aber alle Vorzeichen des Alkoholkonsums ein anderes, hier positives, Vorzeichen auf, wobei der Koeffizient bei Spirituosen auf dem 1 % Niveau, der von Wein und Bier noch auf dem 10 % Niveau statistisch signifikant ist.

Das Pseudo-R^2-Maß von McKelvey und Zavoina ist in der Teilstichprobe Ost höher als in der Gesamtstichprobe bzw. in der westdeutschen Schätzung, was einen Hinweis auf eine bessere Varianzerklärung liefert. Das Informationsmaß AIC ist für die ostdeutsche Stichprobe niedriger, was in diesem Fall auf eine bessere Modellanpassung hindeutet. Die Auflistung der Schätzergebnisse in Tabelle 23 enthält ferner Angaben zum Dispersionsparameter δ, bzw. zu dessen logarithmiertem Wert. Da bei allen drei Schätzungen der ausgewiesene Wert von Null verschieden ist, deutet dies ebenfalls darauf hin, daß im vorliegenden Fall das Poisson-Modell ungeeignet ist.[118]

Wie die Schätzergebnisse zeigen, weisen viele der geschätzten Koeffizienten das erwartete Vorzeichen auf. Dennoch begründen die Koeffizienten der zugespiel-

[118] Für gewöhnlich wird von bestehender Überdispersion gesprochen, wenn der Dispersionsparameter den Wert 1,5 übersteigt (vgl. Hardin und Hilbe 2003, S. 4).

ten Variablen zum Verzehr alkoholischer Getränke den Verdacht auf ein verzerrtes Schätzergebnis, da die Parameter der drei alkoholischen Getränke sowohl in der Gesamtstichprobe als auch in der Teilstichprobe Ost über ein nicht erwartetes Vorzeichen verfügen. Auch die Angaben des Statistischen Bundesamtes (vgl. Abschnitt 5.2.1) deuten auf eine mögliche Verzerrung hin. Aus diesem Grund wurden alle drei Querschnittschätzungen zum Tabakkonsum ohne Berücksichtigung der alkoholischen Getränke, wiederum auf der Basis einer Negativen Binomialverteilung, wiederholt. Tabelle 24 enthält deren Ergebnisse.

Ein Vergleich der Schätzergebnisse zum Tabakkonsum (Tabelle 23 und 24) zeigt, daß sich durch den Ausschluß alkoholischer Getränke im Ergebnis wenig verändert hat. In erster Linie ändert sich lediglich die Größe der Koeffizienten und wenig an deren Signifikanz. So sank das Signifikanzniveau der Wirkung von „arbeitslos zum Befragungszeitpunkt" in der Stichprobe Ost leicht vom 1 % Niveau auf das 5 % Niveau.

Im Unterschied zur ostdeutschen Stichprobe sind die Implikationen bei der Gesamtstichprobe ausgeprägter: So stieg die Signifikanz des Koeffizienten „getrennt lebend" beim Familienstatus vom 10 % Niveau auf das 1 % Niveau, der negative Effekt der Ausbildung ist nun auf dem 5 % Niveau signifikant, die Dauer der Arbeitslosigkeit im vergangenen Jahr zumindest auf dem 1 % Niveau. Die wichtigste Änderung im Zusammenhang der vorliegenden Untersuchung besteht jedoch darin, daß unter Auslassung der alkoholischen Getränke der negative Einfluß der Größe „Ostdeutschland" nun auf dem 1 % Niveau hoch signifikant ist. Vergleicht man die Ergebnisse der Schätzungen Tabakkonsum I und II für Westdeutschland, so ändern sich demgegenüber weder Vorzeichen noch die Signifikanz der Parameter.

Eine besondere Bedeutung bei der Beurteilung der verschiedenen Schätzungen besitzen die Gütemaße. Ein Vergleich des Pseudo- R^2-Maßes von McKelvey und Zavoina zwischen den Schätzungen unter Einschluß bzw. unter Ausschluß alkoholischer Getränke zeigt, daß die Werte bei den Schätzungen in Tabelle 24 niedriger liegen, was eine schlechtere Varianzerklärung nahelegt. Das AIC nimmt sowohl bei der Gesamt- als auch bei der Teilstichprobe gegenüber den entsprechenden Analysen unter Berücksichtigung des Alkoholkonsums zu, was auf eine schlechtere Modellanpassung schließen läßt.

Tabelle 24: Ergebnisse der Schätzungen „Tabakkonsum" II

abhängige Variable: Tabakkonsum Querschnittschätzung 1998 (Negativ Binomial)

	Deutschland insgesamt		Ostdeutschland		Westdeutschland	
erklärende Variable	Koeffizient	P-Wert[a)]	Koeffizient	P-Wert[a)]	Koeffizient	P-Wert[a)]
prädispon. Variablen						
Alter	0,0976	0,000***	0,0743	0,028**	0,1032	0,000***
Alter^2	-0,0013	0,000***	-0,0011	0,004***	-0,0014	0,000***
Mann	0,6640	0,000***	0,9095	0,000***	0,5715	0,000***
Schwerbehindert	-0,0387	0,611	-0,1888	0,289	0,0151	0,865
soziooko. Variablen						
getrennt lebend	0,3737	0,003***	0,1226	0,559	0,2898	0,103
Single	0,0617	0,377	-0,1698	0,226	0,1340	0,105
geschieden	0,4330	0,000***	0,0720	0,603	0,5546	0,000***
verwitwet	0,2107	0,109	0,1557	0,479	0,2522	0,122
Einkommen	-0,0001	0,003***	-0,0001	0,165	-0,0001	0,011**
Realschule	-0,2183	0,000***	-0,3183	0,003***	-0,2317	0,001***
Abitur	-0,5979	0,000***	-0,7186	0,000***	-0,5865	0,000***
ohne Schulabschl.	0,0659	0,446	-0,0428	0,876	0,0859	0,346
voll erwerbstätig	0,0412	0,581	0,2793	0,117	0,0267	0,762
Teilzeit erwerbst.	0,1569	0,100	0,1086	0,665	0,1771	0,094*
geringf. beschäft.	-0,3251	0,072*	0,2624	0,460	-0,4903	0,026**
Ausbildung	-0,4755	0,012**	-0,2321	0,621	-0,4934	0,017**
arbeitslos Monate	0,0169	0,064*	0,0094	0,510	0,0195	0,113
arbeitslos Bfrgzpt.	0,1316	0,222	0,4557	0,017**	0,0670	0,647
Region						
Ostdeutschland	-0,3085	0,000***	-	-	-	-
Konstante	0,1537	0,644	0,1550	0.824	0,1023	0,795
Log Likelihood	-12341,142		-3461,18		-8164.4904	
LR	331,40	0,000	96,78	0,000	215,1	0,000
McKelvy/Zav.R^2	0,8102		0,3852		0,3885	
AIC.	13,0542		10,7183		14,0963	
ln δ	2,1957		2,2308		2,1716	
δ	8,9867		9,3064		8,7725	
N	6225		2021		4204	

*** signifikant auf 1 % Niveau ** signifikant auf 5 % Niveau * signifikant auf 10 % Niveau

a) Der P-Wert gibt das minimale Signifikanzniveau (Fehler 1. Art) an, für das der beobachtete Wert der Teststatistik zu einer Ablehnung der Nullhypothese (Koeffizient = 0) führt (vgl. Kennedy 1998, S. 409).

Auch die Höhe der Dispersionsparameter und der durchgeführte LR-δ-Test deuten darauf hin, daß das Poisson-Modell im vorliegenden Fall ungeeignet ist. Vergleicht man die Höhe der Dispersionsparameter δ der Schätzungen mit und ohne Alkoholverzehr, so fällt auf, daß diese in Tabelle 24 geringfügig höher ausfallen, was auf eine höhere Überdispersion hindeutet.

Die durchgeführten Schätzungen bestätigten vor allem den Einfluß der prädisponierenden Variablen sowie die Bedeutung von Bildung, Einkommen und Familienstatus. Ein direkter Bezug zur ostdeutschen Transformation wird dadurch nicht ersichtlich. Es liegt der Verdacht nahe, daß spezifische Implikationen der Veränderungen in Ostdeutschland durch die bei der Schätzung verwendeten Variablen aufgefangen wurden. Im Sinne des Erkenntnisinteresses der vorliegenden Arbeit ist es naheliegend, eine Kontrollvariable in die Schätzgleichung einzufügen, die den Einfluß der ostdeutschen Transformation anzeigt. Leider ist im Datensatz keine Variable enthalten, die in direkten Zusammenhang mit der Nachfrage nach Tabakkonsum gebracht werden kann. Ein indirekter Einfluß kann jedoch über die sozioökonomischen Größen erfolgt sein. So ist bekannt, daß sich das Reproduktionsverhalten der ostdeutschen Bevölkerung unmittelbar nach der Wende verändert hat: Die Geburtenrate erlitt einen drastischen Einbruch. Da Schwangerschaft oder vorhandene Kinder zu einer Mäßigung beim Tabakkonsum führen können, kann somit die Hypothese formuliert werden, daß die ostdeutsche Wende in diesem Fall ceteris paribus nicht zu einem Rückgang des Rauchverhaltens geführt hat.

Im Sozioökonomischen Panel gibt es für die in der Analyse betrachteten Jahre keine Kontrollvariable, die angibt, ob Kleinkinder vorhanden sind. Eine sehr grobe Näherungsgröße stellt die Binärvariable „Kinder unter 16 Jahren im Haushalt“ dar. Problematisch ist die Größe in zweierlei Hinsicht: Erstens wurden dabei auch Kinder erfaßt, die bereits zu DDR-Zeiten geboren wurden. Zweitens trifft die Antwort „Nein“, die, relativ gesehen, verstärkt bei ostdeutschen Befragten erwartet wird, vermutlich auch für Senioren zu. Der zweiten Schwierigkeit kann dadurch Rechnung getragen werden, daß die Schätzung auf Personen unter 40 Jahren beschränkt wird. Die sechs Schätzungen zum Tabakkonsum (Gesamt- bzw. Teilstichproben Ost und West; mit und ohne Berücksichtigung alkoholischer Getränke) wurden unter Verwendung dieser zusätzlichen Variablen wiederholt, doch stellte sich bei jeder Schätzung ein nicht signifikantes Ergebnis ein.

5.4.4 Lebensstilwandel

Bereits in der Übersicht zu Modellen, die gesundheitsrelevantes Verhalten abbilden, wurde deutlich, daß Akteure über den Lebenszyklus hinweg nicht über ein konstantes Konsumniveau verfügen müssen. Rationale Akteure sind in der Lage, das künftige Leben bei der Planung des optimalen Lebenskonsumpfades zu antizipieren. Dies bedeutet, daß es für einen Konsumenten optimal sein kann, während seiner Jugend zu rauchen, um mit der Gewohnheit im mittleren Alter zu brechen. Frauen beabsichtigen häufig mit dem Eintritt der Schwangerschaft, Alkohol- und Tabakverbrauch stark einzuschränken. Das in Kapitel 4 dargestellte Transformationsmodell ging von der Hypothese aus, daß zu diesen natürlichen Mechanismen in bezug auf die Änderung von gesundheitsrelevantem Verhalten im Lebenszyklus weitere Anreize treten können, den individuellen Lebensstil zu verändern. Während annahmegemäß ex ante innerhalb der betrachteten Volkswirtschaft keine Marktmechanismen zur Anwendung kamen, wird ex post suboptimal hoher Konsum bestraft, wobei dies über den Arbeitsmarkt vermittelt wird. Erkennt ein Akteur den Reduktionsbedarf, so wird die faktische Anpassung aufgrund latent vorhandener Anpassungskosten erschwert.

Eine naheliegende Fragestellung hinsichtlich der empirischen Überprüfung lautet demnach: Können in Ostdeutschland zusätzliche transformationsbedingte Einflußfaktoren bezüglich einer Verminderung gesundheitsschädlichen Verhaltens ermittelt werden?

Die Abbildung 23 stellt das geschätzte Modell schematisch dar. In der linken Hälfte ist wiederum die zu erklärende Größe, hier der Konsum von Tabakwaren (Tabak), zu sehen, die von vier Kategorien von Variablen, die in Rechtecken dargestellt werden, erklärt wird. Neben den prädisponierenden und sozioökonomischen Variablen sowie allgemeinen Einflußfaktoren wurde bei den Schätzungen zum Lebensstilwandel zusätzlich „Gesundheit im Vorjahr“ als erklärende Variable mit aufgenommen.

Wegen der bestehenden Datenlage stehen Angaben zum (möglichen) gesundheitsschädlichen Verbrauch lediglich für den Tabakkonsum zur Verfügung. Bereits im Abschnitt 5.3.1 wurde darauf hingewiesen, daß sich die faktisch vorhandenen Daten zum Tabakkonsum auf die Wellen 1998 und 2001 beschränken. Um eine dynamische Analyse durchführen zu können, mußten deshalb auf der Grundlage vorhandener Informationen, wie etwa den 1999 ermittelten Antworten zum „Raucherstatus“, Konsumdaten für die Jahre 1999 und 2000 generiert werden. Die für die Jahre 1998 bis 2001 durchgeführten Schätzungen wurden weitgehend unter Verwendung der bereits mehrfach gebrauchten erklärenden Variablen unternommen (vgl. Tabelle 12, S. 224). Ihre deskriptive Statistik ist aus der folgenden Tabelle 25 ersichtlich.

Abbildung 23: Modell des Lebensstilwandels

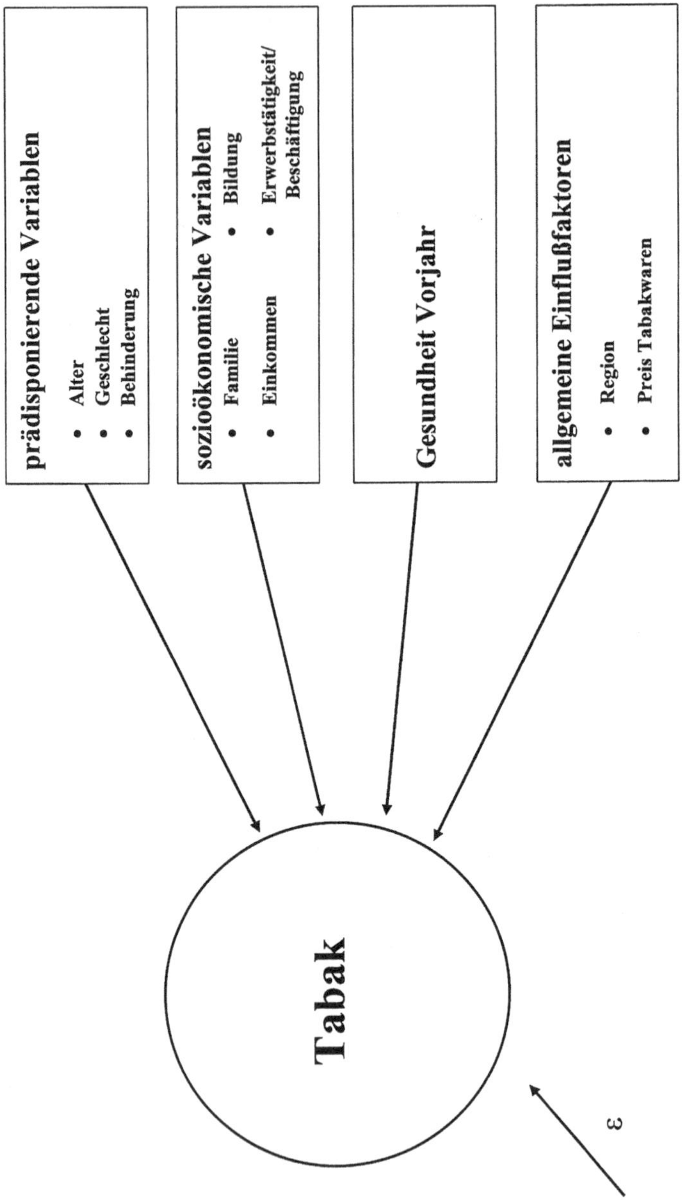

Tabelle 25: Deskriptive Statistik der Schätzungen „Lebensstilwandel“

	Deutschland insgesamt		Ostdeutschland		Westdeutschland	
Variable	**Mittelwert**	**Standardabweichung**	**Mittelwert**	**Standardabweichung**	**Mittelwert**	**Standardabweichung**
Lebensstil						
Tabakkonsum	4,876	8,997	3,908	7,436	5,306	9,587
prädispon. Variablen						
Alter	50,685	14,671	50,945	13,675	50,581	15,097
Alter^2	2784,165	1574,993	2782,383	1454,072	2786,321	1626,781
Mann	0,476	0,499	0,466	0,499	0,481	0,500
Schwerbehindert	0,139	0,346	0,108	0,311	0,153	0,360
sozioökonom. Variablen						
getrennt lebend	0,016	0,125	0,015	0,120	0,016	0,127
Single	0,114	0,318	0,099	0,298	0,121	0,326
geschieden	0,063	0,243	0,067	0,251	0,061	0,239
verwitwet	0,075	0,263	0,071	0,256	0,076	0,266
Einkommen	4386,930	2192,800	3888,902	1754,372	4610,274	2329,407
Realschule	0,2895	0,454	0,473	0,499	0,207	0,405
Abitur	0,167	0,373	0,154	0,361	0,173	0,378
ohne Schulabschl.	0,036	0,186	0,004	0,063	0,050	0,218
voll erwerbstätig	0,445	0,497	0,477	0,499	0,430	0,495
Teilzeit erwerbst.	0,095	0,293	0,070	0,256	0,106	0,308
geringf. beschäft.	0,027	0,161	0,013	0,111	0,033	0,179
Ausbildung	0,001	0,027	0,001	0,031	0,001	0,025
arbeitslos Monate	0,770	2,637	1,338	3,325	0,514	2,213
arbeitslos Bfrgzpt.	0,072	0,259	0,128	0,335	0,047	0,211
Preis	2,734	0,281	2,736	0,222	2,734	0,303
Gesundh. Vorjahr	3,286	0,908	3,257	0,869	3,299	0,925
Region						
Ostdeutschland	0,309	0,462	-	-	-	-
Berlin (Ost)	-	-	0,055	0,228	-	-
Mecklenb.-Vorp.	-	-	0,107	0,309	-	-
Brandenburg	-	-	0,156	0,363	-	-
Sachsen-Anhalt	-	-	0,190	0,392	-	-
Thüringen	-	-	0,194	0,396	-	-

Die in der zweiten, vierten und sechsten Spalte abgetragenen Mittelwerte sowie die in der dritten, fünften und siebten Spalte abgebildeten Standardabweichungen für Deutschland insgesamt, Ost- bzw. Westdeutschland, entsprechen weitgehend den Angaben der deskriptiven Statistik der Schätzungen zur Gesundheitsproduktion (vgl. Tabelle 13, S. 227). Die Abweichungen zwischen den Tabellen 13 und 25 erklären sich dadurch, daß geringe Unterschiede hinsichtlich der enthaltenen Variablen bestehen: So beinhalten die Schätzungen zum Lebensstilwandel zusätzlich die Angabe des Gesundheitszustandes in der Vorperiode, nicht jedoch die Variable (gegenwärtiger) „Gesundheitszustand". Die Änderungsrate des Zigarettenpreises wurde bei den Schätzungen zum Lebensstilwandel ebenfalls mit aufgenommen. Die Schätzungen zum Lebensstilwandel wurden wiederum als „balanced panel" durchgeführt. Die Grundlage der Gesamtstichprobe beruht auf 26.230 Beobachtungen, die der ostdeutschen (westdeutschen) Teilstichprobe auf 8.116 (18114). Wie aus Tabelle 25 ersichtlich ist, unterschieden sich die ostdeutschen Teilnehmer am SOEP vom westdeutschen Durchschnitt vor allem in der mittleren Konsummenge an Tabakwaren. Während im Mittel der Stichprobe West 5,306 Zigaretten, Zigarren oder Zigarillos geraucht wurden, waren dies bei der Teilstichprobe Ost lediglich 3,908 bei einer niedrigeren Standardabweichung. Die relative Preissteigerungsrate gegenüber dem Vorjahr lag im Durchschnitt in Ostdeutschland etwas höher, wobei hier aber die Standardabweichung gegenüber Gesamtdeutschland niedriger ausfiel. Der subjektive Gesundheitszustand der Vorperiode wurde in den neuen Ländern etwas niedriger eingestuft. Das mittlere Haushaltseinkommen zwischen 1998 und 2001 lag in Ostdeutschland um 11,4 % unterhalb dem des bundesdeutschen Mittels, die Anzahl der im Vorjahr arbeitslos verbrachten Monate war in Ostdeutschland um 73 % höher, der Anteil der Arbeitslosen zum Befragungszeitpunkt betrug im Osten sogar 177,7 % des gesamtdeutschen Durchschnitts. Die Angaben zum Familienstatus, zum Erwerbsverhalten und hinsichtlich des Alters weisen im Vergleich zwischen den neuen Ländern und der alten Bundesrepublik im Mittel keine starken Abweichungen auf.

Die bei den dynamischen Schätzungen verwendeten Variablen decken sich weitgehend mit der bei den Querschnittschätzungen zum Tabakkonsum im Abschnitt 5.4.3 verwendeten zu erklärenden Variablen. Sie wurden bereits in Abschnitt 5.4.1 anhand der Tabelle 13 auf S. 227 beschrieben. Da (aggregierte) Daten zum Alkoholkonsum lediglich für die Jahre 1993 und 1998 vorliegen, wurde auf das Zuspielen von Angaben zum Verbrauch alkoholischer Getränke verzichtet. Die folgende Tabelle 26 wiederholt im wesentlichen die für den Querschnitt vermuteten Wirkungseffekte:

Tabelle 26: Erwartete Vorzeichen der Schätzungen zum Tabakkonsum

prädispon. Variablen		Abitur	-
Alter	+	ohne Schulabschluß	-
$Alter^2$	-	voll erwerbstätig	+/-
Mann	+	Teilzeit erwerbstätig	+/-
Schwerbehindert	+/-	geringf. beschäftigt	+/-
sozioöko. Variablen		Ausbildung	+
getrennt lebend	+	arbeitslos Monate	+
Single	+	arbeitslos Befragzpkt.	+
geschieden	+	**Lebensstil**	
verwitwet	+	Preis Tabakwaren	-
Einkommen	-	Gesundh. Vorperiode	+/0
Realschule	-		

Während im Abschnitt 5.4.3 vor allem „planbare" oder „natürliche" Einflußfaktoren des Tabakkonsums im Vordergrund der Analyse standen, wird in diesem Abschnitt die Frage nach transformationsbedingten Implikationen auf das Rauchverhalten gestellt. Wird gesundheitsschädliches Verhalten wie im Transformationsmodell in Kapitel 4 bestraft, so wird der Koeffizient des Einkommens ein negatives Vorzeichen besitzen. Wird Arbeitslosigkeit als „Schock" im Sinne der Modelle rationaler Sucht interpretiert, so kann erwartet werden, daß dadurch, analog zu zerrütteten oder zerbrochenen Familienverhältnissen (getrennt lebend, geschieden) oder aufgrund des Tods des Ehegatten, gesundheitsschädliches Verhalten initiiert und forciert werden kann. Da selbst bei Gewohnheits- und Suchtgütern Konsumenten Anpassungsreaktionen durchführen, kann ferner vermutet werden, daß steigende Tabakwarenpreise zu einer Verminderung der Nachfrage führen. Bereits in Abbildung 17 (S. 195) und den Erläuterungen hierzu wurde darauf hingewiesen, daß Tabakwarenkonsum gesundheitsrelevante Auswirkungen induzieren kann. Bei den in diesem Abschnitt durchgeführten Schätzungen wurde die Variable „Subjektiver Gesundheitszustand in der Vorperiode" zusätzlich aufgenommen, da Raucher häufig erst dann den Konsum einstellen, wenn sie selbst bemerken, daß Rauchen ihre eigene Gesundheit beeinträchtigt. Dies impliziert aber auch, daß ein besserer Gesundheitsstatus in der Vorperiode per se nicht mäßigend auf den Tabakkonsum einwirkt, was mit einem nichtnegativen Vorzeichen einhergehen kann.

Die Schätzungen zur Dynamik des Tabakkonsums wurden als GEE-Schätzung, ebenfalls aufgrund der hohen Abweichung zwischen Mittelwert und Varianz des Tabakkonsums mit der Annahme einer Negativen Binomialverteilung, durchgeführt, um die Zähldaten-Eigenschaft der abhängigen Größe zu berücksichtigen.

Als Annahme hinsichtlich der Korrelationsstruktur wurde „compound symmetry“ unterstellt, welche einem Modell mit Zufallseffekten entspricht. Um eine Fehlspezifikation der gruppeninhärenten Korrelation zu berücksichtigen, wurde der robuste Huber/White/Sandwich-Varianzschätzer herangezogen, welcher selbst bei falschen Hypothesen hinsichtlich der Korrelation konsistente Standardfehler generiert. Die folgende Tabelle 27 stellt die Ergebnisse der dynamischen Panelschätzung zum Tabakkonsum dar. Die erste Spalte enthält wieder die erklärenden Variablen, die Resultate der Gesamtstichprobe sind in der zweiten und dritten Spalte, die der Teilstichprobe Ost (West) in der vierten und fünften (sechsten und siebten) Spalte dargestellt. Wie in den zuvor durchgeführten Schätzungen gibt der P-Wert das minimale Signifikanzniveau (Fehler 1. Art) an, für das der beobachtete Wert der Teststatistik zu einer Ablehnung der Nullhypothese (Koeffizient = 0) führt.

Bei Betrachtung der *Gesamtstichprobe* fällt auf, daß der Tabakkonsum in den Jahren 1999 und 2000 gegenüber dem Ausgangsjahr 1998 in statistisch signifikanter Weise abgenommen hat. Der periodenspezifische Effekt für 1999 verfügt sogar über eine Signifikanz auf dem 1 % Niveau. Demgegenüber weist der Effekt für das Jahr 2001 ein positives Vorzeichen auf. Hinsichtlich der Alterseffekte wurden die Erwartungen auf einem hoch signifikanten Niveau bestätigt: Dies bedeutet, daß die Nachfrage nach Tabakkonsum einen invers-u-förmigen Verlauf in bezug auf den Lebenszyklus aufweist, dessen Scheitelpunkt bei 36,1 Jahren liegt. Dieser Wert liegt etwas vor dem Scheitelpunkt, der bei der Querschnittsanalyse (Tabakkonsum II) ermittelt wurde (37,5 Jahre). Im Unterschied zum Querschnitt ist im Fall der dynamischen Panelschätzung der Effekt für das Geschlecht hoch signifikant. Der Koeffizient besitzt ein positives Vorzeichen, wonach Männer mehr rauchen als Frauen. Behinderte Menschen rauchen weniger. Der Einfluß ist aber nicht signifikant. Auch der Einfluß des Familienstatus auf das Rauchverhalten ist mit der Querschnittsschätzung vergleichbar. Alle Vorzeichen sind positiv, wobei jedoch der Effekt nur für Geschiedene (auf dem 10 % Niveau) signifikant ist. Dies steht im Einklang mit der „Schock-Hypothese“ von Becker und Murphy. Höheres Einkommen führt der Gesamtschätzung zufolge signifikant zu geringerem Rauchverhalten. Auch die Bildungsvariablen „Realschule“ und „Abitur“ besitzen das erwartete negative Vorzeichen, wonach sich Menschen, die über eine höhere Bildung verfügen, gesundheitsbewußter verhalten. Jedoch sind die Effekte nicht signifikant. Dies gilt auch für fehlenden Schulabschluß, wobei der Koeffizient erwartungsgemäß über ein positives Vorzeichen verfügt. Voll- und Teilzeittätigkeit verfügen zwar über ein positives Vorzeichen, sind jedoch insignifikant. Demgegenüber wirkt sich

Tabelle 27: Ergebnisse der Schätzungen „Lebensstilwandel“

abhängige Variable: Tabakkonsum Panelschätzung (GEE Negative Binomial)

	Deutschland insgesamt		**Ostdeutschland**		**Westdeutschland**	
erklärende Variable	Koeffizient	P-Wert	Koeffizient	P-Wert	Koeffizient	P-Wert
Welle						
Jahr 1999	-0,0522	0,006***	-0,0492	0,000***	-0,0664	0,000***
Jahr 2000	-0,0253	0,025**	-0,0071	0,693	-0,0295	0,027**
Jahr 2001	0,0204	0,353	0,0326	0,191	0,0028	0,878
prädispon. Variablen						
Alter	0,0794	0,000***	0,1019	0,000***	0,0743	0,000***
$Alter^2$	-0,0011	0,000***	-0,0013	0,000***	-0,0010	0,000***
Mann	0,6345	0,000***	0,9066	0,000***	0,5482	0,000***
Schwerbehindert	-0,0669	0,092	-0,0292	0,609	-0,0763	0,114
sozioöko. Variablen						
getrennt lebend	0,0649	0,349	0,0551	0,680	0,0686	0,393
Single	0,0331	0,493	0,1630	0,054*	0,0076	0,892
geschieden	0,1311	0,040**	0,0063	0,956	0,1626	0,028**
verwitwet	0,0578	0,491	-0,0521	0,741	0,1103	0,258
Einkommen	-0,0001	0,024**	-0,0001	0,625	-0,0001	0,025**
Realschule	-0,0217	0,547	-0,0714	0,183	-0,0046	0,915
Abitur	-0,0688	0,124	-0,1776	0,001***	-0,0455	0,387
ohne Schulabschl.	0,0526	0,311	0,1442	0,239	0,0519	0,328
voll erwerbstätig	0,0361	0,266	0,0112	0,788	0,0524	0,197
Teilzeit erwerbst.	0,0423	0,177	0,0808	0,116	0,0353	0,331
geringf. beschäft.	-0,0175	0,584	-0,0677	0,150	-0,0101	0,777
Ausbildung	0,0774	0,015**	0,0297	0,499	0,1128	0,003***
arbeitslos Monate	0,0011	0,734	-0,0068	0,109	0,0063	0,154
arbeitslos Bfrgzpt.	-0,0063	0,841	0,0075	0,848	-0,0181	0,685
Preis	0,0192	0,576	-	-	-	-
Gesundh.Vorjahr	0,0020	0,818	0,0356	0,008***	0,0063	0,538
Region						
Ostdeutschland	-0,2561	0,000***		-	-	-
Berlin (Ost)	-	-	0,1350	0,683	-	
Mecklenb.-Vorp.	-	-	0,0116	0,933	-	-
Brandenburg	-	-	0,3544	0,009***	-	-
Sachsen-Anhalt	-	-	0,4828	0,000***	-	-
Thüringen	-	-	0,1752	0,188	-	-
Konstante	0,1569	0,625	1,0551	0,071*	0,4203	0,231
Wald χ^2	807,44	0,000	292,83	0,000	548,21	0,000
McKelvy/Zav.R^2.	0,3273		0,3818		0,3174	
QIC	0,0019		0,0069		0,0025	
QIC_u	5,5564		4,6160		5,9409	
N	26230		8116		18114	

*** signifikant auf 1 % Niveau ** signifikant auf 5 % Niveau * signifikant auf 10 % Niveau eine gegenwärtige Berufsausbildung fördernd auf den Tabakkonsum aus, und das auf dem 5 % Niveau. Bei Auszubildenden handelt es sich ebenfalls um eine relativ homogene Gruppe, in der der Tabakkonsum häufig aus Statusgründen durchgeführt wird. Die Ausübung einer geringfügigen Beschäftigung steht dem Schätzergebnis der Gesamtstichprobe zufolge in einer negativen Beziehung zum Tabakwarenkonsum, ist jedoch insignifikant. Beide Größen zur Arbeitslosigkeit sind ebenfalls insignifikant, wobei bestehende Arbeitslosigkeit zum Befragungszeitpunkt wider Erwarten den Tabakkonsum negativ beeinflußt. Insignifikant ist auch der Einfluß der Wachstumsrate des Zigarettenpreises, wobei hier das positive Vorzeichen überrascht. Obwohl die Erhöhung von Zigarettenpreisen meist über eine lange Vorlaufzeit verfügt, passen sich Raucher aufgrund von Suchteffekten nicht unmittelbar an. Eine mögliche Verzerrung des Effektes kann dadurch erklärt werden, daß der Preisindex nicht in der Lage ist, Anpassungsreaktionen von Rauchern, wie dies beispielsweise durch den Wechsel zu einer preiswerteren Marke geschehen kann, kurzfristig in seiner Gewichtung zu berücksichtigen. Der Einfluß des Gesundheitszustandes im Vorjahr besitzt zwar das erwartete Vorzeichen, der Effekt ist aber nicht signifikant. Von besonderer Bedeutung für die hier durchgeführte empirische Analyse ist wiederum der Regional-Dummy. Der Koeffizient von „Ostdeutschland" hat auch hier, wie bei der Querschnittschätzung „Tabakkonsum II" (vgl. Tabelle 24, S. 263) ein negatives Vorzeichen und ist hoch signifikant. Dies deutet auf einen geringeren Konsum von Tabakwaren in den neuen Ländern hin.

Eine Analyse der Einflußfaktoren des Tabakkonsums ermöglicht Schlußfolgerungen über die Dynamik des Rauchverhaltens im Osten Deutschlands. Auch die Ergebnisse der Schätzung der *Teilstichprobe Ost* weisen darauf hin, daß 1999 der Tabakkonsum in den neuen Ländern gegenüber dem Vorjahr zurückgegangen ist, wobei der Effekt auf dem 1 % Niveau hoch signifikant ist. Die periodenspezifischen Effekte für 2000 und 2001 sind dagegen nicht signifikant. Das Ergebnis für 2001 verfügt sogar über ein positives Vorzeichen. Die prädisponierenden Variablen besitzen wie beim Querschnitt die erwarteten Vorzeichen. Während der Koeffizient von „Alter" wiederum ein positives Vorzeichen aufweist, besitzt die quadrierte Altersvariable ein negatives Vorzeichen: Der invers-u-förmige Zusammenhang weist einen Scheitelpunkt bei 39,2 Jahren auf. Er liegt somit 3 Jahre über dem Ergebnis der Gesamtstichprobe und sogar 5,5 Jahre über dem Wendepunkt des Querschnitts von 1998. Das hoch signifikante Resultat weist darauf hin, daß ältere Individuen, die dieses Alter überschreiten, weniger rauchen. Wiederum ist der Koeffizient des Geschlechts-Dummies positiv und hoch signifikant, was das Ergebnis zahlreicher Studien untermauert, wonach Männer mehr rauchen als Frauen. Von den Variablen zum Familienstatus verfügt nur das Merkmal „verwitwet“ über ein negatives Vorzeichen. Das Vorzeichen unterscheidet sich gegenüber der Gesamtstichprobe und steht im Widerspruch zu den Erwartungen. Das Ergebnis ist aber insignifikant. Die Ausprägungen „getrennt lebend“ und „geschieden“ sind erwartungsgemäß positiv, aber ebenfalls insignifikant. Bei Singles ist den Schätzungen über die Jahre 1998 bis 2001 zufolge der Tabakverbrauch signifikant höher. Auch dieser Effekt entspricht den Erwartungen. Besonders auffällig ist, daß der positive Effekt der Gesundheit des Vorjahres bei der Stichprobe Ost auf dem 1 % Niveau statistisch signifikant ist.

Wird wie im Transformationsmodell unterstellt, daß übermäßig hoher Konsum mit Einkommensabschlägen bestraft wird, so bedeutet dies, daß die zentrale Annahme des Modells in Kapitel 4 nicht bestätigt werden kann. Wird jedoch das Ergebnis der Gesamtstichprobe herangezogen, in welcher die Kontrollvariable für Ostdeutschland ein signifikant negatives Vorzeichen aufweist, so relativiert sich dieses Urteil: Das westdeutsche Konsummuster kann in dieser Hinsicht im weitesten Sinn als ein Konsummuster aufgefaßt werden, das sich unter Einbeziehung der Verbindung zum Arbeitsmarkt herausgebildet hat. Ist damit ein kritischer Schwellenwert verbunden,[119] so bedeutet dies, daß Ostdeutsche durchschnittlich Konsumniveaus unterhalb dieser, im Transformationsmodell unterstellten, Grenze für Einkommensabschläge aufweisen. Dennoch wird durch eine solche Betrachtungsweise die Streuung innerhalb der Bevölkerung nicht berücksichtigt, bei der manche Konsumenten sicherlich auch über weit höhere Konsummengen verfügen. Weiterhin kann angenommen werden, daß höhere Einkommen auch mit höherer Bildung einhergehen, einem Einflußfaktor, der auf den gesundheitsschädlichen Konsum mäßigend einwirkt. Die Bildungseinflüsse weisen in den Schätzergebnissen die erwarteten Vorzeichen auf. So besitzen Abitur und ein mittlerer Schulabschluß einen negativen Einfluß auf das Rauchverhalten, allerdings ist nur der Einfluß des Abiturs (auf dem 1 % Niveau) signifikant. Ein fehlender Schulabschluß steht dagegen in positiver Beziehung zum Tabakkonsum, der Effekt ist jedoch nicht signifikant. Sämtliche Einflüsse der Erwerbstätigkeit und der Beschäftigung sind nicht signifikant, wobei mit Ausnahme der geringfügigen Erwerbstätigkeit alle Koeffizienten über ein positives Vorzeichen verfügen. Besonders zu erwähnen ist, daß auch die Variablen zur Arbeitslosigkeit keinen signifikanten Einfluß auf den Tabakkonsum besitzen, wobei hier die Dauer der Nichtbeschäftigung im Vorjahr sogar ein negatives Vorzeichen aufweist. Die Auswirkungen der Wachstumsrate der Tabakwaren-

[119] Vergleiche dazu Abschnitt 4.2.1.

preisindizes auf die Nachfrage nach Tabakkonsum konnten im Rahmen der Schätzung nicht untersucht werden. Die relativ geringe Mobilität der Befragten zwischen Ost- und Westdeutschland führte dazu, daß die meisten Beobachtungseinheiten der Region „Ostdeutschland" mit den gleichen Preisveränderungsraten konfrontiert waren. Innerhalb der Schätzgleichung führte dies zu Kollinearität, was zur Folge hatte, daß die Variablen aus der Regressionsgleichung entfernt wurden. Erwartungsgemäß besitzt der Gesundheitszustand der Vorperiode einen positiven Einfluß auf den Tabakkonsum. Der Wirkung ist auf dem 1 % Niveau signifikant. Sämtliche Länder-Dummies, die in der Querschnittschätzung für 1998 nicht berücksichtigt werden konnten, weisen ein positives Vorzeichen auf, wonach die in der Schätzgleichung aufgenommenen Bundesländer gegenüber dem Referenzland Sachsen über eine höhere Nachfrage nach Tabakwaren verfügen. Lediglich die Koeffizienten für Brandenburg sind dabei (auf dem 1 % Niveau) statistisch signifikant.

Die in der sechsten und siebten Spalte von Tabelle 27 dargestellten Schätzergebnisse für *Westdeutschland* decken sich sowohl hinsichtlich der Richtung der Vorzeichen als auch in bezug auf die Signifikanz der Parameter vollkommen mit den Ergebnissen der Gesamtstichprobe.

Tabelle 27 enthält wiederum Gütemaße, die hilfreich für eine Beurteilung der verschiedenen Schätzungen sind. Das Pseudo-R^2-Maß von McKelvey und Zavoina nimmt bei der Stichprobe Ost den höchsten, bei der Stichprobe West den niedrigsten Wert an, was für eine bessere Varianzerklärung der Regression für Ostdeutschland spricht. Die Informationskriterien der Quasilikelihood-Schätzung beziehen sich auf die Güte des Modells hinsichtlich der angenommenen Korrelationsstruktur (QIC) bzw. der enthaltenen Kovariablen (QIC_u). Auch bezüglich dem QIC nimmt die ostdeutsche Stichprobe den höchsten Wert an, was hier aber eine schlechtere Güte hinsichtlich der angenommenen Korrelationsstruktur nahelegt. Die Gesamtstichprobe weist hier den kleinsten, somit besten, Wert auf. Demgegenüber deutet der im Vergleich zu den anderen Schätzungen niedrigere Wert des QIC_u auf die beste Spezifikation in bezug auf die enthaltenen Kovariablen hin.

Die ermittelten Schätzergebnisse liefern keinen Hinweis auf spezifische Effekte der ostdeutschen Transformation, wonach ökonomische Anreize das individuelle Konsumniveau tangiert haben könnten. Neben den zugespielten Preisveränderungsraten enthält der verwendete Datensatz kaum geeignete Kontrollvariablen, um „Vereinigungseffekte" isolieren zu können. Drei Vermutungen sind naheliegend: Erstens besteht der Verdacht, daß ökonomische Anreize für ostdeutsche

Bürger, die, der zentralen Hypothese des Transformationsmodells zufolge, geeignet sind, individuelle Verhaltensänderungen zu induzieren, nicht sehr ausgeprägt waren. Neben der aus ökonomischer Perspektive zu hohen Festsetzung des Lohnniveaus betrifft dies vor allem die West-Ost-Finanztransfers (vgl. Schaden und Schreiber 1997). Obwohl die Unterstützung für Ostdeutschland zunächst lediglich als Anschubfinanzierung gedacht war, verstetigten sich viele Zuweisungen und hemmten dadurch die Entfaltung ökonomischer Anreize. Dazu kommt, daß im deutschen Gesundheitswesen lebensstilinduzierte Kosten weitgehend von den Krankenkassen getragen und somit sozialisiert werden.[120] Zweitens können erforderliche Anpassungen bereits vor 1998 abgeschlossen worden sein. Drittens besteht die Möglichkeit, daß spezielle Anpassungsanreize durch Variablen, die in der Schätzgleichung enthalten sind, aufgefangen wurden. Dies kann bedeuten, daß etwa die Effekte sozioökonomischer Variablen in der ostdeutschen Schätzung zum Lebensstilwandel sowohl gewöhnliche als auch transformationsbedingte Implikationen reflektieren. Aus diesem Grund wurde versucht, hinsichtlich möglicher Einflüsse der Wende zu kontrollieren.

Einen Ansatzpunkt bildet die Beziehung zwischen Bevölkerungsreproduktion und Lebensstil. So ist bekannt, daß in Ostdeutschland die Geburtenrate unmittelbar nach der Wende enorm eingebrochen ist. Eine eingetretene Schwangerschaft sowie das Vorhandensein junger Kinder im Haushalt wirken jedoch mäßigend auf den Tabakkonsum der Eltern. Werden beide Aspekte miteinander verbunden, so läßt sich vermuten, daß ceteris paribus die Nachfrage nach Rauchwaren in Ostdeutschland weniger stark eingeschränkt wurde als dies unter „normalen“ Bedingungen erfolgt. Im vorhandenen Datensatz war keine Variable vorhanden, mit der dieser Effekt in geeigneter Weise hätte kontrolliert werden können. Es stand lediglich die Größe „Kinder unter 16 Jahre im Haushalt“ zur Verfügung, welche bereits in den Querschnittschätzungen eingesetzt wurde. Es wurde erwartet, daß die Präsenz von Kindern im Haushalt mäßigend auf den Tabakkonsum wirkt, somit ein negatives Vorzeichen auftritt. Jedoch stellte sich dasselbe Ergebnis wie bei der Querschnittschätzung ein: Sowohl für die Gesamtstichprobe als auch für die Teilstichprobe Ost resultierte das „falsche“ Vorzeichen. Der Koeffizient war darüber hinaus wiederum insignifikant.

---

[120] Anreizprobleme treten aber auch bei privaten Krankenversicherungsverträgen auf, da das gesundheitsrelevante Verhalten der Versicherten in der Regel nicht beobachtbar ist. Aufgrund von ex ante Moral Hazard besteht die Gefahr der Verminderung von Schadensverhütungsaufwendungen, was dazu führt, daß die Versicherungsprämie steigt und/ oder Versicherungen nur noch mit Teildeckung überleben können. Da Präventionsanstrengungen somit nicht risikoadäquat honoriert werden, führt dies zu einer Absenkung von Vorsorgeverhalten (vgl. Zweifel und Eisen 2000, S. 203).

5.5 Diskussion und kritische Würdigung

Ziel der durchgeführten Schätzungen war es, zentrale Annahmen und abgeleitete Hypothesen des in Kapitel 4 dargestellten Modells empirisch zu überprüfen. Die Schätzungen bezogen sich erstens auf wesentliche Aspekte der Gesundheitsproduktion, zweitens auf die Fragestellung, ob die Nachfrage nach Lebensstilgütern in Einklang mit der Annahme rationaler Konsumenten gebracht werden kann. Drittens sollten mögliche Unterschiede im gesundheitsrelevanten Verhalten zwischen Ost- und Westdeutschland untersucht sowie viertens anhand von Daten überprüft werden, ob die Wiedervereinigung Anreize generiert hat, den individuellen Lebensstil zu verändern.

Gesundheitsproduktion
Die Schätzungen zur Gesundheitsproduktion bestätigten sowohl für Gesamtdeutschland, die neuen Länder, als auch die alte Bundesrepublik die vermuteten Zusammenhänge. Es zeigte sich, daß Ostdeutsche über einen schlechteren subjektiven Gesundheitszustand verfügen. Die Ursachen für diese Unterschiede zwischen Ost- und Westdeutschen konnten im Rahmen der durchgeführten Schätzungen nicht ermittelt werden. Eine mögliche Erklärung für die ermittelte Diskrepanz liegt sicherlich in der Verwendung des selbst bekundeten subjektiven Gesundheitszustands als abhängige Größe. Es ist anzunehmen, daß bei der individuellen Bewertung implizite Werturteile mit einfließen, die bei einer Schätzung nicht in geeigneter Weise kontrolliert werden können. Im Hinblick auf den bekundeten Lebensstil stellten sich die erwarteten Vorzeichen ein, wonach Sport den Gesundheitszustand verbessert sowie Rauchen diesen verschlechtert.

Rationale Sucht
Die Vorzeichen sowie die hohe statistische Signifikanz der Konsumvariablen legen zwar die Vermutung nahe, daß ostdeutsche Raucher als „rationale Süchtige" im Sinne von Becker und Murphy angesehen werden können, dennoch gelang der vollständige Nachweis der zugrundeliegenden Verhaltenshypothese nicht, da der Preiseffekt über das „falsche" Vorzeichen verfügt. Es kann angenommen werden, daß die Verwendung der Wachstumsrate der Tabakwarenpreisindizes zur Verzerrung des Schätzergebnisses beigetragen hat. Im Unterschied zu Analysen, welche etwa amerikanische Daten verwenden und dabei, aufgrund der unterschiedlichen Besteuerung in den einzelnen Bundesstaaten über eine hohe Streuung der Verbraucherpreise verfügen, liegt der Preisindex für Zigaretten in Deutschland nur für Ost- bzw. Westdeutschland vor. Die deutschen Preisindizes weisen jedoch nahezu keine regionalen Schwankungen auf.

Obwohl bei der Ermittlung von Preisindizes das Konsumverhalten auf aggregierter Ebene berücksichtigt wird, stellen derartige Größen keine validen Indikatoren für die Preise dar, welche Konsumenten beim Kauf einer Schachtel Zigaretten zahlen. Anpassungsreaktionen, welche Nachfrager durchführen, indem sie zu einer preiswerteren Marke wechseln oder ihren Bedarf im Ausland decken, spiegeln sich darin nicht angemessen wider.

Ein Vorzug des Modells rationaler Sucht ist darin zu sehen, daß es über den Anspruch verfügt, auch für gesundheitsfördernde Aktivitäten anwendbar zu sein. Eine empirische Überprüfung des Suchtcharakters von sportlicher Aktivität ist deshalb naheliegend. Ein grundsätzliches Problem besteht darin, valide Instrumente für die Nachfrage nach Sport zu ermitteln. Es ist zu vermuten, daß die Opportunitätskosten der Ausübung von Sport hierfür geeignet sein können. Im zugrundeliegenden Datensatz des SOEP sind jedoch keine geeigneten individuellen Variablen enthalten, die hierfür als Näherungsgröße fungieren können.

Nachfrage nach Lebensstil
Bei den Analysen der Nachfrage nach Lebensstil lieferte auch die empirische Analyse sportlicher Aktivität den Hinweis auf gesundheitsrelevante Unterschiede zwischen Ost- und Westdeutschen. Spezifische Erklärungen für diese Diskrepanz waren anhand der Schätzergebnisse nicht festzustellen. Für einige Jahre konnte ermittelt werden, daß sich die Durchführung sportlicher Aktivitäten gegenüber dem Basisjahr 1990 gesteigert hat.

Ziel der Querschnittschätzungen zur Nachfrage nach Tabakwaren auf der Grundlage der SOEP-Welle von 1998 war es, den Einfluß des Konsums alkoholischer Getränke zu eruieren. Bei letztgenannten Größen handelt es sich um Angaben der Einkommens- und Verbrauchsstichprobe, die auf der Ebene der Bundesländer mit der Bezugsgröße „Haushalte zusammen“ vorliegen. Wie ein Vergleich der Schätzungen unter Ausschluß der zugespielten Größen ergab, veränderten sich zwischen beiden Regressionen die Richtung und Aussagekraft der weiteren erklärenden Variablen nicht. Die Resultate für den Einfluß von Bier-, Wein- bzw. Spirituosenkonsum auf die Nachfrage nach Tabakwaren wiesen aber unplausible Ergebnisse auf, wonach der Konsum aller drei Typen alkoholischer Getränke einen negativen Einfluß besitzt. Es kann vermutet werden, daß vor allem die mangelnde Variabilität der Daten über die Beobachtungseinheiten hinweg zu einer Verzerrung der Ergebnisse beigetragen hat.

Lebensstilwandel
Das in Kapitel 4 entwickelte mehrstufige Modell ging davon aus, daß sich in einer Volkswirtschaft, in der marktwirtschaftliche Prinzipien nicht angewendet werden, ungesunde Verhaltensweisen herausgebildet haben können. Aufgrund der fehlenden produktivitätsorientierten Bezahlung durch den Arbeitgeber besitzen Akteure keine zusätzlichen individuellen Anreize, die negativen Folgen ihres gesundheitsrelevanten Handelns zu berücksichtigen. Arbeitnehmer stellen aus der Perspektive von Arbeitgebern in einer Marktwirtschaft Produktionsfaktoren dar, die in optimaler Weise im Herstellungsprozeß eingesetzt werden müssen. Aus dieser Sicht läßt sich gesundheitsschädliches Verhalten als Beeinträchtigung des Faktors Arbeit interpretieren, der mit Produktivitätsverlusten einhergeht. Abschläge bei Lohn und Einkommen können in diesem Zusammenhang zu einer Internalisierung beim Arbeitnehmer führen, der bei seiner Entscheidung, ob er sich gesundheitsschädlich verhält oder nicht, den entsprechenden „vollen Preis" der Konsumhandlung berücksichtigen muß.

Wurde ein repräsentativer Akteur bereits in einer Marktwirtschaft geboren, und wird dabei unterstellt, daß sich der Einkommensabschlag aufgrund gesundheitsschädlichen Verhaltens im Zeitablauf nicht verändert, so kann angenommen werden, daß der „volle Preis" der schädlichen Handlungsweise vom Akteur bei der Festlegung seines optimalen intertemporalen Konsumpfades adäquat berücksichtigt und somit internalisiert werden kann. Im Vergleichsfall einer Volkswirtschaft, in der marktwirtschaftliche Prinzipien nicht zur Anwendung kommen, kann ein Akteur einen für ihn ceteris paribus suboptimal hohen Lebenszeit-Konsumpfad gewählt haben. Tritt diese Diskrepanz im Zusammenhang mit einer „unerwarteten" Wende zutage, so wird eine unmittelbare Anpassung an einen modifizierten Konsumpfad dadurch erschwert, daß es sich bei gesundheitsschädlichen Gütern wie Tabakwaren und Alkohol um potentielle Suchtprodukte handelt, die eine Verbrauchsreduktion aufgrund ihrer Eigenschaften erschweren.

Die durchgeführte empirische Überprüfung hatte zum Ziel zu ermitteln, ob sich die in der Theorie vermuteten Zusammenhänge bestätigen lassen. Ein grundlegendes Problem bildete dabei die Datenverfügbarkeit. Individualdaten zu möglichen gesundheitsschädlichen Verhaltensweisen lagen erst seit 1998 vor. Im Rahmen der Analyse war es deshalb nicht möglich, Entwicklungen und somit eventuelle Konsumanpassungen in den Jahren zwischen 1989 und 1998, somit über ein Zeitintervall von neun Jahren, zu berücksichtigen. Zudem standen Individualdaten nur für den Konsum von Tabakwaren zur Verfügung, wobei bereits die deskriptive Statistik der verwendeten Daten darauf hinweist, daß dieser in den neuen Ländern weniger stark ausgeprägt war als im bundesdeutschen Mittel. Die Schätzung der Gesamtstichprobe wies auf einem Signifikanzniveau von 1 % nach, daß bei den befragten Ostdeutschen im betrachteten Analysezeitraum der Tabakkonsum in geringerem Maße verbreitet war.

Wird demgegenüber das frühere Bundesgebiet als Volkswirtschaft interpretiert, in der die Akteure auf der Grundlage des „vollen Preises" von gesundheitsschädlichem Verhalten ihren Lebens-Konsumpfad ermitteln konnten, so läßt sich bei der Annahme eines auch zu Beginn der Wende geringeren Konsumniveaus in den neuen Ländern bei der Betrachtung repräsentativer west- und ostdeutscher Akteure vermuten, daß Ostdeutsche bei der Marktintegration im Durchschnitt über keine Schwierigkeiten bei der marktkonformen Internalisierung suboptimal hohen Konsums verfügten. Darauf weisen auch die Schätzergebnisse hin. Die Analysen der Einflußfaktoren der Nachfrage nach Tabak liefern keinen Hinweis auf transformationsbedingte anreizgenerierende Faktoren, um das Rauchen zu reduzieren. Lediglich Faktoren, die in Zusammenhang mit dem individuellen Lebenszyklus gebracht werden können (Alterseffekte) sowie höhere Bildung ließen sich signifikant mit einer geringeren Nachfrage in Verbindung bringen.

Zur Überprüfung der Hypothese, wonach eine zunehmende marktwirtschaftliche Einbindung von Ostdeutschland zu zusätzlichen Konsumanpassungen über das Niveau systemneutraler individueller lebenszyklusbedingter Änderungen hinaus zu Reduktionen im Verbrauchsniveau geführt haben, wäre es erforderlich, Analysen „suboptimal hohen" gesundheitsschädlichen Verhaltens durchzuführen. Wie in Kapitel 2 dargestellt, wurde in einigen Analysen auf den hohen Alkoholkonsum in Ostdeutschland hingewiesen. Aufgrund des vorliegenden Datenmaterials ließ sich keine dezidierte Untersuchung im Hinblick auf den ostdeutschen Alkoholverbrauch durchführen.

6. Zusammenfassung und Ausblick

Ziel der Arbeit war es, das gesundheitsrelevante Verhalten in Ostdeutschland seit dem gesellschaftlichen und wirtschaftlichen Umbruch, der im allgemeinen Sprachgebrauch mit „Wende“ umschrieben wird, aus gesundheitsökonomischer Perspektive zu untersuchen. Die Analyse ging folgenden Fragestellungen nach:

1. Hat sich das Gesundheitsverhalten der Ostdeutschen seit dem Herbst 1989 verändert?
2. Sind bzw. waren ökonomische Anreize, die aufgrund der zunehmenden marktwirtschaftlichen Integration Ostdeutschlands entstanden, dafür verantwortlich, daß Menschen sich in ihrem gesundheitsrelevantem Verhalten über das Maß „natürlicher“, d. h. systemunabhängiger, Veränderungen hinaus in ihrem Lebensstil angepaßt haben?

Den zentralen Begriff der Arbeit bildet der Terminus „Lebensstil“, der im allgemeinen Sprachgebrauch häufig, jedoch mit unterschiedlicher Konnotation, gebraucht wird. Zur inhaltlichen Präzisierung des Begriffsverständnisses wurde im zweiten Kapitel der Ausdruck, seine historische Entwicklung und (inter-) disziplinäre Anwendung näher vorgestellt. Während mittlerweile mehrere Publikationen zur ideengeschichtlichen Verortung soziologischer Ansätze mit Lebensstilbezug vorliegen, wurde bislang eine entsprechende Analyse aus ökonomischer Perspektive nicht durchgeführt. Zwei Aspekte lassen sich unterscheiden: Analysen mit Verwendung des Begriffs „Lebensstil“ per se, sowie Darstellungen von Sachverhalten, die mit einem allgemeinen Verständnis von „Lebensstil“ kompatibel sind, dieses Wort aber nicht explizit benutzen.

In allgemeiner Hinsicht wird mit „Lebensstil“ ein beobachtbares Verhalten zum Ausdruck gebracht. Die Einführung des Begriffs im Bereich von Soziologie und Psychologie zu Beginn des 20. Jahrhunderts und vor allem die Popularisierung des Wortes durch die Marktforschung induzierten im Kontext der wechselseitigen disziplinären Befruchtung eine vor allem in jüngster Zeit zunehmende Verwendung von „Lebensstil“ in der Volkswirtschaftslehre. Demgegenüber werden Sachverhalte, die mit dem allgemeinen Verständnis von „Lebensstil“ in Zusammenhang gebracht werden können (Begriffsinhalt), wie etwa die Erklärung des Mode-Phänomens und des damit verbundenen Nachfrageverhaltens, schon seit vielen Jahrzehnten von Ökonomen untersucht.

Die große Bedeutung des Terminus in der Soziologie und Psychologie führte bereits mit der Herausbildung des interdisziplinären Forschungsgebiets der Gesundheitswissenschaften zur Verwendung von „Lebensstil“ in synonymer Bedeutung zu „gesundheitsrelevanten Verhaltensweisen". Zwar entspricht das gesundheitsökonomische Begriffsverständnis von „Lebensstil" dem der anderen disziplinären Forschungsfelder im Bereich der Gesundheitswissenschaften, jedoch unterscheiden sich die spezifischen Akzentuierungen der Konnotation deutlich. Das von der jeweiligen Mutterdisziplin geprägte Verständnis äußert sich etwa darin, wie „Lebensstil" interpretiert und analysiert wird. In diesem Zusammenhang wurden Unterschiede im theoretischen Verständnis zwischen diesen Fachrichtungen und der Gesundheitsökonomik aufgezeigt. Diesbezügliche Differenzen sind nicht zuletzt die Ursache für abweichende Ziele empirischer Untersuchungen und deren Implementierung.

Aufbauend auf dem veranschaulichten disziplinären Forschungsinteresse wurden wichtige Ergebnisse empirischer Studien, die sich mit dem gesundheitsrelevanten Verhalten insbesondere in den Jahren unmittelbar vor und nach der Wende beschäftigen, dargestellt. Der Überblick erfüllte zwei Funktionen. Erstens wurde bislang noch keine umfassende Übersicht über die zentralen Ergebnisse von Forschungsarbeiten in Hinblick auf das gesundheitsrelevante Verhalten in Ostdeutschland publiziert. Zweitens sollte damit auf Lücken in der bisherigen Forschung hingewiesen werden. Dies betrifft, wie aufgezeigt wurde, vor allem den gesundheitsökonomischen Ansatz. Die Ergebnisse bisheriger Forschungsarbeiten zum Lebensstil der Ostdeutschen sowie der zeitlichen Entwicklung gesundheitsrelevanten Verhaltens in den neuen Ländern sind nicht eindeutig. So weichen die Aussagen zum Umfang gesundheitsrelevanten Verhaltens und deren Interpretation in einigen Fällen deutlich voneinander ab. Es kann angenommen werden, daß vor allem methodische Aspekte, die der Datenerhebung zugrunde lagen, dafür verantwortlich gemacht werden können. Auffallend ist jedoch, daß fast alle der dargestellten Studien unterschiedliches Lebensstilverhalten von Ost- und Westdeutschen ermitteln. Unklar ist und bleibt, ob sich die abweichenden regionalen Präferenzen im Zeitablauf einander annähern (werden) und welche Ursachen dafür verantwortlich sind. Im regionalen Vergleich auf der Basis von Daten aus der ersten Hälfte der 1990er Jahre wurde häufig der relativ hohe Alkoholkonsum in Ostdeutschland problematisiert, in bezug auf das frühere Bundesgebiet der relativ stark ausgeprägte Tabakkonsum, wobei sich der Verbrauch beider gesundheitsschädlicher Güter jeweils auf bestimmte Kohorten konzentrierte. Die veröffentlichten Studien sind nur sehr eingeschränkt dafür geeignet, Aussagen zu zeitlichen Entwicklungsrichtungen zu machen. Die Ursache hierfür liegt vor allem im verwendeten Datenmaterial und den konzeptionellen und methodischen Aspekten von dessen Erhebung (Querschnittsanalysen, enthaltene Variablen etc.). Einige wenige Autoren versuchen, die Ergebnisse bestehender Studien trotz unterschiedlicher Datenbasis miteinander zu vergleichen und kommen dabei zu dem Schluß, daß seit der Wende eine Angleichung im gesundheitsrelevanten Verhalten zwischen neuen und alten Bundesländern stattgefunden habe, die nach Auffassung einiger Verfasser mittlerweile als abgeschlossen bewertet werden kann.

Das dritte Kapitel fokussierte auf verschiedene theoretische Implementierungsmöglichkeiten gesundheitsrelevanten Verhaltens. Im Vordergrund ökonomischer Analysen stehen einerseits die Bedeutung von Lebensstil im Rahmen der Gesundheitsproduktion, andererseits spezifische Faktoren, die mit der Nachfrage nach gesundheitsrelevanten Gütern in Zusammenhang gebracht werden können.

Modelle der Gesundheitsproduktion, die als Übertragung der Unternehmenstheorie auf das Individuum aufgefaßt werden können, gehen davon aus, daß das Individuum Produzent der eigenen Gesundheit ist. Vereinfacht ausgedrückt bedeutet dies, daß ein Akteur mittels gesundheitsförderlichen Verhaltens, wie etwa körperlicher Betätigung, in seine Gesundheit investieren kann, was ceteris paribus zu einem längeren Leben führt. Lebensziel des betrachteten Individuums ist es, seinen Lebenszeitnutzen zu maximieren. Dies bedeutet nicht notwendigerweise die Maximierung der Lebensdauer. Entscheidet sich ein Individuum dafür, gesundheitsschädliches Verhalten auszuüben, so entspricht das in ökonomischer Hinsicht dem Konsum bestimmter Güter, wie etwa Zigaretten oder Alkohol (Lebensstilgüter). Dieses nachteilige Verhalten beeinträchtigt den Gesundheitszustand, der als Kapitalgut aufgefaßt wird, und kann ceteris paribus zu einem früheren Tod führen. Obwohl Ökonomen immer wieder auf die Bedeutung des individuellen Lebensstils für das Ergebnis der Gesundheitsproduktion hinweisen und dabei betonen, daß gesundheitsrelevantes Verhalten vor allem in entwickelten Volkswirtschaften wichtiger sei als die Inanspruchnahme medizinischer Leistungen, wurde die Implementierung von Lebensstil in theoretischen Arbeiten zur Gesundheitsproduktion stark vernachlässigt. Dies betrifft etwa den Aspekt, daß Lebensstilgüter Kapitalgüter darstellen. Bei der Veranschaulichung intertemporaler Implikationen der Gesundheitsproduktion muß dies in geeigneter Weise berücksichtigt werden.

Ein wesentlicher Unterschied zwischen vielen Lebensstilgütern und gewöhnlichen Gütern besteht darin, daß Erstere mit Gewohnheits- und Suchtattributen in Verbindung gebracht werden können. Da einerseits die spezifischen Eigenschaften von Gewohnheits- und Suchtaspekten je nach Gut differieren, andererseits Menschen nicht gleichermaßen von diesen Charakteristika betroffen sind, beschäftigen sich Ökonomen bereits seit Jahrzehnten mit den damit verbundenen Phänomenen.

Während ältere Modelle mit entscheidungstheoretischer Fundierung den Konsum dieser Güter myopischen Konsumenten zuschrieben, somit Akteuren, welche zukünftige Folgen ausblenden, zeigten Becker und Murphy (1988), daß vollkommen rationale Individuen, welche vollkommene Voraussicht hinsichtlich der Konsequenzen gegenwärtiger Entscheidungen besitzen, sich für den schädlichen Konsum in der Gegenwart entscheiden können. Nicht zuletzt die umfangreiche empirische Evidenz des Modells rationaler Sucht hat in den letzten Jahren zur großen Popularität des Ansatzes unter Ökonomen beigetragen und zu Erweiterungen und Modifikationen des Modells von Becker und Murphy (1988) geführt. Verhaltensökonomische Ansätze betonen demgegenüber, daß Menschen lediglich eine beschränkte Rationalität (bounded Rationality) haben. Akteure verfügen demnach über momentane Schwächen, Fehlwahrnehmungen und Verzerrungen hinsichtlich künftiger Implikationen gegenwärtigen Handelns. In den vergangenen Jahrzehnten ist eine kaum noch zu überblickende Vielzahl ökonomischer Modelle entstanden, die sich mit spezifischen Problemen persistenter Konsummuster befassen. Wie vielfach aufgezeigt wurde, gibt es kein simples Erklärungsmuster für die Nachfrage nach gesundheitsschädlichen Gütern. Ein Modell soll einfach und handhabbar sein, um somit als Referenzrahmen fungieren zu können. Eine Theorie, die beabsichtigt, die gesamte in der Wirklichkeit beobachtbare Komplexität zu implementieren, ist dafür ungeeignet. Trotz aller Kritik an der zugrundeliegenden Annahme „rationaler Konsumenten“ und zusätzlicher heroischer Prämissen ist die Modellwelt von Becker und Murphy (1988) geeignet, zentrale Aspekte hinsichtlich der Nachfrage nach Lebensstilgütern zu erklären. Das im vierten Kapitel dargestellte Transformationsmodell besitzt deshalb eine starke Fundierung im Modell rationaler Sucht.

Viele Suchtmodelle und empirische Analysen zeigen, daß individuelle Veränderungen im Lebensstil nicht ungewöhnlich sind. Ereignisse im Lebenszyklus induzieren bisweilen Anreize, das eigene Verhalten zu modifizieren. Während Jugendliche oft aus Statusgründen gesundheitsschädliches Verhalten praktizieren, vermindern Erwachsene häufig den Umfang des Alkoholkonsums mit zunehmendem Alter. Bei eintretender Schwangerschaft reduzieren Frauen häufig den Zigarettenkonsum. Dagegen können persönliche Schicksalsschläge, wie Zerrüttung der Ehe oder Tod des Ehepartners, Ex-Trinker rückfällig werden lassen. Einige dieser Vorkommnisse sind, wie das Modell rationaler Sucht annimmt, von vorausblickenden Konsumenten „planbar“. Bei der Ermittlung des optimalen „natürlichen“ Konsumpfades können antizipierte künftige Begebenheiten berücksichtigt werden.

In Kapitel 4 wurde zunächst ein Modell gesundheitsrelevanten Verhaltens dargestellt, das Aspekte, die in der bisherigen Literatur vernachlässigt wurden, besonders betont. Dies betrifft konsumtive und investive Eigenschaften des Lebensstils. So wird durch gesundheitsrelevantes Verhalten ein spezifischer Kapitalstock aufgebaut. Eine der eigenen Gesundheit zugefügte Schädigung kann jedoch durch Regenerierung partiell kompensiert werden. Im Unterschied zu gewöhnlichen Konsumgütern wird der Entzug durch latent vorhandene Anpassungskosten erschwert.

Das auf diesem Ansatz beruhende Transformationsmodell fokussierte auf mögliche Änderungen des individuellen gesundheitsrelevanten Verhaltens, die *nicht* in Verbindung zu einer „natürlichen Lebenszeitkonsumplanung" stehen. Unter der Prämisse, daß ex ante zwar ein optimaler Konsumpfad ermittelt wurde, eine unerwartete volkswirtschaftliche Umbruchsituation, die als Schock wahrgenommen wird, jedoch ex post zur Suboptimalität des festgelegten Plans führen kann, sind zur Gewährleistung der Optimalität gegebenenfalls Verhaltensanpassungen nötig. Dazu wurde angenommen, daß mit der ökonomischen Adaption der betrachteten Ökonomie eine Marktöffnung verbunden ist, welche eine produktivitätsorientierte Entlohnung induziert. Für ein Individuum können somit Anreize bestehen, den bisherigen Konsumumfang gesundheitsschädlicher Güter einzuschränken.

Während im Modell, analog zur Darstellung von Becker und Murphy (1988), vollkommene Voraussicht hinsichtlich der gesundheitsrelevanten Folgen gegenwärtiger Handlungen unterstellt wurde, ist sich der betrachtete Akteur im unklaren darüber, ob eine Veränderung des geplanten natürlichen Lebenskonsumpfades mit Nutzengewinn oder -verlust einhergeht. Diese Art der Unsicherheit spiegelt die mangelnde Gewißheit des akteurspezifischen Handelns im Zuge der wirtschaftlichen Transformation wider. Den Referenzmaßstab bilden in der betrachteten Volkswirtschaft (gesellschaftlich) definierte Schwellenwerte, die dem Akteur nicht bekannt, aber erlernbar sind. Dies beinhaltet, daß eine eventuell durchzuführende Reoptimierung stark davon abhängig ist, ob und inwieweit der Akteur bereit ist, zu lernen, und dies im Handeln zu implementieren. Eine unmittelbare Anpassung des Nachfrageverhaltens wird im Unterschied zu gewöhnlichen Gütern durch Anpassungskosten erschwert, die sich entsprechend dem Suchtgrad unterscheiden. Solches impliziert, daß, je nach Ausmaß bestehender Sucht, unterschiedliche Anpassungsreaktionen aus individueller Perspektive optimal sind bzw. in *kognitiver* Hinsicht erwartet werden können. Gegenüber traditionellen Modellen wurden mögliche Verhaltensänderungen auf der „kognitiven" von solchen auf der „faktischen" Ebene unterschieden. Das hier dargestellte Modell ging davon aus, daß die Wahrnehmung der Suboptimalität des eingeschlagenen Konsumpfades (kognitive Ebene) lediglich die Voraussetzung für eine optimale *faktische* Anpassung beinhaltet. Das dargestellte Transformationsmodell schlägt in dieser Hinsicht eine Brücke zur Verhaltensökonomik. Als Mittel fungiert hier die Budgetgleichung des Akteurs. Die Bereitschaft des Wirtschaftssubjekts, Ersparnisse zu bilden bzw. wieder aufzulösen, um damit temporäre Schwankungen zwischen erwartetem und faktischem Schwellenwert sowie deren Implikationen hinsichtlich der eigenen erwarteten Bestrafung intertemporal auszugleichen, läßt sich als „Verhaltensbindung“ interpretieren.

Das aufgrund seiner Komplexität sequentiell präsentierte Modell berücksichtigte ferner die Gesundheitsproduktion. Es stellte mehrere Szenarien bezüglich der Ausgangssituation vor und kennzeichnete Erfordernisse für die Reoptimierung. Eine besondere Rolle spielte der funktionale Verlauf der Anpassungskosten, die einerseits als Suchteigenschaft eines Gutes, andererseits als individuelle Neigung, süchtig zu werden, interpretiert werden können.

Generell sagt das Modell voraus, daß im Zuge der Transformation keine einheitliche Entwicklung erwartet werden kann. Wie die statischen und dynamischen Analysen aufzeigten, kann es mit steigendem Suchtgrad für den Akteur optimal sein, das unterstellte gesundheitsschädliche Verhalten nicht zu verändern. Demgegenüber steigt mit sinkendem Suchtgrad die Anreizwirkung induzierter Konsumanpassungen an, wobei statische ad-hoc-Anpassungen die Gefahr in sich bergen, daß der Akteur Veränderungen vornimmt, die als dynamisch suboptimal charakterisiert werden können.

Das entwickelte Modell fungierte als Grundlage für die empirische Überprüfung des gesundheitsrelevanten Verhaltens in Ostdeutschland in Kapitel 5. Wie bereits das zweite Kapitel dieser Arbeit aufzeigt, bestehen hinsichtlich der empirischen Analyse von Implikationen des deutschen Vereinigungsprozesses Datenprobleme. Informationen über gesundheitsrelevantes Verhalten liegen zwar vor, doch sind diese entweder aufgrund fehlender individuenspezifischer Informationen oder aufgrund nicht vorhandener Angaben zu verschiedenen Zeitpunkten für eine dynamische ökonomische Analyse nur eingeschränkt brauchbar. Um individuelles Verhalten im Zeitablauf bei der Untersuchung berücksichtigen zu können, wurde als empirische Basis das Sozioökonomische Panel gewählt, in dem seit 1990 Angaben zur subjektiven Gesundheit und zur körperlichen Aktivität, bzw. seit 1998 Daten zum Tabakkonsum für Ostdeutschland erfaßt werden. Um den vielfach thematisierten Alkoholkonsum in Ostdeutschland berücksichtigen zu können, erfolgte ein Zuspielen vorliegender Angaben der Einkommens- und

Verbrauchsstichprobe auf der Ebene der Länder. Zusätzlich wurden Preise auf der Basis des Verbraucherpreisindex, die für das ehemalige Bundesgebiet, die neuen Länder sowie Gesamtdeutschland vorliegen, mit im Datensatz berücksichtigt.

Die theoretische Analyse legte die Überprüfung von vier Fragestellungen nahe: Die erste empirische Überprüfung bezog sich auf das Modell der Gesundheitsproduktion. Die Schätzergebnisse bestätigten weitgehend die angenommenen Effekte. Hierbei konnte auf statistisch hoch signifikantem Niveau nachgewiesen werden, daß sich der (subjektive) Gesundheitszustand der Ostdeutschen von dem der gesamtdeutschen Stichprobe unterscheidet.

Zweitens wurde untersucht, ob der Tabakkonsum in Ostdeutschland mit der zentralen Annahme des Transformationsmodells, wonach Raucher als „rationale Süchtige" charakterisiert werden können, konform ist. Zwar konnte auf statistisch signifikantem Niveau Konsumpersistenz und die Beziehung zwischen gegenwärtigem und zukünftigem Konsum bestätigt werden, doch wich die Richtung des Preises vom erwarteten Vorzeichen ab. Es kann vermutet werden, daß die zugespielte Wachstumsrate der Preisindizes auf aggregiertem Niveau nur unzureichend mit dem Preis identisch ist, mit dem Konsumenten konfrontiert werden und der ermittelte Effekt deshalb starken Verzerrungen unterliegt.

Auch die drittens durchgeführten Schätzungen spezifischen gesundheitsrelevanten Verhaltens zeigten, daß sich Ostdeutsche hinsichtlich ihrer sportlichen Aktivitäten sowie bei der Nachfrage nach Tabakwaren deutlich von ihren westdeutschen Mitbürgern unterscheiden. Auf der Basis von Angaben aus den Jahren 1990, 1992, 1994 bis 2001 wurde ermittelt, daß Sport weniger häufig, jedoch mit steigender Tendenz, durchgeführt wird. Die Querschnittschätzung von 1998 bezüglich der Nachfrage nach Tabakwaren wies ebenfalls auf einen in statistisch signifikanter Hinsicht ausgeprägten Regionaleffekt hin, wonach in den neuen Bundesländern im analysierten Zeitraum weniger geraucht wurde. Eine zusätzliche Berücksichtigung der Nachfrage nach alkoholischen Getränken nivellierte den Regionaleffekt, wobei jedoch vermutet werden kann, daß das Zuspielen aggregierter Daten zu Verzerrungen bei den Schätzergebnissen geführt hat.

Da Paneldaten für den individuellen Konsum von Tabakwaren vorliegen, war es möglich, viertens Einflußfaktoren im Hinblick auf dieses gesundheitsschädliche Verhalten zu untersuchen. Die Schätzergebnisse konnten keinen Hinweis zur Bestätigung der zentralen Modellhypothese liefern, wonach ökonomische Anreize, die aufgrund der Marktintegration Ostdeutschlands zur Geltung kamen, zu einer Verminderung des gesundheitsschädlichen Verhaltens führ(t)en. Mehrere Gründe mögen hierfür ausschlaggebend sein:

(i) Es ist fraglich, ob ökonomische Anreize im Kontext des Transformationsprozesses überhaupt zur Geltung kamen. Die Löhne wurden weitgehend über dem Grenzprodukt der Arbeit angesetzt. Zahlreiche Transfers und Subventionen sorgten dafür, daß ökonomische Anreize nicht generiert wurden. Dazu kommt, daß die lebensstilinduzierte gesundheitsrelevante (Folge-)Kosten häufig durch die Krankenkasse und somit nicht individuell getragen werden. Dies impliziert, daß in Realitas Individuen nicht mit dem vollen Preis ihrer gesundheitsschädigenden Aktivität konfrontiert werden. (ii) Ferner wurden im betrachteten Zeitraum in Ostdeutschland statistisch signifikant weniger Tabakwaren nachgefragt, somit ist eine Anpassung an veränderte systembedingte Rahmenbedingungen aufgrund der Annahmen des Modells weniger wahrscheinlich. (iii) Die Schätzungen konnten lediglich auf der Basis von Daten zwischen 1998 und 2001 durchgeführt werden. Aufgrund der zeitlichen Ferne vom Beginn der ökonomischen Transformation können Anpassungen betroffener Akteure bereits vor dem Jahr 1998 stattgefunden haben. (iv) Die Schätzergebnisse bestätigten theoretisch vermutete Einflußfaktoren hinsichtlich der Nachfrage nach Tabakwaren im Lebenszyklus, wie altersspezifische Effekte, Bildungsfaktoren und den Einfluß des Familienstatus. Da Variablen im Datensatz nicht zur Verfügung standen, die trennscharf eine Separierung von natürlichen, und somit systemunabhängige Einflußfaktoren von vereinigungsbedingten Implikationen ermöglicht hätten, spiegeln die eruierten Einflußfaktoren potentiell ein verzerrtes Bild wider. Sie verdecken mögliche ökonomische Anreize aufgrund der zunehmenden Marktintegration Ostdeutschlands.

Die Analyse hat gezeigt, daß sowohl in theoretischer als auch in empirischer Hinsicht noch Forschungsbedarf in bezug auf gesundheitsrelevantes Verhalten besteht. Dies betrifft in theoretischer Hinsicht die schwierige, da sehr komplexe, Modellierung der Nachfrage nach Lebensstilgütern. Um theoretisch vermutete Zusammenhänge auf deren empirische Evidenz hin zu überprüfen, ist auf jeden Fall eine Verbesserung der Datenlage erforderlich. Seit einigen Jahren wird eine intensive Diskussion über die Finanzierung des Gesundheitswesens geführt. Von seiten der Krankenkassen wurde mittlerweile erkannt, daß gesundheitsförderliches Verhalten, wie regelmäßige sportliche Aktivitäten, zu einer Kostenentlastung führen kann. [121] Gesundheitsbewußte Mitglieder von Krankenkassen sollen

[121] Präventionsanstrengungen induzieren aber auch Kosten, weshalb die Frage von Effizienz und Effektivität von Prävention im Brennpunkt zahlreicher Diskussionen steht (vgl. Rothgang und Dräther 2003, S. 537).

im Gegenzug niedrigere Beiträge zahlen.[122] Der Gesetzgeber wiederum rechtfertigt die Erhöhung der Tabaksteuer mit einer damit verbundenen erhofften Absenkung des Tabakkonsums. Beide Aspekte fokussieren auf ökonomische Anreizwirkungen. Deren Treffsicherheit kann jedoch nur dann hinreichend spekulationsfrei überprüft werden, wenn die hierfür erforderlichen Datengrundlagen vorhanden sind.

[122] Die Belohnung von gesundheitsbewußtem Verhalten ist vor dem Hintergrund des deutschen Krankenversicherungssystems nicht unproblematisch. Neben ex ante Moral Hazard bestehen auch Schwierigkeiten hinsichtlich der Vereinbarkeit von Kassenwettbewerb und Präventionsförderung, da Prävention aus Sicht der finanzierenden Kasse eine langfristige Investition in die Gesundheit ihrer Versicherten darstellt (vgl. Rothgang und Drähter 2003, S. 541).

Literaturverzeichnis

Abel, T. und W. Cockerham (1993), Lifestyle or Lebensführung? Critical Remarks on the Mistranslation of Weber's "Class, Status, Party", in: *The Sociological Quarterly* 34, S. 551 - 556.

Adler, A. (1920), Praxis und Theorie der Individualpsychologie, München u. a.

Adler, A. (1929), Menschenkenntnis, 3. verb. Aufl. Leipzig.

Ainslie, G. (1992), Picoeconomics, Cambridge.

Akaike, H. (1973), Information Theory and an Extension of the Maximum Likelihood Principle, in: Petrov, B. und F. Csaki (Eds.) Second International Symposium on Information Theory, Budapest, S. 267 - 281.

Anderson, T. und C. Hsiao (1981), Estimation of dynamic models with error components, in: *Journal of American Statistical Association* 76, S. 598 - 606.

Arellano, M. (1989), A Note on the Anderson-Hsiao Estimator for Panel Data, in: *Economics Letters* 31, S. 337 - 341.

Arellano, M. und S. Bond (1991), Some tests of specification for panel data: Monte Carlo evidence and applications to employment equations, in: *The Review of Economic Studies* 58, S. 277 - 297.

Arellano, M. und O. Bover (1995), Another Look at the Instrumental Variable Estimation and Error Component Models, in: *Journal of Econometrics* 68, S. 29 - 51.

Arminger, G. und F. Müller (1990), Lineare Modelle zur Analyse von Paneldaten, Opladen.

Atkinson, A. (1974), Smoking and the economics of government intervention, in: Perlman, M. (Ed.), The economics of health and medical care, London u. a., S. 428 - 441.

Atkinson, A. und T. Meade (1974), Methods and preliminary findings in assessing the economic and health consequences of smoking with particular reference to lung cancer, in: *Journal of the Royal Statistical Society Series A* 137, S. 297 - 312.

Auld, M., und P. Grootendorst (2002), An Empirical Analysis of Milk Addiction, *University of Calgary, Department of Economics, Discussion Paper 2001 # 17,* Calgary.

Azariadis, C. und A. Drazen (1990), Threshold Externalities in Economic Development, in: *Quarterly Journal of Economics*, S. 501 - 526.

Badura, B. (1984), Life-Style and Health: Some Remarks on different viewpoints, in: *Social Science and Medicine* 19, S. 341 - 347.

Baltagi, B. (2002), Econometric analysis of panel data, New York u. a.

Baltagi, B. und J. Griffin (2001), The Econometrics of Rational Addiction: The Case of Cigarettes, in: *Journal of Business & Econometric Statistics* 19, 449 - 454.

Barrett, G. (2001), The Effect of Alcohol Consumption on Earnings, *University of New South Wales, Department of Economics, Sydney, Research Paper,* Draft January 2001, Sydney.

Barthold, T. und H. Hochman (1988), Addiction as extreme seeking, in: *Economic Inquiry* 26, S. 89 - 106.

Bask, M. und M. Melkersson (2000a), Rational Addiction and Smoking when there are Legal and Illegal Cigarettes, *Umeå University, Institutionen för Nationalekonomi, Umeå Economic Studies #543,* Umeå.

Bask, M. und M. Melkersson (2000b), Rational Addiction when there are Two Addictive Goods: Cigarettes and Smokeless Tobacco, *Umeå University, Institutionen för Nationalekonomi, Umeå Economic Studies #545,* Umeå.

Baum, C., Schaffer, M. und S. Stillman (2003), Instrumental Variables and GMM: Estimation and Testing, *Boston College, Department of Economics, Working Paper No. 545*, Boston.

Baum-Baicker, C. (1985), The Health Benefits of Moderate Alcohol Consumption: A Review of the Literature, in: *Drug and Alcohol Dependence* 15, S. 207 - 227.

Becker, G. (1964), Human Capital, New York.

Becker, G. (1965), A theory of the allocation of time, in: *The Economic Journal* 75, S. 493 - 517.

Becker, G. (1996) Gewohnheit, Sucht und Tradition, in: Becker, G., Familie, Gesellschaft und Politik - die ökonomische Perspektive, übersetzt von Monika Streissler, Tübingen, S. 77 - 97.

Becker, G., Grossman, M. und K. Murphy (1991a), An Empirical Analysis of Cigarette Addiction, *National Bureau of Economic Research, Working Paper # 3322*, Cambridge MA.

Becker, G., Grossman, M. und K. Murphy (1991b), Rational Addiction and the Effect of Price on Consumption, in: *American Economic Review* 8, S. 237 - 241.

Becker, G., Grossman, M. und K. Murphy (1994), An Empirical Analysis of Cigarette Addiction, in: *American Economic Review* 84, S. 396 - 418.

Becker, G. und C. Mulligan (1997), The Endogenous Determination of Time Preference, in: *The Quarterly Journal of Economics* 112, S. 729 - 758.

Becker, G. und K. Murphy (1988), A Theory of Rational Addiction, in: *Journal of Political Economy* 96, S. 675 - 700.

Becker, G. und K. Murphy (1993), A Simple Theory of Advertising as a Good or a Bad, in: *Quarterly Journal of Economics* 108, S. 941 - 964.

Becker, P., Hänsgen, D. und E. Lindinger (1991), Ostdeutsche und Westdeutsche im Spiegel dreier Fragebogentests, *Trierer Psychologische Berichte Bd. 18, Heft 3,* Trier.

Behrens, D., Caulkins, J., Tragler, G. und G. Feichtinger (1999), A Dynamic Model of Drug Initiation, in: *Mathematical Biosciences* 159, S. 1 - 20.

Behrens, D., Caulkins, J., Tragler, G. und G. Feichtinger (2000), Why Presented-Oriented Societies Undergo Cycles of Drug Epidemics, *Wirtschaftsuniversität Wien, Operations Research and System Theory, Research Report 235,* Wien.

Bellach, B.-M. (Hrsg.) (1996), Die Gesundheit der Deutschen, Band 2, Zusammenhänge zwischen Gesundheit und Lebensstil, Umwelt und soziodemographischen Faktoren - Eine Auswertung von Surveydaten, *RKI-Heft 15/ 1996,* Berlin.

Belloc, N., Breslow, L. und J. Hochstim (1971), Measurement of physical health in a general population survey, in: *American Journal of Epidemiology* 95, S. 328 - 336.

Bergemann, D. und J. Välimäki (2000), Experimentation in Markets, in: *Review of Economic Studies* 67, S. 213 - 234.

Bergmann, K. und G. Mensink (1999), Körpermaße und Übergewicht, in: *Gesundheitswesen* 61, Sonderheft 2, S. 115 - 120.

Berkman, L. (1977), Social networks, host resistance and mortality: a follow-up study of Alameda County Residents, Unpublished doctoral dissertation, *University of California, Berkeley*, Calif.

Berkman, L. und L. Breslow (Eds.) (1983), Health and Ways of Living, The Alameda County Study, New York und Oxford.

Berkman, L. und S. Syme (1979), Social networks, host resistance, and mortality: A nine-year follow up study of Alameda County residents, in: *American Journal of Epidemiology* 109, S. 186 - 204.

Bernardo, J. und A. Smith (2000), Bayesian Theory, New York.

Bernheim, D. und A. Rangel (2002), Addiction, Cognition, and the Visceral Brain, *Stanford University, Department of Economics*, Discussion Paper, o. O.

Bikhchandani, S., Hirshleifer, D. und I. Welch (1992), A Theory of Fads, Fashion, Custom, and Cultural Change as Informational Cascades, in: *Journal of Political Economy* 100, S. 992 - 1026.

Blume, L. und D. Easley (1993), Rational Expectations and Rational Learning, *For the Economic Theory Workshop in Honor of Roy Radner, Cornell University, Discussion Paper*, Uris Hall.

Blundell, R. und S. Bond (1998), Initial Conditions and Moment Restrictions in Dynamic Panel Data models, in: *Journal of Econometrics* 87, S. 115 - 143.

Bond, S. (2002), Dynamic Panel Data models: A Guide to Micro Data Methods and Practice, *The Institute for Fiscal Studies - Department of Economics, UCL, cenmap working paper CWP09/02,* London.

Bootsma, H. (1995), The influence of a work-oriented life style on residential location choice of couples, in: *Netherlands Journal of Housing and the Built Environment* 10, 45 - 63.

Bormann, C., Heineman, L. und J. Hoeltz (Hrsg.) (1991), Epidemiologie und Gesundheitsforschung, Kardiovaskuläre Risiken in Deutschland Ost und - West, Gesundheitsberichterstattung auf der Basis des Nationalen Untersuchungs-Survey der „Deutschen Herz-Kreislauf-Präventionsstudie“ 1984 bis 1986 und des Bevölkerungssurvey des DDR-MONICA-Projektes 1983 bis 1985, München und Berlin.

Boyer, M. (1983), Rational Demand and Expenditure Patterns under Habit Formation, in: *Journal of Economic Theory* 31, S. 27 - 53.

Brockmann, H. (1998), Die Lebensorganisation älterer Menschen, Wiesbaden.

Bühringer, G., Simon, R. und P. Wiblishäuser (1991), Repräsentativerhebung 1990 zum alkoholischen Konsum und Mißbrauch von illegalen Drogen, alkoholischen Getränken, Medikamenten und Tabakwaren, Grundauswertung für die alten und die neuen Bundesländer, München 1991.

Bundesminister für Gesundheit (Hrsg.) (1993), Indikatoren zum Gesundheitszustand der Bevölkerung in der ehemaligen DDR, *Schriftenreihe des Bundesministeriums für Gesundheit, Bd. 23*, Baden-Baden.

Bundesministerium für Familie, Senioren, Frauen und Jugend [BMFSFJ] (Hrsg.) (2001), Bericht zur gesundheitlichen Situation von Frauen in Deutschland, Eine Bestandsaufnahme unter Berücksichtigung der unterschiedlichen Entwicklung in West- und Ostdeutschland, *Schriftenreihe des Bundesministeriums für Familie, Senioren, Frauen und Jugend, Bd. 209*, Stuttgart.

Bundesministerium für Gesundheit [BMG] (Hrsg.) (2000a), Drogen- und Suchtbericht 1999 der Drogenbeauftragten der Bundesregierung, Bonn.

Bundesministerium für Gesundheit [BMG] (Hrsg.) (2000b), Gesundheit in den neuen Ländern, Stand, Probleme und Perspektiven nach 10 Jahren Deutsche Einheit, Bonn.

Bundeszentrale für gesundheitliche Aufklärung [BZgA] (Hrsg.) (1990), Die Entwicklung der Drogenaffinität Jugendlicher in der Bundesrepublik Deutschland, Ergebnisse einer Trendanalyse 1973, 1976, 1979, 1982, 1986, 1990, Köln.

Bundeszentrale für gesundheitliche Aufklärung [BZgA] (Hrsg.) (1991), Eßverhalten und Eßstörungen in Ostdeutschland, Eine sozialwissenschaftliche Analyse einer schriftlichen Befragung von 11.000 Personen im September 1991, Köln.

Bundeszentrale für gesundheitliche Aufklärung [BZgA] (Hrsg.) (1992a), Rauchen, Alkoholkonsum und Medikamentengebrauch in den neuen Bundesländern, Ergebnisse einer Repräsentativerhebung der Bundeszentrale für gesundheitliche Aufklärung in den neuen Bundesländern, Köln.

Bundeszentrale für gesundheitliche Aufklärung [BZgA] (Hrsg.) (1992b), Aktionsgrundlagen 1990 der Bundeszentrale für gesundheitliche Aufklärung, Ergebnisse einer Repräsentativbefragung der Bevölkerung ab 14 Jahren in der Bundesrepublik Deutschland einschl. Berlin (West). (Teilbände: Rauchen, Alkoholkonsum und Gesundheit), Köln.

Bundeszentrale für gesundheitliche Aufklärung [BZgA] (Hrsg.) (1992c), Rauchen, Alkoholkonsum und Medikamentengebrauch in den Neuen Bundesländern, Ergebnisse einer Repräsentativerhebung der Bundeszentrale für gesundheitliche Aufklärung in den neuen Bundesländern, Köln.

Bundeszentrale für gesundheitliche Aufklärung [BZgA] (Hrsg.) (1994), Die Drogenaffinität Jugendlicher in der Bundesrepublik Deutschland, Wiederholungsbefragung 1993/ 1994, Köln.

Bundeszentrale für gesundheitliche Aufklärung [BZgA] (Hrsg.) (2001), Die Drogenaffinität Jugendlicher in der Bundesrepublik Deutschland 2001, Köln.

Butenko, A. (1979), Die Lebensweise, Inhalt des Problems und offene Fragen, in: *Gesellschaftswissenschaftliche Beiträge* 32, S. 329 - 343.

Butler, J. und R. Moffitt (1982), A computationally efficient quadrature procedure for the one-factor multinomial probit model, in: *Econometrica* 50, S. 761 - 764.

Cameron, S. (1999), Rational Addiction and the Demand for Cinema, in: *Applied Economics Letters* 6, S. 616 - 620.

Camstra, R. (1996), Commuting and gender in a lifestyle perspective, in: *Urban studies* 33, 283 - 300.

Case, A. und A. Deaton (2003), Broken Down by Work and Sex: How our Health Declines, *National Bureau of Economic Research, NBER Working Paper # 9821,* Cambridge MA.

Cawley, J. (1999), Rational Addiction, the consumption of Calories, and Body Weight, *University of Chicago*, PhD. Thesis, Chicago.

Chaloupka, F. (1988), An Economic Analysis of Addictive Behavior: The Case of Cigarette Smoking, *City University of New York Graduate School*, Ph. D. dissertation, New York.

Chaloupka, F. (1990), Men, Women, And Addiction: The Case of Case of Cigarette Smoking, *National Bureau of Economic Research, NBER Working Paper # 3267*, Cambridge MA.

Chaloupka, F. und A. Laixuthai (1997), Do Youths Substitute Alcohol and Marijuana?, Some Econometric Evidence, in: *Eastern Econometric Journal* 23, S. 253 - 276.

Chamberlain, G. (1980), Analysis of Covariance with Qualitative Data, in: *Review of Economic Studies* 47, S. 225 - 238.

Chang, F. (1996), Uncertainty and investment in health, in: *Journal of Health Economics* 15, S. 369 - 376.

Clark, A. und F. Etilé (2002), Do health changes affect smoking? Evidence from British panel data, in: *Journal of Health Economics* 32, S. 533 - 562.

Clarke, H. (1998), Addictive Consumption under Conditions of Risk, *La Trobe University, Department of Economics, Discussion Paper*, o. O.

Claßen, E. (1993), Soziale Schicht und koronare Risikofaktoren in Deutschland-Ost und -West, in: Mielck, A. (Hrsg.), Krankheit und soziale Ungleichheit: Sozialepidemiologische Forschungen in Deutschland, Opladen, S. 227 - 242.

Conlisk, J. (1996), Why Bounded Rationality?, in: *Journal of Economic Literature* XXXIV, S. 669 - 700.

Conniffe, D. (1995), Models of Irish tobacco consumption, in: *Economic and Social Review* 26, S. 331 - 347.

Contoyannis, P. und A. Jones (1999a), A model of health and lifestyle, *University of York, Paper prepared for the* 2nd *iHEA Conference, Rotterdam 7-9 June 1999*, York.

Contoyannis, P. und A. Jones (1999b), Rationality, addiction, and adjustment costs, *University of York, Department of Economics and Related Studies, Discussion Paper,* York.

Contoyannis, P. und N. Rice (2001), The impact of health on wages: Evidence from the British Household Panel Survey, in: *Empirical Economics* 26, S. 599 - 622.

Coppejans, M. und H. Sieg (2002), Price Uncertainty, Tax Policy, and Addiction: Evidence and Implications, Discussion Paper [Stand May 29, 2002].

Corneo, G. und O. Jeanne (1994), A Theory of Fashion Based on Segmented Communication, *University of Bonn, Discussion paper No. A-462*, Bonn.

Cropper, M. (1977), Health, investment in health, and occupational choice, in: *Journal of Political Economy* 85, S. 1273 - 1294.

Dardanoni, V. und A. Wagstaff (1987), Uncertainty, inequalities in health and the demand for health, in: *Journal of Health Economics* 6, S. 283 - 290

Dardanoni, V. und A. Wagstaff (1990), Uncertainty and the demand for medical care, in: *Journal of Health Economics* 9, S. 23 - 38.

Dauer, S., Wagner, G., Hennig, H. und J. Morgenstern (1993), Arbeitslosigkeit und Gesundheit - erste Ergebnisse, in: Kieselbach, T. und P. Voigt (Hrsg.), Systemumbruch, Arbeitslosigkeit und individuelle Bewältigung in der Ex-DDR, *Psychologie sozialer Ungleichheit, Bd. 4*, Weinheim, S. 248 - 267.

Decker, S. und E. Schwartz (2000), Cigarettes and Alcohol: Substitutes or Complements?, *NBER Working Paper #7535*, Cambridge, MA.

Dee, T. (1999), State alcohol policies, teen drinking and traffic fatalities, in: *Journal of Public Economics* 72, S. 289 - 315.

Deissenberg, C., Feichtinger, G., Semmler, W. und F. Wirl (2001), History Dependence and Global Dynamics in Models with Multiple Equilibria, *University of Bielefeld, Center for Empirical Macroeconomics, CEM Working Paper No. 12*, Bielefeld.

Delling, B. und E. Meiner (1998), Arzneimittelverbrauch in Ost- und Westdeutschland, Teil II: Quantitative Analyse der Arzneimittelgruppen 1995 - 1997, in: Laukant, A. (Hrsg.), Arzneimittel-Verbrauch in Ost- und Westdeutschland, Nürnberg, S. 111 - 151.

Deutsches Institut für Wirtschaftsforschung (DIW Halle), Institut für Weltwirtschaft an der Universität Kiel (IfW), Institut für Arbeitsmarkt- und Berufsforschung (IAB), Institut für Wirtschaftsforschung Halle (IWH) und Zentrum für Europäische Wirtschaftsforschung (ZEW) (2002), Fortschrittsbericht wirtschaftswissenschaftlicher Institute über die wirtschaftliche Entwicklung in Ostdeutschland, Forschungsauftrag des Bundesministeriums der Finanzen, Halle.

Dewenter, R. (2002), Rational Addiction to News? Habit Formation and Print Media Usage, *University of Essen, Department of Economics, Working Paper # 116*, Essen.

Diggle, P., Liang, K. und S. Zeger (1994), Analysis of Longitudinal Data, Oxford.

Dimitri, N. (1996), The Economic Theory of Learning: An Introduction, *Universita degli Studi di Siena, Collana del Dipartimento di Economica Politica,* Siena.

DiNardo, J. und T. Lemieux (2001), Alcohol, Marijuana, and American Youth: The intended Consequences of Government Regulation, in: *Journal of Health Economics* 20, S. 991 - 1010.

Ditrich, S. (2001), Fragen zur Gesundheit, Ergebnisse des Mikrozensus 1999, in: *Wirtschaft und Statistik*, S. 771 - 780.

Dockner, E. und G. Feichtinger (1993), Cyclical Consumption Patterns and Rational Addiction, in: *The American Economic Review* 83, S. 256 - 263.

Donat, P. (1996), Die Entwicklung des Ernährungsverhaltens der „DDR-Bevölkerung" vor und nach der Wende, in: Kutsch, T. und S. Weggemann

(Hrsg.), Ernährung in Deutschland nach der Wende, Veränderungen in Haushalt, Beruf und Gemeinschaftsverpflegung, *Bonner Studien zur Wirtschaftssoziologie, Band 3*, Bonn, S. 1 - 20.

Doppmann, R. (1985), Determinanten der Nachfrage nach Gesundheit und der Inanspruchnahme medizinischer Leistungen, Basel.

Dougherty, C. (2002), Introduction to Econometrics, 2nd edition, Oxford.

Drieseberg, T. J. (1995), Lebensstil-Forschung. Theoretische Grundlagen und praktische Anwendungen, *Konsum und Verhalten, Band 41*, Heidelberg.

Dustmann, C. und F. Windmeijer (2000), Wages and the Demand for Health - A Life Cycle Analysis, *Forschungsinstitut zur Zukunft der Arbeit, IZA DP No. 171,* Bonn.

Eisen, R. (1992), Zur Entwicklung des Gesundheitswesens in den neuen Bundesländern unter besonderer Berücksichtigung des Verhältnisses von GKV, PKV und des öffentlichen Gesundheitsdienstes, in: Kleinhenz, G. (Hrsg.) Sozialpolitik im vereinten Deutschland II, *Schriften des Vereins für Socialpolitik NF Band 208/II*, Berlin, S. 73 - 96.

Elster, J. (1999a), Emotion and Addiction: Neurobiology, Culture, and Choice, in: Elster, J. (Ed.), Addictions, Entries and Exits, New York, S. 239 - 276.

Elster, J. (Ed.) (1999b), Addictions, Entries and Exits, New York

Elster, J. und O. Skøg (1999), Introduction, in: Elster, J. und O. Skøg (Eds.), Getting Hooked: Rationality and the Addictions, Cambridge, S. 1 - 29.

Erbsland, M., Ried, W. und V. Ulrich (1998), The Impact of the Environment on the Demand for Health and Health Care: An Empirical Analysis for Germany, in: Zweifel, P. (Ed.), Health, the medical profession, and regulation, *Developments in health economics and public policy, vol. 6*, Boston, S. 3 - 34.

Etilé, F. (2000), Usages de Drogues et Dépendance: Une Analyse Economique, Thèse de Doctorat en Sciences Economiques, *Université Paris-1 Panthéon-Sorbonne,* Paris.

Euler, M. (1974), Statistische Probleme bei der Erfassung des Verbrauchs von Nahrungs- und Genußmitteln in privaten Haushalten, in: *Wirtschaft und Statistik*, S. 762 - 766.

Evans, W. und M. Farelly (1995), The Compensating Behavior of Smokers: Taxes, Tar, and Nicotine, *University of Maryland, Discussion Paper*, o. O.

Everingham, S. und C. Rydell (1994), Modelling the Demand for Cocaine, *RAND MR-332-ONDCP/A/DPRC*, Santa Monica, CA.

Farrell, P. und V. R. Fuchs (1982), Schooling and health: The cigarette connection, in: *Journal of Health Economics* 1, S. 217 - 230.

Felber, W. (2000), Presseerklärung zur Herbsttagung der Deutschen Gesellschaft für Suizidprävention - Hilfe in Lebenskrisen e. V. (DGS) vom 08. bis 10. Oktober 1999 in Bayreuth, in: Wolfersdorf, M. und C. Franke (Hrsg.), Suizidforschung und Suizidprävention am Ende des 20. Jahrhunderts, Beiträge der DGS-Jahrestagung vom 08. - 10.10.1999 in Bayreuth, Regensburg, S. 15 - 18.

Feldman, M. und M. Spagat (1995), Optimal learning with costly adjustment, in: *Economic Theory* 6, S. 439 - 451.

Ferguson, B. (2000), Interpreting the Rational Addiction Model, in: *Health Economics* 9, S. 587 - 598.

Fiebinger, H. (1993), Ausgaben für Nahrungsmittel, Getränke und Tabakwaren im früheren Bundesgebiet sowie in den neuen Ländern und Berlin-Ost, in: *Wirtschaft und Statistik*, S. 929 - 937.

Fitzmaurice, G., Laird, N. und A. Rotnitzky (1993), Regression Models for Discrete Longitudinal Responses, in: *Statistical Science* 8, S. 284 - 309.

Forster, M. (1997), An intertemporal model of healthy and unhealthy lifestyles and optimal life-span, *University of York, Discussion Papers in Economics No. 97/13,* York.

Forschungsgruppe Gesundheitsberichterstattung im Auftrag des Bundesministeriums für Forschung und Technologie (Hrsg.) (1990), Aufbau einer Gesundheitsberichterstattung, Bestandsaufnahme und Konzeptvorschlag, Endbericht, Bd. 1 - 3, Sankt Augustin.

Frank, R. (1985), The Demand for Unobservable and Other Nonpositional Goods, in: *The American Economic Review* 75, S. 101 - 116.

Frechette, G. (2001), Random-Effects Ordered Probit, in: *Stata Technical Bulletin* 61, S. 24 - 27.

Frerich, J. und M. Frey (1996), Handbuch der Geschichte der Sozialpolitik in Deutschland, Band 2: Sozialpolitik in der Deutschen Demokratischen Republik, 2. Auflage, München.

Frijters, P. (1998), A model of fashions and status, in: *Economic Modelling* 15, S. 501 - 517.

Fuchs, E. und E. Appel (1994), Belastungsregulation durch Sport, in: Schwarzer, R. und M. Jerusalem, Gesellschaftlicher Umbruch als kritisches Lebensereignis, Psychosoziale Krisenbewältigung von Übersiedlern und Ostdeutschen, Weinheim und München, S. 228 - 240.

Fuchs, V. (1974), Some Economic Aspects of Mortality in Developed Countries, in: Perlman, M. (Ed.), The Economics of Health and Medical Care, London, S. 174 - 193.

Fuchs, V. (1982), Time Preference and Health: An Exploratory Study, in: Fuchs, V. (Ed.), Economic Aspects of Health, Chicago u. a., S. 93 - 120.

Funke, M. und J. Rahn (2000), How Efficient is the East German Economy? An Exploration with Micro Data, *Universität Hamburg, Diskussionspapier*, Hamburg.

Geißler, R. (Hrsg.) (1994), Soziale Schichtung und Lebenschancen in Deutschland, 2., völlig neu bearbeitete und aktualisierte Auflage, Stuttgart.

Genz, M. (1996), Veränderungen und Kontinuitäten der Lebenslage und des Gesundheitszustandes älterer Menschen zwischen 1989 und 1992, in: Bertram, H., Hradil, S. und G. Kleinhenz (Hrsg.), Sozialer und demographischer Wandel in den neuen Bundesländern, *KSPW Transformationsprozesse, Bd. 8*, Opladen, S. 307 - 327.

Gerstein, D. (1983), Programmes, Interests and Alcohol, in: Grant, M., Plant, M. und A. Williams (Eds.), Economics and Alcohol, Consumption and Controls, London u. a., S. 43 - 61.

Gjelsvik, I. (1999), Freedom of the Will and Addiction, in: Elster, J. (Ed.), Addiction, Entries and Exits, New York, S. 29 - 54.

Gjonca, A., Brockmann, H. und H. Maier (1999), Old-Age Mortality in Germany prior to and after Reunification, Max Planck Institute for Demographic Research, *MPIDR Working Paper WP 1999-011*, Rostock.

Gluchowski, P. (1987), Lebensstile und Wandel der Wählerschaft in der Bundesrepublik Deutschland, in: *Aus Politik und Zeitgeschichte, Beilage zur Wochenzeitschrift Das Parlament*, B 12, S. 18 - 32.

Godfrey, D. und L. Harrison (1990), Preventive health objectives and tax policy options, in: Maynard, A. und P. Tether (Eds.), Preventing Alcohol and Tobacco Problems, Vol. 1: Hants, Engl., S. 34 - 74.

Goldbaum, D. (2000) Life Cycle Consumption of a Harmful and Addictive Good, in: *Economic Inquiry* 38, S. 458 - 469.

Gourieroux, C., Monfort, A. und A. Trognon (1984a), Pseudo Maximum Likelihood Methods: Applications to Poission models, in: *Econometrica* 52, S. 701 - 720.

Gourieroux, C., Monfort, A. und A. Trognon (1984b), Pseudo Maximum Likelihood Methods: Theory, in: *Econometrica* 52, S. 682 - 700.

Greene, W. (2003), Econometric Analysis, Fifth Edition, Upper Saddle River.

Grossman, M. (1972a), On the Concept of Health Capital and the Demand for Health, in: *Journal of Political Economy* 80, S. 223 - 255.

Grossman, M. (1972b), The Demand for Health: A Theoretical and Empirical Investigation, *NBER Occasional Paper 119,* New York.

Grossman, M. (1982), The Demand for Health after a decade, in: *Journal of Health Economics* 1, S. 1 - 3.

Grossman, M. (1993), The Economic Analysis of Addictive Behavior, in: Hilton, M. und G. Bloss (Eds.) Economics and the Prevention of Alcohol-Related Problems, Proceedings of a Workshop on Economic and Socio-economic Issues in the Prevention of Alcohol-Related Problems, *US. Department of Health and Human Services, Research Monograph No. 25, Fishers Lane*, S. 91 - 123.

Grossman, M. (1975), The correlation between health and schooling, in: Terleckyi, N. (Ed.), Household production and consumption, New York, S. 147 - 223.

Grossman, M. (2000), The Human Capital Model, in: Culyer, A. (Ed.), Handbook of Health Economics, Bd. 1A, Amsterdam 2000, S. 347 - 408.

Grossman, M. und E. Rand (1974), Consumer Incentives for Health Services in Chronic Illness, in: Mushkin, S. (Ed.), Consumer Incentives for Health Care, New York, S. 114 - 151.

Grossman, M., Sindelar, J., Mullahy, J. und R. Anderson (1993), Policy Watch, Alcohol and Cigarette Taxes, in: *Journal of Economic Perspectives* 7, S. 211 - 222.

Gruber, J. und B. Köszegi (2000), Is Addiction "Rational"? Theory and Evidence, *National Bureau of Economic Research, Working Paper # 7507*, Cambridge, MA.

Gruber, J. und J. Zinman (2000), Youth Smoking in the U. S.: Evidence and Implications, erscheint in: Gruber, J. (Ed.), Risky Behavior Among Youths: An Economic Analysis.

Guilkey, D. und J. Murphy (1993), Estimation and testing in the random effects probit model, in: *Journal of Econometrics* 59, S. 301 - 317.

Gul, F. und W. Pesendorfer (2001a), Temptation and Self-Control, in: *Econometrica* 69, S. 1403 - 1435.

Gul, F. und W. Pesendorfer (2001b), A Theory of Addiction, *Princeton University, Discussion paper.*

Hanefeld, U. (1988), Das Sozio-ökonomische Panel, Grundlagen und Konzeptionen, Deutsches Institut für Wirtschaftsforschung, Berlin und Sonderforschungsbereich 3 „Mikroanalytische Grundlagen der Gesellschaftspolitik" der Universitäten Frankfurt und Mannheim (Hrsg.), Sozio-ökonomische Daten und Analysen für die Bundesrepublik Deutschland, Band 1, Frankfurt u. a.

Hanewinkel, R. und B. Isensee (2002), Umsetzung, Akzeptanz und Auswirkungen der Tabaksteuererhöhung vom 1. Januar 2002, Bevölkerungsrepräsentative Untersuchung im Auftrag des Bundesministeriums für Gesundheit, Abschlußbericht, *Institut für Therapie- und Gesundheitsforschung, IFT-Nord,* Kiel.

Hansen, L. (1982), Large sample properties of generalized method of moments estimators, in: *Econometrics* 50, S. 1029 - 1054.

Hardin, J. und J. Hilbe (2003), Generalized Estimating Equations, Boca Raton.

Hausman, J. (1978), Specification Tests in Econometrics, in *Econometrica* 46, S. 1251 - 1271.

Hein, B. (1996), Fragen zur Gesundheit, Ergebnisse des Mikrozensus 1995, in: *Wirtschaft und Statistik*, S. 624 - 632.

Heinemann, L., Dinkel, R. und E. Görtler (1996), Life Expectancy in Germany: Possible Reasons for the Increasing Gap between East and West Germany, in: *Reviews on Environmental Health* 11, S. 15 - 26.

Heinz, W., Hormuth, S., Kornadt, H., Sydow, H. und G. Trommsdorff (1996), Einleitung, in: Heinz, W., Hormuth, S., Kornadt, H., Sydow, H. und G. Trommsdorff (Hrsg.), Individuelle Entwicklung, Bildung und Berufsverläufe, *Berichte der Kommission für die Erforschung des sozialen und politischen Wandels in den neuen Bundesländern e. V., Bericht 4*, Opladen.

Henke, K. (1990), Das Gesundheitswesen im gesamtdeutschen Einigungsprozeß, in: *Wirtschaftsdienst* 70, S. 353 - 358.

Henkel, D. (1993), Arbeitslosigkeit und Alkoholismus in den neuen Bundesländern der Ex-DDR, in: Kieselbach, T. und P. Voigt (Hrsg.), Systemumbruch, Arbeitslosigkeit und individuelle Bewältigung in der Ex-DDR, *Psychologie sozialer Ungleichheit, Bd. 4*, Weinheim, S. 124 - 137.

Herbst, K., Kraus, L., Scherer, K. und J. Schumann (1995), Repräsentativerhebung zum Gebrauch psychoaktiver Substanzen bei Erwachsenen in Deutschland, Telefonische Erhebung 1994, *Schriftenreihe des Bundesministerium für Gesundheit, Band 55*, Baden-Baden.

Herrnstein, R. und D. Prelec (1992), A Theory of Addiction, in: Loewenstein, G. und D. Prelec (Eds.), Choice over Time, New York, S. 331 - 360.

Hertzman, C., Frank, J. und R. Evans (1994), Heterogeneities in Health Status and the Determinants of Population Health, in: Evans, R., Barer, M. und T. Marmor (Eds.), Why Are Some People Healthy and Others Not? The Determinants of Health of Populations, New York, S. 67 - 92.

Herrnstein, R. und W. Vauhan, Jr. (1980), Melioration and Behavioral Allocation, in: Staddon, J. (Ed.), Limits to Action, New York, S. 143 - 176.

Heyink, J. (1993), Adaption and well-being, in: *Psychological Reports* 73, S. 1331 - 1342.

Higgins, S. (1999), Applying Behavioral Economics to the Challenge of Reducing Cocaine Abuse, in: Chaloupka, F., Grossman, M., Bickel, W. und H. Saffer (Eds.), The Economic Analysis of Substance Use and Abuse, Chicago u. a., S. 157 - 174.

Hoffmeister, H. und B. Bellach (Hrsg.) (1995), Die Gesundheit der Deutschen, Ein Ost-West-Vergleich von Gesundheitsdaten, Auswertung der Daten des Surveys Neue Bundesländer 1991/92 im Vergleich mit den Daten des 3. Durchgangs (t2) des Nationalen Gesundheitssurveys der DHP (1990/91), *RKI-Heft 7/1995*, 2. überarbeitete Auflage, Berlin.

Hoffmeister, H. und H. Hüttner (1995), Körperliche Aktivität bzw. Inaktivität, in: Hoffmeister, H. und B. Bellach (Hrsg.), Die Gesundheit der Deutschen, Ein Ost-West-Vergleich von Gesundheitsdaten, Auswertung der Daten des Surveys Neue Bundesländer 1991/92 im Vergleich mit den Daten des 3. Durchgangs (t2) des Nationalen Gesundheitssurveys der DHP (1990/91), *RKI-Heft 7/1995*, 2. überarbeitete Auflage, Berlin, S. 168 - 173.

Hoffmeister, H., Hüttner, H., Stolzenberg, H., Lopez, H. und J. Winkler (1992), Sozialer Status und Gesundheit, Nationaler Gesundheits-Survey

1984 - 1986, Unterschiede in der Verteilung von Herz-Kreislauf-Krankheiten und ihrer Risikofaktoren in der Bevölkerung der Bundesrepublik Deutschland nach Schichten und Gruppen, *BGA-Schriften 2/92*, München.

Holly, A. und F. Levi (1999), Die Beziehung(en) zwischen Tabakkonsum und Tabaksteuer - Verschiedene Szenarien, Zusammenfassung des Endberichts, Mandat des Bundesamtes für Gesundheit, *Institut d'économie et management de la santé (IEMS), Université de Lausanne,* Lausanne.

Holtz-Eakin, D., Newey, W. und H. Rosen (1988), Estimating vector autoregressions with panel data, in: *Econometrica* 56, S. 1371 - 1395.

Honoré, B. (2002), Non-Linear Model with Panel Data, *The Institute for Fiscal Studies - Department of Economics, UCL, cenmap working paper CWP13/02,* London.

Hradil, S. (1992), Alte Begriffe und neue Strukturen, Die Milieu-, Subkultur- und Lebensstilforschung der 80er Jahre, in: Hradil, S. (Hrsg.), Zwischen Bewußtsein und Sein, die Vermittlung „objektiver" Lebensbedingungen und „subjektiver" Lebenslagen, *Sozialstrukturanalyse, Bd. 1*, Opladen, S. 15 - 55.

Hradil, S. (1993), Neuerungen der Ungleichheitsanalyse und die Programmatik künftiger Sozialepidemiologie, in: Mielck, A. (Hrsg.), Krankheit und soziale Ungleichheit: Sozialepidemiologische Forschungen in Deutschland, Opladen, S. 376 - 392.

Hsiao, C. (1986), Analysis of Panel Data, Cambridge.

Hsieh, C. (1998), Health risk and the decision to quit smoking, in: *Applied Economics* 30, S. 795 - 804.

Huber, P. (1967), The Behavior of Maximum Likelihood Estimates Under Nonstandard Conditions, in: LeCam, L. und J. Neyman (Eds.), Proceedings of Fifth Berkeley Symposium on Mathematical Statistics and Probability, S. 221 - 233.

Hüllinghorst, R. (2000), Alkohohl - Zahlen und Fakten zum Konsum, in: Deutsche Hauptstelle gegen Suchtgefahren e.V. (Hrsg.), Jahrbuch Sucht 2001, Geesthacht, S. 17 - 30.

Hüttner, H. (1995), Körpergröße und Body Mass Index, in: Hoffmeister, H. und B. Bellach, (Hrsg.), Die Gesundheit der Deutschen, ein Ost-West-Vergleich von Gesundheitsdaten, Auswertung der Daten des Surveys Neue Bundesländer 1991/92 im Vergleich mit den Daten des 3. Durchgangs (t2) des Nationalen Gesundheitssurveys der DHP (1990/91), *RKI-Heft 7/1995*, 2., überarbeitete Auflage, Berlin, S. 117 - 128.

Hurrelmann, K. und U. Laaser (1993), Gesundheitswissenschaften als interdisziplinäre Herausforderung, Zur Entwicklung eines neuen wissenschaftlichen Arbeitsgebietes, in: Hurrelmann, K. und U. Laaser (Hrsg), Gesundheitswissenschaften, Handbuch für Lehre, Forschung und Praxis, Weinheim und Basel, S. 4 - 25.

Iannaccone, L. (1984), Consumption Capital and Habit Formation with an Application to Religious Participation, *University of Chicago*, Ph. D. Diss., Chicago.

Iannaccone, L. (1986), Addiction and Satiation, in: *Economic Letters* 21, S. 95 - 99.

Ippolito, P. (1981), Information and the life-cycle consumption of hazardous goods, in: *Economic Inquiry* 19, S. 529 - 558.

Jha, P. und F. J. Chaloupka (1999), Curbing the epidemic: Governments and the Economics of Tobacco Control, Washington.

Johansson, P. (1994), Valuing Changes in Health: A Production Function Approach, in: Pethig, R. (Ed.), Valuing the Environment: Methodological and Measurement Issues, Dordrecht u. a., S. 151 - 167.

Jimenez, S. und J. Labeaga (1994), Is it possible to reduce tobacco consumption via alcohol taxation?, in: *Econometrics and Health Economics* 3, S. 231 - 241.

Jones, A. (1999), Adjustment Costs, Withdrawal Effects, and Cigarette Addiction, in: *Journal of Health Economics* 18, S. 125 - 137.

Jones, A. (2000), Health Econometrics, in: Culyer, A. und J. Newhouse (Eds.), Handbook of Health Economics, Vol. 1A, S. 265 - 344.

Jürges, H. (2001), The Welfare Costs of Addiction, *University of Dortmund, Discussion Paper in Economics 2001-03,* Dortmund.

Junge, B. (2000), Tabak - Zahlen und Fakten zum Konsum, in: Deutsche Hauptstelle gegen Suchtgefahren e. V. (Hrsg.), Jahrbuch Sucht 2001, Geesthacht, S. 31 - 62.

Junge, B. und M. Nagel (1999), Das Rauchverhalten in Deutschland, in: *Gesundheitswesen* 61, Sonderheft 2, S. 121 - 125.

Junge, B. und H. Stolzenberg (1995), Tabakkonsum, in: Hoffmeister, H. und B. Bellach, (Hrsg.), Die Gesundheit der Deutschen, Ein Ost-West-

Vergleich von Gesundheitsdaten, Auswertung der Daten des Surveys Neue Bundesländer 1991/92 im Vergleich mit den Daten des 3. Durchgangs (t2) des Nationalen Gesundheitssurveys der DHP (1990/91*), RKI-Heft 7/1995* , 2., überarbeitete Auflage, Berlin, S. 160 - 164.

Kahneman, D., Slovic, P. und A. Tversky (Eds.). (1982), Judgement under uncertainty: Heuristics and biases, Cambridge.

Kappeler, M., Barsch, G., Gaffron, K., Hayner, E., Leinen, P. und S. Ulbricht (1999), Jugendliche und Drogen, Ergebnisse einer Längsschnittuntersuchung in Ost-Berlin nach der Maueröffnung, Opladen.

Kenkel, D. (1995), Should You Eat Breakfast? Estimates from Health Production Functions, in: *Health Economics* 4, S. 15 - 29.

Kenkel, D. und P. Wang (1996), Rational addiction, occupational choice, and human capital accumulation, *Cornell University, Department of Policy Analysis and Management, Working paper,* o. O.

Kennedy, P. (1998), A Guide to Econometrics, Fourth Edition, Cambridge.

Kieselbach, T. (1992), Zum vorliegenden Band „Arbeitslosigkeit und Alkoholismus - Epidemiologische, ätiologische und diagnostische Zusammenhänge“, in: Henkel, D. (Hrsg.), Arbeitslosigkeit und Alkoholismus: epidemiologische, ätiologische und diagnostische Zusammenhänge, *Psychologie sozialer Ungleichheit, Bd. 3*, Weinheim, S. 8 - 15.

Kieselbach, T. (1993), Massenarbeitslosigkeit und Gesundheit in der Ex-DDR, Soziale Konstruktion und individuelle Bewältigung, in: Kieselbach, T. und P. Voigt (Hrsg.), Systemumbruch, Arbeitslosigkeit und individuelle Bewältigung in der Ex-DDR, *Psychologie sozialer Ungleichheit, Bd. 4*, Weinheim, S. 43 - 72.

Kirschner, R. (1996), Jugend und illegale Drogen in Ostdeutschland: eine bevölkerungsrepräsentative Längsschnittuntersuchung, *Prävention und psychosoziale Gesundheitsforschung: Forschungsberichte, Band 4*, München u. a.

Klijn, N. (1977), Expenditure, saving and habit formation: A comment, in: *International Economic Review* 18, S. 791 - 798.

Klocke, A. (1993), Sozialer Wandel, Sozialstruktur und Lebensstile in der Bundesrepublik Deutschland, *Beiträge zur Politikwissenschaft, Bd. 54*, Frankfurt am Main u. a.

Kolip, P., Nordlohne, E. und K. Hurrelmann (1995), Der Jugendgesundheitssurvey 1993, in: Kolip, P., Nordlohne, E. und P. Schnabel (Hrsg.): Jugend und Gesundheit: Interventionsfelder und Präventionsbereiche, Weinheim und München.

Kraus, L. und R. Augustin (2000), Tabakkonsumtrends bei Erwachsenen 1980 bis 1997, in: Deutsche Hauptstelle gegen Suchtgefahren e.V. (Hrsg.), Jahrbuch Sucht 2001, Geesthacht, S. 127 - 137.

Kraus, L., Schuhmann, J., Wiblishäuser, P. und K. Herbst (1994), Die Entwicklung des Konsums von legalen und illegalen Drogen in den neuen Bundesländern, in: *Sucht* 2/1994, S. 107 - 120.

Kurella, S. (1992), Arbeitslosigkeit und Gesundheit, Literaturstudie für die Jahre 1985 - 1991, *Wissenschaftszentrum Berlin für Sozialforschung, Veröffentlichungsreihe der Forschungsgruppe Gesundheitsrisiken und Präventionspolitik, Paper P-92-202*, Berlin.

Kurz-Scherf, I. und G. Winkler (Hrsg.) (1994), Sozialreport 1994, Daten und Fakten zur sozialen Lage in den neuen Bundesländern, Berlin.

Kverndokk, S. (2000), Why do people demand health?, *University of Oslo, Health Economics Research Programme, Working Paper 2000:5,* Oslo.

Labeaga, J. (1999), A double-hurdle rational addiction model with heterogeneity: Estimating the demand for tobacco, in: *Journal of Econometrics* 93, S. 49 - 72.

Laibson, D (2001), A Cue-Theory of Consumption, in: *The Quarterly Journal of Economics* 116, S. 81 - 119.

Lancaster, K. (1966), A New Approach to Consumer Theory, in: *Journal of Political Economy* 72, S. 132 - 157.

Lang, H., Thiel, C. und L. Kohlmeier (1990), Daten zu Mortalität, Risikofaktoren koronarer Herzerkrankungen und zum Ernährungsverhalten, in: *Bundesgesundheitsblatt*, S. 595 - 600.

Lechner, M. (1999), The Empirical Analysis of East German Fertility after Unification: An Update, *Universität St. Gallen, Volkswirtschaftliche Abteilung, Discussion paper no. 9905*, St. Gallen.

Lechner, M., Pfeiffer, F. und L. Giesecke O'Shea (1993), Expected Job Loss in East Germany Shortly Before German Unification, in: *Empirical Economics* 18, S. 289 - 306.

Leibenstein, H. (1950), Bandwagon, Snob, and Veblen Effects in the Theory of Consumer Demand, in: *The Quarterly Journal of Economics* 64, S. 183 - 207.

Lemke, P. und U. Laaser (1986), Das epidemiologische Modell der Risikofaktoren und seine Umsetzbarkeit - die Epidemiologie in der Realität der Gesundheitspolitik, in: *Medizin - Mensch - Gesellschaft* 11, S. 215 - 225.

Leu, R. (1983), What can Economists Contribute?, in: Grant, M., Plant, M. und A. Williams (Eds.), Economics and Alcohol, Consumption and Controls, London u. a., S. 13 - 23.

Leu, R. (1991), Gesundheitsverhalten, Gesundheitsstatus und Kosten der medizinischen Versorgung, in: Robert-Bosch-Stiftung (Hrsg.), Entwicklungstendenzen im Gesundheitswesen und ihre ökonomische Bedeutung, *Beiträge zur Gesundheitsökonomie, Bd. 12,* Gerlingen, S. 213 - 270.

Leu, R. und R. Doppmann (1986), Gesundheitszustand und Nachfrage nach Gesundheitsleistungen, in: Wille, E. (Hrsg.), Informations- und Planungsprobleme in öffentlichen Aufgabenbereichen, Aspekte der Zielbildung und Outputmessung unter besonderer Berücksichtigung des Gesundheitswesens, *Staatliche Allokationspolitik im marktwirtschaftlichen System, Bd. 21*, Frankfurt am Main u. a., S. 1 - 90.

Leu, R. und M. Gerfin (1992), Die Nachfrage nach Gesundheit - Ein empirischer Test des Grossman-Modells, in: Oberender, P. (Hrsg.), Steuerungsprobleme im Gesundheitswesen, Baden-Baden, S. 61 - 78.

Leung, S. und C. Phelps (1993), "My Kingdom for a Drink...?" A Review of Estimates of the Price Sensitivity of Demand for Alcoholic Beverages, in: Hilton, M. und G. Bloss (Eds.), Economics and the Prevention of Alcohol-Related Problems, Proceedings of a Workshop on Economic and Socioeconomic Issues in the Prevention of Alcohol-Related Problems, October 10-11, 1991, *US. Department of Health and Human Services, Research Monograph No. 25,* Fishers Lane Bethesda, MD, S. 1 - 32

Lewit, E. und D. Coate (1982), The potential for using excise taxes to reduce smoking, in: *Journal of Health Economics* 1, S. 121 - 145.

Lewit, E., Coate, D. und M. Grossman (1981), The effects of government regulation on teenage smoking, in: *Journal of Law and Economics* 24, S. 545 - 569.

Liang, K. und S. Zeger (1986), Longitudinal Data Analysis Using Generalized Linear Models, in: *Biometrika* 73, S. 13 - 22.

Liljas, B. (1996), The demand for health with uncertainty and insurance, in: Liljas, B. (Ed.), Economic Evaluation and Uncertainty in Health Care: Some Theoretical and Empirical Results, *University of Lund, Department of*

Economics, School of Economics and Management, Working Paper 56/96, Lund.

Liljas, B. (1997), The Demand for Health and the Contingent Valuation Method, *Lund University, Lund economic studies # 66,* Lund.

Liljas, B. (1998a), Demand for health, life-time income, and imperfect financial markets, *Lund University, Department of Community Medicine and Institute of Economic Research, Studies in Health Economics*, Lund.

Liljas, B. (1998b), The demand for health with uncertainty and insurance, in: *Journal of Health Economics* 17, S. 153 - 170.

Lluch, C. (1974), Expenditure, savings and habit formation, in: *International Economic Review* 15, S. 786 - 797.

Loewenstein, G. (1996), Out of Control: Visceral Influences on Behavior, in: *Organizational Behavior and Human Decision Processes* 65, S. 272 - 292.

Loewenstein, G. (1999), A Visceral Account of Addiction, in: Elster, J. und O. Skog, Getting Hooked: Rationality and addictions, Cambridge, S. 235 - 264.

Loewenstein, G, O'Donoghue, T. und M. Rabin (2000), Projection Bias in Predicting Future Utility, *University of Berkeley, Economics Department Working Paper E00 - 284*, Berkeley.

Long, J. (1997), Regression Models for Categorical and Limited Dependent Variables, London u. a.

Lüdtke, H. (1989), Expressive Ungleichheit, Zur Soziologie der Lebensstile, Opladen.

Lye, J. und J. Hirschberg (1999), Wages and Alcohol Consumption, Smoking, Weight Gain and Exercising: Evidence on Australian Men and Women, *University of Melbourne, Department of Economics, Research Paper No. 621*, Parkville Victoria.

Marschall, P. (1999), Lebensstilwandel in Ostdeutschland, Ansatzpunkte für gesundheitsökonomische Analysen, *Ernst-Moritz-Arndt-Universität Greifswald, Rechts- und Staatswissenschaftliche Fakultät, Diskussionspapier 3/99,* Greifswald.

Marshall, A. (1920), Principles of Economics, 8th ed. London.

Mensink, G., Thamm, M. und K. Haas (1999), Die Ernährung in Deutschland 1998, in: *Gesundheitswesen* 61, Sonderheft 2, S. 200 - 206.

Michael, R. und G. Becker (1973), On the new theory of Consumer Behavior, in: *Swedish Journal of Economics* 75, S. 378 - 396.

Michaels, R. (1988), Addiction, compulsion, and the technology of consumption, in: *Economic Inquiry* 26, S. 74 - 88.

Mirow, L. (1998), Lebensweisen und Gesundheitsverhalten von Frauen in einer ostdeutschen Großstadt fünf Jahre nach der Wiedervereinigung, *Universität Rostock, Medizinische Fakultät*, Diss., Rostock.

Mittag, W. und A. Onnen (1991), Rauchen, Alkohol- und Medikamentenkonsum, Zur Prävalenz von gesundheitlichem Risikoverhalten, in: *Psychomed* 3, S. 118 - 123.

Mittag, W. und K. Schröder (1994), Gesundheitliches Risikoverhalten, Der Konsum von Tabak, Alkohol und Medikamenten, in: Schwarzer, R. und M. Jerusalem (Hrsg.), Gesellschaftlicher Umbruch als kritisches Lebensereignis, Psychosoziale Krisenbewältigung von Übersiedlern und Ostdeutschen, Weinheim und München, S. 198 - 225.

Mittag, W. und R. Schwarzer (1993), Interaction of Employment Status und Self-efficacy on Alcohol Consumption: A two-wave study on stressful life transitions, in: *Psychology and Health* 8, S. 77 - 87.

Mobilia, P. (1993), Gambling as a Rational Addiction, in: *Journal of Gambling Studies* 9, S. 121 - 151.

Müller, H. und M. Weihrich (1990), Lebensweise - Lebensführung - Lebensstile, Eine kommentierte Bibliographie, Institut für Soziologie und Gesellschaftspolitik, Universität der Bundeswehr München.

Musto, D. (1987), The American Disease, New Haven.

Muurinen, J., (1982), Demand for Health - A Generalised Grossman Model, in: *Journal of Health Economics* 1, S. 5 - 28.

Nocera, S. und P. Zweifel (1998), The Demand for Health: An Empirical Test of the Grossman Model Using Panel Data, in: Zweifel, P. (Ed.), Health, The Medical Profession, and Regulation, S. 35 - 49.

Nordlohne, E., Reißig, M. und K. Hurrelmann (1993), Drogengebrauch in Ost und West: Zur Situation des Drogengebrauchs bei Jugendlichen in den alten und neuen Ländern der Bundesrepublik, in: *Sucht* 39, S. 10 - 34.

Oberender, P. (1989), Lebensstil und Gesundheitsgefährdung als Faktor der Volkswirtschaft, in: *Arzt und Christ* 35, S. 196 - 208.

Oberender, P. (1994), Wie läßt sich das Problem der Arbeitslosigkeit in den neuen Bundesländern lösen?, in: Ries, H. (Hrsg.), Thüringer Regionen im Wettbewerb des Europäischen Binnenmarktes, *Schriftenreihe des Thüringer Ministeriums für Bundes- und Europangelegenheiten, Band 2,* S. 99 - 103.

O'Donoghue, T. und M. Rabin (1999), Addiction and Self-Control, in: Elster, J. (Ed.), Addiction, Entries and Exits, New York, S. 169 - 206.

O'Donoghue, T. und M. Rabin (2001), Risky Behavior Among Youths: Some Issues from Behavioral Economics, in: Gruber, J. (Ed.), Risky Behavior Among Youths: An Economic Analysis, Chicago u. a., S. 29 - 67.

Olekalns, N. und P. Bardsley (1996), Rational Addiction to Caffeine: An Analysis of Coffee Consumption, in: *Journal of Political Economy* 104, S. 1100 - 1104.

Oppenländer, K. (Hrsg.) 1997), Wiedervereinigung nach sechs Jahren: Erfolge, Defizite, Zukunftsperspektiven im Transformationsprozeß, Berlin u. a.

Orphanides, A. und D. Zervos (1994), Optimal consumption dynamics with non-concave habit forming utility, in: *Economics Letters* 44, S. 67 - 72.

Orphanides, A. und D. Zervos (1995), Rational Addiction with Learning and Regret, in: *Journal of Political Economy* 103, S. 739 - 758.

Orphanides, A. und D. Zervos (1998), Myopia and Addictive Behaviour, in: *The Economic Journal* 108, S. 75 - 91.

Pacula, R. (1997), Economic Modelling of the Gateway Effect, in: *Health Economics* 6, S. 521 - 524.

Pacula, R und F. Chaloupka (2001), The Effects of Macro-level Interventions on Addictive Behavior, in: *Substance Use & Misuse* 36, S. 1901 - 1922.

Pan, W. (2001), Akaike's information criterion in generalized estimating equations in: *Biometrics* 57, S. 120 - 125.

Perrez, M. und S. Gebert (1994), Veränderung gesundheitsbezogenen Risikoverhaltens, Primäre und sekundäre Prävention, in: Schwenkmezger, P. und L. Schmidt (Hrsg.), Lehrbuch der Gesundheitspsychologie, Stuttgart, S. 169 - 187.

Pesendorfer, W. (1995), Design innovation and fashion cycles, in: *The American Economic Review* 86, S. 771 - 792.

Pfaff, A. und B. Langer (2001), Datenlage im deutschen Gesundheits- und Sozialwesen, *Universität Augsburg, Institut für Volkswirtschaftslehre, Diskussionspaper # 208*, Augsburg.

Pigou, A. (1913), The Interdependence of Different Sources of Demand and Supply in a Market, in: *Economic Journal* 23, 18 - 24.

Pogue, T. und L. Sgnotz (1989), Taxing to control social cost: The case of alcohol, in: *The American Economic Review* 79, S. 235 - 243.

Pohlmeier, W. und V. Ulrich (1992), Determinanten des Gesundheitszustands, Ein empirischer Ansatz zur Outputmessung im Gesundheitswesen bei partiellen Informationen, in: *Zeitschrift für Wirtschafts- und Sozialwissenschaften* 112, S. 219 - 238.

Pollak, R. (1970), Habit forming and dynamic demand functions, in: *Journal of Political Economy* 78, S. 745 - 763.

Prelec, D. (1982), Matching, Maximizing, and the Hyperbolic Reinforcement Feedback Function, in: *Psychological Review* 89, S. 189 - 230.

Rabin, M. (1996), Psychology and Economics, in: *Journal of Economic Literature* 36, S. 11 - 46.

Rendtel, U. (1995), Lebenslagen im Wandel: Panelausfälle und Panelrepräsentativität. Bd. 8, Frankfurt/Main und New York.

Ried, W. (1995), Willingness to Pay, Cost of Illness, and the Human Capital Approach in Health Care - a Comparative Study based on Grossman's Pure Investment Model, *Universität Mannheim, Fakultät für Volkswirtschaftslehre Discussion Paper 521- 95*, Mannheim.

Ried, W. (1996), Willingness to pay and cost of illness for changes in health capital depreciation, in: *Health Economics* 5, S. 447 - 468.

Ried, W. (1998), Comparative dynamic analysis of the full Grossman model, in: *Journal of Health Economics* 17, S. 383 - 425.

Rieder, U. (1975), Bayesian Dynamic Programming, in: *Advances of Applied Probability* 7, S. 330 - 348.

Ronning, G. (1991), Mikroökomometrie, Berlin u. a.

Room, R. (1983), Paternalism, Rationality and the special Status of Alcohol, in: Grant, M., Plant, M. und A. Williams (Eds.), Economics and Alcohol, Consumption and Controls, London u. a., S. 262 - 266.

Rothgang, H. und H. Dräther (2003), Ökonomische Aspekte gesundheitlicher Prävention, in: *Zeitschrift für Sozialreform* 49, S. 531 - 549.

Ruhm, C. (2000), Are Recessions Good for Your Health?, in: *Quarterly Journal of Economics* 115, S. 617 - 650.

Ruhm, C. (2001), Economic Expansions are Unhealthy: Evidence from Microdata, *National Bureau of Economic Research, NBER Working Paper # 8447*, Cambridge, MA.

Sachverständigenrat für die Konzertierte Aktion im Gesundheitswesen (1991), Das Gesundheitswesen im vereinten Deutschland, Jahresgutachten 1991, Baden-Baden.

Schaden, B. und C. Schreiber (1997), Öffentliche Finanztransfers: Spirale ohne Ende?, in: Oppenländer, K. (Hrsg.), Wiedervereinigung nach sechs Jahren: Erfolge, Defizite, Zukunftsperspektiven im Transformationsprozeß, *Schriftenreihe des ifo Instituts für Wirtschaftsforschung Nr. 144*, Berlin u. a., S. 145 - 161.

Schelling, T. (1978), Egonomics or the art of self-mangement, in: *The American Economic Review* 68, S. 291 - 294.

Schmidtke, H. (1997), Gesundheitsversorgung und Gesundheit in den neuen Bundesländern, in: Hauser, R. und T. Olk (Hrsg.), Soziale Sicherheit für alle?, *Beiträge zu den Berichten zum sozialen und politischen Wandel in Ostdeutschland, Bd. 2.3*, Opladen, S. 173 - 222.

Schneider, U. (2002), Theorie und Empirie der Arzt-Patient-Beziehung, Zur Anwendung der Principal-Agent-Theorie auf die Gesundheitsnachfrage, *Allokation im Marktwirtschaftlichen System, Bd. 47,* Frankfurt am Main u. a.

Schröder, H., Reschke, K., Freigang, D., Bemmann, K. und G. Funkat (1993), Transformationsbedingte psychosoziale Risiken im Lebenslauf - gesundheitspsychologische Bestandsaufnahme, KSPW-Expertise FS IV-92-48; veröffentlicht in: *Graue Reihe des KSPW Nr. 528*, Halle und Berlin.

Schwarz, G. (1978), Estimating the Dimension of a Model, in: *The Annals of Statistics*, 6, S. 461 - 464.

Schwarzer, R. und A. Hahn (1994), Gesundheitsbeschwerden. Wie Streß und Ressourcen die Symptombelastung verändern, in: Schwarzer, R. und M. Jerusalem (Hrsg.), Gesellschaftlicher Umbruch als kritisches Lebensereignis, Psychosoziale Krisenbewältigung von Übersiedlern und Ostdeutschen, Weinheim und München, S. 183 - 197.

Schweitzer, S., Intrilligator, M. und J. Salehi (1983), Alcoholism: An Econometric Model of Its Cause, its Effects and its Control, in: Grant, M., Plant, M. und A. Williams (Eds.), Economics and Alcohol, Consumption and Controls, London u. a., S. 107 - 127.

Selden, T. (1993), Uncertainty and health care spending by the poor: The human capital model revisited, in: *Journal of Health Economics* 12, S. 109 - 115.

Selten, R. (2000), Eingeschränkte Rationalität und ökonomische Motivation, in: Hoffmann, L. (Hrsg.), Erweiterung der EU, Jahrestagung des Vereins für Socialpolitik, Gesellschaft für Wirtschafts- und Sozialwissenschaften in Mainz 1999, *Schriften des Vereins für Socialpolitik, Gesellschaft für Wirtschafts- und Sozialwissenschaften Neue Folge Band 274, zugleich Beiheft 9 der Zeitschrift für Wirtschafts- und Sozialwissenschaften*, Berlin, S. 129 - 157.

Showalter, M. (1999), Firm behavior in a market with addiction: the case of cigarettes, in: *Journal of Health Economics* 18, S. 409 - 427.

Siegrist, J. (1995), Medizinische Soziologie, 5. neu bearbeitete Auflage, München u. a.

Simmel, G. (1900), Philosophie des Geldes, Leipzig.

Simon, H. (1957), Models of Man: Social and Rational, New York.

Simon, R. und P. M. Wiblishauser (1993), Ergebnisse der Repräsentativerhebung 1990 zum Konsum und Mißbrauch von illegalen Drogen, alkoholischen Getränken, Medikamenten und Tabakwaren, in: *Sucht* 39, S. 177 - 180.

Sinn, G. und H. Sinn (1991), Kaltstart: volkswirtschaftliche Aspekte der deutschen Vereinigung, Tübingen.

Sinn, H. (1996), Volkswirtschaftliche Probleme der deutschen Vereinigung, *Vorträge der Nordrhein-Westfälischen Akademie der Wissenschaften, Nr. N421*, Opladen.

Sinn, H. (2000), Germany's Economic Unification, An Assessment after Ten Years, *NBER Working Paper No. 7586*, Cambridge, Mass.

Skog, O. (1997), The strength of weak will, in: *Rationality and Society* 6, S. 245 - 269.

Skog, O. (1999a), Hyperbolic Discounting, Willpower, and Addiction, in: Elster, J. (Ed.), Addiction, Entries and Exits, New York, S. 151 - 168.

Skog, O. (1999b), Rationality, Irrationality, and Addiction - Notes on Becker's and Murphy's Theory of Addiction, in: Elster, J. und O. Skog (Eds.), Getting Hooked: Rationality and the Addictions, Cambridge, S. 173 - 207.

Smith, K., Taylor, D., Sloan, F., Johnson, R. und W. Desvousges (2001), Do Smokers Respond to Health Shocks?, in: *The Review of Economics and Statistics* 83, S. 675 - 687.

Smith, L. und P. Sørensen (2000), Pathological Outcomes of Observational Learning, in: *Econometrica* 68, S. 371 - 398.

Sobel, M. (1981), Life style and social structure, New York u. a.

SOEP Group (2001), The German Socio-Economic Panel (GSOEP) After More than 15 years - An Overview, in: *Vierteljahrshefte zur Wirtschaftsforschung* 70, S. 7 - 14.

Spellerberg, A. (1994), Lebensstile in West- und Ostdeutschland, Verteilung und Differenzierung nach sozialstrukturellen Merkmalen, *Wissenschaftszentrum Berlin für Sozialforschung, Arbeitsgruppe Sozialberichterstattung, Paper P-94-105*, Berlin.

Staatliche Zentralverwaltung für Statistik (Hrsg.) [(1956) - (1989)], Statistisches Jahrbuch der Deutschen Demokratischen Republik, Berlin.

Statistisches Bundesamt (Hrsg.) [(1956) - (1989)], Statistisches Jahrbuch für die Bundesrepublik, Stuttgart.

Statistisches Bundesamt (Hrsg.) (1997), Wirtschaftsrechnungen Einkommens- und Verbrauchsstichprobe 1993, Fachserie 15, Heft 3, Aufwendungen privater Haushalte für Nahrungsmittel, Getränke und Tabakwaren sowie Mahlzeiten außer Haus, Stuttgart.

Statistisches Bundesamt (Hrsg.) (2000), Fachserie 12, Gesundheitswesen, Reihe S. 3, Fragen zur Gesundheit, Stuttgart.

Statistisches Bundesamt (Hrsg.) (2002), Wirtschaftsrechnungen Einkommens- und Verbrauchsstichprobe 1998, Fachserie 15, Heft 3, Konsumausgaben privater Haushalte für Nahrungs- und Genußmittel, Getränke und Tabakwaren, Stuttgart.

Statistisches Bundesamt (2003a), Angaben zu den Aufwendungen privater Haushalte für alkoholische Getränke (Bier, Spirituosen, Trauben- und Fruchtwein) in Deutschland auf der Basis der Einkommens- und Verbrauchsstichproben 1993 und 1998 getrennt nach Bundesländern, unveröffentlichte Angaben, Wiesbaden.

Statistisches Bundesamt (2003b), Preise: Verbraucherpreisindex und Index der Einzelhandelspreise, Lange Reihen ab 1948 bis 2002, Wiesbaden.

Statistisches Bundesamt (2003c), Preisindex für die Lebenshaltung aller privaten Haushalte: Preisentwicklung von alkoholischen Getränken und Tabakwaren für die Neuen Länder und Ost-Berlin, Früheres Bundesgebiet und Deutschland 1991 - 2002, Wiesbaden.

Stigler, G. und G. Becker (1977), De Gustibus non est disputandum, in: *The American Economic Review* 67, S. 76 - 90.

Spinnewyn, F. (1981), Rational habit formation, in: *European Economic Review* 15, S. 91 - 109.

Sung, H., Hu, T. und T. Keeler (1992), A Dynamic Simultaneous-Equations Model for Cigarette Consumption in the Western States, University of California, Berkeley, *Economics Working Papers, Public Economics Series,* Berkeley.

Suranovic, S., Goldfarb, R. und T. Leonard (1999), An Economic Theory of Cigarette Addiction, in: *Journal of Health Economics* 18, S. 1 - 29.

Thiel, C. (1996), Ernährung und Gesundheit - dargestellt an den Ergebnissen des DDR-MONICA-Projektes, in: Kutsch, T. und S. Weggemann (Hrsg.), Ernährung in Deutschland nach der Wende, Veränderungen in Haushalt, Beruf und Gemeinschaftsverpflegung, *Bonner Studien zur Wirtschaftssoziologie, Band 3*, Bonn, S. 65 - 75.

Thiel, C. (1998), Auswirkung der Änderungen des Lebensmittelangebotes nach der Wende in den neuen Bundesländern, in: *Verbraucherdienst* 43, S. 448 - 452.

Thiel, C. und D. Johnsen (1993), Ernährungserhebungen im Rahmen von 'MONICA', *Berichte der Bundesanstalt für Ernährung Nr. 9302*, S. 83 - 95.

Tomaszewski, K., Adam, I. und L. Hinze (1997), Gesundheitsrelevante Verhaltensweisen und Problembewältigung von Jugendlichen unter den Bedingungen des sozialen Wandels in den neuen Bundesländern, in: *Sozial- und Präventivmedizin* 42, S. 268 - 275.

Tomer, J. (2001), Addictions are not rational: a socio-economic model of addictive behavior, in: *Journal of Socio-Economics* 33, S. 243 - 261.

Van Ours, J. (1995), The Price elasticity of hard drugs: The case of opium in the Dutch East Indies, 1923 - 1938, in: *Journal of Political Economy* 103, S. 261 - 279.

Veblen, T. (1973), The Theory of the Leisure Class, Boston.

Versantvoort, M. und L. v. d. Laan (1998), Analysing labour supply in a life-style perspective, *Erasmus University Rotterdam, Tinbergen Institute Discussion Papers, No. 10,* Rotterdam.

Villani, A. (1992), Rational Addiction in the Arts, in: *Richerche Economiche* 46, S. 41 - 54.

Viscusi, W. und J. Hersch (2001), Cigarette Smokers as Job Risk Takers, in: *The Review of Economics and Statistics* 83, S. 269 - 280.

Wagstaff, A. (1986), The Demand for Health - Some New Empirical Evidence, in: *Journal of Health Economics* 5, S. 195 - 233.

Waal, H, und J. Mørland (1999), Addiction as Impeded Rationality, in: Elster, J. (Ed.), Addiction, Entries and Exits, New York, S. 120 - 147.

Warschburger, S. (2002), Rauchen und Sozialversicherung: Eine empirische Untersuchung der Auswirkungen des Rauchens auf die Ausgaben der gesetzlichen Rentenversicherung in Deutschland, Frankfurt a. M. u. a.

Wawro, G. (2001), A Panel Probit Analysis of Campaign Contributions and Roll-Call Votes, in: *American Journal of Political Sciences* 45, S. 563 - 579.

Weber, M. (1969), Die protestantische Ethik I, München und Hamburg.

Weber, M. (1980), Wirtschaft und Gesellschaft, Tübingen.

Weizsäcker, C. von (1971), Notes on Endogenous Change of Tastes, in: *Journal of Economic Theory* 3, S. 345 - 372.

Welfens, P. (Ed.) (1992), Economic Aspects of German Unification, National and International Perspectives, Berlin u. a.

Weltring, S. (1997), Staatsverschuldung als Finanzierungsinstrument des deutschen Vereinigungsprozesses: Bestandsaufnahme und theoretische Wirkungsanalyse, Frankfurt a. M. u. a.

White, H. (1980), A Heteroscedasticity-Consistent Covariance Matrix and a Direct Test for Heteroscedasticity, in: *Econometrica* 48, S. 817 - 838.

White, H. (1982), Maximum Likelihood Estimation of Misspecified Models, in: *Econometrica* 50, S. 1 - 25.

Wiesner, G. und W. Casper (1993), Zur Entwicklung der Suizidmortalität in Deutschland, in: *Das Gesundheitswesen* 55, S. 367 - 371.

Wingard, D. und L. Berkman (1983), A multivariate analysis of health practices and social networks, in: Berkman, L. und L. Breslow (Eds.), Health and Ways of Living. The Alameda County Study, New York und Oxford, S. 160 - 175.

Winkler, G. (Hrsg.) (1990), Sozialreport '90, Daten und Fakten zur sozialen Lage in der DDR, Berlin.

Winkler, G. (Hrsg.) (1993), Sozialreport 1992, Daten und Fakten zur sozialen Lage in den neuen Bundesländern, Berlin.

Winkler, G. (Hrsg.) (1995), Sozialreport 1995, Daten und Fakten zur sozialen Lage in den neuen Bundesländern, Berlin.

Winston, G. (1980), Addiction and backsliding, in: *Journal of Economic Behavior and Organization* 1, S. 295 - 324.

Winter, E. (1990), Zur Alkoholproblematik in der DDR - vor und nach der Wende, in: *Bad Tönnisheimer Blätter, Beiträge zur Suchtforschung und -therapie*, S. 25 - 40.

Woittiez, I. (1990), Modelling and empirical evaluation of labour supply behaviour, Diss., *Katholoeke Universiteit Braband*, Tilburg.

Wolfe, B. (1986), Health Status and Medical Expenditures: Is there a Link?, in: *Social Science and Medicine* 22, S. 993 - 999.

Wolfe, B. und M. Gabay (1987), Health Status and Medical Expenditures: More Evidence of a Link, in: *Social Science and Medicine* 25, S. 883 - 888.

Wooldridge, J. (2000), Introductory Econometrics, A Modern Approach, Cincinnati.

Wooldridge, J. (2001), Applications of Generalized Method of Moment Estimation, in: *Journal of Economic Perspectives* 15, S. 87 - 100.

Yen, S. und A. Jones (1996), Individual Cigarette Consumption and Addiction: A Flexible Limited Dependent Variable Approach, in: *Health Economics* 5, S. 105 - 117.

Zapf, W., Breuer, S., Hampel, J., Krause, P., Mohr, H. und E. Weigand (1987), Individualisierung und Sicherheit. Untersuchungen zur Lebensqualität in der Bundesrepublik Deutschland, *Schriftenreihe des Bundeskanzleramtes, Bd. 4*, München.

Zeger, S. und K. Liang (1986), Longitudinal Data Analysis for Discrete and Continuous Outcomes, in: *Biometrica* 42, S. 121 - 130.

Zweifel, P. (1992), Das Individuum als Produzent seiner Gesundheit: Eine stochastische Formulierung, in: Oberender, P. (Hrsg.), *Steuerungsprobleme im Gesundheitswesen, Gesundheitsökonomische Beiträge, Bd. 14*, Baden Baden, S. 9 - 60.

Zweifel, P. und R. Eisen (1992), Versicherungsökonomie, Berlin u. a.

STAATLICHE ALLOKATIONSPOLITIK IM MARKTWIRTSCHAFTLICHEN SYSTEM

Band 1 Horst Siebert (Hrsg.): Umweltallokation im Raum. 1982.

Band 2 Horst Siebert (Hrsg.): Global Environmental Resources. The Ozone Problem. 1982.

Band 3 Hans-Joachim Schulz: Steuerwirkungen in einem dynamischen Unternehmensmodell. Ein Beitrag zur Dynamisierung der Steuerüberwälzungsanalyse. 1981.

Band 4 Eberhard Wille (Hrsg.): Beiträge zur gesamtwirtschaftlichen Allokation. Allokationsprobleme im intermediären Bereich zwischen öffentlichem und privatem Wirtschaftssektor. 1983.

Band 5 Heinz König (Hrsg.): Ausbildung und Arbeitsmarkt. 1983.

Band 6 Horst Siebert (Hrsg.): Reaktionen auf Energiepreissteigerungen. 1982.

Band 7 Eberhard Wille (Hrsg.): Konzeptionelle Probleme öffentlicher Planung. 1983.

Band 8 Ingeborg Kiesewetter-Wrana: Exporterlösinstabilität. Kritische Analyse eines entwicklungspolitischen Problems. 1982.

Band 9 Ferdinand Dudenhöfer: Mehrheitswahl-Entscheidungen über Umweltnutzungen. Eine Untersuchung von Gleichgewichtszuständen in einem mikroökonomischen Markt- und Abstimmungsmodell. 1983.

Band 10 Horst Siebert (Hrsg.): Intertemporale Allokation. 1984.

Band 11 Helmut Meder: Die intertemporale Allokation erschöpfbarer Naturressourcen bei fehlenden Zukunftsmärkten und institutionalisierten Marktsubstituten. 1984.

Band 12 Ulrich Ring: Öffentliche Planungsziele und staatliche Budgets. Zur Erfüllung öffentlicher Aufgaben durch nicht-staatliche Entscheidungseinheiten. 1985.

Band 13 Ehrentraud Graw: Informationseffizienz von Terminkontraktmärkten für Währungen. Eine empirische Untersuchung. 1984.

Band 14 Rüdiger Pethig (Ed.): Public Goods and Public Allocation Policy. 1985.

Band 15 Eberhard Wille (Hrsg.): Öffentliche Planung auf Landesebene. Eine Analyse von Planungskonzepten in Deutschland, Österreich und der Schweiz. 1986.

Band 16 Helga Gebauer: Regionale Umweltnutzungen in der Zeit. Eine intertemporale Zwei-Regionen-Analyse. 1985.

Band 17 Christine Pfitzer: Integrierte Entwicklungsplanung als Allokationsinstrument auf Landesebene. Eine Analyse der öffentlichen Planung der Länder Hessen, Bayern und Niedersachsen. 1985.

Band 18 Heinz König (Hrsg.): Kontrolltheoretische Ansätze in makroökonometrischen Modellen. 1985.

Band 19 Theo Kempf: Theorie und Empirie betrieblicher Ausbildungsplatzangebote. 1985.

Band 20 Eberhard Wille (Hrsg.): Konkrete Probleme öffentlicher Planung. Grundlegende Aspekte der Zielbildung, Effizienz und Kontrolle. 1986.

Band 21 Eberhard Wille (Hrsg.): Informations- und Planungsprobleme in öffentlichen Aufgabenbereichen. Aspekte der Zielbildung und Outputmessung unter besonderer Berücksichtigung des Gesundheitswesens. 1986.

Band 22 Bernd Gutting: Der Einfluß der Besteuerung auf die Entwicklung der Wohnungs- und Baulandmärkte. Eine intertemporale Analyse der bundesdeutschen Steuergesetze. 1986.

Band 23 Heiner Kuhl: Umweltressourcen als Gegenstand internationaler Verhandlungen. Eine theoretische Transaktionskostenanalyse. 1987.

Band 24 Hubert Hornbach: Besteuerung, Inflation und Kapitalallokation. Intersektorale und internationale Aspekte. 1987.

Band 25 Peter Müller: Intertemporale Wirkungen der Staatsverschuldung. 1987.

Band 26 Stefan Kronenberger: Die Investitionen im Rahmen der Staatsausgaben. 1988.

Band 27 Armin-Detlef Rieß: Optimale Auslandsverschuldung bei potentiellen Schuldendienstproblemen. 1988.

Band 28 Volker Ulrich: Preis- und Mengeneffekte im Gesundheitswesen. Eine Ausgabenanalyse von GKV-Behandlungsarten. 1988.

Band 29 Hans-Michael Geiger: Informational Efficiency in Speculative Markets. A Theoretical Investigation. Edited by Ehrentraud Graw. 1989.

Band 30 Karl Sputek: Zielgerichtete Ressourcenallokation. Ein Modellentwurf zur Effektivitätsanalyse praktischer Budgetplanung am Beispiel von Berlin (West). 1989.

ALLOKATION IM MARKTWIRTSCHAFTLICHEN SYSTEM

Band 31 Wolfgang Krader: Neuere Entwicklungen linearer latenter Kovarianzstrukturmodelle mit quantitativen und qualitativen Indikatorvariablen. Theorie und Anwendung auf ein mikroempirisches Modell des Preis-, Produktions- und Lageranpassungsverhaltens von deutschen und französischen Unternehmen des verarbeitenden Gewerbes. 1991.

Band 32 Manfred Erbsland: Die öffentlichen Personalausgaben. Eine empirische Analyse für die Bundesrepublik Deutschland. 1991.

Band 33 Walter Ried: Information und Nutzen der medizinischen Diagnostik. 1992.

Band 34 Anselm U. Römer: Was ist den Bürgern die Verminderung eines Risikos wert? Eine Anwendung des kontingenten Bewertungsansatzes auf das Giftmüllrisiko. 1993.

Band 35 Eberhard Wille, Angelika Mehnert, Jan Philipp Rohweder: Zum gesellschaftlichen Nutzen pharmazeutischer Innovationen. 1994.

Band 36 Peter Schmidt: Die Wahl des Rentenalters. Theoretische und empirische Analyse des Rentenzugangsverhaltens in West- und Ostdeutschland. 1995.

Band 37 Michael Ohmer: Die Grundlagen der Einkommensteuer. Gerechtigkeit und Effizienz. 1997.

Band 38 Evamaria Wagner: Risikomanagement rohstoffexportierender Entwicklungsländer. 1997.

Band 39 Matthias Meier: Das Sparverhalten der privaten Haushalte und der demographische Wandel: Makroökonomische Auswirkungen. Eine Simulation verschiedener Reformen der Rentenversicherung. 1997.

Band 40 Manfred Albring / Eberhard Wille (Hrsg.): Innovationen in der Arzneimitteltherapie. Definition, medizinische Umsetzung und Finanzierung. Bad Orber Gespräche über kontroverse Themen im Gesundheitswesen 25.-27.10.1996. 1997.

Band 41 Eberhard Wille / Manfred Albring (Hrsg.): Reformoptionen im Gesundheitswesen. Bad Orber Gespräche über kontroverse Themen im Gesundheitswesen 7.-8.11.1997. 1998.

Band 42 Manfred Albring / Eberhard Wille (Hrsg.): Szenarien im Gesundheitswesen. Bad Orber Gespräche über kontroverse Themen im Gesundheitswesen 5.-7.11.1998. 1999.

Band 43 Eberhard Wille / Manfred Albring (Hrsg.): Rationalisierungsreserven im deutschen Gesundheitswesen. 2000.

Band 44 Manfred Albring / Eberhard Wille (Hrsg.): Qualitätsorientierte Vergütungssysteme in der ambulanten und stationären Behandlung. 2001.

Band 45 Martin Pfaff / Dietmar Wassener / Astrid Sterzel / Thomas Neldner: Analyse potentieller Auswirkungen einer Ausweitung des Pharmaversandes in Deutschland. 2002.

Band 46 Eberhard Wille / Manfred Albring (Hrsg.): Konfliktfeld Arzneimittelversorgung. 2002.

Band 47 Udo Schneider: Theorie und Empirie der Arzt-Patient-Beziehung. Zur Anwendung der Principal-Agent-Theorie auf die Gesundheitsnachfrage. 2002.

Band 48 Manfred Albring / Eberhard Wille: Die GKV zwischen Ausgabendynamik, Einnahmenschwäche und Koordinierungsproblemen. 2003.

Band 49 Uwe Jirjahn: X-Ineffizienz, Managementanreize und Produktmarktwettbewerb. 2004.

Band 50 Stefan Resch: Risikoselektion im Mitgliederwettbewerb der Gesetzlichen Krankenversicherung. 2004.

Band 51 Paul Marschall: Lebensstilwandel in Ostdeutschland. Gesundheitsökonomische Implikationen. 2004.

www.peterlang.de

Peter Lang · Europäischer Verlag der Wissenschaften

Michael Happich

Die Bewertung von Gesundheit

Prioritäten, QALYs und Prospect Theory

Frankfurt am Main, Berlin, Bern, Bruxelles, New York, Oxford, Wien, 2003.
143 S., zahlr. Abb. und Tab.
Europäische Hochschulschriften: Reihe 5, Volks- und Betriebswirtschaft.
Bd. 3004
ISBN 3-631-51638-X · br. € 27.50*

Die Kostenentwicklung im Gesundheitswesen führt in jüngster Zeit dazu, dass über Prioritäten in der medizinischen Behandlung nachgedacht wird. Wer entscheidet aber über Prioritäten, und wie können sie ermittelt werden? Patienten haben ein anderes Verständnis über die Dringlichkeit einzelner medizinischer Maßnahmen als Nicht-Betroffene. Diese Differenzen werden am Beispiel Tinnitus vor dem Hintergrund einer Entscheidungstheorie diskutiert, deren Autoren kürzlich den Nobelpreis der Wirtschaftswissenschaften erhalten haben. Kernstück der Theorie ist die Annahme individueller Referenzpunkte bei Entscheidungen. Es werden geeignete Methoden zur Bewertung von Gesundheit vorgeschlagen, ohne die eine eventuelle Prioritätensetzung nicht denkbar wäre. Diese Methoden erlauben, demokratisch legitimierte Prioritäten der allgemeinen Bevölkerung mit der Krankheitserfahrung von Patienten zu kombinieren.

Aus dem Inhalt: Gesundheitsökonomische Evaluation · Prioritäten · QALYs · Gesundheitsbezogene Lebensqualität · Entscheidungstheorie · Prospect Theory · Nutzenfunktion · Risiko · Time Tradeoff · Standard Gamble · Visuelle Analogskala · Tinnitus

FSC
www.fsc.org
MIX
Papier | Fördert gute Waldnutzung
FSC® C083411

Kolibri 360 GmbH
Ferdinand-Jühlke-Straße 7
99095 Erfurt, Deutschland
produktsicherheit@kolibri360.de

Druck:
CPI Druckdienstleistungen GmbH
im Auftrag der
Kolibri 360 GmbH
Ferdinand-Jühlke-Str. 7
99095 Erfurt